བོད་ཀྱི་གསར་འགྱུར་བརྒྱུད་བསྒྲགས་ཀྱི་ལོ་རྒྱུས།

西藏新闻传播史

——修订本——

周德仓◎著

中央民族大学出版社
China Minzu University Press

图书在版编目(CIP)数据

西藏新闻传播史/周德仓著.—2版(修订本).—北京:中央民族大学出版社,2023.2

ISBN 978-7-5660-2015-4

Ⅰ.①西… Ⅱ.①周… Ⅲ.①新闻事业史—西藏 Ⅳ.①G219.277.5

中国版本图书馆CIP数据核字(2021)第272272号

西藏新闻传播史(修订本)

作　　者	周德仓
责任编辑	宁　玉
封面设计	汤建军
出版发行	中央民族大学出版社
	北京市海淀区中关村南大街27号　邮编:100081
	电话:(010)68472815(发行部)传真:(010)68932751(发行部)
	(010)68932218(总编室)　(010)68932447(办公室)
经 销 者	全国各地新华书店
印 刷 厂	北京鑫宇图源印刷科技有限公司
开　　本	880×1230　1/32　印张:15
字　　数	390千字
版　　次	2023年2月第1版　2023年2月第1次印刷
书　　号	ISBN 978-7-5660-2015-4
定　　价	76.00元

修订再版说明

作者根据需要修订再版《西藏新闻传播史》，主要考虑如下：

一、匡救失误。本书自2005年正式出版以来，不仅被作为学术著作进行交流，而且成为有关院校新闻传播专业本科生、硕士研究生的专业课程教材。在使用过程中，先后发现大大小小的知识、概念和文字、标点失误，此次在使用过程中纠错的基础上，作者本人也多次整体梳理、订正，以求将错误减少到最低程度。

二、满足需要。由于十多年来教学和学术研究的需要，本书目前各处均无存本，包括出版社和书店，导致学生、学者需要无法满足。极端之例，是作者发现研究生在复习备考和进校上课期间，竟然从网上以高出书籍定价的价钱购买粗糙的复印本，令人大感意外！此次修订再版，也是服务于学生、学者、业者的需要，让这个研究成果继续发挥作用。

三、补充缺憾。在本书初版时，由于时间、出版经费的限制，作为新闻传播史书，却没有相应的照片佐证，也无西藏新闻传播历史的“大事记”，从体例而言不甚完整，降低了文献参考价值，一直引为遗憾，故本次修订，遂将二者补上，成就史书的基本框架。

《西藏新闻传播史》自出版以来，借助于其独有的学术角度和专业教育、研究的需要，获得一些荣誉：第五届教育部高校人文社科优秀科研成果三等奖（2009 年）、西藏民族大学优秀科研成果特等奖（2008 年），在新闻传播特别是少数民族新闻传播学术领域为大家所知悉，多获鼓励，这给本次的修订再版提供了最关键的信心。

本次修订本于如下原则：

一、尊重原书的内容和框架。原书涉及西藏新闻传播的时间区间截止 2000 年。曾有设想将 2000—2016 年间的西藏新闻传播历史补进，以保持历史的延续性，但最终还是放弃：将最近的史实加入，虽然会很逼真，但尚未经过时间验证，仓促跻身历史，似乎有失严谨。故对于原来的构架，不作调整，保持原貌。

二、着重文字修订和知识的审核。经过多次教学使用，加上本次作者、研究生反复订正，力求消除本书文字错失，订正知识瑕疵。

三、增加图片。甄选具有代表性的若干图片，以为文字的佐证，体现新闻传播历史的直观性。

四、增设“大事记”。主要参照本书正文、西藏广播电视电影志、西藏新闻出版志、西藏日报纪念文集等辑录而成，纵向展示西藏新闻传播的历史轨迹，与正文相呼应，也可发挥文献目录的功效。大事记中的有些陈述，在正文中并未出现，但也收录其中，便于读者参考。

五、对一些关键的概念、报纸和杂志名称、时间节点等再次稽考，于此一并改正。如“藏语报刊”与“藏文报刊”、《新闻简讯》与《新华电讯》等进行了认真查询，做出修订。但限于文献和个人研究水平，一些问题并未能够解决，这将是今后学术研究的使命。

在本次修订过程中，作者深感业界对《西藏新闻传播史》的重视，实际体现了对西藏新闻传播业和中国少数民族新闻传播事业的深刻关注，对新闻传播学民族化、中国化、本土化的强烈期待。在此崇高的学术使命下，关于西藏新闻传播历史的研究，或将成为一个有价值的切入点，并将继续探索。

本人到龄退休，受聘于西藏外事学院人文艺术学院新闻传播学科带头人、教授，这项研究就成为该院西部地域文化传播研究方向的组成部分。

谢谢各位前辈和学者、西藏自治区党委宣传部、西藏民族大学、西藏民族大学新闻传播学院西安外事学院对这项研究赋予的荣誉和期待！

2017 年 4 月 22 日

于秦都咸阳

内容提要

本书所展示的，是西藏原始文明时代至公元2000年漫长的历史时期内，发生在西藏地方的新闻传播现象，以及新闻传播发展的历史轨迹和规律，是西藏自治区“区域新闻发展史”。

第一阶段　西藏古代的信息传播［原始社会—1907年］

始于新旧石器时代，止于1907年《西藏白话报》创办。此期形成了以声音、驿道、文告、碑刻为主要途径的传播方式，产生了诸如议事会、会盟、习惯法等形式的信息发布机制和“类新闻法”，出现了公证人、会盟使、贡使、中央驻藏大臣等特殊信息传播者，构建了西藏独特的信息传播框架。西藏古代的新闻传播，包含了原始信息传播时期［远古—公元6世纪］、吐蕃信息传播时期［公元7—12世纪］和元明清信息传播时期［公元13—19世纪］等三个历史阶段。

第二阶段　西藏近现代的新闻传播［1907—1951年］

始于1907年《西藏白话报》创刊，止于1951年《新闻简讯》创办。西藏本土的报纸仅仅有《西藏白话报》一种。在西藏区域以外，全国有涉藏报刊87种。《藏文白话报》当是对西藏影响最大的一种；英国人福特创办过广播电台。西藏新闻传播未能形成体系，又不具备连续性。

第三阶段　西藏当代新闻传播［1951年—2000年］

自1951年十八军在进军途中创办油印《新闻简讯》《草原新闻》开始，西藏就进入当代新闻传播阶段。它走过了“确立期”（1951年《新闻简讯》创办—1959年西藏平叛改革）、“初步发展期”（1959年西藏平叛改革—1966年“文革”开始）、“曲折发展期”（1966—1976年的“文革”时期）、“完整期”（1976—1994年）、“跃升期”（1995—2000）等五个主要阶段。到2000年，西藏公开发行的报纸有18种，刊物34种，电台2座，广播覆盖率达到77.7%，电视台3座，电视覆盖率达到76.1%，并建立起了网络新闻传播。

西藏新闻传播事业形成了如下特点：具有国际化影响力；保持强烈的“宣传”色彩；基本形成以藏语为主、藏汉并举的“双璧式”新闻传播格局；民族新闻事业基本建立，但影响力有限；实行国家化政策和地方化发展相结合的发展战略，但整体依赖性较强；形成了现代地方传播体系，但发展不均衡；新闻市场逐步开放和扩大，但市场化程度很低；传媒生态环境具有明显的封闭性，但正逐渐实现开放。

本著还横向地论述了西藏新闻传播的领域：西藏的对外新闻传播、西藏和平解放以来的新闻教育、西藏藏文传媒的历史形态、西藏电影传播和新闻援藏。

本著是国内第一部全面研究西藏地方新闻事业历史的著述。

《བོད་ལྗོངས་གསར་འགྱུར་བརྒྱུད་བསྒྲགས་ཀྱི་ལོ་རྒྱུས》ཀྱི་ནང་དོན་མདོར་བསྡུས།

《བོད་ལྗོངས་གསར་འགྱུར་བརྒྱུད་བསྒྲགས་ཀྱི་ལོ་རྒྱུས》ཞེས་བྱ་བའི་དཔེ་དེབ་འདིའི་ནང་དུ། བོད་ལྗོངས་གདོད་མའི་ཤེས་རིག་འཕེལ་བའི་དུས་རབས་ནས་སྤྱི་ལོ་2000ལོའི་བར་དུས་ཡུན་རིང་པོའི་ལོ་རྒྱུས་ཀྱི་དུས་སྐབས་ནང་། བོད་ལྗོངས་ས་ཁུལ་དུ་བྱུང་བའི་གསར་འགྱུར་བརྒྱུད་བསྒྲགས་ཀྱི་སྣང་ཚུལ་དང་། གསར་འགྱུར་བརྒྱུད་བསྒྲགས་འཕེལ་རྒྱས་ཀྱི་ལོ་རྒྱུས་རྗེས་ཤུལ་དང་ཆོས་ཉིད་གསལ་པོར་སྟོན་ཡོད། དེ་ནི་བོད་རང་སྐྱོང་ལྗོངས་ཀྱི་ས་ཁོངས་གསར་འགྱུར་འཕེལ་རྒྱས་ཀྱི་ལོ་རྒྱུས་ཡིན། །

དུས་རིམ་དང་པོ་ནི། བོད་ལྗོངས་གནའ་རབས་ཀྱི་གཏམ་གསར་བརྒྱུད་བསྒྲགས་ཏེ(བསྐལ་བ་ཡ་ཐོག་གི་སྤྱི་ཚོགས་ནས་སྤྱི་ལོ་1907ལོའི་བར)། རྗེ་ཆས་སྤྱོད་པའི་དུས་རབས་གསར་རྙིང་ནས་སྤྱི་ལོ་1907ལོར《བོད་ལྗོངས་གོ་བདེའི་ཚགས་པར》གསར་དུ་བཏོན་པའི་བར། དུས་སྐབས་འདིར་སྐད་སྒྲ་དང་། ས་ལམ། བསྒྲགས་ཡིག་རྫ་བརྡོས་བཅས་རྣམ་པ་གཙོ་བོར་བྱས་པའི་བརྒྱུད་བསྒྲགས་བྱེད་སྟངས་ཚགས་ནས། གྲོས་རིམ་ཚོགས་འདུ་དང་མཉམ་འཛོམ་དམ་བཅའ། གོམས་འདྲིས་ཀྱི་ཁྲིམས་སྲོལ་སོགས་རྣམ་པ་སྣ་ཚོགས་ཀྱི་ཆ་

འཕྲིན་ཡོངས་བསྒྲགས་བརྒྱུད་རིམ་དང་གསར་འགྱུར་བརྒྱུད་ཁྲིམས་ལྟར་སྣང་བྱུང་བ་མ་ཟད། བདེན་དཔང་བྱེད་མཁན་དང་། མཉམ་འཛོམ་དམ་བཅའ་གྱི་བང་ཆེན། རྟེན་འབྲུལ་བང་ཆེན་ཀྱང་དབྱིང་བོད་བཞུགས་ཨམ་བན་བཅས་ནི་ཆ་འཕྲིན་བརྒྱུད་བསྒྲགས་མཁན་ཡིན། བོད་ལྗོངས་ཀྱི་ཁྱད་ཆོས་ལྡན་པའི་ཆ་འཕྲིན་བརྒྱུད་བསྒྲགས་ཀྱི་སྒྲོམ་གཞི་བཙུགས་པ། བོད་ལྗོངས་གནའ་རབས་ཀྱི་གསར་འགྱུར་བརྒྱུད་བསྒྲགས་ལ་གདོད་མའི་ཆ་འཕྲིན་བརྒྱུད་བསྒྲགས་ཀྱི་དུས་སྐབས(གནའ་སྔ་མོ་ནས་དུས་རབས་དྲུག་པ)དང་། ཐུ་སྟོད་ཆ་འཕྲིན་བརྒྱུད་བསྒྲགས་ཀྱི་དུས་སྐབས་(དུས་རབས་བདུན་ནས་བཅུ་གཉིས)། ཡོན་མིང་ཆིང་རྒྱལ་རབས་གསུམ་གྱི་ཆ་འཕྲིན་བརྒྱུད་བསྒྲགས་ཀྱི་དུས་སྐབས(དུས་རབས་བཅུ་གསུམ་ནས་བཅུ་དགུ)་བཅས་ལོ་རྒྱུས་ཀྱི་དུས་སྐབས་གསུམ་འདུས་ཡོད།

དུས་རིམ་གཉིས་པ་ནི། བོད་ལྗོངས་ཉེ་དེང་རབས་ཀྱི་གསར་འགྱུར་བརྒྱུད་བསྒྲགས། སྤྱི་ལོ1907—1951ལོ་སྟེ། སྤྱི་ལོ་1907ལོར《བོད་ལྗོངས་གོ་བདེའི་ཚགས་པར》གསར་བཏོན་ནས། སྤྱི་ལོ་1951ལོར《གསར་འགྱུར་མདོར་བསྡུས》གསར་འཛུགས་ཀྱི་བར། དེ་དུས་བོད་ལྗོངས་ས་ཁུལ་གྱི་ཚཏ་པར་《བོད་ལྗོངས་གོ་བདེའི་ཚགས་པར》ལས་མེད། བོད་ས་ཁུལ་མིན་པའི་རྒྱལ་ཡོངས་སུ་བོད་ལྗོངས་དང་འབྲེལ་བའི་ཚགས་པར་དང་དུས་དེབ་སྣ་གྲ་བདུན་ཡོད། 《བོད་ཡིག་གོ་བདེའི་ཚགས་པར》ནི་བོད་ལྗོངས་ལ་ཤུགས་ཆེན་ཆེ་ཤོས་ཀྱི་ཚགས་པར་ཡིན། གཞན་ཡང་དབྱིན་ཇིའི་ཧྲུ་ཐེས་འཛུགས་པའི་སིལ་བུ་སྒྲོག་འཕྲིན་ཁང་ཡོད། དེ་སྐབས་བོད་ལྗོངས་གསར་འགྱུར་བརྒྱུད་བསྒྲགས་ཀྱི་མ་ལག་མ་ཆགས་པ་

དང་རྒྱུན་ཆགས་ཀྱི་རང་བཞིན་ཡང་མེད།

དུས་རིམ་གསུམ་པ་ནི། བོད་ལྗོངས་དེང་རབས་ཀྱི་གསར་འགྱུར་བརྒྱུད་བསྒྲགས(སྤྱི་ལོ1951—2000ལོ)ཏེ། སྤྱི་ལོ1951ལོར་ཀྲུན་བཅོ་བརྒྱད་པས《གསར་འགྱུར་མདོར་བསྡུས》དང་《རྩ་ཐང་གསར་འགྱུར》གསར་དུ་བཏོན་ནས་བཟུང་བོད་ལྗོངས་འདི་དེང་རབས་གསར་འགྱུར་བརྒྱུད་བསྒྲགས་ཀྱི་དུས་སྐབས་སུ་སླེབས་ཡོད། དེར་གཏན་འཁེར་བའི་དུས་སྐབས་(1951ལོར་《གསར་འགྱུར་མདོར་བསྡུས》གསར་བཏོན་ནས་སྤྱི་ལོ1959ལོར་བོད་ལྗོངས་ངོ་ལོག་ཟིང་འཁྲུག་ཞོད་འཛུགས་སུ་གཏོང་དང་དམངས་གཙོ་བཅོས་བསྒྱུར་བྱས་པའི་བར་དང་།)རགས་ཙམ་འཕེལ་རྒྱས་ཀྱི་དུས་སྐབས(སྤྱི་ལོ1959ལོར་ངོ་ལོག་ཟིང་འཁྲུག་ཞོད་འཛུགས་སུ་གཏོང་དང་དམངས་གཙོ་བཅོས་བསྒྱུར་བྱས་པ་ནས་སྤྱི་ལོ1966ལོར་རིག་གནས་གསར་བརྗེ་ཆེན་པོ་འགོ་རྩོམ་པའི་བར)། འཁྲུག་པོར་འཕེལ་རྒྱས་ཀྱི་དུས་སྐབས་(སྤྱི་ལོ1966ལོ་ནས་སྤྱི་ལོ1976ལོ)། ཆ་ཚང་བའི་དུས་སྐབས་(1976—1994ལོ)། མཆོང་འཕར་བའི་དུས་སྐབས་(1995—2000ལོ)བཅས་དུས་རིམ་ལྔ་བརྒྱུད་པ། སྤྱི་ལོ2000ལོར། བོད་ལྗོངས་མངོན་གསལ་དུ་འགྲེམས་སྤེལ་བའི་ཚགས་པར་སྣ་བཅོ་བརྒྱད་ཡོད། དུས་དེབ་སྣ་སོ་བཞི་ཡོད། གློག་འཕྲིན་ཁང་གཉིས་ཡོད། ཀུན་ཁྱབ་རླུང་འཕྲིན་གྱི་ཁྱབ་ཚད77.7%; གློག་སྐྲིལ་གཟུགས་བརྙན་ཁང་གསུམ་ཡོད། གློག་སྐྲིལ་གཟུགས་བརྙན་གྱི་ཁྱབ་ཚད 76.1%, དྲ་འབྲེལ་གསར་འགྱུར་བརྒྱུད་བསྒྲགས་ཀྱང་བཙུགས་ཡོད། །

བོད་ལྗོངས་གསར་འགྱུར་བརྒྱུད་བསྒྲགས་ལས་དོན་གྱི་ཁྱད་ཆོས་འདི་ལྟར་ཡོད་དེ། རྒྱལ་སྤྱི་ཅན་གྱི་ཤུགས་རྐྱེན་ལྡན་པ་དང་། གསལ་

ཐག་ཆོད་ཀྱི་དྲིལ་བསྒྲགས་རྣམ་པ་སྲུང་འཛིན་བྱེད་པ། གཞི་རྩའི་ཐོག་བོད་སྐད་གཙོ་བོར་བྱས་ནས་རྒྱ་བོད་ཡིག་དུས་གཅིག་ཏུ་སྤེལ་བའི་ཁྱད་ཆོས་གཉིས་ལྡན་གྱི་གསར་འགྱུར་བརྒྱུད་བསྒྲགས་ཀྱི་ཆགས་སྟངས་བྱུང་ཡོད། མི་རིགས་གསར་འགྱུར་ལས་དོན་བཙུགས་ཀྱང་། ཤུགས་རྐྱེན་ཆུང་བ། རྒྱལ་ཁབ་ཅན་གྱི་སྲིད་ཇུས་དང་ས་གནས་ཅན་གྱི་འཕེལ་རྒྱས་མཉམ་འབྲེལ་བའི་འཕེལ་རྒྱས་ཀྱི་འཐབ་ཇུས་ལག་ཏུ་བསྟར་ཀྱང་། སྤྱི་ཡོངས་ཀྱི་གཞན་རྟེན་གྱི་རང་བཞིན་ཆེ་བ། དེང་རབས་ཀྱི་ས་གནས་བརྒྱུད་བསྒྲགས་ཀྱི་མ་ལག་ཆགས་ཀྱང་། འཕེལ་རྒྱས་དོ་མི་སྙོམས་པ། རིམ་གྱིས་གསར་འགྱུར་གྱི་ཁྲིམ་ཉ་ཆོད་འཛིན་མི་བྱེད་པ་དང་རྒྱ་ཆེ་རུ་གཏོང་ཀྱང་། ཁྲིམ་ར་ཅན་དུ་གྱུར་བའི་ཚུ་ཚད་ཤིན་ཏུ་དམའ་བ། བརྒྱུད་བསྒྲགས་ཀྱི་ཁོར་ཡུག་བཀག་སྡོམ་གྱི་རང་བཞིན་གསལ་པོར་ལྡན་ཀྱང་རིམ་གྱིས་བཀག་སྡོམ་མེད་པར་འགྱུར།

རྩོམ་འདིར་ད་དུང་བོད་ལྗོངས་གསར་འགྱུར་བརྒྱུད་བསྒྲགས་ཁྱབ་ཁོངས་ནང་གི་བོད་ཀྱི་ཕྱི་ཕྱོགས་གསར་འགྱུར་བརྒྱུད་བསྒྲགས་དང་། བོད་ལྗོངས་ཞི་བས་བཅིངས་གྲོལ་རྗེས་ཀྱི་གསར་འགྱུར་སློབ་གསོ། བོད་ལྗོངས་བོད་བརྒྱུད་རྒྱང་བསྒྲགས་ཀྱི་ལོ་རྒྱུས་རྣམ་པ། བོད་ལྗོངས་གློག་བརྙན་བརྒྱུད་བསྒྲགས་གསར་འགྱུར་བོད་སྐྱོར་བཅས་འཕྲེད་བཅད་ཀྱི་ཐོག་ནས་བཤད་ཡོད།

རྩོམ་འདི་ནི་རྒྱལ་ནང་ཁྲོན་ཡོངས་ནས་བོད་ལྗོངས་ས་གནས་ཀྱི་གསར་འགྱུར་ལས་དོན་གྱི་ལོ་རྒྱུས་ཞིབ་འཇུག་བྱེད་པའི་རྩོམ་དེབ་ཨང་དང་པོ་ཡིན་ནོ། །

Abstract of History of News Communication in Xizang

What is shown in the book is the phenomenon, history and law of news communication happened in Xizang. It's a regional history of development of news communication in Xizang, covering the history from the primary civilization of Xizang to the year 2000.

The first period: new communication in ancient Xizang [primitive society—1907]

This period covers the time before the year 1907, when the newspaper Tibetan News in Vernacular Chinese was established, back to the time of the Paleolithic or Neolithic Age. In this period, the news communication is mainly realized in such ways as human voice, post road, tablet inscription, the quasi-News Law and some mechanism of information releasing, such as public meeting, meetings of tribe sovereigns, and regulative law of communication began to pear. Different information communicator such as deputies of sovereign meeting, notary public, tribute envoy, resident minister of central government was seen at that time. All these form the unique frame of Tibetan news communication. The news communication of ancient Xizang is farther divided into three stages as primitive period [before 6th century], Tibetan regime period [7th—12th Cent] and Yuan-ming-qing Dynasties period [13th-19^{th}C].

The second period: news communication in modern Xizang [1907—1951]

The second period starts from the year 1907, when the Tibetan News in Vernacular Chinese was established, ends in 1951 when Tibetan News Bulletin was issued. Tibetan News in Vernacular Chinese was the only newspaper in the region of Xizang, but there were 87 newspapers about Xizang outside the region. The Tibetan version of Tibetan Newspaper in Vernacular Chinese is the most influential in Xizang. A English man named Fort once established some minor radio station. The network of news communication has not established at this period, the news communication is not of continuity.

The third period: news communication in Xizang today [1951—2000]

With the establishment of Tibetan News Bulleting and News on Grassland by PLA in 1951, Tibetan news communication enters into the third period: Xizang today, which covers the five different stages in its development: the beginning (1951, when Tibetan News Bulleting was established—1959, when Tibetan rebellion was put down and democratic reform was carried out.); initial development (1959—1966); tortuous development (1966—1967, when the cultural revolution took place); complementary period (1976—1994) and the great development (1994—2000). Till 2000, there has been 18 newspapers, 34periodical journals, 2 radio stations which covers 77% of the region, 3 TV stations which covers 76. 1% of the region, and the network of news communication has been established.

Today's Tibetan news communication has the following features: news communication has the international influence, with strong sense of propaganda and in bilingual news channels of Chinese and Tibetan;

the national news institution has been established but with a limited influence. National policy and regional policy combined to function in the development of new communication, but with a heavy dependence on the government. The modern news communication system has been established but the development is not regionally balanced. The news market is getting gradually opening but with a low degree of marketing proportion. The media environment is self-enclosed but is getting opening.

The book also discusses different fields of Tibetan news communication, such as overseas news communication, news education before the peaceful liberation, historical formations of Tibetan media, film media and news aid program in Xizang.

The book is the first systemic study on the history of news communication in Xizang.

(郑元会、高全孝翻译)

西藏地区新闻传播历史的挖掘与探索

——《西藏新闻传播史》序一

丁淦林

也许是由于长期从事中国新闻史教学的缘故，每当人们谈及西藏，我总不禁想起梁启超说的“去塞求通”。我不是要用梁启超的观点来说明西藏的新闻传播，而是说我自己头脑闭塞，对西藏的新闻传播了解不多。2003 年，西藏民族学院周德仓同志，作为访问学者来到复旦大学新闻学院参与中国新闻传播史研究工作。我建议他写一部西藏新闻传播史，而他也有同样的想法，并已着手搜集资料，因此，进展顺利，当年便完成了初稿。速度之快，出乎我的意料。当然，他是夜以继日地工作，挥汗呵冻，不辞辛劳，其中也不乏由山重水复到柳暗花明的体验。

在研究过程中，德仓主要在两个方面下功夫：一是大量搜集材料，梳理历史发展脉络；二是从纷繁复杂的现象中，归纳经验，探索规律。至于文字表述，他是学中国语言文学出身的，应是举重若轻了。

同祖国各个地区一样，西藏自古就有新闻传播，绵延不绝，只不过现代化的新闻传播起步较晚。但从 20 世纪 50 年代以来，以较快的速度建立了现代新闻传播网络体系。如今，从报纸、刊物到广播、电视、网络与手机，一应俱全，而且和祖国内地是同步发展的。但是，新闻传播学研究却没有及时跟上，许多基础资料都没有汇集，有些散见于报纸和杂志上，有些湮没在档案中，还有不少在人们的脑海中。要想法设法找出来，问出来，“挖”出来。德仓年轻、勤奋，不畏艰苦，不计劳顿，以拉萨为寻觅重点，北上首都，南下厦门，东到上海，以及邻近西藏的青海、四川、陕西等地，跑了很多地方，查找资料，访问知情人，收获丰厚。

德仓在研究大量资料的基础上，设计了西藏新闻传播的理论架构，包括历史分期、历程的综合描述、主要媒体评介以及对于经验教训、历史走向的分析等。《西藏新闻传播史》是按这个架构撰写的。它是一部历史专著，同时又考虑到教学需要，具有教材的特点。或许可以说，它是我国第一部全面系统地评述西藏新闻传播史的著作，它的理论架构是新设计的，有不少材料是新发现的，甚至有的概念也是首次提出来的。然而，也正因为它是新的，就不可避免地具有尝试性和探索性，有些观点还有待提升，有些材料还需要充实。德仓认为自己所作的研究，只是开了个头。他正在继续开拓与深化西藏新闻传播史的研究，并已获得国家社科基金的资助。他热情期待广大读者和有关专家对这部书多提批评与建议。

（作者系复旦大学新闻学院首席教授、博士生导师、著名新闻史研究专家）

2004 年 11 月 25 日

少数民族地区新闻传播史的突破性成果

——《西藏新闻传播史》序二

白润生

周德仓的《西藏新闻传播史》即将付梓，作者请我写几句话，作为同一战壕的战友，我当然愿意为中国少数民族新闻学的发展繁荣鼓与呼，尽一点微薄之力。

我与作者相识于三四年前，他给我的第一印象：一位谦逊和蔼的年轻学者。而后，得知他是研究中国西藏新闻史的，加之他此前又是从事写作学研究的，与我的经历颇为相似，这一共同学术生涯使我倍感亲切，很快我们就成为好朋友。

后来，我陆续读过他撰写的几篇论文，并邀请他参加了由我主持的“十五”国家社科基金项目《少数民族语文的新闻事业研究》。为了完成西藏当代新闻事业的调查报告，他两次去西藏进行调查，他的研究成果有较为深厚的文字功底和学术功底。读过他的《西藏新闻传播史》后就更加印证了我最初的印象。

第一，定位准确，是这部书的首要特点。《西藏新闻传播史》“不是一部少数民族新闻的传播史而是关于西藏地方的‘区域新闻发展史’。”作者早在《西藏新闻传播史的历史分期问题》一文中就指出：“‘西藏新闻史’仅仅是一个地域或行政区划的概念，即所谓‘西藏的新闻传播史’，是指发生在中国西藏地区的新闻传播活动的历史，它的时间范畴可确定为从西藏的史前时期至20世纪末。”而“藏族新闻史”是“关于一个民族的新闻传播活动的历史，它所涉及的范围自然要广大得多。如有藏族聚居的滇、甘、青、川等省区，尤其是四川和青海省，藏族的新闻传播活动理所当然的应归纳在‘藏族新闻传播史’的范围之内，它的容量与发达的程度远比‘西藏新闻传播史’要大得多。”周德仓的这一说法无疑是科学的。我完全赞同作者关于《西藏新闻传播史》的定位，它是一部“区域新闻传播史”。该书对于西藏地区新闻传播现象的全方位的扫描，向广大读者展示了这个地区新闻发展的历史轨迹和规律。但是，需要指出的是，“区域新闻传播发展史”也往往是少数民族新闻传播史的一个重要组成部分，尤其是具体到这部书所解读的内容更是如此。

第二，关于西藏传播形态、传播形式及其特点的概括与分析是这部书又一重要内容。西藏新闻传播独特的构架和传播品质，是由其地区特点和历史发展决定的。西藏远离祖国腹地，自古以来都在高度封闭中自我运转。到了现代，尤其是中华人民共和国成立后，严格地说，改革开放以来，西藏才建立起当代传媒体系。这一传媒体系是以民族区域自治、维护国家统一和民族团结的高度一致为其崇高宗旨的。其广播、电视和报纸杂志三大新闻传媒一直坚持“藏语为主、藏汉并举”的原则，形成了独特的传播模式。西藏地区的新闻传播特点是悠久的历史文化与开放的当代大众传播相互影响、相互推动的结果。这一特点的形成是与西藏文化的特点完全吻合的，它也是西藏文化在当代社会鲜明的民族文化色彩的展现。

第三，历史分期的创新与突破。全书除总论外，分为上、中、下三编。上编系西藏古代的信息传播（原始社会—1907年《西藏白话报》的创办）共四章：分别评述了西藏原始的信息传播现象、吐蕃时期的信息传播和西藏元明清时期的信息传播，并对这一时期的信息传播给予总体评价；中编系西藏近现代的新闻传播（1907年《西藏白话报》的创办—1951年十八军创办的《新闻简讯》），由西藏邮政传播的建立、西藏近现代报业、西藏广播事业的开始和延续以及西藏近现代新闻传播的基本特点四部分组成；下编系西藏当代新闻传播（1951—2000），由西藏当代报业的萌芽、西藏当代新闻传播事业的确立、西藏新闻传播事业的初步发展、西藏新闻传播事业的曲折发展、构建西藏新闻传播事业的完整格局（上、中、下）、西藏新闻传播事业的整体跃升几部分组成。

从以上叙述，可知作者已突破了政治历史划分章节的传统，而是以西藏地区新闻传播活动本身发展和客观规律确定古代、近代、现代与当代各个历史时期。各个历史时期中的具体阶段也是依照这个原则划定的。比如西藏当代新闻传播始于1951年即把十八军在进军途中创办的油印报刊《新闻简讯》作为起点，其中分为确立期（1951—1959）、初步发展期（1959—1966）、曲折发展期（1966—1976）、完整期（1976—1994）、跃升期（1995—2000）。这样划分历史时期、历史阶段，是由于作者对西藏新闻传播活动、新闻传播事业实地考察和深入研究的结果，是有坚实的史料基础作为提出自己观点的依据，尽管在某些方面可能会引起争议，但这种与时俱进的开创精神是十分宝贵的。

第四，史论结合，论从史出。这是这一著作的又一重要特点。既有纵向叙述，即“史”的梳理，廓清西藏新闻传播发展的历史轨迹，又有横向的论述，即专设几个专题，对西藏新闻对外传播、西藏新闻教育、西藏藏文传媒形态、西藏的电影传播和新闻援藏等领域作为“类编”，进行历史叙述和历史分析，与纵向的历史叙述相为映照，使这一地区的新闻传播特点更为突出。这一写史方法是传统的延续，又是对传统的突破，“史”“论”结合既贯穿于纵的叙述，又运用于横的记述。这一写法提高了这部著作的理论深度和思想内涵。

《西藏新闻传播史》的出版，不仅具有学术价值和理论意义，而且具有重大的现实意义。西部大开发的号角吹响之后，社会各界积极响应。作者抓住这个历史性机遇，对西藏新闻传播事业做深入研究，特别是对实施西部大开发战略以来西藏新闻事业的发展也认真地研究和评述，如在西藏实施“村村通工程”“西新工程”“三区工程”（新疆、西藏、内蒙古等少数民族地区）和西藏自治区“大庆工程”等重大工程建设、广播事业建设取得历史性成就，等等。这对继续落实西部大开发战略，为民族地区新闻传播适应市场经济发展提供了新的经验。

《西藏新闻传播史》是一部填补空白的拓荒之作，也正因为如此，很可能“成功”与“疏漏”并存。虽然书中“疏漏”“遗憾”甚至“错误”（包括我的这篇“序”中的某些错误）可能会受非议，会引起争论。但这种争论可以促进学术发展，是好事。我相信本书的作者一定欢迎来自各位专家、学者和广大读者的批评。因为这会促进我国少数民族新闻传播学的发展和繁荣。我相信，本书作者所说的“历史的文本将要和历史本身一样接受检验，经受提炼陶冶”，是由衷的，是诚恳的。

是为序。

（作者系中央民族大学文学与新闻传播学院教授、少数民族新闻史研究专家）

2005 年元旦于中央民族大学

目　录

中编：西藏近现代的新闻传播

[1907 年《西藏白话报》创刊—1951 年
《新闻简讯》创办]

下编：西藏当代的新闻传播

［公元1951年《新闻简讯》创办—2000年《西藏商报》创办］

类编：西藏新闻传播的领域

西藏新闻传播事业的历史轨迹（总论）

《西藏新闻传播史》所展示的，是西藏原始文明时代至公元2000年漫长的历史时期内，发生在西藏地方的新闻传播现象，以及新闻传播发展的历史轨迹和规律。

《西藏新闻传播史》不是一部少数民族新闻传播史，而是关于西藏地方的“区域新闻发展史”。这个区域的概念，我们并不采用历史上屡经演变的范畴，仅以西藏和平解放以后，中华人民共和国行政区划确定的西藏范围。西藏文明是中华文明的一个重要组成部分，它的地域性和民族性，它的民族文化成就，具有鲜明的特色，享有世界声誉，而作为西藏文化的一部分，新闻传播业形成了自己独特的构架和突出的品质。实际上，从远古时候起，新闻传播就伴随着西藏先民的生产生活发生了。在历史渐进的曲折过程中，西藏的新闻传播形态也在不断丰富和演进，既呈现出中国新闻传播事业发展历史的一般形态，更是凸显出西藏文化和历史的特质，形成了研究西藏区域新闻传播历史的必要性和价值。

一

西藏的新闻传播具有独立的传播品质。这使它将自己与其他区域的新闻传播区别开来。正是这种独立性，才使西藏作为一个新闻传播的区域的研究具有了历史和现实价值。

西藏新闻传播地理生态极其独特。昆仑山、可可西里山、唐古拉山、横断山、金沙江和喜马拉雅山脉联袂将西藏圈围在一个远离祖国腹地的高原生态圈中，形成地理上的高度封闭性。这里交通不便，环境恶劣，人口稀少而居住分散，严重缺乏经济产业，城市规模有限，社会发展远远落后于内地，人文和生态环境与中原迥异。它决定了社会经济的发展形态，制约着新闻传播的进程，地理环境成为凝聚西藏新闻传播特色的一个关键因素。它的封闭性和高原地貌特征，注定使西藏的新闻传播不会很发达，但也不会失之平庸。西藏的地理特性已经成为其新闻传播品质的一个内在构成。

西藏地方的历史进程独特而缓慢。公元 13 世纪，西藏归入元朝中央政权管辖。1959 年，在民主改革进程中，西藏由封建农奴制社会一步跨入社会主义社会。这种特殊的历史形态造成了西藏社会发展的不成熟性。我们借助于历史老人的一双慧眼，来审视西藏新闻传播的发展进程，就会发现历史在新闻传播中扮演的神奇角色。西藏历史本身一直充满神秘感，这是因为它与中国一般历史形态一直保持着很大的差异，同时它的步伐有它自己的个性。这种“异趣”的烙印深深地打在新闻传播身上。历史和传播不约而同地将西藏与西藏以外的世界区别开来。以元代西藏归于中央政府，成为中国的一个地方区域为界限，西藏新闻传播的面貌前后判若两人。在新旧石器时代和吐蕃王朝时期，西藏的信息传播完全按照自己的逻辑，在高度封闭中自我运转，催生了很独特的传播模式。而在元代之后，西藏的新闻传播因为与中原中央王朝频繁的交流，面貌焕然一新。除了继续保持其内在的惯性以外，许多新的传播形态差不多是在对“外”传播中诞生的。如西藏的传播主信道——驿站，就是西藏与外界交往需要的产物。很多类似新闻公报的“文告”，一般也是以公开发布的形式传播中央政府的法规。直到1907年，西藏第一份真正意义上的报纸——《西藏白话报》才在雪域高原亮相，它的主办者也是驻藏大臣。西藏自身并未建立起自己的新闻传播事业。而西藏最早的现代报纸《西藏日报》及其它的前身《新华电讯》、西藏的广播事业，都是在中国共产党的倡导和努力下创办的。西藏已经建立起来的现代传媒体系，既有赖于西藏人民的艰苦奋斗，更是借助于全国人民持久、全面和无私的援助。

西藏文化的形态直接影响了西藏新闻传播的面貌。西藏民族文化历史悠久，藏传佛教具有普遍而深刻的影响力，巨大的文化积淀和开放的现代大众传播形成复杂的互动关系。宗教是西藏文化的主流，在古代，新闻传播常常往往依附于宗教而存在。在现代新闻传播中，广泛的宗教情绪直接制约着新闻意识的渗透。西藏具有鲜明民族色彩的文化，给新闻传播涂抹上了奇异的色彩。新闻媒介不仅要采用藏民族喜闻乐见的传播方式，同时还要把藏语作为基本的传播语言之一。总之，新闻传播的特点，是与西藏文化的特点完全吻合的，它不过是西藏文化的一个层面。

就西藏新闻传播自身而言，同样具有区别于中国其他省区的突出特点。在西藏260万居民中，92%以上是藏族，藏语是西藏基本的交际语言，这种以单一民族为绝对主导的状况，为我国其他民族自治区所罕见。它的传播宗旨要与民族区域自治、维护国家统一和民族团结的政治原则高度一致，媒介是党和人民的喉舌；以藏汉双语传播为基本模式，适应广大藏族和汉族等多民族受众接受信息的需要；在传播方式上体现出鲜明的民族特点，与民族文化的传播相适应；广播被摆在最优先发展的位置，让广大受众特别是农牧民以最直接最迅捷的方式接受最新信息。西藏新闻传播所形成的突出品性，对探索民族地区新闻事业建设具有重要的参考价值。

二

为了能够整体把握西藏新闻传播的历史轨迹，必须确立符合实际的研究构架。从西藏新闻传播的历史视角观之，整个传播史可包含两个层面。

（一）“史”的层面

即纵向的叙述。通过对西藏自原始社会到20世纪末新闻传播发展轨迹的简要梳理，完整把握历史进程和发展规律。同时还包括各个历史阶段的“史论”。西藏新闻传播史大体可以划分三个阶段。

第一阶段　西藏古代的新闻传播

西藏古代的新闻传播，始于原始社会，即新旧石器时代，止于20世纪初，即1907年《西藏白话报》的创办。西藏在漫长的古代传播时期内，形成了以声音、驿道、文告、碑刻为主要途径的传播方式，产生了诸如议事会、会盟、习惯法等形式的信息发布机制和“类新闻法”，出现了公证人、会盟使、贡使、中央驻藏大臣等信息传播者，构建了西藏独特的信息传播框架。但西藏地理、经济和文化的封闭性，使其传播进程缓慢。虽有“类新闻”传播现象，却未出现古代“报纸”。随着对外交流的展开和西藏归于中央政府管辖，以驿道为代表的传播方式，使西藏古代信息传播逐渐开放起来。

西藏古代的新闻传播，包含了原始时期、吐蕃时期和元明清时期等三个历史阶段。

1. 原始信息传播时期（远古—公元6世纪）

在距今四五万年以前，青藏高原就有原始群落在繁衍生息，一直到公元五六世纪，都处于原始社会阶段。

藏族先民创造了丰富多彩的传播媒介。主要有声音传播：如口传（谈话、啸叫），敲击锣鼓，吹奏螺号、长号、唢呐、长角等；视觉传播：如在战争中燃放烽燧，辨析篝火和灰尘等；衣饰媒介：以缨、臂章和帽子等用于作战单位的识别和指挥标识；旗帜媒介：用摇动不同颜色的旗帜发出指挥信号；信号媒介：如用射金箭下达作战动员令；食品媒介：用“馍章”在家人间传递平安；图像传播：如加林岩画和日土岩画张扬畜牧业、狩猎业的情景；文字传播：在竹木片上刻写符号，记事表意。

一批特殊的信息传播者应运而生。以委派使者和聘请调停人解决部落间战争和经济纠纷；在远古游牧部落中，还有中间调解人——“苏巴”；“格萨尔”说唱艺人也是史前社会重要的信息传播者。

确立了某些信息交流规范。在土司制定的禁令中，涉及“反传播法”（封锁信息）；原始“习惯法”规定，传播不真实信息，或故意制造虚假信息者，均要受到处罚。

建立了一定的信息发布机制。如原始部落联盟所建立的“议事会”，可以就议题进行充分而平等的讨论，信息传播不会被限制；在西藏牧区，很多村寨都拥有民众广泛交流信息的民间公共场所。

信息交流范围广泛。考古证明，西藏旧石器与中原旧石器同属一个文化传统。而新石器时期的昌都卡若遗址的诸多文化特征，与黄河中上游地区的原始文化、云南元谋文化等相关联。西藏发掘的石器，具有东北亚、中亚、南亚、北非、美洲西北部和欧洲旧石器文化的特征。西藏原始人在一定程度上已经实现了与亚、欧、非大陆的信息沟通。

2. 吐蕃时期的信息传播（公元 7—12 世纪）

公元 7 世纪初，松赞干布建立了统一的吐蕃王朝。藏文的创制，将吐蕃带入了传播的第二个阶段——文字传播时代。

吐蕃时期的媒介形式主要有：书籍——无疑以佛经为宗，

但也有医学等应用方面的书籍；简牍——将征兵、户籍、粮草劳役和各种会盟资料等刻于竹木，进行有效传播；石刻——刊载盟誓、纪功、述德、颁赏、封赠等内容。碑石固为永久存留，但还有“为令众人普遍知晓计”的传播功能，可视之为凝固的“报纸”。

吐蕃还开辟了以驿站为主的信道。当时的驿路有东北路（长安—逻些）、西路（蜀—藏）、西南路（滇—藏）和“大区域信道”（逻些—后藏—泥婆罗、天竺）四条。

3. 元明清时期西藏的信息传播（公元13—19世纪）

从13世纪开始，西藏纳入中央政权管辖，成为中国的一个地方政权。

开辟了特色独具的信息传播渠道——驿道和“茶马古道”。元代进藏驿道基本可以分为南北两条线路。至于明朝，“复置驿站，以通西域之使”，主要有青藏道、川藏道。清朝沿袭了元明时代的驿传制度，有康藏道、青藏道和滇藏道三条驿道。另外，清政府为防止准噶尔等外族异邦的侵略，开通了西藏与达旺（不丹）、克什米尔（印度）、加德满都（尼泊尔）等周边诸地之间的“大区域信道”。早在唐朝时，吐蕃和内地间就已经开设以川滇之茶和西藏之马交易为主要内容的“茶马互市”。宋代进一步发展，至明清时达致繁荣，成为西藏和中原进行经济交流、信息传播的重要纽带。茶马古道主要有川藏、滇藏两条线路。

出现了身份特殊的信息传播者：西藏朝贡使者和清王朝驻藏大臣。

文字传播空前发展。在封建割据时期，文告常常被宗教界和各级政权用来公开传达教派的意志，颁布政令和法则。自元朝开始，蒙古中央王朝开始直接管辖西藏，文告成为传布政令、广告于民以管理地方的重要方式。至于清朝，清政府通过发布各种文告，将治藏政策和各种内容广告于官民。中央政权对西藏的管理进入了较为完整、规范的阶段。如乾隆五十八年（1793），清廷颁布《藏内善后章程二十九条》，“由驻藏大臣衙门翻写蕃字，刊刻出示，在前后藏各处张挂，晓谕穷乡僻壤”。

在西藏古代信息传播中，有一种具有刊物的内容和发行特点的文集——“书册”，亦具大众传播特性。如驻藏大臣张荫棠在其亲自撰写并译成藏文刊布发行的《藏俗改良》中，提倡一夫一妻制、每月洗浴一次、在白昼以生产代替诵经、儿童学习汉语、小孩周岁必种牛痘等。

在吐蕃以后的历史年代，碑刻依然作为一种传播的方式而绵延不绝。如镌刻于乾隆末年的石碑，记载了清军抵抗外国侵略、制止西藏内乱等方面的重要内容。

第二阶段　西藏近现代的新闻传播（1907—1951）

从1907年《西藏白话报》创刊，至1951年《新华电讯》《草原新闻》创办，形成了西藏近现代的新闻传播事业。

1. 报纸

西藏本土的报纸仅有《西藏白话报》一种。它是西藏近现代，也是西藏历史上最早的报纸，由清政府驻藏大臣联豫于光绪三十三年（1907）于拉萨创刊。它以“爱国尚武开通民智”为宗旨，主要刊登清朝中央以及四川、西藏的公牍、各省官报与中外报刊文章摘要，又有政论文、中外新闻。官办，旬刊，年出30本，宣统三年（1911）停刊。西藏博物馆现存有宣统二年（1910）八月印刷的第21期《西藏白话报》共7页，笔者亲手翻检并拍摄有照片。

在西藏区域以外，1912—1949年间，全国有涉藏报纸杂志87种，对西藏地区产生过有限的影响。主要分布在有藏族活动的青海、甘肃和西康等省区，以及首都南京和毗邻西藏的四川省。

《藏文白话报》当是祖国内地涉藏报纸杂志中对西藏影响最

大的一种。由蒙藏事务局主办，1913 年元月创办于北京，月刊，主要收藏于中央民族大学图书馆，西藏档案馆也存有“中华民国”二年（1913）七月七号实物，笔者亦亲手翻阅并有实物照片为证。其办刊宗旨是主张民主共和、维护祖国统一、提倡民族平等、共建中华等。栏目主要有：《图画》《法令》《论说》《文牍》《杂录》《答问》《小说》《专件》《要闻》《广告》等。

需要说明的是，在西藏和平解放前，拉达克人塔青在印度噶伦堡编印一种藏文小报《西藏镜报》，在藏拥有极有限的读者。该报在印度有部分收藏，大部分则收西藏于美国耶鲁大学的贝尼克图书馆。

2. 广播

抗日战争爆发后，蒋介石派遣人员在藏建立了通讯电台。1934 年，黄慕松率国民政府代表团在拉萨设立无线电台。在 20 世纪 40 年代前期，美英政府向西藏赠送了若干无线电台和接收台。

英国人福特从 1948 年开始，在西藏建立了拉萨、昌都、那曲、阿里、亚东 5 座通讯电台。1949 年建立“西藏广播电台”。由于用柴油机发电，功率小，而且只有少数贵族才有收音机，故对西藏的影响极为有限，主要是对外广播。

在这一时期，西藏虽然也出现了一些典型的新闻现象和模式，出现了一些政治色彩强烈的新闻媒介，但就总体而言，既未能形成体系，又不具备连续性，影响力极为有限。虽受西藏域外媒体影响，但自身基本是孤立发展的。不过，这一时期的西藏新闻传播却在中国新闻史上占有醒目位置（《西藏白话报》是中国最早的藏文报纸）。

第三阶段　西藏当代新闻传播（1951—2000）

从 1951 年开始，西藏新闻传播进入当代阶段。自 1951 年十八军在进军途中创办油印《新闻简讯》开始，西藏当代新闻传播的帷幕就徐徐拉开。它走过了“确立期”“初步发展期”“曲折发展期”“完整期”“跃升期”等五个主要阶段。这是西藏新闻传播最全面、最发达和最重要的历史时期。

——“确立期”（1951 年《新闻简讯》创办—1959 年西藏平叛改革）

在这一时期，西藏当代报业和广播事业的基本框架先后确立。1951 年，人民解放军第十八军进军西藏的途中创办了《新闻简讯》和《草原新闻》，成为西藏当代报业的两支源头。在此基础上，西藏第一份现代日报《西藏日报》（藏汉文版）于 1956 年 4 月 22 日在拉萨创刊。西藏当代报业基本建立起来。1953 年 10 月 1 日，西藏第一座有线广播站——拉萨有线广播站正式播音。1959 年元旦，拉萨人民广播电台建成播音。这标志着无线、有线广播在雪域高原分别诞生，西藏人民广播事业的框架基本建立。其间虽历经了自 1957 年下半年开始的“大收缩”的冲击，但至 1959 年民主改革开始后，西藏新闻传播事业又进入了全面发展的历史阶段。西藏当代新闻事业的基本格局就这样建立起来。

西藏新闻传播事业在它的确立阶段，就基本形成了自己独特的品质和框架。报纸和广播电台具有突出的政治色彩，成为宣传党和国家民族政策的主导新闻媒介；在西藏主要媒介，其机构由中共和西藏地方各方政治力量共同构成，显示出突出的统战意识；更为重要的是，根据西藏民族区域特点，新闻传媒开拓了既不同于青海，又不同于新疆的传播语言系统，建立了“以藏语为主，藏汉兼顾”的“藏汉双璧”的传播格局，使之成为西藏新闻传事业的基本传统；西藏新闻事业的建立，得到了中央人民政府和全国人民的大力支持，体现出民族团结和国家统一的巨大优势；针对民族地区文化教育落后的实际，创造了一系列形象化的传播报道模式，成为西藏新闻传媒独立品质的一个重要组成部分。这一时期的新闻事业的建立以及形成的基本格局，对西藏新闻事业发展具有奠基意义。

——“初步发展期”（1959年西藏平叛改革—1966年“文化大革命”）

从1959年3月平叛改革开始，到1966年“文化大革命”烽火燃起，西藏新闻事业抓住良好的发展机遇，不仅在整体上得到全面恢复，而且全面发展，形成了罕见的兴旺局面，成为西藏新闻事业发展史上快速发展的重要历史时期之一，也是重要的转型时期。《西藏日报》经过恢复、发展，不仅在规模上达到历史最高水平，办报设备和质量也显著提升，影响力大增，进入全面繁荣阶段。由于尚未有其他报刊创办，《西藏日报》就成为西藏报业的全部和真实的写照。在这一时期，广播事业也获得了突破性发展，地市、县有线广播体系基本建立，西藏广播事业局成立，广播管理机构基本框架确立，广播内容和形式丰富化，并成为转播中央人民广播电台，传达党和国家声音的主渠道。需要指出的是，新闻纪录电影也成为西藏新闻传播的独特媒介。

——“曲折发展期”（1966—1976年，“文化大革命”时期）

“文化大革命”在整体上给西藏新闻传播事业造成了巨大破坏，但由于政治因素的推动，在某些方面和领域获得了较为明显的发展。《西藏日报》屡经夺权之害，发展极不稳定。由于政治运动的直接冲击，报社人员流失严重，报纸基本处于“维持”状态。当时出于政治宣传和维护国家统一的需要，广播事业建设依然保持旺盛的发展势头，1969年，拉萨工布堂试验台建成，1970年，606转播台开始修建，1976年基本建成试播，使西藏人民广播电台可以覆盖全区大部分地县，并能转播中央台第一、第二套节目。同时，西藏电视事业开始起步，1976年9月，西藏电视台筹备组成立。“文化大革命”10年，西藏新闻传播事业经历了曲折发展的特殊历史时期。它留给未来的不仅是教训，还有事业建设方面的若干进步。

——“完整期”（1976—1994 年）

在“文化大革命”结束，国家实行改革开放的发展战略以后，西藏的新闻传播事业也获得了全面发展的重要历史机遇。从 20 世纪 70 年代后期到 90 年代中期，在将近 20 年的时间内，西藏构建了新闻传播事业的完整格局，标志着西藏现代传媒体系的建立。1985 年西藏电视台正式成立，标志着西藏电视事业的建立，西藏传播格局实现了重大突破；1979 年，随着《西藏科技报》的创刊，西藏专业报纸和地市报纸纷纷出现，各类刊物也先后诞生，西藏报刊业发生了质的飞跃，单一的机关报格局被打破，较为完整的报刊体系逐步建立，使之成为西藏历史上报刊种类和发行量最多的时期；广播破除极“左”思潮影响，从节目内容到形式空前活跃和繁荣，影响力大增；对外交流形式多样，呈现出极为活跃的局面，西藏新闻传播的封闭状态逐步成为历史；新闻改革加快步伐，媒介的信息传播和社会监督功能得到有效发挥；广播覆盖率由 1978 年的 18% 提高到 55%，电视台覆盖率由 1978 年的 8% 达到 1995 年的 50%。报纸的发行量创造了西藏的历史纪录，如《西藏日报》1978 年的发行量为 66807 份（其中藏文版 24684 份，汉文版 42123 份），接近 7 万份，媒介影响力日益提升，但挑战依然存在。这一历史阶段，既是承先启后的转折期，更是重要的发展和完型期。

——“跃升期”（1995—2000 年）

进入 20 世纪 90 年代中后期，西藏新闻事业进入全面发展阶段，传媒构架进一步突破和调整，宣传和传播水平明显提升，媒介地位更加彰显。

有线电视（1995 年）和网络新闻传播（20 世纪 90 年代后期）加入西藏传媒行列，西藏第一份都市报纸——《西藏商报》试创刊（1999 年），西藏传播格局实现重大突破，在更广阔的背景上构建成完整体系。

以西藏广电中心、传输中心建成为标志，西藏实施了诸如“村村通”工程、600座乡级太阳能广播电视收转站工程、“西新工程”、“三区工程”（新疆、西藏、内蒙古等少数民族自治区）、西藏自治区“大庆工程”等重大工程建设，广播电视事业建设取得历史性成就。新闻改革深入推进，确立了广播电视事业优先发展战略。

西藏第一家都市类报纸——《西藏商报》创刊，地市报纸阵容继续扩大，逐步建立了西藏好新闻评选等有效的评价机制，使西藏新闻传播从格局到传播方式和内容等，均取得了重要进展。西藏新闻传播的传统优势继续得到传承，现代传媒在保持西藏团结稳定、推动西藏文明进步等方面发挥着巨大影响力；西藏新闻传播业加快了走向全国、面向世界的步伐，影响力日益扩大。

对于不同的传播媒介而言，随着西藏经济社会的发展和新传播技术的运用，报纸、广播和电视三大传播媒介也先后诞生并独立起来，从而确立了西藏新闻传媒的基本框架。同时，在20世纪末期，新型的网络传媒在遥远而神奇的雪域高原问世，大大拓展了西藏的新闻触觉。

——报纸：1951年，人民解放军在进军西藏途中创办《新华电讯》《草原新闻》，成为西藏当代新闻事业的先声。1956年4月22日，西藏第一份省级报纸——《西藏日报》藏文、汉语版正式创刊。1979年，《西藏科技报》创刊，西藏开始出现了专业性和对象性报刊。1985年7月1日，《拉萨晚报》创刊，标志着西藏地市报刊的诞生。2000年，《西藏商报》正式创办，西藏真正意义上的大众报纸面世。到2000年，西藏公开发行的报纸有18种，刊物34种。

——广播：1959年元旦，拉萨人民广播电台正式播音。到

2000年，西藏有电台2座，广播覆盖率达到77.7%。

——电视：1985年8月20日，西藏电视台正式成立。到2000年，西藏有电视台3座，电视覆盖率达到76.1%。

——网络：在20世纪中后期，西藏很多机关、学校都建立了自己的局域网，创办了“西藏网”“西藏信息港”“西藏在线”等十多个网站以及一批互联网频道网页，《西藏日报》《拉萨晚报》等报纸先后创办了电子版。新华网、人民网、新浪网等设置了西藏网页。

（二）“论”的层面

即横向的专题论述。笔者试图将西藏新闻传播发展过程中具有重要意义的若干方面列为专题，集中叙论，以开拓历史的深度，与纵向的历史叙述相为映照，突出西藏新闻传播的特点。本书选取在西藏新闻传播事业发展进程中具有特殊意义和影响力的五个方面展开述论：西藏的对外新闻传播、西藏和平解放以来的新闻教育、西藏藏文传媒形态、西藏电影传播以及全国新闻援藏。

需要特别说明的是，作为一部拓荒性著述，它的研究虽然具有一定的原创性，但同时也意味着不可避免的缺陷和漏洞。为使关注中国少数民族新闻传播事业及区域新闻事业研究的专家学人能够直接考察西藏新闻传播事业，并在此基础上继续进行这项有意义的研讨，本书将在篇末附录一些相关文献资料，包括各类报刊的创刊词、报刊目录、文章、文件、图表、大事记等，以供参考。

三

在中央的关怀和全国各地的大力援助下，经过西藏新闻传播界的艰苦努力，西藏已经建立起以拉萨为中心，辐射各地市，藏汉语“双璧”，比较现代化的新闻传媒体系，同时，受各种历史和现实环境的制约，西藏的新闻传媒又表现出突出的局限性和较大的拓展空间。

——具有国际化影响力

西藏在国家战略格局中的特殊地位，使之成为国内外新闻传媒关注的热点地区。藏学演变为国际显学，更强化了国际传媒对西藏的关注度。发生在西藏地方的新闻，往往会成为国内国际新闻传媒的头版头条。这就形成了西藏新闻传播的巨大优势，同时也决定了地方新闻传播政策的严谨性。

——保持强烈的“宣传”色彩

西藏在国家的政治、历史、地理、国防格局中一直占有特殊的地位，新闻传媒的第一要务就是要充当党和人民的“喉舌”，维护国家统一和民族团结。西藏新闻传播事业的创建，往往是西藏历史变迁的产物，而新闻自身因素的作用并不十分明显。新闻更多的使命是宣传中央政府治藏政策，为西藏稳定、发展服务。这种突出的政治宣传责任，既构成了西藏新闻传播的一大特点，又成为新闻传播发挥信息功能的难题。

——以藏语为主、藏汉并举的“双璧式”新闻传播格局基本形成

为适应民族自治地区特殊环境，满足藏、汉各民族的信息需求，西藏新闻传播界一直坚持“以藏语为主，藏汉并举”的传播语言使用准则。西藏的主要媒介一般均使用藏、汉两种语言进行传播。广播电视设有藏、汉语两种频道，或在汉语节目中增设藏语节目；一种报刊一般发行藏、汉语两种文字出版物。即使在地市报刊中，也出版藏、汉两种文本，形成了西藏新闻传播的突出特点。

——民族新闻事业基本建立，但影响力有限

西藏主要媒体的传播语言不仅实现了藏语化，而且主要传媒

机构拥有以藏族为主力的新闻工作者阵容。如在西藏最大的报纸《西藏日报》，有藏族编采人员148人，占77%。即使在汇集现代高技术的广播电视行业，藏族也占有多数。但民族新闻事业困难重重，传播效能有限。

——实行国家化政策和地方化发展相结合的发展战略，但整体依赖性较强

西藏古代和近代新闻传播的脆弱和非连续化，完全是由西藏地理、经济环境的巨大局限性所决定的。同样，西藏要在极端落后的社会和经济基础上独立建立现代传媒体系，基本没有可能。由于受自然环境和经济发展之限，西藏不可能独立创办自己的新闻传播事业。国家和各省市对西藏新闻传播业的有力援助，是西藏建立现代新闻传播业的基本保障，尤以广播电视业为最。通过“三区”（西藏、内蒙古和新疆维吾尔自治区）、“大庆”“西新工程”（西藏、新疆维吾尔自治区广播电视建设）和全国广播影视系统的对口援助，西藏广播电视业建立了基本的框架并获得迅速发展。正是在中央政府和各省市的直接援助下，西藏才诞生了自己的报刊和广播电视。在各项传媒事业的重大建设投资中，西藏地方的投资并不占主体。特别是在以高投资、高科技为主导的广播电视领域，国家和兄弟省的援助无疑是主体。没有国家和全国的援助，西藏的新闻传播事业就不可能建立起来。西藏的广播电视建设，实际上是倾全国之力在西藏培育的现代文明工程。在相当长的历史时期，西藏很难从根本上摆脱这种依赖性。但是，这种援助并没有使西藏地方传媒的发展模式和品性与全国“同化”。在国家提供的资金和技术援助的基础上，西藏新闻传播业自主选择自己的发展方向和体系。为西藏新闻传媒的建立和发展提供物质、技术和人力支持的“国家化”政策，与适应西藏传播实际的“地方化”战略，共同构成了西藏新闻传媒生命力的两根支柱。

——形成了现代地方传播体系，但发展不均衡

从1953年拉萨有线广播站建立至今，经过半个世纪的努力，西藏基本建立起了自己的新闻传播体系。除各类省级报纸外，各地市也基本创办了自己的报纸。广播成为覆盖面最广的新闻传播媒介。在西藏的主要城市，居民通过有线电视系统，可以看到30余套卫视节目。西藏也已经建立了一批地方性网站。西藏新闻传播事业成就卓著。至2000年，西藏全区拥有4家出版社（其中图书2家，音像2家），18种报纸（其中藏文7种、汉文11种），年总发行量为2797.78万份，人均11份；34种公开期刊（其中藏文14种、汉文20种），年均发行67.12万册，每4人拥有1册刊物；内部报刊100余种。初步建立了由报纸、期刊、图书、音响、电子出版物构建的现代新闻出版体系。在广播电视建设方面，全区建成无线广播电台2座，无线电视台2座，有线电视台1座，广播发射台（转播）46座，电视转播台（差转）647座，卫星地面接收站2871座，广播人口覆盖率达到77.7%，电视人口覆盖率达到76.1%，西藏7个地市的75个县和乡所在地都能看到电视，听到广播。共有238个电影管理机构，534个放映单位，超过9300个放映点，覆盖全区872个乡、7220个村。基本建立起了无线、有线结合，广播、电视、电影并举，以城镇为核心，覆盖广大农牧区的广播电视传播网络。然而广大农牧区特别是边境地区由于地广人稀，居住高度分散，自然环境恶劣，交通不便，有30%左右的地方收看不到广播电视节目。在一些地方，“日报”被延迟为“周报”“旬刊”“月报”。这正是西藏新闻传播的真实性所在。

——新闻市场逐步开放和扩大，但市场化程度很低

20世纪90年代后期以来，西藏新闻市场开始发育起来。如街头售报（刊）亭逐步增加，并开始出现了一些游动的报贩，推销《南方周末》《成都商报》《拉萨晚报》《西藏商报》《西藏广播电视报》等区内外报纸。《西藏青年报》作为第一家走出西

藏的报纸，在成都进行了开拓西藏的新闻传播市场的尝试。《西藏日报》《日喀则报》虽拥有数量不多，但覆盖面较广的区外读者。然而，西藏新闻传媒的市场化程度极为有限，西藏传媒基本实行行政管理体制。而经济的不发达直接制约了报纸广告投入量，使传媒缺乏强力经济支撑。西藏电视台每年的广告收入仅300万元，西藏人民广播电台每年的广告收入也只有50万元。全区报纸广告收入一般在400万元。有些报纸没有任何广告收入。城市规模小、文化教育程度低，也直接限制了媒介的规模。除《西藏青年报》外，在西藏域内出版的报纸，单个发行量的最高纪录仅仅是2万份（以藏语或汉语单语统计）！祖国内地的报纸在西藏的售价一般是原价的2—5倍，即使本地的报纸，售价也要高出内地同类报纸许多。

——传媒生态环境具有明显的封闭性，但正逐渐实现开放

西藏封闭的地理环境、历史形态和文化生态，事实上给西藏新闻传播事业的发展带来很多局限性，迟滞了其迈向现代化的进程，但同时也成为激发对外交流和传播的强烈愿望的内在驱动力。从古代到现代，西藏新闻传播始终在顽强地保持“外向”的种种努力。特别是西藏和平解放以来，为了促进外界尤其是国外对西藏的了解，同时扩展西藏的视野，加快西藏社会进步的步伐，一批批记者进入西藏采访，而西藏也派出了自己的记者走出青藏高原。西藏还建立了对外藏语广播。多种形式的对外新闻传播，促进了彼此间的信息交流和了解，使西藏在历经千年封闭和神秘之后，逐渐融入现代文明之中。

四

关于西藏新闻传播发展史的探讨，具有直接的现实意义和特别的学术价值。

在我们对西藏新闻传播史的研究中，不仅会理清历史的发展轨迹，同时更有可能总结西藏地方新闻传播的规律，特别是现代传播史的梳理，对西藏调整传媒发展战略，突出特色，实现传播效应的最大化，促进西藏超常规发展，维护国家统一和民族团结，具有多层面的参考价值。

从学术层面来看，该项研究会填补中国民族新闻传播史、地方新闻传播史研究的空白，使中国新闻史体系更趋于完整化和科学化；对于关心西藏神秘文化一样热情关注西藏新闻传播的学界而言，这种探索同样会引起人们普遍的兴趣；还需要指出的是，这项探索还会加快西藏新闻界融入国家乃至国际新闻传播领域的步伐。

上编：西藏古代的信息传播

[原始社会—1907 年《西藏白话报》创办]

以世界屋脊著称的青藏高原，同样是人类文明的发祥地。

青藏高原在远古时期实际上是一片人类生息繁衍的乐土。在距今 6—2 亿年前的古生代时期，青藏高原却是汪洋大海。直到 3000 万年前始新世末期爆发的喜马拉雅造山运动，才使现在的青藏高原隆出海面。上新世时，喜马拉雅山的高度仅仅为 1000 米左右，比现在的平均高度 6100 米要低得多，这使得温度降低值达 20℃，目前的降水量仅为原来的 1/7。科学考察证明，其时的青藏高原气候湿润炎热，是热带森林和稀树草原景观。

青藏高原的隆起是一个极其缓慢的过程，经过人类数千代的变换生成。由于时间极其漫长，我们就很难觉察到一代代人类之间体质方面的微妙变化，我们只能说：人类在如此遥远的时空中，使美丽的生命逐渐适应了不断发生着微妙变化的气候环境。当环境越来越严酷和苛刻时，生生不息的藏人先民已经难以脱离这块土地远走他乡。他们的体质、生活和生产方式，已经和青藏高原融为一体，不可分离，除了让生命在此绽放奇异的光彩，已别无选择。藏族人民就是这块土地的开拓者和真正的子孙，是青藏高原的主人。

早在旧石器时代，西藏就有原始人类活动。在藏族神话传说中，认为藏族最初由“神猴”和“岩魔女”结合而诞生。相传这些最早的原始人类，居住在今西藏雅鲁藏布江南岸泽当一带的雅隆地区，后来分成六个氏族，以采撷为生，过着原始生活。藏族一直自称为“蕃”，唐代汉译为“（吐）蕃”。汉文典籍将青藏高原各部族最早泛称为“西羌”。事实证明：藏族先民自古以来就活动于青藏高原之上，长期与祖国西南各部族融合，发展形成了分布于今西藏、甘肃、青海、四川和云南等省境内的藏民族。

西藏古代的信息传播范畴，应当始于原始社会，即新旧石器时代，止于20世纪初，即1907年《西藏白话报》创办之前。西藏社会发展历程与祖国内地迥然不同。从信息传播发展状况来看，突出形成三个阶段：1. 史前阶段——西藏原始社会；2. 吐蕃阶段——奴隶制高度发达的时期；3. 封建农奴制阶段——包括封建割据时期和元、明、清时期。西藏原始信息传播形态迥异于后，并具有高度的独立性和完整性；吐蕃时期虽未出现与祖国内地“邸报”类似的古代报纸，但就传播状况而言，繁荣而独特；在吐蕃以后漫长的历史发展过程中，各个历史阶段——包括封建割据时期和元、明、清时期，实际并未表现出多少区别性，故将其归为一个阶段，概而述之。

总之，西藏古代的信息传播，虽没有出现中国和世界新闻史上典型的形态，整体不发达，也不具有历史完整性，但是，如果认真梳理，还是会发现若干典型的信息传播现象，显示出逐步向近代新闻传播过渡的轨迹，地域和民族特色突出，具有不可忽视的价值，并与西藏近现代新闻传播之间存在着某种关联。这样，就体现出西藏古代新闻传播研究的必要性：它既是西藏整体新闻传播史的一个重要组成部分，也是西藏新闻传播现状的历史依据。由于资料匮乏，我们远远不能更真实、更完整地揭示西藏古代信息传播的全部存在。这种遗憾，反过来凸显出西藏古代新闻传播研究的必要性。

第一章　西藏原始的信息传播现象

［原始社会——公元7世纪吐蕃王朝建立］

在旧石器时期，青藏高原就已经有人类活动的踪迹。而在更为遥远的年代，这里气候温暖，水草丰美，很适合于原始人居住。藏族先民们就在这里生活，并创造着原始文化。考古发现和有限的典籍记载，为我们了解原始人的信息传播活动提供了宝贵的依据。

大众传播学理论告诉我们：人类传播史与人类历史同步。当人类出现之时，就是传播活动产生之际，二者如影随形。西藏也不例外。原始人为了生存，就必须与大自然进行斗争，他们必须能够逐步理解和接受自然界发出的信号，在不断的相互交流中，建立与自然之间的一种和谐关系。同时，人们也逐渐意识到个体力量的弱小，于是便寻求同伴的支持和帮助，结成部落，彼此沟通，共同解决生存大计。在语言产生以前的漫长的时期里，人类祖先经历了原始传播时代——口语传播时代，即“前语言传播时代”。这时的人类传播，实际与一般动物并无多大区别，仅仅只能维持“亲身传播”。大家只能依靠动作、声音、吼叫、信号或其他简单音节传递信息，协调采集和狩猎活动，表达喜怒哀乐的感情。

语言的产生是人类摆脱动物状态的决定性一步。人类独一无二，将自己与任何聪明的动物完全区别开来的符号体系。语言使人类彻底完成了从猿到人的转变。语言还使人类紧密合作、进行复杂的思维成为可能，大大加快了人类脱离野蛮，走向文明的历史进程。语言为人类传播实现革命性跃升奠定了伟大的基础。但是，语言转瞬即逝的局限性，使其难以保持记忆。于是文字出现了，它不仅使传播变得规范和广泛，而且传播的方式也实现了多样化。文字不仅成为传播媒介，同时也是传播的记录符号。语言和文字的出现，被誉为是人类历史上最早的两次信息或传播革命。人类进入了传播史上的第二个时代——文字传播时代。

人类文明史告诉我们：人类诞生于100—400万年前，而原始语言的出现，可能在10万年前，语言出现则在2—2.5万年以前。语言出现的历史不可能被准确记载下来，但文字的出现则有案可稽。按照一般的规律，人类在原始社会末期就创造了文字，进入“文字传播”时代。学术界大多认为：藏文是公元7世纪时松赞干布的大臣吞弥·桑布扎借鉴当时梵文体系的某种字体创制的。但还有一种看法，认为在7世纪以前，西藏已经有了藏文——象雄文。据传，在公元前十几世纪，象雄王朝就已经存在于青藏高原。从象雄古籍推断，鬼氏部族占领高原中部地区以后，一部分穆族人向西逃到冈底斯山西面，以山为屏障定居下来，西征西域，建立了“象雄王国”。苯教创始人辛绕为实现教义经典的传播，就汲取邻近地域文字的特点，创造了一种堆集形式的文字，被称为“达斯邦文”（“达斯”即“大食”）或“玛尔体文”。“达斯邦文”在字母、音节和组词方式上与当今藏文有不少关联，说明“达斯邦文”与藏文有渊源关系。据学者研究，至少在吐蕃第一代赞普聂赤赞普以前，“达斯邦文”已经被用来翻译苯教经典。在吞弥·桑布扎创制藏文以前，即松赞干布以前，已有32代赞普的历史被记录下来，如果没有一种文字作为载体，这种现象就无法解释。由此，我们可以初步得出结论：这种流行于今阿里地区的“象雄文字”，虽不完备，使用范围和区域并不广泛，但它在公元7世纪以前已经产生了，并用于巫师、苯教徒书符、画咒、记载教义之用，就是藏文的雏形、蓝本，为藏文规范化奠定了基础。如果这个推断成立，那么，在原始社会后期，西藏也逐渐进入了大众传播的第二个时代——文字传播时代。这与整体人类传播进程并无二致。

第一节　西藏原始信息传播的媒介分析

人类在原始传播时代，并没有表现出多大的地域和民族区别性。不论哪个民族，又是在何种不同区域，总是显示出诸多普遍性。根据有限的考古和典籍记载，我们可将西藏原始信息传播媒介归为五类：

一、声音传播

原始人类在声音传播方面，可分为两类：一是“击发”类。通过打击（拨动、吹奏）不同器物（乐器）发出的特定声音，传递包含特定内涵的信息；一是“口传”类。由口直接发出特殊的声音，传递特别的信息。

所谓“击发类”，包含的器物较多。击鼓、吹螺号是西藏历史上普遍采用的传递信号的方式，而且在军事和宗教领域广泛使用。以寺庙为例，首先是管祭品的却本喇嘛在聚会时间以击锣或吹螺号发出信号，方式很独特，一般是击三次或吹三次，每次击或吹，比平时击或吹的时间要略长，从第一次击或吹到第二次的时间，与从第二次到第三次的时间基本相同。

在跳羌姆时，总是随击鼓、奏乐、吹螺号的声音而起舞，发出什么声音就跳什么舞步。

在多麦地区的个别地方，家中老人送葬时，吹三次螺号向亲戚、邻居和村民发出信号，吹第一声时，村中参加送葬的人从自己的家准备向亡人家走（出发），吹过第二次螺号，送葬者必须到亡人家吊唁，吹过第三次螺号，开始出殡，僧人诵经，祈祷亡者早获超脱。在今天，这些习俗依然被保持着。个别地方村中集会时仍然以吹螺发出信号。

在英雄史诗《格萨尔王传》中，记载了击鼓、吹螺号传递军事信息的情况。《霍岭大战》中描述到：一个人将螺号吹响，集合全帐人马，大家备鞍、备饭，驮子驮在马背上，每人牵马而立。之后，发出小鼓的声音，三军将领各个手持长矛列立队前，王子们随后，士兵们团结一致。《门岭大战》说，次日太阳升起的同时，军螺号吹响，将士集合，用足饮食，驮好驮子，安好鞍子，唢呐声响，岭国的沃布阿努巴桑等五位大臣，从岭国中部合霍尔日塘带领三十万大军，来到夏尔宗达姆日扎和达江岗玛森扎营。从上述两段描述中可知，以声音传递信号的方法，已在军事行动中得到使用，而且获得进一步发展。第一次吹军螺（号），第二次吹唢呐，第三次击小鼓。谚语说道：敲击不好听的大鼓，吹奏不悦耳的海螺，升起不好看的大旗，击打不常用的大鼓，吹奏不常用的海螺，晒起不常用的大旗，周围的僧俗群众就会明白它们的意思，立即聚会，这是向远处传递信息的方法。

在《格萨尔王传》中，岭国规定了一套完整而灵敏有效的联络信号，以海螺、锣鼓、长号等发出的声音联络部队："出征时以海螺声为准/射箭时则要听锣鸣/挥刀时长号为命令/投掷长矛时听小鼓声/往后撤退听喇叭鸣/合击时听从小鼓变调/同时听从海螺声/不许单独逞英勇/不许怯弱而后退/不许掉队后边走/谁向后逃用刀劈/不许随便乱说话/保持庄严与肃静/浓雾起来喊'勾'声/碰到河水喊'索'声"。它们实际成为部队统一的指挥信号，借助特殊的声音规范部队行动，进退一致，保证战争取得胜利。

《北史》记载：蕃人"好歌舞、鼓簧、吹长角"，鼓簧就是在下达出征的命令，吹长角则是边情告急的信号，主要用于国防和军事。

以前，在多麦芒康地区一个叫“岩村”的地方，村民与土匪之间发生大规模战斗，村中居民除了齐心协力修筑坚固的城堡外，还设立了瞭望哨，一旦发现匪军的踪迹，哨兵就会吹响牛角号，村民听到信号立即集合展开反击，使土匪的阴谋不能得逞。这实际也是先祖传递信息的一种承传。

口传新闻是最早的新闻形式，一般通过谈话的方式传递新闻信息。在原始社会时期，各部落为了生存，就需要不断收集外界的信息，开展互相间的信息联系，原始的新闻和新闻传递就这样在大小部落和部族之间产生和发展。氏族时期，各部落的经济实力和领地辖区不同，争夺疆界的冲突日渐激烈，部落之间对信息的需求就大幅度增加。

《王统世系明鉴》就记载了这样一个故事：止贡赞普被魔鬼蛊惑，让他的大臣罗昂木达孜作他的决斗对手。罗昂木达孜虽然不理解赞普为什么让他作为决斗对手，但还是不得不答应下来。赞普派遣宁几纳桑玛神犬前往罗昂木达孜处刺探情报，被罗昂木达孜识破。于是，他就放出假话，说后天赞普就要来杀我，不带士卒，头系黑绫，额挂明镜，右肩挂狐尸，左肩悬死犬，挥剑绕头顶，灰袋置红牛背上，我实在不是赞普的对手。神犬将罗昂木达孜的话如实地传给赞普，赞普果然按照罗昂木达孜所说的那样装扮，前来决斗，忽然狂啸声四起，红牛惊逸，灰袋被剑刺破，飞扬障目，狐尸使战神被秽而遁，犬尸使阳神被秽而逃，舞剑绕顶砍断天绳，这时，罗昂木达孜对准赞普头上明镜发射一箭，赞普遂中箭身亡。这虽是一个带有神话色彩的传说，但却很明确地说明：一个假信息就会将人置于死地。而这个重要的信息，是通过语言传递到他的敌人那里去的。据日本学者的研究，藏族口传新闻的一个重要方式，是在取水、放牧、聚居时，人们就借此机会进行交谈，向大家传递自己知道的新闻，或是从别人那里接受丰富的新闻，实现心理满足，并有助于生产和生活。随着经济交流的拓展，人们口传新闻的集会和区域就大大扩大了。

《格萨尔王传》规定："浓雾起来喊'勾'声，碰到河水喊'索'声。"用喊叫声传递天气和地理信息，便于行军作战。勇士们在要杀向敌军时，就轰然一片"喀喀索索"声，在短兵相接的血光景象中，尽显豪迈和英雄气概。在战场对峙中，交战双方总先要在阵前叫骂一阵，它的主要动机虽然是从心理上压制对方的气焰，但客观上也成为交战双方信息的一种交流，虽然这种信息常常含有夸张的成分。这与中原古代交战的规则基本是相通的。

在部落之间传递信息时，先民利用深山峡谷特殊的地理环境，用在山垭豁呼传的方式，用声音将信息传到很远的地方，差不多可以省去一半的路程。居住在广阔草原上的牧民，便用呼喊驱散野兽，显示力量和勇气。在有的部落，人们习惯于用齐声呐喊，一呼百应来表现众人的团结和不可战胜的力量。

声音常常成为爱情的传情通道。牧区小伙子驰骋在无垠草原上，总是情不自禁地发出"嚯嚯！嚯嚯！"的叫声，男性阳刚之气尽显，而姑娘则以"呵勒勒！呵勒勒！"相对应，悦耳动听的声音变成爱情的动人音符。

在一个部落内部，人们常常用不同频率的声音来传递预先不知道的情况。

声音往往被作为报告危急情况的信号。假如有一家的人进山后半夜未归，那么家人就会发出音频较长的"呜呜呜呜"的吼叫声，别人听见这种紧促的声音，就知道这家发生了不幸的事情，采取救助行动；如果有一家人病危，那么家人就会鸣枪，突如其来的枪声就会将这种突发情况告知他人；若是有人逝世，家人在就在天葬之地唱出一种频率很低的哀歌——"玛尼穷摆"，将噩耗传达四方。

在生产生活中，声音也成为婉转的劝告或调情符号。身在南山坡的牧民发现北山坡的羊在啃吃麦苗时，就发出频率极长的“嘘嘘嘘嘘”声，劝示那里的牧羊人赶快将羊赶出麦地。当山坡上牧羊人看见娶亲队伍或是奇装异服者时，就会调皮地发出“呜嚯嚯”或“嘘—，嘘—”的叫声，相为呼应，娱情作乐，并无恶意。

二、视觉传播

不论是中原腹地，还是青藏高原，与人们生产生活紧密相关的“火”，是信息传播最著名的信号之一。“烽火”是古代远距离传递军情的重要手段。

在原始社会时期，部族之间的战争十分频繁。为了获得战争胜利，最多和最准确地获取敌方的信息，在很大程度上决定着战争的胜败。《旧唐书》记载：“其国人号为赞普……无文字……刻木结绳为约……征兵用金箭，寇至举烽燧百里一亭……”。可见军队当时已经习惯于用燃放烽燧的办法传递敌情。

据研究，篝火和灰尘在战争期间具有重要的信息传播作用。战争一方的一个重要任务，就是要将敌人的行动和野兽的活动相区别，以便准确判断出对方的方位和规模。人们总结了区别两者的基本经验：从远处看，敌人骑兵过后尘土弥漫，连续不断；而野兽奔跑起来的尘土显得较分散，断断续续，左右消散，形体较小。具体到某一动物，则还有区别。野驴形成的尘土一片一片地飘动，野牛过后黑尘滚滚。侦察人员还要善于区分敌人的伪装篝火和营地篝火之间的区别。他们总结出来的经验是：伪装篝火火焰大，能够数出火堆数目，篝火所在地呈灰白色；而营地篝火的特征是地面宽广，火焰时明时暗，星星点点，难以数清，呈红黑色。从辨析篝火一方来看，他们对作为信息载体的篝火的解析和判断力达到了极为细致和准确的程度。同时，站在敌方的角度审视，其伪装技术、能力也能反映出对信息功能的充分认识，以及信息传递的技巧。

三、实物传播

在原始社会，大量的传播载体是可以用考古来证明的“实物”。这些被符号化的东西所传递的信息，虽远不如语言那样详尽和准确，但是，在生产力极不发达的时期，它们却扮演了主要传播者的角色。

1. 石质媒介

在青藏高原，石头是一种极其丰富的自然资源，也是先民们最早使用的工具。假如要说石头是一种最多使用和最普及的传播载体，应该无人怀疑。

在人类早期——原始社会，主要生产工具只能是用石头制作，在考古学上称作“石器时代”。在旧石器时代，石器仅仅是打制的，这是人类发展史上的最初阶段，持续了300万年以上的时间，在人类发展的各个时期，它显得最为漫长。西藏已发现的可能属于旧石器采集点的有5个：藏南定日县、藏北申扎县、阿里日土县、藏北多格则以及藏北各听地点。这些石器所采用的石料一般是片麻岩、石英岩、角岩、燧石等，以单面加工为主，其中相邻两边的错向加工是西藏旧石器文化的一个特点。

大约从一万年前开始，人类进入了新石器时代。它的时间要比旧石器时代短暂得多，但在人类发展历史中占有突出的地位。出现了磨制石器和陶器，打制石器还在使用。西藏的新石器遗址和地点大致可以分为三类：一是细石器和大型打制石器（或单纯细石器）地点。未见陶器和磨制石器。主要分布在藏北申扎、双湖18个地点，黑河、班戈县、普兰县、日土县、吉隆县、聂拉木县以及日喀则地点；二是细石器和陶器、磨制石器共存的遗址。主要是著名的卡若遗址；三是未见细石器的新时期遗址和地点。它们主要分布在昌都小恩达石棺葬，林芝县、墨脱县以及阿里扎达古格王国遗址采集点等。

大量的石器，毫无疑问是漫长的原始社会时期的信息载体和传播媒介。以卡若遗址为例，发掘的石器划分三类：其中大型“打制石器”近7000件，占石器总数的85%。除石核、石片外，还有很多种类，如铲、斧、锄、犁、钻以及切割器、刻刮器、尖状器、研磨器、砍砸器、敲砸器、矛、镞等。“细石器”标本有629件，其中细石核83件，占8%，形状有船底形、楔形、锥形、柱形、龟背形、板块形等。细石叶189件，均为间接法压制产生。细石器377件，计有镞、尖状器、雕刻器、刮削器等。“磨制石器”511件，占6.4%，器形有：斧、锛、研磨器、切割器、镞、重石等。

石器传达了丰富的农业和战争的信息。而且我们从中发现，人们的生产和生活方式逐渐细致化了，因为工具多了，功能也多起来了。同时，它们还是青藏高原和祖国内地乃至南亚、中亚、欧洲、北非等广大区域进行交流的明证。石器就成为原始文明特别是农业文明的信息载体。

在西藏的石质媒介中，还有一种很特殊的“巨石”，也是信息传递的载体。它虽然也是石质，但与新旧石器时代发掘的一般石质工具比较起来，呈现出组合的特点。杜齐教授在西藏西部的几个地点发现了这种特殊的遗迹。它带有巨石石柱，主要是墓葬。它的形状常常是：地面摆着巨大的石块，或一堆，或几堆，被摆成圆形、方形，或直线型。一堆石块中往往有一块或三块较高矗立着的石柱，石柱未经雕琢。如果有三块竖起的石柱，中间一块必然高于旁边的两块。

俄国人乔治·德·劳瑞次在班公湖南面发现了18块平行排列的竖石，每一排的末尾都有一个用巨石排列的石圈，对面是未加工的石料堆砌的祭坛。所有的石头都是从东向西排列着的。劳瑞次还在萨嘎村发现了一块巨大的灰色巨石，它的四角是白色的石英石柱。在丹热雍盐湖附近，劳瑞次也发现了巨石结构。它们环绕着陵墓，从东到西排列成一行，东端有一块巨石，似乎是在向人们表明被葬者头颅所在的方向。

杜齐先生认为，巨石遗迹应该是圣地或墓地的标识，圆圈中央高高竖起的石柱，将这种标识更加醒目化了。它的作用也许是很有限的：仅仅是在举行周期性葬礼仪式时，帮助人们判断墓穴的位置，但它传播的对象却是大众。

2. 衣饰媒介——缨、臂章、帽子

作战要取得胜利，必须依赖于十分灵畅的信息传递。西藏原始人在战争中创造了较为发达的信息传播方式。比如以衣饰区别处于不同地域的部队和不同的作战军团。

古代藏族实行的是酋长领导下的部落兵民一体化军事制度。上马为兵，下马为民，以部落为基本组织形式，部落首领便是军队的将军。为便于作战和指挥，部队就以缨、臂章识别不同作战单位。《格萨尔》中就具体地记述了这种方式。比如在岭国，上岭赛八兄弟“拥有金缨武士九百骑”，“金色臂章作标记”。中岭文部六部落“拥有银缨武士七百骑”，“银色臂章做标志”。下岭木江四部落“拥有螺缨武士五百骑”，“螺牌臂章做标志”。加入岭国联盟的其他部落，也分别以“鹰牌”、“铁牌”、“白绸”、“红尾牌”等作为军团的标识。在霍尔国，在出征的时候，同样用缨、帽来区别不同作战群落：“右翼白缨十万大军”，“左翼黄缨十万大军”，“中央黑缨十万大军”，“奔巴部花缨十万大军”，“日巴部绿缨十万大军”，“塘巴部青缨十万大军”，“噶尔哇铁缨乌帽部”，“年加说绫虎帽部”，“更尕白布豹尾部”。

在茫茫人海中，在复杂多变的战场，正是借助于缨、臂章和帽等衣饰，才能将庞大的部队结构显示出来，在士兵和指挥官之间，部队内部之间传递着整体运动的消息，以便互相呼应，取得整个战争的胜利。这种军队标识方式，在近代各国正规军中普遍实行过。在第一次世界大战以前，欧洲、中亚各国大都以地域、衣帽作为军团标识，传递军队动态消息。

在恋爱婚姻中，个人间的信息交流，也常常以实物作为凭借，传达微妙复杂的情感。男女青年恋爱时，女方向男方赠送彩色靴带，表示她对男方的爱慕之情；男方抢女方的头帕，传递了男方对女方的倾慕；媳妇回娘家时，男方若在媳妇乘骑的马上拴上扫帚，就表达“扫地出门”之意，而赠送哈达，则是表示尊重、敬慕的美意。

3. 旗帜媒介

在原始游牧部落，旗帜在军事活动中发挥着极为重要的作用。它首先要向部队传递进退命令，自军官到士兵必须绝对服从，违者就要受到严厉处罚。军旗一般为四方形，黄底，四边镶以红布，也可用白、黑色。旗帜的飘带上中下分别为蓝、白、黄三色，以象征天、地、地下。也有无飘带或三角形的情形。旗帜上需绘天神以及守护神像。大队集合时，每一大部落各执一种不同颜色的旗帜，部队出动时，以呐喊“格”声并摇动旗帜为信号。

4. 信号媒介——金箭

在原始社会，部队作战还用射金箭的方式下达动员令，实现上下之间信息的沟通。在《旧唐书》中就有“征兵用金箭”的记载。据推断，这种传达信息的形式，应该在松赞干布之前一千多年的时候就已经在使用了，它有点类似今天部队使用的“信号枪”。

5. 器物媒介——陶器、骨器

陶器和骨器一般是新石器时代的产物。在 20 世纪 70 年代西藏首次进行的大规模的考古发掘中，人们从昌都卡若遗址出土了大量陶器和骨器。其中陶器共二万多件，均为夹砂陶。大部分陶片表面经过打磨。陶色主要有红、黄、灰、黑四种，以黄为主。均为手制，火候不高。饰纹以刻划纹为主，也有绳纹、堆纹、压印纹、篦纹、蓝纹、抹刷纹和彩绘。主要图案为三角折线，还有平行线、方格、菱形、连弧、三角、贝、圆圈以及四方形纹。器种主要有罐、钵、盆，均为小平底，仅仅发现一件带流器。

卡若遗址有骨器大约400件，主要为生产工具，少数为装饰品。类型包括锥、针、斧、抿子、刀梗、片饰、簪、璜、珠、项饰、牌饰、贝饰等。

陶器和骨器的基本功能存在于生活和生产之中，而从传播的角度观之，它同时还向外界传递了关于某区域、某部落生活、生产、文化等方面的丰富信息，并且这种传播还能跨越时空界限，使传播在一定程度上实现永恒。

6. 食品媒介

个人间的信息交流实际最为频繁，方式多样化。西藏先民的交流方式倒很特别。人们往往用留有特殊标记的食品匠心别具地传递信息，饶有情趣。如用“馍章”在家人间传递平安信息。留守在家的人要告知远行在外的亲人消息，就托人在烧馍上盖一个印章，上刻表示吉祥的万字图案，如果馍章在烧馍上印得很深，就说明家人安然无恙；印得浅，表明家中虽有小问题，但无须操心；假如没有盖馍章，则显示家中出了大事，需立即回家。

四、图像传播——岩画

西藏岩画产生的年代最晚也在吐蕃王朝建立之前，是新旧石器时代的产物。

岩画毫无疑问是形象的信息载体，在一定程度上来说，它还具有“准文字”记载和输出信息的功能。在西藏原始社会时期，岩画是一个巨大的信息载体，几乎将其时其地社会生活的各方面内容都做了真实的记载和传播。

近期来，西藏境内发现了大量岩画，而最有代表性的则是加林岩画和日土岩画。它们似乎可以给我们这样的感觉：观赏和推敲一幅幅岩画，就是在阅读一份份遥远年代遗存的“报纸”，它虽没有确切的日期和准确的文字记录，但一幅岩画所涉及的内容，并不亚于一份古代的报纸。岩画内容的丰富性和真实性毋庸置疑。

1. 加林岩画

加林岩画位于藏北那曲地区申扎县加林山中段的俄冬沟。岩画均被敲凿在整块石头上，石头重约数吨，散布于荒野，当地牧民证实，岩画存者百余幅。岩画的题材主要是动物（牦牛、马、犬、羚羊、鸟等）和人。有的为单幅图像，有的则为一组或几组图像。需要说明的是，如岩画这样的野外遗存，并未标明具体的制作时间，而且是大众率性创作的产物。岩画一般画面形象生动，趣味性强，用笔抽象洗练，古拙朴素。

通过有代表性的加林1号岩画，我们能够大体看出岩画所包含的信息。

加林岩画产生的年代距今大约有三四千年之久。它所在的地方就是西藏古代的象雄地区。加林岩画的年代当在苯教产生之前。

加林1号岩画——共有6个以上单个图像。在岩画右下方有两个站立的人，每人手牵一根绳子，绳子的一端系于牛鼻，牛位于二人左上方，尾巴扬起，似乎要挣脱人的束缚。牦牛的左侧似为一马，马上骑一人，人马均后仰，呈轰赶牦牛状。骑马人的后面是两条正在狂叫的猛犬。整个画面构图协调，形象生动，视野开阔，动感十足，状态可掬。

据此画面，人们判断这应该是猎狩野牦牛或驯化牦牛的场景。如果是前者，那么画面就可以这样被说明：人们高兴地捕捉到一头野牦牛，可是牦牛并不服管教，于是大家就用绳子牵着力量巨大的牦牛，后面的骑马者和两条猛犬也呐喊助威，共同制服初来乍到的这个庞然大物。此当为狩猎题材；如果是后者，那么画面就展示给我们逼真的驯养家畜的一套完整办法：两人用绳子系住家养牦牛的鼻子，牵着牛行走，而在后面则有一个人骑马轰赶，以便协助驯牛工作。两条嬉戏的猛犬吼叫追逐，不过是增加了驯养场面的生动性。

加林1号岩画所传达的信息是很明确的。它真实地记录了当时青藏高原以狩猎为主的生产生活方式的事实。从中我们能够清楚地看到：猎犬已经成为藏人生产的重要助手，牦牛正在完成由野外到家养的驯化。特别应当注意的是，先民们已经掌握了束缚野牛的办法——用绳子系住它的鼻子，使之归顺于人的意志。这不仅是劳动经验，更是劳动中创造的智能。假如是一个尚未掌握这方面经验的部落或是个人，在观赏到这幅岩画后，当然就会从中接受关于狩猎或驯化的方法，在信息传播中提高劳动效率。信息就这样转化为知识和财富。

加林1号岩画所描述的内容，还印证了一个藏族传说：第一代吐蕃赞普当政期间，人们会常常为捕捉到的野牛不能驯化而束手无策，野性十足的牦牛往往会向它周围的人发动突然袭击，致人伤亡。赞普于是就将这个艰巨的任务交给大臣达盖完成。达盖听从了一位老人的建议，在牦牛鼻空间神经最敏感的软肉处，用锐器打洞，再用柏树枝做成牛鼻圈套进去绑结实，在鼻圈上拴上绳子，只要一拉绳子，牛就只能乖乖地跟着牵绳人走，不然会疼痛难忍。这个办法果然灵验，从此，野牦牛才真正成为家牛，大大促进了青藏高原社会生产力的发展。这个传说，再次证明了岩画内容的真实性，同时，我们也能够想见岩画在传播这个经验方面所发挥的作用。我们不能枉断仅仅是岩画把这个经验传播到更广泛的区域，但它加快了这个经验的推广，是一条大众化的传播渠道，却是毫无疑义的。

2. 日土岩画

日土岩画发现于阿里日土县日松区任姆栋、日土区鲁日朗卡和多玛区恰克桑地点。岩画多刻在垂直的岩面上，也有少数刻在较为倾斜的岩面上。画面与地面的距离为0.5—12米之间不等。有的更高一点，但均可以攀缘而上。石片厚度在0.3—15厘米之间。岩画面积大者12平方米，小者0.3平方米。每幅画面有1—10个单幅图案。岩画的题材以动物为主体。有马、羊、牦牛、驴、骆驼、鹿、羚羊、鹰、鸵鸟、鱼等，有羽毛、盾牌、陶罐、长秆、房屋、陷阱，有日、月、山、宗教符号，还有男性生殖器。岩画的情节多为宗教、祭祀、狩猎、放牧、骑乘等。其制作方法一般采用敲凿、磨制、刻画、涂绘等。

日土岩画应为吐蕃王朝建立以前的作品。依据就是任姆栋一组1号岩画中的那一排"球形陶罐"。侯石柱先生认为：日土岩画的作者，当为公元7世纪初以前存在的象雄国居民。

我们可以通过任姆栋第一组1号岩画，来认识日土岩画的内容和传播效应。

该岩画画面广阔，内容丰富，生活场景逼真。在这幅典型的岩画中，不仅有人的形象和活动，而且多次出现了动物形象——大量的羊、不同类型的鱼和牦牛，出现最多的器物就是陶罐，可见它与先人们生活关系的密切，值得注意的是，羊的头上还被插上羽毛加以美化。生殖崇拜也被做了直观的展示。岩画几乎把当时人们生活的情景全面地记录了下来，并面向外界公开传播，使更多的人知晓了这些信息，包括历经历史岁月沧桑的今人。

从岩画的内容，我们已经能够对作者所处的象雄时代做出多层面的推断和确认。画面多处刻画的祭祀场景，以及逐渐演变的"雍仲"符号，显示出其时苯教所拥有的显著地位；男性生殖器是男性崇拜的标识，也是父系社会的象征；长秆、弓箭、盾牌等，无疑是部落战争的信号，当然也包含狩猎生活的因素；而在岩画中大量出现的动物，如牦牛、羊、驴、犬等，显见为家畜或畜牧业畜种。畜牧业已经成为当时人们重要的生产方式；猎狩场面屡次重现，不仅宣告了狩猎技术和经验，更表明狩猎在经济生活中的突出地位；岩画中的平顶房屋，与今天藏区的民居很相似，是先民定居生活的写照；岩画中的人物身穿长袍，实为今日藏民衣饰习惯的先声。

岩画的传播价值极大，甚至可以说是原始时代一种特殊的大众媒体。它面对的是一个不确定的“受众群”，不论你来自何方，只要你站在岩画面前，你就会成为这份“石质报纸”的读者。从这个角度来说，它与现在的报纸并无区别；在没有文字的前提下，岩画传达的虽不是最富时效性的信息，但肯定是当时最准确的信息。从文字发展的一般规律而言，这些略带抽象符号特点的图像，实际就是文字的萌芽，是其时最先进的记载和传媒符号；岩画记录了原始社会社会生活的主要方面，较为全面地展示出漫长时期的社会状况，特别是畜牧业、狩猎业的情景，那些丰富的动物形象和人与动物之间的互动关系，就是当时社会生产生活的逼真写照。在我们充分认识到它的历史档案价值的同时，也不要忽略了它的信息传播功能。岩画不仅可以实现部落内部之间的沟通，也能使部落以外的人们了解自己的生存状态。岩画是沟通内部各单位之间，以及与外部的桥梁。它的时效性肯定不能与今日的“瞬间传媒”相提并论，但这并不影响我们承认它进行信息传播的事实。岩画就是原始原始社会最典型的“大众传媒”。

五、文字传播

1. 准文字媒介——（结）绳、（刻）木

在未有文字产生的原始氏族公社时期，西藏高原上的先民就

有以刻契竹木片表意记事、传达信息的做法。《旧唐书·吐蕃传》记载：吐蕃“无文字，刻木结绳为约。”《新唐书·吐蕃传》也有类似的记载：“其吏治无文字，结绳齿木为约。”两唐书的文字叙述，证明在吐蕃之初以及以前漫长的时期之内，在没有文字的情况下，便采取结绳和刻木记事的办法，记载和传递相关重要信息。

在 20 世纪 70 年代，顾祖成先生在西藏珞巴族聚居的珞瑜地区进行实地调查时，发现在四五十年代尚处于父系氏族社会向奴隶制社会过渡阶段的珞巴族，普遍以刻画竹片表意记事。“刻竹”和“刻木”所采用的材料和做法实际是一样的。这种现象就是当地原始传播情形的形象记录和延续。

2. 象雄文字媒介

据说，位于西藏西部的象雄王朝，在第一代吐蕃赞普尚未登上宝座之前，就已经传了 18 代。以时间推算，古象雄王朝在公元前十几世纪前就已存在于青藏高原了。象雄人最重要的贡献之一，是创制了青藏高原最早的拼音文字，为以后藏文字的科学化、普及化和规范化奠定了基础。

据《西藏王臣记》记载：藏文创立者吞弥·桑布扎在去印度前，就已经知道在西藏本土存在一种文字，它就是象雄文。辛绕创立苯教，其教义就需用文字典籍进行传播，于是，他吸取邻近地域文字的特点，创造了一种堆集式文字——达斯邦文（玛尔体文）。“达斯”是象雄人对西亚波斯、阿富汗、克什米尔等地域的称呼。这里常常虎豹出没，故称之为“达斯”（虎豹之意）。聪明的辛绕很可能是受到这些国家文字结构和形式的启发，再结合象雄人的发音特点、符号、思维方式，创制了“达斯邦文”。

“达斯邦文”分为“玛钦”和“玛琼”两种，均为集堆形字母，与现代藏文的“邦”型（集堆形）极似。从象雄文的字形及其排列顺序与藏文字的对照来看，二者的基字字母和元音符号的拼读方法和数量都惊人地相似，甚至文中的字头符号、分句符号和分字点，都可以在象雄文中找到原形。在语序、构词、虚词等方面，唯有象雄文更接近藏文，二者的渊源关系备极彰显。学者们已经趋于接受这样一个判断：象雄文虽不是一种规范和严整的文字，文化功能很有限，但它是藏文规范化的基础，或者说是雏形、蓝本，藏文就是在象雄文的基础上发展起来的。

不可否认，象雄文的传播效能仅限于苯教。它并不是大众化的文字。主要用以书写教义、书符、画咒。它的使用者基本是苯波教徒和巫师。我们现在还看没有发现象雄文被用来进行世俗生活、生产传播的证据，但这并不能否认“传播”本身的存在。它是西藏文字传播时代的前奏曲和序幕，正如汉族的甲骨文一样，它并未被大众化，但并不是没有进行传播。实际上，甲骨文也基本上用于祭祀。在不同民族、区域间，传播的历史有长有短，但其推进的阶段性却多有可比性。

第二节　特殊的传播领域

原始的信息传播还常常隐藏于原始人的军事、生产、经济交流和日常生活之中。

一、在军事领域

军事侦察是获取信息的一个主要手段。在《格萨尔》的“霍岭大战”中，“侦察”被作为兵法的重要一项。他们认识到：获取准确的军事情报是战争胜利的前提。在新疆出土的吐蕃文书中，侦察兵、哨兵被称为“索巴”。在霍尔兵侵犯岭国时，岭国先后派出多批侦察员前去探清敌方虚实。

岭国还提出了筛选侦察员的标准：山上侦察虽不易，机警的人不畏难。粗鲁汉子不能去，未见敌人他先喊。山沟巡逻虽艰难，勇敢的人不畏难。暴躁的汉子不能去，创下人命惹祸端。道出了从事信息收集者必须具备的素质：细心、机智、勇敢。

同时还总结出了信息收集——侦察的基本方法：在藏区作侦察，有三条秘诀要注意。在两山侧岭侦察时，迅疾要像朔风吹。巡逻草原广滩时，劲头要像鹞鹰追。巡行山谷地带时，要像狼捕食。要机警顽强和敏捷，完成侦察如吹灰。就是要根据不同的地形和情况，采取不同的方式，最终获得所需信息。

在一套侦察理论的指导下，士兵们就尽情发挥自己的聪明才智，以色彩缤纷的方式占有信息。如化装成跛人、跛马，麻痹敌人的注意力。有的单骑突袭，来去如风，在敌方措手不及的情况下瞬间猎取信息。而有的则冒名顶替，打入敌人内部，尽将信息纳入囊中。五花八门，不一而足，无往不胜，尽得信息之惠。

二、在狩猎活动中

狩猎是先民极为重要的集体活动。要组织如此众多的人员，在如此广阔的区域内，进行极具危险性的围捕野兽活动，必须要有内部间周密的信息沟通和协调。

狩猎是集体活动，在正式开始前要进行认真庄严的讨论。决定狩猎的地域、时间、需携带的工具等。这实际就是进行狩猎专题的信息沟通和汇总，规定统一的行动计划和联络信号，以便一致地展开活动，取得最大的成果。实际的狩猎活动由部落首领指挥。狩猎的方式分为网猎、陷猎、犬猎、围猎等。犬猎主要针对较小目标，如石羊、黄羊、羚羊、麋鹿等，在犬将这些动物围攻得精疲力竭时，人犬结合，捕杀之。人们必须找到一种信息联系方式，实现人、犬的有效配合。围猎是最大规模的狩猎方式，需要各方良好配合，各小组、地段之间必须加强联系，分割围歼。狩猎实际开发了先民信息联系方面的聪明智能，不论采用何种方式，它们与今天最发达的电台、卫星通信的本质是一样的。

三、在经济交往中

随着原始农业的出现和农牧业的分工，人们的信息活动活跃起来。

人们开始了农、畜产品的交换活动，信息变得实用起来。在以物易物的初级交换中，大家对信息的需求大大增加，人际信息传播就随之扩大。随着交换范围的扩大，信息传播的范围也在拓展。在今天，存在于黄河流域的传统农作物粟米，在西藏昌都的卡若遗址也被发现了。产于中国南海，经常在仰韶文化、龙山文化以及黄河上游诸石器时代文化中发现的穿孔贝，同样在卡若遗址中出现了。《隋书》中记载："炀帝即位，营建东都……时西域诸蕃，多至张掖，与中国交市……"。苏毗"尤多盐，恒将盐向天竺兴贩，其利数倍"。黄河流域的粟米和南海的穿孔贝，竟然出现在气候条件恶劣的青藏高原，无疑证明，西藏与古代中原乃至更广大地区的信息传播和贸易活动，在很早的时候就直接或间接地进行着。商业活动是新闻传播的温床，西藏的原始信息活动也未能违背这一规律。

四、在民间社交中

从传播的角度来理解，节日活动是民间有规律性的社交活动和大规模的信息传播。在浩大的大众聚会上，人们会获得极为丰富的信息，使节日变成信息的海洋。节日当然就成为规模空前的信息传播活动，其中就包括种种你感兴趣的"新闻"。如果我们要认为西藏丰富多彩的节日活动是一场场精彩的"新闻发布会"，应该说不为牵强之论。需要说明的是，节日文化是历史的产物，特别是初期人类活动的背影。人们很难确定哪种节日是哪一个世纪的哪一年诞生的，但却可以找到先民们生活的痕迹。在节日文化热闹的景象中，我们不是能看到原始人信息传播的影子吗？

西藏的节日活动十分繁荣。据大略统计，藏区的节日有40多个，一年四季中，几乎月月有节日，有时一个月有几个节日，有的节日持续时间长达半个月以上。著名的节日，如藏历年、传召法会、赛马节、雪顿节、燃灯节等，已经享誉中外，并不仅仅为藏民所知。节日是为生活而创造的，它必然有实际的“使用价值”。在封闭而严酷的自然环境中，分散的畜牧业和空旷的原野，加剧了人们心理的孤寂感，交流的愿望比那些生活在城市和人口聚居区的人们要强烈千百万倍，他们需要沟通，需要信息，需要知道更多自己尚不知晓的事情，丰富情怀，促进生产，激活生活。节日，为信息的交流设定了欢乐的平台。

通过多种节日活动，使整个藏民族在不断的信息交流和相互影响中，实现多方面的规范、统一。节日是最平等的社会活动，在广泛的心理沟通的基础上，人们的理想、信仰、心理、审美情趣，在不断重复中承传下来的习俗中逐渐达到一致。民族共同的东西，如思想情感、精神面貌、思维方式、价值观念、审美情趣、生活习俗等都稳定下来，成为民族性的基本标志。这其中，信息的传播甚至直接促成了民族性的熔铸。只有在历史性的交流中，大家才逐渐走到一起。信息的确是一种神奇的纽带。

节日是信息沟通的最佳渠道之一。西藏居住分散，交通不便，文化交流障碍较大，信息渠道不畅。而除吐蕃王朝以外，在偌大的西藏，基本未能建立起统一的行政管理机制，很多区域一直处于分割、混乱状态，组织传播难以实施。不仅如此，它还造成了不同区域文化、习俗的巨大差异和信息阻断。正是节日活动，给各个信息单元间提供了沟通的场所和氛围。在盛大的节日庆祝场所，素不相识的人们在开放的心态下，通过谈话、游戏、演出、仪式、聚餐、比赛等，发出各式各样的信息，也下意识地接收着各式各样的信息，实现信息共享，并以不同形式影响着各自的生产和生活以及价值判断。在一个旷达的高原地区，还有什么平台能如节日活动这样进行开放式的信息交流呢？

节日的信息传递具有明显的功利性。节日并不仅仅是精神领域的活动，它还伴随着不同的实用意义。像耕牛节、开犁节、娱驴节等，还有进行生产信息交流的功能。在一些节日中，本身就包含对特殊历史的纪念。如工布藏历年（藏历十月一日），就是为了纪念抗击外邦侵略者而设的。它所传递的虽是过去时态的信息，但这种信息却是具有现实意义的。

五、特殊的信息采集和传播者——使者、说唱艺人

在西藏原始的信息传播活动中，总有一些特殊的信息传播者。虽然他们还远远不是今天意义上的“记者”，传播的内容范围很窄（仅限于军事、宗教、故事等），但总是一个传播者。他们游走于青藏高原，在一个个群落间充当信息媒介，用信息将稀疏、松散的西藏社会，聚合在一个较为集中的思维空间中，密切了彼此间的联系，使一个单极的信息的价值被大大扩张。

在阅读《格萨尔》中，我们知道了当部落间发生纠纷时，各方便采用委派使者和聘请调停人的办法，在冲突双方间进行沟通，希望以和平方式解决矛盾。他们本身就是“媒介”。在“索麦凯玉城之部”中，岭国计划与它的征服对象索麦（蒙古下部）议和。岭国议事会采纳了一位叫尕奈关巴的老人的建议，决定派出使者穆琼卡德前往蒙地议和。

由于使者是解决部落间纠纷的关键人物，他们的信息沟通可以避免发生更大的冲突，故享有很高地位，受到各方尊重。即使在敌对的双方阵营中，各方信守“不斩来使”的惯例，使者也会受到礼遇。在一方兵临城下的危急关头，防守一方常常会派出德高望重的长者为使，传递本方和平诚意，承认自己的错误，劝

阻对方退兵，往往会避免战火之祸。同时，在解决经济纠纷中，使者也能够帮助双方实现最大限度的沟通，消除误解，增强互信。使者作为中间人，能够站在相对客观的立场上，化解双方的对立情绪，及时传递大量信息，促进互相了解。他们的优势主要就是占尽信息之利。

当不同部落间发生纠纷时，还有一种办法就是聘请第三者充当调停人，力释前嫌。调停者的主要做法就是尽最大努力促进双方沟通，在高频率的信息交流中消除误解，重归于好。信息在其中发挥了神奇的作用。在《格萨尔》中，岭部落与索麦部落爆发战争后，索麦部落就请尼泊尔、印度和中原三方人士出面调停。就是对同一部落内部各小部落间的纠纷，也聘请调停者进行斡旋。岭部落管辖下的达绒和翁布之间因为牲畜伤害而发生纠纷，甚至直接影响了格萨尔的对外作战。格萨尔采用总管的动议，进行对证调解，双方互相进行赔偿，化解了矛盾。如这样发生的小部落冲突，一般就请他们所依附的大部落的头人出面调解，调解的方案差不多是进行牲畜、牧户的赔偿，甚至用人质来保证调解的长期效果。

在远古游牧部落中，还有一种类似“公证人”的人物，被称为“苏巴”，藏语含义是“中间调解人”。除了头人，他们就是民间公认的“法律”代言人。“苏巴”是民间社会自然产生的公众人物，品质优秀，公正无私，心胸宽阔，聪明而富于智能，思维敏捷，口齿伶俐，享有很高的人缘，这使他们在充当信息传递者时游刃有余，他们的“报道”虽不刊登在报纸上，但却“发表”于民间，并产生不可低估的影响力。

“格萨尔”说唱艺人也是史前社会重要的信息传播者。不可否认，他们是一种带有“天授神予”神秘色彩的民间艺术家，主要使命是借助于自己超凡脱俗的聪慧和记忆力，永不间歇地进行史诗的创作和传播。但是，在传播艺术信息的同时，他们也顺便传递着世俗的信息。这种传播虽不是正式演出的内容，但在演出前后和间歇中，总会有传递世俗信息的机会。说唱艺人云游天下，足迹遍及雪域高原，他们实际是一个个超级“信息源”。他们行迹所至，就构成了一个庞大的信息网络。对说唱艺人的信息传播功能，实在不能忽视。

第三节　特殊的“新闻制度”和“类新闻法”

有趣的是，西藏原始社会还建立了一些类似“新闻法”的规范，约束或是激励信息传播。

在军事斗争中，对信息的封锁也是取胜的关键。封锁边境，阻绝消息，防止奸细，不仅是军事防御思想的一个组成部分，也是信息传播的另一种形态。传播利于自己的信息，阻绝不利于自己的信息，正是传播过程中必需的两个方面。霍尔人入侵后，岭国副帅甲察就下令：自今天以后日子里，岭国各部大众们，只有百只山羊者也不许出，虽有千只绵羊者也不许入境。猎人的眼睛船户的心，彼此所谋要一致。实行严格的保密制度，就是为了保证我方的战略构想不被对手识破，以取得彻底胜利。

在藏区政治制度中，土司制定有“十三条禁令”，在禁止的项目中，就涉及封锁信息：本区内部的事不准外传，外区的事也不准传进本区来。这种“闭关锁国”式的政策，实际是要维护本部落的高度统一。这种“反传播”行为，与信息传播的方向完全相反，而其意义就在于，保持本部落的完全独立性，不致泄露机密，把有损于自己利益的信息控制在最小的范围内，使对方摸不着头脑，有效地保护自己。这种调整，实际是在控制中实现信息的最大“利我化”。

在原始人类群体生活的社会中，为了维护社会秩序，逐步酿成了“习惯法”。对违犯传播“规范”，逾矩交流，传播不真实信息，或故意制造虚假信息者，均要进行处罚。在藏北牧区，对犯“失言罪”、“诬告罪”的人有处罚的具体规定。这种规定，显然是为了维护上层人的尊严，保护社会秩序，与民主精神背道而驰，在很大程度上不允许不同等级的人平等地进行信息交流。不过，也应当肯定，这种规定之中，还包含着尊重对方，创造良好交流环境，维护信息真实性的积极因素。

对于传递不真实信息——说谎者，就采取别致的测谎法，并加以惩处。青海果洛藏区的习惯法分为“降服外敌法”和“治理内部法”。后者总括有“四法八调”，四法之一就是实行“说谎者起誓”制，提倡说真话，不说假话，不撒谎。就是要传递真实的信息，而不是虚假的信息。这对信息的良好传递显然具有积极意义。人们煞费苦心，创设出种种富于藏民族特色的“土办法”来判断说谎者，并给予严厉的经济处罚。此类方法并无科学依据，亦非“测谎试验”，但对传递虚假信息者，还是具有心理震慑作用。

第四节　拙稚的信息发布机制

原始部落联盟所建立的“议事会”制度，既是民主政治的产物，也是信息交流的平台。它是各级部落的最高权力机关，主要讨论决定重大事项。议事会成员由部落酋长、军事首领一方和民众推选的代表一方构成。议事会有内部议事会和外部议事会两类。前者规格最高，为高层议事会，主要商决重大机密事项，后者则是全体成员参加的民众大会。这种被恩格斯称为“军事民主议事制”的管理形式，是一种保守、传统、松散的“议会制”，与会者可以就议题进行充分而平等的讨论，批评并不被视为“犯上”或是“冒犯”。

议事会令人惊喜的地方在于：它所推崇的民主氛围，正是新闻传播的温床。因为民主的特征之一就是信息的自由传播。信息不会被限制，信息可以以各种方式传播开来。而议事会本身，便是一个“新闻发布会”。大众的知情权会被尊重和保障。这种原始的传播环境和传播方式，虽很粗糙、简单，但却最接近现代“新闻传播”的内涵。

在藏区，很多村寨都有一个民众汇聚的地方，这里可能是一个大石包，或许是一块平坝，或是一片林荫，成为当地居民的“乡间广场”，人们吃罢晚饭，便来到这里聊天谈笑，随意而广泛地交流各自所掌握的各类信息，大大小小，天上地下，无所不包，简直就是一个民间的“新闻发布中心”。与议事会这样比较正规的“新闻发布中心”相比，则更加随心所欲、不带功利目的，更受欢迎和喜爱。

第五节　西藏原始信息传播的特点和基本评价

对西藏原始社会新闻传播的梳理，实际面临着很多困难。主要是资料的极度匮乏。而新闻传播作为一种文化现象，具有较为稳定的承传性。这样，我们就有必要借助于其他资料、文献，对西藏远古时期的信息传播做出间接的求证、推断。本章必要的内容主要源于：考古发掘和研究成果、历史研究成果、民俗研究成果、少量西藏（或藏区）古代新闻传播研究成果，甚至还有文学作品——艺术纪录西藏史前时期社会生产生活情景的史诗《格萨尔》。凭借这些材料，试图将西藏原始时期信息传播的基本情况进行一个梳理。

严格来说，西藏原始社会所谓的“新闻传播”并不很多，差不多是最广义的传播——信息传播，囊括其时其地那些均可称得上“信息”的东西。这里面就包括亲身传播、组织传播等等，也包括超出新闻传播的内容，如文化、宗教、军事等等。在

“西藏原始社会”这个历史范畴里，所有的传播都被作为描述的对象，其动机无非是想借此分析西藏新闻传播的产生和形成，寻找西藏新闻传播的渊源，并对西藏新闻传播在漫长的历史时期所保持的不发达状态做出历史的阐述。这种做法，在中外新闻史的研究中并非独例。

采用文学作品和民俗资料，是否会影响历史的真实性呢？当然会。不过在资料存在诸多空白的情况下，从中进行遴选和推定，也可算是一种修补。文学是现实的写照，尽管是加工和虚构，也可找到社会实际存在状况的影子，而民俗不就是形象的历史形态吗？它不如历史资料那样准确和规范，但从其现实的情景中，一定会追溯到原初的某种存在。

一、具有原始的传播框架

西藏原始的信息传播肯定是很不健全的，但它已基本具备了一般传播所应具有的要素。

传者：这时的传播并没有十分明确的传者，——信息到底是谁发出的？传者往往是一个很模糊的群体，如军队、部落、不知名的人、军队将领、公证人、使者、说唱艺人等等。他们在传播行为中身份的模糊，完全是由于当时尚无明确的社会分工，更没有如今天这样负有传播新闻专责的记者。在生产力极不发达，社会分工及其幼稚的时期，人们在潜意识中也许感觉到了信息的重要性，但还没有自觉到设立专门的信息工作者的职位，让他们专事信息的采集、传递和发布的地步。故，当时的传者就是这样一些笼统的群体或组织，他们不是专门的机构，也不是专门的职业，他们只能充当信息传递活动领域中默默无闻的角色。尽管如此，他们或许在并不自觉的情况下，还是扮演了传者的角色。他们是传播的起点，是信息旅途的第一驿站。

信息：新旧石器时代的信息，尽管远远不如今天这样“丰满”得近于爆炸，但依然是相当丰富多彩的。考古学使我们看到了大量关于原始生产方面的信息，成堆的石器、陶器和骨器，作为坚硬而永恒的信息载体，在当时传递着饱满的信息之后，又跨越漫漫时空，使一代又一代的人成为它的受众，直至传递给最新受众的我们。部落社会当然是信息的主体，加上传说在内，它的组织结构、相互间的战争、人际关系、经济贸易、集体活动等，都经过传播互相通达，实际缩小了本来极为旷远的距离。值得注意的是，在所有信息中，除了很多实用信息以外，还有不少精神层面的东西，如祭祀、宗教、艺术、娱乐、爱情、节庆等，人类的天性就是如此：情感、精神永远是生命的核心，即使在不具备最基本的生命存在条件的情况下。

媒介：原始社会的传播，毫无疑问是人类传播发展阶段中的“初级传播”。人际传播、组织传播占有较大的份额，而部落的封闭性和社会规模的有限性，使大众传播一点也不风光。在这一时期，文字还没有形成，所以传播的方式就显得粗糙、模糊、缓慢，难以记忆和保存。这时还没有单纯的传播媒介，就是在前面我们涉及的媒介，基本也是一身多任，“兼职”不少，在传播领域可以被理解为是一种媒介，但在生产和军事领域，它却是标准的劳动工具和兵器。媒介并不具备专属性。像前面介绍过的器物媒介、声音媒介、视觉媒介、实物媒介、图像媒介等，在当时的西藏社会中发挥了重要传播作用。虽然他们还不是典型的传播媒介，存在诸多缺陷，但在民间却很有生命力，就是在传媒达到极致的今天，借助于声音、视觉、实物等传递信息，仍然具有很大实用性和可操作性，即使最发达的互联网也不能取而代之。在西藏原始传媒中，还有文字萌芽形态的结绳、刻木，也有藏文初级阶段的“象雄文”。前者的传播效能有限，后者仅仅用于宗教传播，这都表明，此时西藏还未进入文字传播时代。这些孕育于青藏高原上的传播媒介，带有中原原始传播媒介的共性，但也突出体现出它的个性，深深打上当地文化的烙印。

受者：原始社会的受众，却有较为明确的指向性。一种传播媒介，其实就意味着一种十分具体的传播功利性。一个人发出的信息，就是给另外一个具体的人的。军队发出的信息，或是给自己的作战对手，或是给自己的士兵。部落发出的信息，要么针对部落内部，要么就是其他部落。可以肯定地说：这时还没有一种面向所有大众的传媒。所有的传媒仅仅属于很有限的区域和层次。这就决定了传媒受众是基本固定的。这种形态完全受制于原始的生产方式和生产力。传播因此变得简单、直接，效能低，不可能实现很高境界上的沟通，并使整个社会联结为一体。而岩画呢？它应该是当时最大众化的媒介了——那么直观、那么开放，它会被最多的人看到，可是，这种“最多”也是有限的。没有发达的交通和生产生活的需要，又会有多少人能够频繁地远涉他乡呢？

二、高原特色醒目：石头、岩画和声音是西藏三大原始传媒

在青藏高原孕育出来的原始新闻传播，固然形形色色，但还是凸显出三大典型传媒：石头、声音和岩画。

辽阔的草原和特殊的生产、生活方式，使声音跻身传播媒介之首。藏族先民的生存与狩猎、牧业紧紧联系在一起。约定俗成的声音，能快速、清楚、简洁地将需要的信息传送出去。在人烟稀少、地域旷达的草原，声音就像无线广播一样，在广大的区域明净的天空中进行信息传递。在实践中，声音逐渐被区分成高低、长短不同、频率有别的个性化存在，赋予不同含义，符号化为一个个媒介，自由自在地传递着许多精彩的信息。发出和接受信息都是一件很愉快的事情。声音媒介实在是以旷野为背景的农牧区进行信息传播的宠儿。

石头是高原世界最普及的元素，也是最廉价的材料。触目可及的石头成为先民下意识劳动工具的首选。石质工具越来越细致，样式更加精巧和多样化，采用的石材日趋科学，又天然地成为先民聪明智能和劳动经验的标志和信息载体。单个的石头还会被组合成不同图案，传达不同的意义。巨大的石头还被先民用来充当“黑板”和“画板”，在上面凿刻敲砸出图像、符号，进行名副其实的“大众化传播”。石头被称作西藏最早和最普及的“实物媒介”应该不是妄言。

岩画应当是西藏原始社会最有代表性的大众传播媒介。虽然它从设计到刻凿需要一定时间，完成传播的过程比较长，但它传播的内容、方式以及不确定的受众，在原始传播诸“媒介”中，最接近传播的本质和特性。首先是它的公开性。岩画列于山野路途，并不限定观赏者，每个有幸经过这里的人，都会成为免费的自由受众；它的内容也是公开的，无须保密，更不限定观赏者的等级和层次；它应该是被阅读得最多的“石质报纸”。其次是内容的巨大包容性。那上面什么没有呢？——只要当时发生了的事情，这种“报纸”就会设法将它“刊载”上去。原始人的形象——袍子加身，与人朝夕相处的动物——牦牛、犬、羊、鹿、马等，人们生活的场所——房屋和草原，人们实用的工具——长杆、弓箭、盾牌，人的活动——狩猎、驯兽、娱乐、祭祀，宗教符号，父系社会标志的男性生殖器，还有一些引起各种大胆猜测——甚至怀疑是外星人的杰作的稀奇古怪东西，都被刻画在上面。我们谁也没有见过原始人，但观赏岩画之际，仿佛是先人们活灵活现地走进我们的视野，在今人心中产生某种令人敬畏的熟悉和亲切。这种跨越了千万年的传播，多么缓慢，又多么突然，确是伟大的传播。同时我们也不能忽视其传播的过程：收集信息（记者）——整理筛选（编辑）——刻画（印刷）——完工（定态“发行”）——观赏（读者）。它与报纸编发过程中唯一不可类比的，就是它不能移动，余者何异？

这三种媒介能够成为西藏原始社会信息传播的代表作，完全是青藏高原造就的结果。当特殊的地理环境——高原，与特殊的生产环境——游牧相结合时，造物就很自然地推出了西藏信息传播的优秀代表。

三、信息传播范围广泛

考古学的成果使我们感到惊讶：西藏原始人会将自己的触觉延伸到"国际"区域！从西藏到遥远的地方，建立了一条条贸易信道，也就意味着建立了一条条信道。我们甚至无法想象先民们是怎样在极其落后的交通条件下，用了多长时间，付出了何等代价，走得那么遥远，但事实是：他们走到了。

西藏先民个人间、部落内部和部落之间的传播毋庸赘述，这是很明了的事实。但是很有必要探讨他们走出青藏高原的足迹。

在与外界进行的信息交流中，原始西藏人与中原地区的信息交流当数为最。先民创造的高原农牧文明，对中原具有很大吸引力。同样，中原的发达农业，也成为西藏先民借鉴的一个样板。在很早时期，高原与中原的牧业信息交流已经开始。早在殷商以前，先民们就把远古野生的大角"盘羊"驯化为牧畜，进而改良为藏绵羊。这种羊传到中原，成为当地饲养的优良品种。在甲骨文中，"羊"字的造型便是以藏绵羊为模特的。西藏著名的牦牛更是西藏与中原信息传递的杰出载体。牦牛原产羌塘地区，后经藏民驯化成为既能力役，又能肉用的耐寒家畜。大约在殷周之际，藏民将牦牛与内地黄牛进行杂交，培育出优良的犏牛品种。到汉魏之际，牦牛已经大量输入内地。先秦时，犏牛已经成为藏汉两地进行经济交流的重要项目。无论是藏绵羊，还是犏牛，都是西藏与内地进行信息交流的直接证明，表面看起来，这是典型的经济交流，但在经济交流的背后，必然还隐藏着其他丰富的信息，贸易常常会成为全面的信息沟通。即使仅仅是牛或羊，以此为核心的信息还会少吗？在以牧业为主轴的社会，作为主要劳动工具的牛羊，甚至牵扯到关于当时社会信息的所有方面。其实，牛羊本身不就是信息载体吗？

考古和历史研究的成果，更能直接地证明：西藏原始人的信息交流是多么具有世界眼光和自信。

1. 旧石器时代

在大约5万年以前的旧石器时代，工艺传统是以片石器为主，用劈裂面向背面加工的手法，是我国旧石器文化传统的基本特征。特别是苏热地点的旧石器类型的加工技术与华北中晚期旧石器尤为接近。由此可以得出一个判断：西藏旧石器与内地旧石器同属一个文化传统。文化的沟通，同时也是信息的沟通。

在旧石器发掘地的多格则发现的船底形石核，最早起源于中国华北地区，以后又扩散到东北亚及美洲西北部。在扎布发现的手斧形石核标本，以及在多格发现的具有雕刻器打法的三件削刮器，是欧洲旧石器文化的典型器型。西藏原始人已经将他们信息交流的前沿推进到美洲、欧洲，其开阔的视野和交流半径之大，令人感叹不已。

2. 新石器时代

在新石器时期的昌都卡若遗址，人们发现了它与中原文化发生的密切联系。如，卡若遗址中半地穴烧土房屋、彩陶花纹、陶器造型器等，均与黄河中上游地区的原始文化有相似之处。粟米谷物这些本属于黄河流域原始农业的成果，出现在青藏高原，本身就是相互交流的明证。遗址楼层建筑以及被发现的贝饰，表明这里曾经与南方文化有过亲密的接触。遗址发现的陶器罐、钵、盆器物组合，小口高领平底、陶器纹饰中以刻花纹为主的特征，与云南元谋大墩子遗址所代表的原始文化有渊源关系。这些状况表明：在新石器时代，青藏高原的先民们就已经开始与中原文化进行着直接的沟通和交流。遥远的高原，并未阻断它与遥远的中原地区的信息信道。伴随着经济交流活动，信息的交流也同时进行着，不过是没有独立地进行罢了。

卡若文化的触角甚至延伸到除美洲、澳洲以外的广大国际区域。专家们指出：在卡若遗址的少数标本中，还具有“勒瓦娄哇技术”。有一些大型打制石器，先在核体上修理成需要的外形，再行打片。打下的石片基本符合器物的形状，仅在局部边缘稍作加工即可使用。像梯形切割器、平柄端刮器、窄柄端刮器等。这种在国内未见报道的技术，却广泛见诸旧石器时代的欧洲、北非和近东，而在中亚、南亚旧石器时代中也被经常使用。这种耐人寻味的现象，暗示出卡若之前的西藏古代文化，曾经与南亚、中亚、近东乃至欧洲、北非有过交流，换句话说，原始人在某一个时期，已经将他们的信息信道越洋扩展到亚、欧、非大陆。

在属于新石器时代的日土岩画中，出现过骆驼、鸵鸟等非西藏属动物、鸟类。骆驼并不是西藏本土动物，画中的骆驼必为人工饲养。它们的出现，与来自蒙古、新疆以及中亚一代的商队有关。我们可以据此推断：当时的西藏日土地区，已经与它的北邻新疆、蒙古和西邻中亚发生着商业上的联系。这条商业通道无疑也是信息信道。伴随着新奇商品的到来，必然会有很多极具吸引力的域外传闻进入西藏先民的耳中，同样，西藏的故事和细节，也会成为远在“天边”的人们津津乐道的话题。而在岩画中出现的鸵鸟，一般是中亚或非洲沙漠地区的产物，日土地区不会出现。这给我们提供了两种推断：一种是日土居民与中亚甚至更远的地方有过接触和交流，先民们对这种庞大的鸟印象深刻，视为异物，就情不自禁地刻画在岩画当中。或许是日土曾经出现过鸵鸟，但随着环境的变迁，鸵鸟绝迹了。从日土自然变化的轨迹来看，这种可能性并不大。鸵鸟再次成为西藏先民与世界进行信息沟通的明证。

四、军事传播最为发达

像所有野蛮部落一样，在西藏的原始社会，战争成为社会生活中最重要的内容之一。男性们除了收集食品、服装，打仗并取得胜利，甚至牺牲，都成为至为荣耀的事情。部族间的战争，决定着本部族的生存和发展，是民族生成的黏合剂和催生药。从蒙昧到野蛮这一特殊时期，战争是部族实力的最好展示。部族的历史实际就是战争的历史。因此，战争荟萃了其时人类最高的智能、经验、心理素质和创造水准。

战争事关生命和部族前程，最需要及时准确的信息提供支撑。信息进入战争，使战争享受幸运之神的青睐。战争又反过来促进了信息技术、手段的发达。战争指挥系统就是一个完整的信息传送系统。部队互相间的联系，就是重要的信息信道。原始部落在战争中创造了很多行之有效的信息联系方式。如用声音、徽章服饰、篝火、鼓、螺号、长角、簧、灰尘、烽燧、旗帜、箭等进行联系，发布命令，协调三军行动。在侦查、获取敌方信息方面，当时的部队也形成了一套经验，如对侦察人员的选定，侦察时应注意的事项，对敌方信息真伪的判定等等。可以这样认为：在原始社会，西藏最发达的信息传播就发生在军队。军队是信息沟通最频繁的社会单位。这样，很多关于西藏原始传播的例证出现在军事领域，就不足为奇了。

第二章　吐蕃时期的信息传播

［公元7世纪吐蕃王朝—9世纪元代］

公元6世纪，居住雅鲁藏布江南岸雅砻河谷泽当一代的“蕃”部落，先后征服青藏高原上的大多数部落，于公元7世纪初松赞干布时代建立了统一的吐蕃王朝。在这个强大的奴隶制政权的领导下，西藏出现了社会、经济发展的历史性转变和全面跃进，进入社会繁荣期。由此也强化了社会内部、个人之间以及对外交流，信息传播从来没有如现在这样显得必须、迫切和频繁。松赞干布高瞻远瞩，不但派吞弥·桑布扎留学印度学习语言文字，回国后创制了藏文，而且采取种种有效措施推行藏文。按照一般的传播历史进程，文字的出现，是人类传播的第二次革命，意味着人类传播进入了它的中级阶段。藏文的创制，使西藏的信息传播获得了进入新阶段的历史条件。

这样，无论从吐蕃社会经济发展状况以及对信息传播的需求，还是传播自身条件的历史性革命，吐蕃均能成为一个独立而醒目的西藏“传播时代”。它固然不能超越历史和传统，但吐蕃在信息传播方面的全面推进和突出的传播模式，使自己决然区别于它以前和以后的任何时代。

第一节　吐蕃时期不同领域的信息传播

一个强大的统一王朝的建立，彻底改变了其社会面貌，使整个社会各个领域的生活空前地活跃起来，信息的沟通也与之相适应，传播的频率、渠道、距离、方式等发生着重要变化。同时，在一个充满革新精神和昂扬气质的社会，社会格局和管理方式也在不断调整，于是新的信息传播方式，也就伴随着社会的进步登上历史舞台，与社会的发展相得益彰。在被誉为“西藏古代文化全方位开放时期”的吐蕃，无论是内部还是外部的信息交流，都显得极为活跃。

一、军事传播

军事实力是吐蕃强大的一个重要标志。唐蕃战争构成了吐蕃历史最富吸引力的一页。吐蕃也成为强大的唐王朝的最强大的一个对手，它的先头部队曾于唐广德元年（公元673年10月）一举占领过大唐首都长安，西北广大地区成为吐蕃属地。在祖国西部诸族中，自汉魏以来，从来就没有出现过这样强大的军事力量。

在我们面对吐蕃突出的军事优势时，绝不能忽视期间信息传播的功能和价值。信息对军队的重要性，不仅在于要最完整最准确地了解敌方，还要使自己的作战系统实现最佳的内部沟通，令行禁止，保障战争的胜利。

吐蕃建立了自己的军事通讯制度。《旧唐书》记载：“临阵败北者悬狐尾于其首”。用将狐狸尾巴垂在打了败仗的士兵的头上的办法，传递军事首脑激励士气的信息。在吐蕃军队作战期间，情报人员还发明了所谓“新闻包”，以实现信息的传递。吐蕃的侦察人员在追踪逃敌的过程中，先是沿着逃敌的脚印追击，未果，于是退回敌人首次在边境打尖的地方，将敌人逃跑时丢弃的东西收拢起来，包在布包里，做上记号，留下简短的说明信，然后将布包置于路旁，继续追踪敌人。吐蕃军队的侦察人员就这样在敌军打尖的地方放置“新闻包”，连续将敌军的行踪报告给自己的指挥机构。《松赞干布传》记载了松赞干布的妹妹通过唱歌和赠品通报消息，劝他出兵攻打羊同的情节。在此，实物和声音成为简单实用的传播媒介。

在驿站传递信息中，紧急军情被采用紧急方法进行传递，规定一天一夜五个驿站，传送急件的驿人胸前佩挂急令标记——银鹘，所乘坐的马匹不得阻挡，对贻误传送时机者依法惩办。

吐蕃的军事情报人员主要是坐哨和间谍。坐哨分布在山冈巅上，筑有雕楼和瞭望台。哨兵昼夜观察，发现可疑的人和事及时报告。间谍的能耐还被大唐诗人白居易在给朝廷奏章中得到证明："臣闻回鹘、吐蕃皆有细作，中国之事，大小尽知"。间谍的出色工作，给吐蕃军事指挥员提供了许多极富价值的信息。通过抓获敌方俘虏以获取有用资料的"捉生（俘虏）问世（情报）"的办法，成为吐蕃军方情报的又一来源。

二、驿邮传播

邮政是国家建立的规范信息传播途径和信道。信息传播成为其中一个重要内容。大量信息正是通过沟通吐蕃与外界的主要信道——驿站实现传播。在地理环境极为封闭的吐蕃，驿站的信息传播价值和独特的意义，与其他信息传播媒介比较起来，无一出于其右者。

据史书记载，早在吐蕃王朝时，藏区就建立了通讯"驿站"，出现了专门的"驿人"。这些古代的邮差分为两种：一是"坡聂"，主要职责是带口信，一是"莫聂"，主要是传送书面信件。按照信件的重要性和紧急程度，驿站和驿人还有长短之分："长"者为急件，"短"者为缓件。邮差一般被称为"阿仲"，他们身背黄氆氇公文包，急件以羽毛为标识，铃声叮当，换马不换人，一直送达收件人。驿站的建立，使吐蕃的新闻传播实现了空前的飞跃。它使信息传播制度化、规范化，传送的范围、准确率、速度和安全性都得到了最好的保障。

吐蕃驿传制度的建立，显然是受到唐王朝先进制度的影响。《旧唐书》（卷196）载：“吐蕃征兵用金箭，寇至举烽燧，百里一亭。”其格局与唐代不约而同。至于一些驿传的方法，在《新唐书》中也有清楚地记载：“以七十金箭为契，百里一驿，有急兵，驿人臆前加银鹘，甚急，鹘益多。”杨慎在《丹铅总录》中记述到：“鹘有兔鹘，鸦鹘，故乐府有玉兔鹘牢拴，怀揣着帝宣，是其证也。”

吐蕃驿邮制度的建立，在藏、汉地文献中均可以找到证明。矗立于大昭寺门前的“甥舅会盟碑”，说到唐蕃“苦难每须通传，彼此相依，两路所差，唐差蕃使并于将军谷交马，其洮泯之东，大唐供应，清水县之西，大蕃供应……”。对驿站的生活供应划分了“责任段”，足见双方都很重视驿站的通畅，并投入足够的注意和物资。在唐朝著名诗人的作品中，驿站及驿邮制度也常常被提起。岑参《武威送刘单判官赴安息柱营便呈高开府》一诗写道：“塞驿远如点，边峰互相望。”这里描写的是吐蕃势力已经涉足的河西走廊和新疆的情景。白居易在诗中也有描写：“扶病徒行日一驿，朝餐饥渴费盘杯。"《因话录》中指出：“蕃法：刻木为印，每有急事，则使人驰马赴赞（普）府牙帐，日行数百里，使者马上如飞，号为马使。”在敦煌发现的一批藏文文献中，就有公私文书，系公文副本和书信手稿，其中便有赞普牙帐签发的诏令，吐蕃河西职臣的书信等等。这也可证明吐蕃驿站制度的建立和发展情况。

吐蕃的驿路大体可分为三条：东北路（长安—逻些）、西路（蜀—藏）、西南路（滇—藏）。需要特别指出的是，吐蕃还开辟了“泛区域信道”。它以逻些为起点，经后藏再达泥婆罗、天竺。实际上，在很早的时候，吐蕃就已经与泥婆罗（尼泊尔）、天竺（印度）建立起联系，无论是政治文化，还是宗教、经济方面的交流均较频繁。据尼泊尔人说，早在大布聂塞赞普时代，此驿路已经开辟，大唐的使者赴印度就足履此道。在这条驿道上，常常会看见入侵军队的身影和滚滚尘埃，由此被尼泊尔人称为“风暴之路”。吐蕃和它的南邻所交流的并不仅仅是军事信息，还有大量生产、文化和生活的经验。这是一条开放的驿道。

三、外交传播

对一个强大和充满扩张欲望的奴隶制政权来说，它不但要用雄壮的军队开拓疆土，同时还要以积极的外交展示自己的富庶和尊贵，而实现沟通的卓有成效的办法之一就是委派“使者”。

唐蕃之间的使者往来最具典型性，史称“交聘”。当然，“交聘”绝不意味着双方派出的使者的数量和次数是完全均衡的。据统计，在整个吐蕃期间，吐蕃派往唐朝的使者达 180 余次，而唐朝派往吐蕃的则为 100 余次，足见吐蕃实现信息沟通的心情远比唐朝迫切。吐蕃也往周边其他国家派遣使者，但绝不能与和唐朝进行的通使相提并论。因为在吐蕃看来，周围的天竺、大食、突厥、拔悉蜜等国家，不过是自己“畏服俯首”、“欢忭而听命差遣”之国，不可能与自己平起平坐，而只有唐王朝是“足以与吐蕃相颉颃”的文明大国。除了唐朝，它不愿意在任何国家面前表示谦逊。它会觉得只有在唐朝的土地上，才会收获心中期待的那种丰富多彩的信息。

吐蕃强烈的信息需求，来自于对唐朝发达文化的崇拜。松赞干布在迎娶文成公主的过程中，常常以惊异的心情表达对唐文化的折服：“叹大国服饰、礼仪之美，俯仰有愧沮之色”（《旧唐书》卷 196“吐蕃传”）。“归国，自以其先未有昏帝女者，乃为公主筑一城以夸后世”（《新唐书》卷 216“吐蕃传”）。这些汉史的记载，其中不乏一个所谓正统王朝的自得之情，但基本事实并无不实。吐蕃最引以为自豪的英主松赞干布，都在唐朝文化面前自愧弗如，需要以巨大投资专为文成公主构建城堡以增强自信，整个吐蕃对唐朝近于神秘的崇拜就可想而知。这种信息的“不对称”，形成了吐蕃向唐朝持续而大量地派遣使节的势能。

吐蕃向唐通使的内容大体有：和亲、告哀、吊祭、修好、议盟、会盟、封赠、朝贡、求请、报聘、求和、慰问、约和、责让等。如果要以内容的性质来划分，一类就是出于政治、军事利害关系的考虑，另一类则是经济文化的交流。前者的功能就在于通过使者的沟通，以求得双方的谅解，从而有效地避免战争。它的信息功能完全服从于政治和军事利益；而在后者，实际便是全方位地信息传播。吐蕃从唐朝获知了大量为本地区所缺少的生产和生活信息，加快了吐蕃经济和社会发展的步伐。唐朝也从吐蕃那里知道了很多边疆的信息，包括农牧业的知识，借以补充和调整唐朝的农牧业构架。唐朝还从自己殷实的国力中，抽出微小的一部分赠予吐蕃使者，使这些携带着诸多崭新信息的实物进入高原，增强了中原文化信息的说服力。

吐蕃遣使进入唐朝，使双方的信息交流超越高山大川的阻隔，变得空前活跃起来，并给吐蕃的经济文化发展以直接的推动。密度之大，吐蕃出使之急迫，昭然可见。不过，总的说来，交聘惠利于双方。正是通过使者，松赞干布才知晓了一个更加发达的唐朝，加快了吐蕃文明进程的节奏。使者将唐朝的年号、新历、中医等方面信息传播到吐蕃。藏历的形成显然是受到了唐朝历法的影响。到 9 世纪初，吐蕃的官方文书中使用了中原的一些历法术语。五行和阴阳的排列次序与十天干完全相同，再加上十二生肖，形成了每 60 年为一周期，每季又分孟、仲、夏三个月份的新历法。唐朝的年号和中药理论也被吐蕃在实际中应用。吐蕃首次使用年号“彝泰”（“彝泰”八年为唐长庆二年），宇妥·云丹贡布采用“望闻问切”诊疗方法，就参考了唐朝的相关信息。

我们也千万不能忽视，吐蕃使者带来的信息在唐朝引起的震惊和轰动。似乎恍然大悟，明白了到底谁是唐朝最有力的战略竞争对手："今四夷最强盛和为中国甚患者莫大于吐蕃，举国盛兵之徒，才当中国十数大郡而已。其于内虞外备，亦与中国不殊……"。很有意思的是，吐蕃的堆髻也为唐人接受，如云飘逸的高高发髻，将唐人的骄傲再次推向一个高度。而吐蕃马球风靡唐朝所演绎的故事，刺激而荒唐。马球由吐蕃传入唐土后，首先引起了帝王将相们的好奇和喜爱，唐朝的"皇家马球队"与吐蕃使者组成的"吐蕃马球队"经常会举行对抗赛，各有胜负。特别需要说明的是，"皇家马球队"名副其实，他们的队员级别常常是"皇帝级"，唐中宗、唐玄宗、唐敬宗、唐宣宗、唐僖宗、唐昭宗等，都曾经是"皇家马球队"的首发阵容。包括玄宗在内的一代又一代帝王的倡导和率先垂范，使马球竟然成为地道的唐朝"国球"。上有所好，下必甚焉，马球当之无愧地扮演着唐朝体育龙头老大的角色，以至于引起了敏感文人的深深担忧。而我们感兴趣的，是吐蕃使者精彩的信息传播，将这种吐蕃传统的体育项目介绍给煌煌大唐后，所产生的巨大而持久，绵延整个唐朝的传播效应。

在吐蕃派往唐朝的使者中，享有最高著名度的肯定是吐蕃大伦（大臣）禄东赞。他因出色完成迎娶文成公主外交使命而成为吐蕃最有名望的遣唐使。在唐太宗贞观十二年，他第一次使唐，主要目的是请和。第二次入唐是贞观十四年，率团至长安迎娶太宗义女文成公主。在这样宏大而涉及吐蕃政权威仪、尊严的庄严场合，禄东赞淋漓尽致地挥发了自己的口才、智能和机智，破解了太宗出的八道难题，使极度自负的唐朝官员，对来自遥远高原的吐蕃代言人刮目相待，不仅答应了吐蕃赞普的求婚，而且禄东赞本人亦获唐朝的任命，担任右卫大将军。唐朝皇帝大概感到此举还不足以表达对禄东赞的赞赏，还欲将琅琊公主的外孙女段氏赐之为妻，享受了即使汉臣也未必能得到的荣耀。他还荣幸地进入了唐朝大画家阎立本《步辇图》中，由此“名垂青史”。

四、文化传播

吐蕃在对外文化交流上同样显示出“大家”气度。它不仅有勇气将自己的文化展示于“外人”，更有勇气主动学习发达地区，特别是唐朝的先进文化和生产经验。吐蕃当局极力推动着这种深刻的信息交流，采用的方式则主要是留学和关注翻译事业。

吐蕃派出优秀子弟先后到唐朝和印度学习，充当两地信息交流使者的角色。从松赞干布开始，吐蕃就选派聪慧的贵族子弟赴国都长安求学，这种情景在《新唐书·吐蕃传》中得到记载：“遣诸豪弟子入国学，习诗、书。又请儒者典书疏。”学习的内容也是儒家的经典。他们将吐蕃多方面的信息带给唐朝，同时，唐朝的新鲜气象也被他们绘声绘色地描述给自己的同胞。在另一路，一些很有前途的人士被派往印度学习，其中就包括创制了藏文的吞弥·桑布扎。许多两地的信息正是通过他们实现了沟通。“留学生”在文化及信息交流中扮演了突出角色，并且这种传播还是相当全面和有深度的，其影响的对象，往往是能够直接决定国家命运和发展走向的决策者，他们的信息传播不仅具有现实意义，更会产生悠远的历史回响。

翻译是文化传播的一个主要方式。从松赞干布开始，就形成了重视翻译的文化传统。主要是将外来文化译为藏文，供本地人研读。事实上，这更是宗教文化传播。吐蕃从中原、印度、尼泊尔、克什米尔等地请来学者，与藏族学者一道进行翻译，使翻译事业显得特别兴盛。据《柱下遗教》《五部遗教》《贤者喜宴》等记载，早在拉脱脱日年赞时期（松赞干布前五代赞普），就有佛经从印度传入吐蕃，但因无人识读，并未成为真正宗教经典。只有到松赞干布时期创制了藏文，翻译才正式开始。松赞干布邀请了内地和尚、印度婆罗门、尼泊尔和克什米尔人，与吞弥·桑布扎及其弟子，共同翻译了《宝集咒》等 21 部佛经。在赤松德赞时期，更是组织大规模的翻译佛经活动，出现了著名的九译师。在赤热巴坚时期，热巴坚还组织人员开展了藏语翻译的规范化工作，对名词术语作了厘定。在吐蕃末期，译师郭·却珠通晓藏、汉、梵三种文字，不仅将汉文经典译成藏文，更把藏文经典译成汉文，将藏族文化直接推向中原。

需要指出的是，宗教传播是西藏古代传播的一个主要方面，这种传统滥觞于吐蕃。宗教传播范围原本很窄，但在西藏这样一个宗教氛围浓厚，教事已成为民众日常生活一个必需内容的特别情况下，宗教传播实际也具有大众传播的色彩。必须注意，随着宗教传播的进行，很多世俗化的信息也紧紧跟进，频繁地进行着传递，中原和印度等地的医药、工艺、语言、史传、历算、文学等也被译成藏文，落实民间，直接推动了吐蕃文化和经济发展。比如，关于西藏独特的地热资源的记载，最早却见于公元 8—9 世纪的佛教著作《法苑珠林》《释迦方志》等。从曹魏甘露五年（公元 260 年）的朱士行开始，中原的佛教徒（如唐朝的道世、玄藏等）就到印度求法取经，而他们常常取道吐蕃到达北印度。道世在其编纂的《法苑珠林》第 332 页中，记载了西藏壮观的地热景象：“西南一泉涌，平地涌出，激水高五六尺，甚热，煮肉即熟，汽上冲天，像似气雾。”书中还记载了一人乘马逐鹿直赴泉中，后形成“镬汤”即地热田的神话故事。在唐宣宗时佛教著作《释迦方志》中，地热被称为“热汤”：“热汤从地狱中来，初出甚热，后流直远处稍冷。”书中还记述北印度王舍城北门外有一热水田，赴印度的唐使王玄策曾用此处“热汤”沐浴，5 年后“发常润净”。当地僧人“以水沐发，终身常净”，说明人们已经认识到地热的医疗保健作用。

医学的传播极具典型性。在藏医的发展过程中，中原医学的影响不可忽视。据藏籍《雅隆觉卧佛教史》记载，文成公主从内地携带大量医学典籍进藏，其中包括治疗408种病的药物和医方100种，诊断法5种，医疗器械6件，配药法4部，以及一些珍贵的治疗经验和办法，如八观察法、五诊断法、六祓除法、四部配药法等等。在医学著作中，最有代表性的是《汉公主大医典》，中原二位僧人将之译为藏文，使之成为吐蕃医学史上的第一部医著。在松赞干布时期，汉地、大食和天竺医生共同翻译编著了长达七卷的医学著作《无畏武器》。在墀德祖赞执政时，汉地僧人、医生以及三名蕃人共同翻译了《索马热咱》，藏医史上称之为《月王药诊》。据《松巴堪布史》载，《月王药诊》来自汉地。此著在内容上（诊脉、验尿、用药等）近似中医。藏医的发展还受到印度和波斯医学的某些影响。墀德祖赞时，曾延请汉、突厥、大食、泥婆罗、天竺、迦湿弥逻名医共9人到吐蕃传医，被称为“四方九名医”。这时，在吐蕃的57位名医中，有两位最为著名，其一就是汉族医生东松康瓦。他应邀两次进藏，并在吐蕃娶妻生子，与另外三位汉医合作，将大约十余种医学著作译成藏文，墀德祖赞把藏南之约兑赐给东松康瓦作为封地。另一位名医就是吐蕃医生老宇妥·云丹贡布，他曾在五台山得到僧人赠送的医书，对汉地医学谙熟，在其最著名的《四部医典》中，关于腹脏功能理论、治疗原则、切脉部位和方法，以及用药等方面都和中医极为相似，19世纪藏族著名学者洛桑却吉马认为，西藏所传之《医方四续》（《四部医典》）的最初源地在汉。唐蕃在医学方面的广泛而深刻的传播、影响，是两地文化传播的代表作。如此丰富、新鲜的信息通过医生充当的媒介，在遥远的两地间进行持续交流，最终促成了藏医学的生成，实在是功莫大焉。

五、经济传播

在吐蕃政治和军事实力龙腾虎跃之际，与外界的经济交流也空前活跃起来。吐蕃很注意向中原和其他“邻居”学习生产技术和经验，并以自己的土特产与之开展贸易。经济领域的各种双向活动，开辟了新的信息信道，扩展了吐蕃人的视野，直接推动了吐蕃社会和经济的发展。

在农牧业生产中，藏汉之间的交流直接推动了吐蕃的产业水平。文成公主进藏时，将汉地的芜菁（圆根）的种子带到了吐蕃。在经过青海时，她还把建造水磨的技术教给蕃人，此项技术后来传到了吐蕃各地，对当地经济的发展产生了重要影响。在唐蕃互市中，吐蕃的马匹一直很受唐朝的欢迎。

在工艺生产技术方面，唐蕃间的交流更富成果。松赞干布时，吐蕃就从中原取得工艺及历算方面的书籍。文成公主进藏时带进了十八种工艺书籍，请来了蚕种、造酒、纸、墨之匠。后来金成公主进藏时，同样带进了各种工艺书籍。吐蕃借鉴了汉地的制陶工艺，使自己这方面的制造技术大大提高。在佛教盛行的吐蕃，中原精湛的铸钟技术为寺庙建设提供了帮助。昌珠寺的铜钟即由唐比丘大宝监造。

茶叶是吐蕃人必不可少的生活用品，在唐蕃之间的贸易中，茶叶就成为中原输入蕃地的大宗物资供应。赞普们就很喜欢收藏和饮茶，并指派专人负责经营藏汉茶叶贸易。

第二节　吐蕃时期信息传播媒介

在西藏古代新闻传播中，吐蕃时期不仅具有划时代的意义，而且形成了独立的品质，特别是在传播媒介上，形式之完整、多样化，为以前时期所不可伦比，即使与后来的信息传播相比，也有不可替代之价值。它与吐蕃整个文化的繁荣、发达是一脉相承的。

一、文字印刷物

吐蕃王朝时藏文的创制，不仅是西藏文化发展史上的里程碑，更是西藏传播史上划时代的标志：信息传播终于走过了漫长的亲身传播时期，跨入文字传媒时代。在西藏，我们虽然还未找到如唐“开元杂报”那样古代形态的报纸，但可以肯定地说，文字的传播一定是随着文字的诞生在进行着，只是它还没有出现一种典型的新闻传播形态。

吐蕃时期，文化的发展使文字传播具备了一般条件。公元7世纪，吞弥·桑布扎创制藏文，并在松赞干布的强力推行下，使之成为吐蕃的通用语言，为信息传播创造了新的媒介。最初的文献就刻在木简、石崖、石碑、钟鼎上，或写在贝叶上。公元7世纪，文成公主进藏时，带进来了书写的一套设备和技术，造纸、墨的工匠被作为专业人才引进到吐蕃，这就意味着吐蕃也能如中原那样造出纸墨了。藏文书写用的是竹笔“钮固”，制笔用的毛竹从汉地输入，纸帛原材料虽多有碍，但它比汉字书写用的毛笔简明便利多了。在松赞干布以前，雕刻技术已被藏族广泛使用，但技术尚不成熟，未成主流，译著和著作还多为手抄。遗憾的是，吐蕃在此条件下并未诞生“古代报纸”，这是历史留下的一大谜案。我们的推测是，除了地理因素外，佛教文化至高无上的地位，客观上限制了新闻传播的正常发展。

在所有的文字传媒中，书籍是最早面世的。藏文书籍最初的形态是简牍、钟铭和石刻，书写材料为金属、木材和石头，这只能被称之为“准书籍”。以佛经典籍为代表，吐蕃时期就创造了“梵夹本”的典型印制模式。在敦煌保存的藏文佛经，就是吐蕃时代的经典。它的特点是古藏文楷体，经书的每一页都打着两个穿皮绳用的圆孔，长度超过 80 厘米。藏文书籍无疑以佛经为主体，也有一些应用方面的书籍，如医学著作等等。在传播学的视野中，书籍应该是最早的文字传媒，它的深度和权威性，是后来的任何时髦传媒不能相比拟的。当然，它的时效性有限，但在报纸、刊物等高时效的媒介出现之前，书籍就是最快的文字传播媒介了。只有身处历史背景中，书籍的传播功能才会获得充分的尊重。

二、简　牍

它是一种将文字刻写在竹木上的媒介物。实际在吐蕃以前，先民就在竹木片上刻画符号以表意记事，传播信息，但只有在出现文字后的吐蕃，简牍才被广泛使用以记载事实，传递信息。

简牍记载的内容涉及较广。包括征兵、户籍、粮草劳役和各种会盟资料。

简牍的存在不仅见诸史书的记载，同时还有文物考古为证。据专家统计，已公布发现的吐蕃简牍有 500 支左右，大部分出土于公元七八世纪吐蕃军队活动过的新疆、甘肃的天山南麓至河西走廊一线。新疆出土的简牍实物，一般长度在 14.3—20.6 厘米之间，正背两面书写，横书古藏文二至三行，书写不甚工整。它的作者大都是下级军官、军士或基层吏员。简牍的右端常凿有一孔，用绳子将若干支穿在一起，即成简册，右端刻有木槽，可捆扎加盖封泥，显示其为驿邮的公文。简牍记述的内容，主要是吐蕃军队驻屯时当地的行政军事举措和社会经济生活面貌，具有一定的信息容量。它的传播范围虽仅限于政府机构，但还是能帮助相关官员把握当地政治军事局势，了解民情，以利决策，与中原相应时期内的“邸报”功能类似。

三、石　刻

以石为材，勒以文字，传播四方，留存于世，是吐蕃信息传播的又一特色。

出于盟誓、纪功、述德、颁赏、封赠等方面的需要，就常常勒石树碑，将有关的资料镌刻于上，传之四方。吐蕃石刻一般分为摩崖石刻和立碑刻石两大类。

摩崖石刻以工布第穆萨摩崖石刻最为著名。它坐落在今西藏米林县米端区本日山主峰北麓达雍仲增地方。青岩石面，幅面为1.85×1.5公尺，略呈正方形，镌刻古藏文21刊，内容为赞普赤德松赞应工布小邦王子与家臣的祈请，重申前盟颁布的诏敕盟书。摩崖刻石的下方雕凿成碑座形式，未镌文字，后世佛教徒刻有右石旋“雍仲”浮雕10个，故称之为工布摩崖碑。在吐蕃时期，用于盟誓、纪功、述德的摩崖刻石比较普遍。

立刊碑石着重于保存史实，向更广泛的受众传播重要信息。目前存世的吐蕃碑石较多，主要有：唐蕃会盟碑、恩兰·达扎路恭纪功碑、噶迥寺证盟碑、楚布江浦建寺碑——拉萨及附近地区；娘·定埃增证盟碑、娘·定埃增续盟碑——墨竹工卡县；桑耶寺兴佛证盟碑——山南扎囊县；赤松德赞纪功碑、赤德松赞墓碑——琼结县。在这些碑石中，以恩兰·达扎路恭纪功碑时间最为久远，以唐蕃会盟碑影响最大，以娘·定埃增证盟碑文字最长，保存最完整，它们在碑刻中占有突出的位置。

唐蕃会盟碑享有极高的著名度。它是唐蕃关系友好的见证和丰碑。立于唐穆宗长庆三年（公元823年），坐落在拉萨醒目的大昭寺前，藏语称之为“祖拉康多仁”，意思是“大昭寺碑”。碑身高4.83公尺，宽约0.96公尺，厚约0.51公尺，略呈方柱形。正面西向，镌刻长庆元年（公元821年）会盟时藏汉两种文本的盟词，左半刻藏文，横书77刊，右半刻汉文，直书6行；

东向背面纯为横书藏文盟词，78 刊；右侧是吐蕃一方参与会盟的 17 名官员的名单位次，藏文 40 刊，并刻有对应汉文音译；左侧为唐朝会盟官员 18 人的职衔、姓名，也是汉藏两体文对照，上是藏文，下为汉文。唐蕃会盟碑的四面均镌有文字，记录了甥舅会盟的重要历史文献，以及双方参与会盟的见证人名单和职位，记载之全面和详尽，足见事件的重要性，凸现了传播的价值，并对藏汉友善和民族团结意义非凡。

碑石的功用固然有永久存留，为历史见证的价值，但从传播的理念观之，还有“为令众人普遍知晓计”这样的意图，这就是传播的功能。这种信息的广泛传播，会对稳定吐蕃社会，促进蕃汉间的交流具有直接的意义。从这个意义上来说，碑石就是凝固的“报纸”。

四、钟　铭

吐蕃时期，佛教获得了空前发展的良机。在新兴的寺庙中，当局会铸造一些铜钟，将礼佛祈福之词铭刻于上，作为供养。其中桑耶寺钟和昌珠寺铜钟较具代表性。它虽然主要是宗教的礼仪，但也能折射出吐蕃社会的一些情形。

与简牍、石刻比较起来，钟铭不仅数量很少，而且留世的多为钟铭拓片，铜钟原物不复存在。钟铭属宗教礼器，发展规模极有限，传播的效能不可高估。原因可以想见：在造纸技术传进吐蕃，人们逐渐习惯于在纸上书写的情况下，庞大、昂贵、笨重的铜钟，已经很难成为大众化的“书写”工具了。不过，钟铭作为一种稀罕的媒介物，它还是具有某种标志意义。

五、壁　画

壁画往往和寺庙建筑紧紧地结合在一起，寺庙神圣的墙壁就成为绘画的绝好画板。壁画习惯于以宗教为题材，有着浓郁的超现实色彩，但以文成公主进藏为题材的壁画，却是写实和具有纪录性质的画作，我们姑且命之为古代的“图片报道”。

以文成公主为主人公的壁画，大都画在与她的生命历程相关联的寺庙中。在大昭寺主殿西墙上的大型组画《文成公主进藏图》，展示了她进藏时的豪华、威仪。在其中“文成公主入藏途中”部分，生动地描摹了碌东赞急急追赶大队人马的情景，纪实性极强。在“文成公主抵拉萨”部分中，浓墨重彩地描绘了公主进藏时受到隆重欢迎的动人场景：大队人马行进在大路上。前面有两条道路，一条路上三人举旗幡，一人捧香，青烟袅袅；另一条路上有三人击鼓起舞，热烈欢迎。

在布达拉宫，有大型连环壁画《松赞干布迎娶文成公主》。壁画将整个迎娶过程——从长安到逻些——完整描述下来。其中包括碌东赞受命出发去长安，在长安皇宫解答难题求婚，辨认出文成公主身份，进藏途中以及抵达拉萨时受到的国宾级欢迎。壁画的内容犹如一篇“大型报道”，立体式地将文成公主进藏的全过程记述下来，传之民众，让“世界”都知道这件大事情。此壁画的报道传播特征十分明显。

在山南桑耶寺，有壁画名为《修建大昭寺》，其中“文成公主堪舆图”一图，逼真描摹了作为总设计师和总监工的文成公主的工作形象。画面正中，文成公主挽高髻、着长衫，单膝跪地，右手指着面前的堪舆图表，双目凝神注视，似在沉思。公主上方是远山浮云，前方有两支含苞待放的莲花，高原背景和主人公观音大士化身的神圣感油然而出，其责任感和智慧形象可掬。

六、盟　誓

为了扩张疆域，维持庞大的统治格局，吐蕃王朝以“文”、“武”两手——征战、盟誓作应对。盟誓作为一种平衡各方利益的智能手段，在吐蕃实现其宏伟战略中发挥了重要作用。据敦煌出土的《吐蕃大事记年》统计，从公元650年到公元763年的113年间，所在大事活动亦为113条，其中70条记载了盟誓活动，而且每条至少记载了一次，有的多达三、四次。新旧“唐书”对此总论之为“一年一小盟”、“三年一大盟”。就盟誓活动来说，就是一场大型的公开的信息交流会，或者说，是一个具有官方性质的“新闻发布会”。

盟誓成为吐蕃实现政治稳定的一种完整机制。它的种类很多：个人之间、氏族之间、王室与贵族之间、王朝与邦国之间、王朝与邻国之间、王朝与部族之间，均能建立这种特殊的政治关系和外交构架。

在吐蕃与邻国和部族之间的盟誓中，以唐蕃间的盟誓最有代表性。在唐蕃间，盟誓被高度重视，唐中宗曾经有言：“唐使到彼，外甥先与盟誓；蕃使至此，阿舅亦亲与盟。”确定了双方来使必盟的约定。唐蕃间的会盟很频繁。自公元705年到公元821年的116年间，两地会盟就多达8次。会盟的地点在长安、拉萨以及唐蕃间的一些便利的中间地带。唐蕃会盟给两地带来了理解与和平。在各次盟誓中，均强调唐蕃通婚的友好情谊，表达“社稷如一”、“合同一家”的美好愿望，同时对挑起边衅的个别战将予以谴责，发誓双方遵守盟约，互不侵犯。盟誓还不同程度地解决了双方的边界问题。它的仪式在所有会盟中最显隆重。其中公元821年的“长庆会盟”规模最大。

长庆盟誓大张旗鼓，不惜跨越千万里之遥的路程，由两方政府首脑高官主导，促成正规的使团，无非就是要达成广泛的传播效应，将此信息传递到唐蕃广大区域，特别是双方交界地区，以之为约束，保障双方稳定的友善局面。这种传播方式，相当于现今一事两地举行的“新闻发布会”。双方盟誓的官员和代表就是“新闻发言人”，参与盟誓的人员差不多就像是记者——不过没有提问的权利。在这样一个不会很大的范围内，完成着两个执政权之间的信息交流。与会的所有成员还将在更大范围内，将此次盟誓的信息进行“二次传播”，更多的人将会获得这方面的信息，也许在比现在传播周期更长的时间内，有关的信息终于可以传递到几乎所有民众耳中。这个周期也有可能成为一个“历史时期”那样漫长。它没有及时而完善的“文本”，故传播仅仅是依靠声音，以人的喉舌为播音器，次第传递，远播千里、万人。会盟碑的功能主要是记录和证明，如果以会盟这个新闻事件为背景，它显然不能胜任传媒的角色。它更多的是一个过时的“报纸”——档案。应当说，在吐蕃时期，会盟仪式是最典型和最富于功效的新闻传播机制。

毫无疑问，盟誓的内容所涉及者都是国家大计。盟誓不仅维护和调整国家战略利益，还通过这种方式，向各利益群体以及民众传播相关信息，使当局的意志成为大众的自觉行为。这种形式的另一个特点是它的半公开性，盟誓是官方行为，但也向民众部分公开。在很多情况下，盟誓的约束力并不值得完全信任，而得到部分保障的民众知情权，却可以成为对双方当局的一种强大约束力。

第三节　吐蕃时期信息传播的基本分析

在昂扬向上、雄心勃发的吐蕃王朝，信息传播也获得了跃升的历史机遇。以整个社会、经济、文化高度繁荣为背景，信息传播出现了令人耳目一新的局面，发生了质的飞跃。这主要表现为文字的诞生和广泛运用，把信息传播推向它的新阶段；随着文化的全面发展，吐蕃的信息传播再也不像原始社会那样零碎和盲目，而是逐步建立起了较为规范的传播范型，在不同领域并以不同媒介进行信息沟通，传播的框架逐渐清晰起来；以吐蕃这样足于与大唐抗衡的实力和抱负，它的传播也绝不仅仅限于高原和脚下，而是全方位开放，犹以与唐朝的信息交流最为出色。不过，令人疑惑的是，在已经具备了古代报纸诞生条件的时候，西藏的古代报纸却始终没有诞生。

一、伴随着藏文的创制和使用，吐蕃信息传播进入新阶段

文字的出现，对于任何一个地区或国家的新闻传播具有历史性的意义。吐蕃也不例外。

学术界一般公认，藏文是在公元7世纪的松赞干布时代创制的。藏族有了自己独立的文字，并能应用于实际生产和生活之中。文字的出现，是人类传播的“第二次信息革命”（第一次是语言的产生）。同样，藏文的出现，标志着西藏古代的传播由“口语时代”进入了“文字传播时代”，文明进程跃升到一个新阶段。

在西藏，“前文字时代”在新旧石器时代业已开始。原始图画一般是文字的雏形。它孕育了人类文明史上最伟大的符号——文字。像西藏原始的岩画以及刻木结绳记事的方式，都是“前文字”的表现形态。史载，在吐蕃之前的象雄时代，还出现过“象雄文”，它的真实面目虽已模糊，也无有力的证据证明它的普遍存在，而且关于它的传说仅仅与苯教有关，但它的确是藏文的基础。藏文创制前的酝酿期对传播的意义不可忽略。它至少说明：藏族先民一直在作着文字传播的梦想和努力。

藏文的出现，克服了口语传播转瞬即逝的局限，使信息长期保存变为可能。再优美的声音，在当时也不可能镌刻在木、石、竹、铜上，但文字却能做到。虽嫌笨拙，但最接近永恒。文字还能使信息传播到遥远的地方，超越空间局限，大大扩展了吐蕃信息传播的空间，乃至于中原，至于“国际领域”的泥婆罗、天竺等。同时，文字还能使西藏历史进程的纪录，不再仅仅依靠幼

稚、瑰丽和夸张的想象力，不再无奈地从文学中挖掘历史真实的身影，而是可以准确地记述，并保存于可信的历史档案和文献了。总之，文字在西藏古代传播中，首先打破了时空的局限，有可能进行古今、内外、上下、远近等立体的传播，增加了传播的信度、厚度和长度，特别是在旷疏的草原，封闭的地理环境中，文字无疑提高了传播的韧性和穿透力。正是文字，才使我们可能了解一千多年前唐蕃会盟中发生的种种信息交流。也正是文字，将那么遥远陌生的信息，越过千年历史走廊，传递到我们的心中，还将传递到我们之后无数个千年历史走廊！

二、在发达的社会条件下，初步建立了西藏古代信息传播的若干范型

在西藏的历史发展中，吐蕃无疑是一个充满朝气和实力的王朝。在松赞干布的领导下，吐蕃不仅在经济、社会和疆域上获得了空前的发展，成为中国西部最有开拓力的少数民族部落，而且文字的创制和佛教的兴盛，使文化发展迈上了一个新阶段，信息传播正是在此基础上，完成了从原始的口语传播（亲身传播）到文字传播的历史性跃进。在一个适宜的土壤上，在一个繁荣的社会背景上，信息传播逐渐铸就了自己的传播范型，进入规范发展的新时期。

信息媒介无疑是社会造就的结果。在这一时期，随着文字的出现，信息传播发生了质变。当文字成为一种纪录符号和传播媒介时，整个传播都会发生改观。一切物质的材料在和文字结合后，新兴的各样媒介便产生了。可能用以书写文字的质料不同，——竹、木、石、铜、纸、贝叶等等，但作为文字的载体这一点，却并无不同。是文字将这些不同的物质存在归拢到一起，成为文化和信息的运载者。文字成为传播媒介的枢纽。在最简便的纸张被作为书写材料以前，无论金石还是竹木，作为媒介的物

质要素，总显得要笨拙、夸张一点，但它确是吐蕃经济、文化的真实写照，是历史的轨迹，是传播的必经之路，是西藏历史的特别赋予。因此，即使到了后来，人们基本习惯，也有可能全部用“藏纸”书写和印刷文字产品，石刻也并未被历史无情地淘汰。因为，在青藏高原，石头是多么普及、多么具有坚固记载功能的“书写”材料啊！

吐蕃对西藏信息传播的一个重要贡献，还在于创造了独特的信息发布模式——盟誓。当然，盟誓是政治的产物，它更是一种维护政治平衡的机制，是吐蕃进行扩张的手段。但当盟誓的仪式进行之际，一场立体的信息传播也就开始了。整个过程都在进行信息交流——吐蕃内部机构之间、个人之间、部落之间、不同王朝之间，信息往来，沟通不断，互相谅解和趋同，完成正式盟誓以前的所有环节的疏浚。信息的高密度传播，使盟誓双方已经达到深刻一致，误解和冲突逐渐消除，友好的气氛弥漫其间。信息的传播，是双方建立互信的基本前提，至关重要。

盟誓仪式造就了信息发布的机遇。在这样的集会上，双方重要的官员各有出席，并按照古老的习俗指牺牲而誓，维护誓词的尊严，可谓信誓旦旦。双方官员的所有活动、表现、讲话、礼仪、规格，乃至于最终勒石为碑，为万代后世所鉴，都是人们关注的信息流，它们会通过在场的官员，一层又一层地向更大的范围涟漪般地传递开去。也许传递的过程很漫长，但传递总在进行中。盟誓仪式是社会信息的高度凝结。不用说信息自身的传播惯性，就是盟誓本身，也极需要最广泛的传播，使信息变为誓词永远的监督者。就是说，盟誓本身并不需要封闭，它要使民众在获得最大知情权的情况下，保障盟誓的效能和价值。回想起来，在西藏相当长的历史阶段中，盟誓一直是官方最具公开性、最接近新闻传播本质的新闻发布机制。

吐蕃的传播方式，是吐蕃传播的独立品性，更是后来西藏古代传播模式的楷模。吐蕃信息传播是吐蕃社会发展的必然，它不同于同时期的中原信息传播形态，更区别于西藏原始社会的传播，与后来的封建农奴制的传播也不一样，突出地体现出作为西藏历史发展上升期的繁荣和独立性。对未来而言，有的随风而逝，有的则成为后世信息传播的标尺，如盟誓、驿邮等，直接影响了西藏新闻传播史的进程。特别是驿邮制度，在元、明、清朝获得进一步开发，成为联系高原与中原、域外的信息信道，也是信息传播的走廊。

三、构建了信息传播的开放格局

吐蕃时期朝气蓬勃的景象，也给信息传播带来了宏大的气度。传播绝不仅仅局限于吐蕃域内的狭小天地，而是将目光延伸到它最强大的邻居唐王朝，并将触角伸向印度、尼泊尔等地。同时传播的领域多样化，在当时最兴盛的军事、外交、经济等方面，传播也与之相伴。吐蕃以逻些为核心，向四周辐射，形成了博大的传播格局。

驿邮是古代西藏社会极其重要的传播信道，在广袤的高原之上，备受交通限制的吐蕃王朝，正是凭借着艰难建立起来的条条驿道，将吐蕃内部各区域以及吐蕃的对外信息渠道沟通起来，实现信息传递的原始化网络结构。在对吐蕃历史的考察中，我们会发现吐蕃社会很重视对外交通，开辟的通达中原和祖国内地其他地方的驿道就有东北、西、西南三条。每条驿道上均建有较密集的驿站，将条条生命和信息信道连接起来。实际上，在吐蕃与内地接壤的北、东、南三个方向上，都战胜困难，投入人力、物力，建立起了驿邮框架，与今日青藏、川藏、滇藏交通路线大致吻合。吐蕃还南向建立了通达印度、尼泊尔的驿道，高高的喜马拉雅山也未能阻隔吐蕃与它南邻间的信息传播。四面放射的驿道成为吐蕃开放构架的形象写照。

如果从信息传播涉及的领域来看，也颇为可观。吐蕃是军事王朝，军队的触角常常延伸到唐朝的边境，也就意味着它的内部信息信道已经推进到如此遥远的地方。吐蕃军队在收集信息和处理信息方面的能力，要超过其他行业。军队的信息处理能力，成为其战斗力的一个重要组成部分。吐蕃的农牧业也很发达，唐朝对吐蕃的骏马就评价很高，而吐蕃对唐地农业的兴盛也很羡慕，于是两地之间的经济交流，就不动声色地开始了，各种信息与生产力发生着直接关联。吐蕃是一个充满自信的王朝，但更是一个务实的王朝，它向唐朝、印度等地派出自己的留学生，学习先进文化，连藏文的创制都是留学的成果之一。它还将老师聘请进来，教授学生，传播知识。进进出出的人数显然极为有限，但传播的能量却很大，他们是超级传播源，会将两极的信息深刻地沟通起来。吐蕃的外交很活跃，一批批使者云游两地之间，本身就是称职的媒介。纵观吐蕃不同层次、不同领域的信息传播，颇有轰轰烈烈和壮观之感。

四、历史的遗憾——西藏古代报纸踪影全无

在前面的分析中，我们已经初步论证到，西藏古代报纸诞生的条件基本具备了，可是我们没有获得这种惊喜的荣幸——它被孕育着，但它并没有呱呱坠地。这种遗憾一直保持到公元1907年《西藏白话报》的问世。——在此之前，西藏从来就没有诞生过典型的古代报纸。

这是西藏新闻传播史和文化史之谜。揭穿谜底的可能性存在于如下方面：

——也许真正的西藏古代报纸还没有被发现。它隐藏于漫漫故纸堆中，或是一个神秘的“历史容器”中？

——佛教文化的排斥。必须承认，在吐蕃时期，佛教已经获了崇高的地位，它被作为治国精神而备受推崇。佛教的“来世”

信念，使以传播民生信息为准则的大众传媒缺少必要性。

——吐蕃是一个强大的王朝，但并不意味着是一个完整而严密的王朝。它传播信息的频率并不高，而且传递的方式较为粗糙，似乎不用像唐朝那样要用“邸报”实现信息通达。

——新闻信息的需求有限。新闻的需求常常与城市规模、商业繁荣和文化普及程度有关，这些景象在吐蕃还是较为罕见的。

总之，没有确定的答案，但这不妨碍我们进行相关的思考。这种遗憾，是吐蕃信息传播研究的吸引力所在。

第三章 西藏元明清时期的信息传播

[元代—1907年《西藏白话报》创办]

从公元13世纪开始，西藏纳入中央政权管辖，成为中国的一个地方政权。以此为起点，历经元、明、清三代王朝，西藏的信息传播历史成为中华文明史的一个重要组成部分。

西藏归于中央政府管理，对西藏文化、政治和经济发展产生了直接而深远的影响。在信息传播方面，由于西藏与内地各种交流更加频繁，中原腹地的文化模式、观念和传播手段对西藏发生了全面影响，中央和地方的行政隶属关系，又在客观上促进了两地的信息交流，同时，西藏的社会、文化和经济也在发生着缓慢的推进，在此背景下，西藏的信息传播方式发生了历史性转变，从而进入了一个新阶段。

在元明清三朝，虽然西藏的社会、经济和文化不断发展，但信息传播方式却处于较为稳定的状态，这就使我们有可能将这一历史时期的信息传播现象作为一个相对完整的整体加以考察。在这一阶段，西藏的信息传播开创了以驿邮、茶马互市为基本渠道的传播模式，文字传播空前发展，一批身兼军政使命的大臣和使者，成为极其活跃的信息传播者，同时，在近代新闻氛围的熏陶下，西藏也开始了近代新闻传播的基础建设。虽然这一时期西藏的新闻传播依然未诞生典型的古代报纸形态，也未能较早过渡到近代传播时期，但它独立的传播品质和种种传播形态，仍然具有不可忽视的传播价值和历史意义。

第一节 特色独具的信息传播渠道

一、驿 传

在地理环境不变的情况下，通过驿站传递军政和各种信息，是西藏古代信息传递的最普遍方式。

1. 元代

公元1260年，忽必烈称帝，设立“总制院”（1288年，改成“宣政院”），“掌释教徒及吐蕃之事，而隶治之”。在“宣政院”下，设置三个官署管辖吐蕃地区：一是吐蕃等处宣慰使司都元帅府，管制西北藏区，一是吐蕃等路宣慰使司都元帅府，管制西南藏族地区，另一是乌斯藏、纳里苏古鲁孙等三路宣慰使司都元帅府，管制前、后藏和阿里地区，所设驿站由“宣政院”管辖。元朝政府为了加强统治，“朝令夕至，声闻必达”，就在全国广开驿路，设置驿站，其西南路通达乌斯藏宣慰使司宣辖境，即今天的西藏地区，成为当时官方主办的主要信息通达渠道。

元代西藏驿站的设立，是忽必烈亲自交办的事。据《汉藏史集》记载，忽必烈曾就设立驿站之事当面向他的大臣答失蛮交代说：“自萨迦以下，可视道路艰险，村落贫富，选择适宜建立大小驿站之地，依照汉地设立驿站之例，立起驿站来”。于是从汉藏交界处的临洮起，直到萨迦以下，共设置了27个大驿站。《藏族史要》的记载与《汉藏史集》基本相同，只是称答失蛮为“达门”，驿站称为“甲姆”，驿站的具体分布情况是：垛堆（甘孜、昌都）地区设9个甲姆，朵麦（甘肃、青海）地区设7个甲姆，卫（拉萨）地区设7个甲姆，藏（日喀则）地设4个甲姆，在各个甲姆之间再设若干小甲姆。元代入藏驿站（大小均论）至少在40个以上。

据学者研究，元代进藏驿站路线基本可以分为南北两条线路。北线起点为北京，经陕西、甘肃、青海、四川抵达西藏萨迦；南线是从甘肃和政县至四川德格，与从河州入藏的北线汇合。

元代政府对西藏驿站的设置和管理都有行政规范。在《元史》卷九十八志第四十六中，对元代驿站的设置作了记载："元制站赤者，驿站之译名也。盖以通达边情，宣布号令，古人所谓置邮而传命，未有重于此者焉。凡站，陆则以马以牛，或以驴，或以车……"。元代之初，驿站的管理属通政院，并设诸站都通领使司以统之。至元四年（公元1311年）归兵部管辖。涉及驿站事宜，均以中书省名义行令。藏区的驿站管理，宣政院也负有责任。

元朝对驿站管理极为重视，先后派遣官员直接进藏实施管辖。元初的驿站就是由宣政院官员管理，而藏区各宣慰使司实际就是本辖区驿站的直接领导者。当初答失蛮在藏认真经办了驿站设置之事，环绕萨迦寺礼拜佛事，并考察了吐蕃地方的风土民情，受到元代皇帝的较高评价，任命其为"宣政院"衙署的主要负责官员，这使他成为元代最早派往吐蕃设置驿站的高级官员。为了保证驿站的畅通无阻，元朝政府旋即又派遣大臣额济拉克赴吐蕃掌管驿站，并封为"同知"之职。

为保证驿站正常运行，中央政府对驿站常规供应做出规定。确定驿站的支应由各万户府按人口多少分段负责。规定沿途居民负责传送公文，供给马匹，供应往来官员食宿。《汉藏史集》还对乌思藏境内各驿站支应分工作了具体规定。为保证驿站通达，元代还在国内实行驿站的站户制度，专门签发部分人户承担站役。但站户往往不堪重负，一再逃亡，大臣桑哥只好从藏北军队中拨出一点人马维持驿站运作。在极端贫瘠的藏区，朝廷对驿站还进行适当的补助。

为保证信息畅达，驿站确立了一系列严格的管理制度。乘驿必须持有圆牌等凭证。圆牌也称“元符”，是朝廷铸造的专为传递紧急军情之用的信符，并颁发给诸王公主驸马、边军统帅和地方官员，以备不时之需。朝廷使者佩金字圆牌乘驿，诸王公主和地方官府使者佩银字圆牌乘驿。圆牌最初铸有海东青（“雕”的一种）图像，故称为“海东青圆牌”。至元七年改铸蒙古新字，即八思巴字。牌面汉译意思为：“长生天气力里皇帝圣旨违者治罪”。同时，元代还在重要交通驿站设脱脱禾孙（检察官），专门稽查过往官员使臣的真伪。

元代在西藏驿站设立及其管理上所投入的巨大努力，使驿站实际成为一个坚强有力的“行政系统”和信息传递主渠道。在西藏偏远、旷阔、交通极端落后的情况下，驿站的信息通达作用，比元代国家其他地方的信息传播功能甚至更加重要、突出。据《元史》《经世大典》记载，元代驿站的功能主要有四：一是“通达边情，宣布号令”。二是“四方往来之使，止则有馆舍，顿则有供帐，饥渴则有饮食。”三是配备马匹车船等交通工具，供往来官员乘驿使臣之用；四是“纲运辎重物资”即“进纳御用储物”。但驿站最重要的功能还在于信息沟通。它通过一个完整的传递信道，将元代政府与遥远的西藏境域次第连接起来，以当时最快的速度，传达朝廷政令，传递军事情报和命令，实现中央政府对西藏的管辖，同时，在这条极其漫长而艰险的信道上，除政治、军事以外的大量信息，也伴随着乘驿者的踪迹蔓延到西面八方，一条条驿道，就是一条条珍贵的信息之路。

2. 明代

至于明王朝，基本沿用元代旧制，加强了对乌思藏的管理，同时又进一步将藏族官职纳入明代地方行政机构以内。公元

1373年，明朝设立乌思藏、朵甘卫指挥使司，受西安行都指挥使司统辖。其后又设立了从指挥使到万户、千户、百户等各级职位。中央政府还对西藏实行“多封众建”的政策，并频繁派出官员出使藏地。

为保证中央对西藏的管辖，实现两地信息沟通，明朝大力推行驿站的恢复和建设。朝廷先后派出官员督办此事。永乐五年3月13日（公元1407年4月20日），永乐帝命灌顶国师阐化王扎巴坚赞会同护教王、必力工瓦国师等西藏僧俗首领，“复置驿站，以通西域之使”。随即派出陕西省都司都指挥同知刘昭、何铭率领官兵前往乌思藏分置驿站。公元1414年1月，永乐帝派遣中官扬三保赉敕往谕阐化王、阐教王、护教王、赞善王等宗教首领，“令所辖地方驿站有未复旧者，悉如旧设置，以通使命”。乌思藏通达内地驿站的恢复和增设得以完成。宣德九年（公元1434年），明朝为加强驿站的管理，在通天河流域设立毕力术江卫指挥使司。

明代驿道分为明初的青藏道和中后叶的川藏道，还有一条支道——松潘道。旧线继续使用，新线也在逐渐增辟，范围较之元代有所扩展。

（1）青藏道

明朝初年，西藏僧俗地方势力纷纷入境朝贡请封，中央政府也多次派出官员远赴拉萨、乃东等地，封赏西藏地方政教首领。为便于行旅，及时沟通双方信息，明朝中央遂于永乐五年（公元1407年）和永乐十二年（公元1414年）两次派员入藏，协同西藏地方政府共同修复了驿道。

据研究，明永乐年间修复的驿道，并非取道四川雅安的川藏道，应是修复元代驿道，从拉萨附近的乃东向青海方向延伸的青藏道。青藏道还可分为东、西两道。

西道：拉萨—墨竹工卡—止贡—旁多—当雄—唐古拉山—通

天河—巴颜喀拉山—扎陵湖—日月山—湟源—西宁；

东道：拉萨—彭多—当雄—那曲—唐古拉山口—杂多—玉树—称多—玛多合—西宁。

（2）川藏道

自明代永乐年间开辟青藏驿道后，川藏道一度通达无阻，但至于宣德年间，使臣屡遭劫掠，青藏道被迫陷于中断，而改道另一条古老茶道——川藏道往返。这样，川藏驿道遂成入藏正驿，直至清朝。

川藏驿道于正统年间即作为官道使用，成化年间被正式辟为驿道。拉萨—昌都一线即原青藏东道的路线，所谓川藏驿道，实际仅仅是将四川境内的驿道延至昌都，与青藏东道连接。四川境内驿道走向基本是：成都—新津—邛崃—名山—雅安—天全—康定。后雅安至康定的驿路进行过重大调整。

川藏道山高水急，大河多阻，其凶险远甚于青藏道。据文献记载，若是要走过川藏道，需经过 4700 华里路程，过驿站 56 个，渡主河共 51 次，渡绳桥 15 座，过铁桥 10 座，越山 78 处，跨越海拔 9000 尺以上的山峰 11 座，5000 尺以上者 27 座，全程耗时至少在三至四个月之间。但川藏道也自有其优越之处，它在四川经过著名的雅茶产区，便利于茶叶交易，而在西藏境内经过的藏南河谷地带，人口相对稠密，供给较为充足，优势渐甚于青藏道。故此，西藏与内地之间的交往，并没有因为此驿路途多艰难险阻而减弱、停滞。事实上，日益增加的贡使、商旅使其反而渐渐繁忙起来。浩浩荡荡的贡使蜂拥于川藏驿道，一时蔚为大观。仅嘉靖十五年，辅教、阐教、大乘各王、长河西、鱼通、宁远等处喧慰使司的贡使一次竟至 4170 人。

（3）松潘道

松潘道可分东、南两路。

南路：成都—灌县—汶川—茂汶—迭溪—松潘。松潘西出黄生关，通陇右，接青海进藏大道。

东路：成都—广汉—绵阳—彰明—江油—涪江—平武—松潘。再接甘肃文县、武都联结川甘。此路绕道较多，路途稍远，但路宽并少“蕃寨”干扰，被视为安全信道。

明代驿道的功能，与元代并无本质不同。但需要说明的是，除了朝廷派出的一部分使者以外，活跃于此道上的人员，多为自藏进入中原，以明朝廷都城为目的地的西藏贡使，还有大量不畏艰险，进行商品贸易，特别是以茶为“媒”的商贾。西藏贡使由于能够得到朝廷数倍的赏赐，促进中央政府的了解和重视，故规模与日俱增。从宣德、政德年间（1426—1449）的30—40人/年，景泰年间（1450—1456）的300人/年，到天顺年间（1457—1464）已猛增至2000—3000人/年。这种供赐关系的发达，最根本的体现为一种政治关系，同时在促进经济联系，加强信息沟通方面发挥着重要作用。一些官员长期居京，并请求朝廷予以安置，任命官职，实际成为西藏几大政教势力的驻京代表，他们仿佛唐代以后各地方留守京城的进奏官，除政治使命外，还作为地方与中央间的信息中枢，使两地的信息实现沟通。仅仅以大量贡使的频繁往来，也可以断言，有明一代驿道的信息功能再一次被放大、扩张，信息的种类和容量要远远超过元代。

3. 清代

明王朝末年，蒙古固始汗的力量进入西藏，西藏通过蒙古与清朝发生了联系。明崇祯十二年（公元1639年），清太宗致书达赖，宣布清朝的崇佛政策。顺治九年（公元1652年），五世达赖在京为顺治皇帝赐以“达赖”封号。康熙五十二年（公元1713年），五世班禅亦受“班禅”封号。从此，西藏两大宗教封号被正式确定下来。为加强对藏管理，康熙四十八年（公元1709年），清廷派侍郎赫寿为驻藏大臣。雍正五年（公元1727年），清政府又进一步设立驻藏大臣办事衙门。1751年4月23

日，清廷颁布《西藏善后章程十三条》，规定西藏事务归于达赖喇嘛和驻藏大臣“专主”。废除君王制度，建立噶厦政府。乾隆五十八年（公元1793年），清廷再颁布《藏内善后章程二十九条》，规定了驻藏大臣同达赖、班禅地位平等，而且将中央治藏政策法制化。

清朝沿袭了元明时代的驿传制度，当时以京师皇华驿为中心，设置东北、西北、东路、中路、西路5条主干驿道。为“联络声息”，清廷也很重视西藏的驿道建设。驻藏大臣的职责之一就是管理驿站。西藏驿道一般可分为三条：一是康藏道，一是青藏道，另一是滇藏道。

（1）康藏驿道

路线为：皇华驿—居庸关—陕西—甘肃—四川，由川康道入藏。

康藏驿道自打箭炉至拉萨，全程4980里，安台84处，安讯13处。中央政府还设置了打箭炉、理塘、巴塘、察木多、拉里、拉萨6处粮台。

（2）青藏驿道

路线为：京师—直隶—河南—陕西—甘肃—青海，由青海入藏。由西宁至拉萨4120里，共设68站。

（3）滇藏驿道

路线为：京师—河南—云南，由中甸进藏。从中甸出口至西藏洛隆宗，计程3080里，共设38站，洛隆宗以下各站与康藏道同一线路。

另外，清政府出于军事考虑，以防止准噶尔、廓尔喀等外族异邦的侵略，开通了西藏与周边区域和邦国之间的驿道。如：拉萨—扎什伦布，凡18站，785里；拉萨—青海玉树，38站，2270里；扎什伦布—大吉岭，16站；扎什伦布—定结；扎什伦布—江孜；扎什伦布—聂拉木，10站；拉萨—达旺（不丹）；拉萨—克什米尔（印度）；拉萨—加德满都（尼泊尔）。等等。

不过需要说明的是，西藏驿道设置虽多，但滇藏道过险，青藏道过远，还是以川藏道为正驿，驻藏大臣、贡使和商贾人等，均多行此道。同时，出于特殊需要，还临时设置驿道，以供不时之需。由是观之，驿站设置的动因，就是传递信息的必要性和紧迫性。

驿传的速度要求很明确。藏区驿传速度，朝廷规定为四等：一等日行600里，用以传送十万火急文书；二等日行500里，急行速度；三等日行400里，为普通速度；四等日行300里。一等文书从北京传送到拉萨，需用25天，行程13000里，其中，北京到成都需10天，成都至打箭炉需4天，打箭炉至拉萨需11天。朝廷对传送文书的时间限制甚至精确到时辰。如果以平均速度计，每日的行程要达到473里。这种速度是驻藏大臣和戍边士卒的行进速度所远远不及的，他们的日行速度不过80里，同样的距离，需要40天乃至数月、数载，足见驿传的速度为平常行进速度难以企及。由此可以断言：驿传是藏区最快的信息传递方式和途径。

鉴于所传信息关乎中央和地方政权之间的联系的极端重要性，清朝采取了一系列严格的政策，保证驿传的安全和时效。驿站由清中央政府理藩院和兵部双管齐下，共同治理。而在地方，康区驿站由四川总督负责，西藏驿站则归驻藏大臣直接管辖。安多藏区的驿站属清廷驻西宁办事处总管。为防止朝旨、四川总督、驻藏大臣以及西宁办事处官员的题奏本章及藏区军事文书在传递过程中磨损、毁坏、泄密、丢失、延宕等，规定应驿文书应以报匣或夹板裹以黄绫包袱，上贴印花、印封，由驿卒逐站校检，记录收发人姓名职衔、收发地点、接受时辰、日限行里数、报匣和封套数目等，与现今邮政手续近似。

驿站的设立和驿传制度的完善，对清廷与西藏地方传递信息，实施对西藏的管辖，促进地方政权的稳定，具有直接的意义。在总结由于信息不畅带来的政治和军事损失时，弘历皇帝深有体会地说："塘讯断绝与复通掌与他人之手，信息往来，惟藏王之言是听，而驻藏大臣毫无把握，即驻兵万人何济于事！"他还认为："藏地关系最重要者尤在台站，此乃往来枢纽所在。"在《酌定西藏善后章程》中，规定驿传事务要由驻藏大臣和达赖共同管制，加之驿道官兵护卫，西藏就一直保持着这样一条政治生命信道。

清代的驿道，无论是规模，还是驿站的密度、传递条件，均远胜于元明两朝。这使信息传递的速度、质量和安全性大大提升。每站设置固定塘马与牛。台站规模和数量增加。仅西藏境内就有各类驿、台、站、塘、铺二百余处，台站之间距离大大缩短，最短处仅 10 里，远的不过几十里。驿站造就了如打箭炉这样繁华的驿道城镇，各种交易繁荣空前。驿道上人员往来的密度和频率亦可赞叹。清代的驿道不仅开辟青藏、川藏和滇藏三条，还设置了西藏本土通往各边塞及域外周边诸国的若干驿道，将开放的信息信道辐射四面八方。

自吐蕃时期开设驿道以来，元明清三朝相沿成习，并不断恢复和拓展、增设，形成了"以驿传讯"的优良传统，使之成为偏远西藏的信息信道的主骨架。

二、茶马互市

在西藏古代的信息传播途径中，除驿道以外，还有以实物交易为主的"茶马互市"。

早在唐朝时，吐蕃和内地间就已经开设茶马互市。宋代进一步发展，至明清时达到繁荣，成为西藏和中原进行经济交流的最重要渠道和最基本的内容，同时也构成了西藏与中原信息传播的重要纽带。"茶马古道"还是中国对外交流的第五条信道，与北方丝绸之路、南方丝绸之路、海路、唐蕃“麝香丝绸之路”并列为古代文明大信道。

“茶马互市”信道和机制的建立，是西藏和中原两地军事、生活互相需要的结果。“茶马古道”就诞生在滇、川、藏大三角地带的原野丛林之间。云南原是茶叶的故乡，在1200年前的南昭时就已经盛产茶叶。在这一时期，生活在雅鲁藏布江流域的古代藏族，一部逐渐推进到喜马拉雅山南麓、四川西部和云南西北部。茶叶一经传入西藏，它所具有的助消化、解油腻功能，使习食肉饮乳的藏族民众十分喜欢，视之为生活必需品。而优良的吐蕃马匹成为中原王朝推崇的武备。藏族的生活需求和中原王朝的军事采购需求，使茶马古道应运而生。到宋朝时，茶马互市已经拥有突出的经济和政治地位。到明清两朝，茶马互市已经成为两地经济生活中最引人注目的现象。仅顺治十八年（公元1666年），滇茶就有3万担销往西藏。“滇藏茶道”便成为一条“茶叶商道”。一直到民国年间，滇茶每年入藏的数量也至少在1万担。

茶马古道的主要线路一般有两条：一是川藏道。雅安—泸定—康定—巴塘—昌都—拉萨—尼泊尔—印度；一是滇藏道。普洱（滇茶原产地，今西双版纳、思茅等地）—大理—丽江—中甸—德钦—察隅—昌都—洛隆—林芝—拉萨，再经由江孜、亚东，分别到达缅甸、尼泊尔、印度。在主线以外，还密布着大大小小的茶道，将藏、川、滇大三角紧紧联结在一起。

茶马互市实现了西藏和内地的直接经济交流，建立了两地间的经济依存关系，并成为两地间的基本信道。内地的茶叶、丝绸、布匹、僧服、纸张以及金银等物资输入西藏，而西藏的马匹、氆氇、皮张、药材、铜佛、舍利等也进入内地，不仅繁荣了经济，满足了双方之需，促进了经济发展，同时也加强了西藏与祖国内地之间的联系，使茶马互市实际成为绵延于两地之间的信息大道。

第二节　身份特殊的信息传播者

西藏古代社会，一些负有特殊使命、担任交流角色的使者，往来于西藏与中原之间，在完成政治使命的同时，以自己独特的身份和影响力进行信息传播，对促进西藏和中原之间的了解发挥了重要作用。

一、西藏朝贡使者

明朝推行都武卫的设置和各政教势力的多封众建相结合的行政管理体制，把西藏纳入中央政权的管辖之下。西藏各地僧俗首领向中央王朝纳贡和朝廷以皇帝名义进行的赏赐，成为维持中央和地方关系的纽带，而朝贡使者就是直接的沟通者和信息传播者。

热烈的贡赐关系构成了一种特定的联系方式。西藏地方向中央政府朝贡，始于洪武五年（公元 1372 年）摄帝师喃迦巴藏卜遣使入贡，终止于崇祯三年（公元 1630 年）乌思藏僧人三旦多只朝贡，历经 200 余年。朝贡大体可以分为年例、请职、谢贺以及临时朝贡等类型。一般以三年为期。朝廷对朝贡者常常遵循“厚往薄来”的原则，回复给三倍于贡品的财物，其中以藏地最需的茶叶为主。

为保证贡使的真实性，西藏诸王派出的贡使要持诸王印信的藏文文书为凭，经核验方能成行。为了办理边疆入贡事宜，明朝专设“会同馆”，隶礼部主客司。还设立了“四夷馆”，负责翻译藏文等少数民族文字的奏表及其他文书。需要说明的是，所谓“贡使”，不仅包括西藏实力人物派出的朝贡代表，同时也包括亲自前往中原朝贡的国师、禅师、都纲、喇嘛、都指挥使、指挥等一批具有相当社会地位和权力的人物。

而不少来京朝贡的官员，长期逗留内地，请求“居京自效”。朝廷出于国家和睦考虑，便准其所请，授予官职，进行适当安置。他们实际是西藏各政教势力的“驻京代表”，与中原王朝自唐代以来设立的各地驻京“进奏官”的职能近似。他们的住所、活动以及他们自身，都构成了西藏地方与中央之间联系的纽带和桥梁，是信息传播的传者和核心环节。

到了清代，西藏地方继续以派出使者朝贡中央王朝的做法，保持与中央的信息通达。

西藏地方遵循历史惯例，向新的中央王朝称臣朝贡；而清朝也承认明朝的封授，全面恢复了“贡赐关系”，并开始厘定适合西藏地方新的政治环境的贡赐章程制度。据《清世祖实录》载，在1646—1651的5年间，西藏地方遣使进京11次，大部分是朝贡性质的活动。清朝也派僧俗官员进藏3次。而1653年五世达赖的进京朝觐和清朝的册封，则是在清王朝统治时期所进行的一次“超级”的信息传播活动。五世达赖就是西藏当时级别最高、传播效能最为突出的“超级传播者”。

清廷迎请五世达赖的动议始于皇太极之时。出于“兴黄教安众蒙古”的考虑，同时也是为了保持西藏与中央王朝之间的历史关系，清朝多次表达了迎请五世达赖的强烈意愿，并多次派出使臣抵藏商议、敦请。1652年藏历三月，五世达赖在清朝官员的陪同下自拉萨启程往京。随行的有四世班禅和固始汗方面的代表、高级僧侣、武装保卫人员共3000余人。1653年1月14日，五世达赖一行抵京。清顺治皇帝在京郊南苑，以“田猎”为名会见了五世达赖，并事先在京修建黄寺作为五世达赖的驻锡地，给予大量的封赠。最为重要的是，清帝以满、汉、藏三种文字，册封五世达赖为“西天大善自在佛所领天下释教普通瓦赤喇怛喇达赖喇嘛”，确立了五世达赖在西藏的宗教领袖地位。五世达赖此次进京活动，其信息容量之大，传播阵容之浩荡，传播范围之广泛，传播效应之强烈，都是空前的。

朝贡使者在中央和西藏地方间的信息传播功能显而易见。他们不仅要介绍西藏地方的情况给中央政府，同时还要把中央的意见和政策传达给西藏地方，而他们一路见闻所获知的民间信息，会帮助闭塞的西藏开阔视野，逐步调整生活和生产模式。就本质而言，这些贡使实际就是一种流动的“传播媒介”。

二、清王朝驻藏大臣

由中央政府派出大臣常驻西藏，代行国家管理之职，是清王朝治藏的一大举措。而驻藏大臣在扮演国家管理者角色的同时，实际也肩负信息传播者的使命。由于其身份的特殊性，由他们传播的各种信息，广泛而具权威性。

清驻藏大臣制度，实滥觞于18世纪初叶。康熙四十八年正月二十七日（公元1709年3月8日），清廷特派吏部左侍郎赫寿“前往西藏协同来藏办理事务”。他在藏公干一年有余，应算作首位清朝驻藏大臣。在赫寿之后，继之者还有延信（1720年10月）、噶尔弼（1721年5月）、策旺诺尔（1721年10月）、鄂赖（1723年4月）、周瑛（1723年11月）、鄂齐、班第（1725年12月）等，至1727年2月，清帝派内阁学士僧格、副都统马喇前往达赖喇嘛处，任命钦差大臣常川驻藏办事，标志着清王朝驻藏大臣制度正式确立。1728年，阿尔布巴事件平息之后，驻藏大臣衙门在拉萨正式设立，领兵进藏的将领实际成为驻藏办理事务大臣。

驻藏大臣无疑拥有代中央治藏的特权，这就意味着拥有各方面权威信息的发布权。在1751年4月23日，清廷颁布《西藏善后章程十三条》，规定驻藏大臣直接管理西藏重大行政事务、官员任免、负责地方防御、监督官员、抚恤地方、直接管辖达木蒙古等权利；1790 年 10 月，清朝军机处会同理藩院制定“治藏 10 条”，除再次重申驻藏大臣掌管西藏地方重要官员任免、统辖驻防守备、操练兵丁、减免或增派差徭的权力之外，还针对藏政弊端，确定了驻藏大臣在寺院堪布、孜仲的任免、诉讼、外蕃贸易等方面的监管权利；乾隆五十八年（公元 1793 年），清廷再颁布《藏内善后章程二十九条》，规定藏内诸事统归驻藏大臣管理，其地位与达赖喇嘛、班禅额尔德尼平等。并确定在达赖、班禅及各大呼图克图转世灵童“金瓶掣签”、僧俗官员的缺出、定立、涉外事宜、驻防守备、宗教监管、司法、财税等方面的管辖权利。获得这些全面而重要的权力，实际意味着拥有相关信息的发布、传播权力。

第三节　文字传播

以吐蕃松赞干布时期创制藏文为起点，西藏即进入了文字传播时代。

从公元 9 世纪的封建割据时代开始，至元明清三朝，文字信息的传播主要以碑记、文告、手抄新闻等形式进行。在这一历史阶段，除在清朝末 1907 年出现《西藏白话报》以外，西藏依然没有出现古代形态的报纸。不过，信息传播还在以各种文字形式进行着。

一、文　告

在公元 9—13 世纪的封建割据时期，动乱的社会秩序也使信息传播进入一种无序状态。我们还不能较为完整地考察这一时期的传播状况，只能是撷取某些片断，从一个侧面说明此期信息传播的某些特点。

宗教界常常用文告来公开传达某一教派的意志。公元 10 世纪后，西藏进入佛教第二次复兴时期，如宁玛、噶举、嘎当、萨迦、觉囊等教派纷纷立世，最初与不相隶属的割据势力联结在一起，而有些教派领袖就是政权首领。为了打破割据隔膜，扩大自己的影响，各教派的领袖就愿意以公开信的形式发表文稿，宣传自己的宗教主张。如公元980年左右，古格托林寺喇嘛益西沃，就以公开信形式发表文告。益西沃是古格王朝最高宗教领袖和政治统治者，他的这篇文告，实际是“宗教宣传告示”，主旨就是对当时占统治地位的密教修行法的批评。文告以益西沃的名义公开发表，并注明“布让邦长颁发”，使之具有国家机构公开颁布的权威性。当民众获悉文告的内容时，它的大众传播功能就实现了。西藏地方政府习惯于借助这种形式发布消息，传播信息。

在长篇史诗《格萨尔·察瓦箭宗》中，出现过一篇《告察瓦戎国全体臣民书》的布告。它写明了岭国对察瓦戎国的基本政策，说明了岭军的真正来意。布告还提出5条要求，令察瓦群臣进行宣传。布告的落款是“岭国文武检察机构颁布于火兔年四月”。从中能够发现：岭国不仅有招贴新闻布告的信息传播活动，而且有专职的信息活动机构和人员——文武检察部、文武检察员。《格萨尔》固为文学创作，但由此却可以推测当时信息传播的一些形态。

至元代，蒙古中央王朝开始直接管辖西藏，文告成为传布政令、广告于民、管理地方的重要方式。

萨迦派宗教领袖贡嘎坚赞《致藏族僧俗首领的公开信》，就是一份以民众为传播对象的文告，具有明显的大众传播的意味。在当初蒙古族与西藏的接触中，他们奉行的武力征讨的政策遭到了西藏社会的顽强抵抗，于是，蒙古人就考虑扶植西藏各教派中最有影响的一派，借此笼络各教派，实现西藏统一并归顺蒙古的目标。他们选中的是萨迦派和它的首领贡嘎坚赞。于是，他被邀请到凉州与蒙古阔端汗会见。阔端汗当即表示要在蒙古所有地方创兴佛教。两人在商议卫藏归顺蒙古事宜中，贡嘎坚赞亲眼看到了蒙古军队的精锐和西夏、金朝、宋朝被倾覆的惨景，在认真考虑自身利益和宗教前景后，决定归顺蒙古，向卫藏、阿里各藏地僧俗官员写了一封公开信，劝说藏族向蒙古俯首纳贡，臣属于蒙。这封信的传播效应非常巨大，在适宜的历史背景下，原先互不隶属、各自为政的各地封建割据政权，先后归顺元朝，纳税进贡。

进入有明一朝，朱元璋对崛起于青藏高原上的藏族政权极为关注。他吸取历史经验，不以武力征服，而是采用怀柔政策，力争用封官赐赏的手段拉拢帕竹贡玛政权。于是，在明王朝建立的第二年（公元 1369 年），遂派出使团入藏。当时使团就带着朱元璋的文告，劝说藏族归顺于明："惟尔吐蕃，邦居西土，今中国一统，恐尚未闻，故兹告示。"就是要通过这份文告，将明代君主对西藏的愿望告知民众，实现国家新的统一。在明朝和西藏地方的努力下，西藏僧俗首领与明朝中央政权之间使团不绝，终于实现了良好的沟通。其间，文告的传播作用自不可忽视。

至于清朝，中央政权对西藏的管理进入了空前完整、规范和有效的阶段。管理手段之一，就是发布各种文告，将治藏政策和各种内容晓知于官民。可举之者有：

1751 年 4 月 23 日，清廷颁布《西藏善后章程十三条》。它针对西藏政权混乱的现状，规定西藏事务归于达赖喇嘛和驻藏大臣"专主"，意图是废除"政教分立"的君王制，授权达赖喇嘛管理西藏地方事务。值得注意的是，这份决定了西藏政权"政教合一"机制的重要文件，是以"晓谕全藏告示"的形式发布的，其形制类似"公告"，实际就是一种"大众传播"。

乾隆五十八年（公元 1793 年），清廷再颁布《藏内善后章程二十九条》。对全藏政治制度、吏治、军事、贸易、司法、寺庙管理、财务稽核、庄园赋税等立章定制，是继《西藏善后章程十三条》之后治藏法规的又一重大立法活动，共同构建了清王朝治藏法制的基本构架。需要说明的是，《藏内善后章程二十九条》颁行之际，“由驻藏大臣衙门翻写蕃字，刊刻出示，在前后藏各处张挂，晓谕穷乡僻壤。”这个重要文告被翻译成藏文，广泛示众，绝不局限于官僚集团。它同样是面对大众的信息传播。

乾隆六十三年三月初九日（1795 年 4 月 27 日），驻藏大臣孙筠在获悉上奏的“抚辑百姓办法”得到清帝批准后，立即以大众传播方式晓谕民众。它用藏汉两种文字缮写告示，悉令各地办理：“兼写汉蕃字样，刊刻印刷，于达赖喇嘛所属各处，遍行发给，晓谕知悉，一体遵行。”更难能可贵的是，孙筠本人还与帮办大臣和宁带领属员，直接向百姓宣传达赖喇嘛、班禅额尔德尼抚恤贫困百姓的恩惠，赈济民众。这种传播，具有彻底的大众化特性。

1907 年 3 月，张荫棠颁布《传谕藏众善后问题二十四条》系统地提出了他的治藏方略和改革规划。以“传谕藏众”命题，表明此文告并非行政内部文件，而是需要遍示民众的“公告”，也是一次以藏族官民为对象的广泛的大众传播。

二、书　册

在西藏古代信息传播中，文字传播除“告示”外，还有一种以驻藏大臣为作者，以畅通行政信息、改良西藏社会为使命，具有刊物的内容和发行特点的文集，姑称之为“书册”。它具有明显的大众传播特性。

驻藏大臣张荫棠提倡改良旧道德、旧习俗，亲自撰写《训俗浅言》《藏俗改良》，并译成藏文，刊布发行。《训俗浅言》对中华传统道德进行了较为系统的介绍，并赋予新的时代内容。如对“博学”的内涵，除传统的人文内容以外，还加进了近代科技和实业方面的知识和技能，如机器、水利、矿务等。对“仁”的解释，除一般含义外，还增进“佛法之慈悲，普救众生”的内容。在《藏俗改良》中，作者对西藏传统习俗进行了辨析，提倡符合科学规律的生活习惯，如倡导一夫一妻制、每月洗浴一次、在白昼以生产代替诵经、儿童学习汉语、小孩周岁必种牛痘等，都具有进步意义。

驻藏大臣联豫于1908年从印度购进藏文字模及印刷机器，建立译书局，翻译朝廷的圣旨政令，还汇编了《圣谕圣训》一书，广为散发，试图将中央治藏政策法规传播到更多民众。同时，他还曾经有过翻译“实学实业之书”，在西藏传播新的科技文化知识的计划。

三、碑　记

在吐蕃以后的历史年代，碑刻虽然还在扮演着“文化传播者”的角色，但由于书籍和文告的出现，它的传播地位自然逊色于前。不过，这种传播的方式依然存在，传播行为还在发生，具有一定的影响力。以拉萨地区为例，具有信息传播功能的碑石有：

——杨瑛碑。明永乐年间，太监杨瑛奉旨入藏封赐西藏宗教人物时所立。坐落在大昭寺神殿正中。据说杨瑛其人曾三次进藏。上镌刻134人姓名。

——御制平定西藏碑。原立于布达拉宫达门前，1965年因城建需要移至布达拉宫背后龙王潭公园内。碑文为康熙六十年康熙皇帝亲撰。雍正二年由内阁学士鄂赍等刻立于布达拉宫大门内。主要是记载用兵西藏、驱逐准噶尔入侵的功德。

——御制“十全碑”。清乾隆五十七年建造。原位于布达拉宫前，1965年因城建需要移至布达拉宫背后龙王潭公园内。又称“十全记功碑”。碑文为乾隆皇帝于五十七年（1792年）亲撰，记述了他在位 57 年的十大武功。

——“永远遵行”碑。立于大昭寺前。碑刊乾隆末年驻藏大臣和琳鉴于西藏天花流行，死伤无数的严重状况，劝恤民众种痘，以及改天藏为土葬的告示。虽碍于西藏传统习俗，难以收效，但其世俗色彩浓厚，信息传播功能突出。

——磨盘山关帝庙碑。乾隆五十八年清军抗击廓尔喀胜利，重新修葺被毁关帝庙时所立。碑文为大将军福康安所撰，记述抗击侵略过程。

——双忠祠碑。乾隆五十八年正月刊立。碑文为大将军福康安所撰。碑中详记驻藏大臣傅清、拉布敦在诛杀叛逆朱尔墨特那木扎尔的过程中，不幸遭敌围攻，以身殉职的事迹。

——大昭记功碑。碑文记载乾隆五十七年大将军福康安率领清军击败廓尔喀入侵西藏的事迹，内容详尽。

——刘公亭碑。记载中华民国蒙藏事务委员会委员刘朴忱，于 1934 年随民国专使黄慕松进藏，殚思竭虑，积劳成疾，殁于拉萨的事迹。

这些碑文所载，均为明清以来发生于西藏的重大事件和重要人物事迹，叙述完整，交代清楚，具有新闻报道的基本特征，而刊于碑上，传之四方，初具大众传播特性，在西藏文化、交通很不发达的情况下，确是西藏古代社会进行信息传播的一种途径。

四、摩崖石刻

摩崖石刻虽多为宗教遗迹，但也不排除世俗化的传播。在今拉萨的几处摩崖石刻上，依然可以看到反映西藏当时发生的重要事件的记载。

在布达拉山东侧断崖第四台阶上，有“功垂百代”摩崖石刻。上部刻“功垂百代”四字，横列，楷体。正文 17 竖行，落款署名 12 竖行，小楷。镌刻者为李麟等人，记载了康熙五十九年征剿侵入西藏的准噶尔部的中路清军征战的情况。

在布达拉山东侧断崖的第一台阶北侧的“用昭万世”摩崖石刻，正文16竖行，落款上下两行共24竖行，均小楷。刻铭主要记载了清康熙五十九年进兵西藏，噶尔弼所率南路清军进兵的情况。

在“用昭万世”摩崖石刻的北侧，还有“异域流芳”摩崖石刻。内容全是康熙五十九年进藏清军南路将士和驻守西藏官兵的记名，共30竖行。文字两边分别书有四句四言赋。

在布达拉山东侧断崖第二台阶稍偏南处，有一处雍正六年的摩崖石刻。正文11竖行，落款27竖行，为八分书。此为钦差吏部尚书查朗阿等人所制，简略记载雍正五年西藏发生内乱，雍正六年清军进藏安抚的情况。

上述摩崖石刻，所记基本为清军在藏用兵情况，显示出清朝中央政权抵抗外国侵略，制止西藏内乱，维护西藏稳定和国家统一的决心，同时，它们向民众传播了战争事实，在舆论导向上具有明确的指导性，于国、于民、于藏皆有惠好。

第四节 元明清时期信息传播的基本特点

元明清时期的信息传播，较之于此前已经有了很大变化，显示出自己的一些特点。

一、信息传播的频率明显加快

元明清时期一个重要变化就是西藏地方归于中央政府的管辖，西藏成为中国的一个地方区域。元代设立三个官署管辖西藏，明代不仅设立专门的行政机构实施管理，而且由明朝中央政府直接任命乌斯藏各级官员，至清代，中央政府更是破例设立驻藏衙门，派出驻藏大臣，西藏与中央政府、内地的联系愈来愈密切。政治、经济、文化等关系的加强，促进了人员往来，信息传播的必要性、迫切性被大大强化，各种信息载体不断创新，功能更强，这使元明清时期成为西藏古代与祖国内地信息传播最频繁的时期。同时，西藏地方政治格局的逐步完善和稳定，也加快了西藏区域内部信息传播的速度，传播的范围也更加广泛。

二、信息传播的途径多样化

应该指出，元明清的信息传播的基本方式主要还是沿用吐蕃时期的模式，如文字、驿道、碑石刻等，都是在承传着吐蕃时期的传统。实际上，它们也是西藏整个古代信息传播的基本模式。但是，到了元明清时期，随着社会、文化和经济的发展，还是出现了一些新的传播模式，如“茶马互市”的出现，是经济现象，但更是信息传播景观。社会也造就了新的更具传播威信的传播者——西藏朝贡使者和清政府驻藏大臣。在文字传播方面，“文告”当然比吐蕃时期的书籍和简牍更具信息传播优势，而“书册"较为接近近代刊物，呈现出信息传播的另一形态。碑石刻的质料和内容也发生了变化，所载内容在一定程度上增强了世俗性和叙述性，与新闻报道的某些特点走向吻合。同时传统的传播方式也发生了重要变化。如驿道的质量大大提高了，使信息的传递更加通畅，文字、碑石刻等传统媒介的形式和内涵也在渐变，非此前可比。从传播的媒介类型、规模、时效等方面观照，元明清时期的信息传播不仅在逐渐创新，而且传播效能在提升，传播形态多样化的趋势很明显，信息传播水平获得提升。

三、文字和驿邮成为传播的主流

元明清时期信息传播媒介的多样化，却没有改变西藏古代信息传播的基本格局，这就是：文字和驿道依然是西藏古代信息传播的主要媒介。随着中央政府对西藏地方管理的强化和文化的进步，文字传播功能更加突出。比如“文告”成为传递官方信息便捷、有效的渠道。它常常以民众为受众，似乎更合乎大众传播的特质。驿道的重要性被更为清醒地意识到，同时管理也更加规范，信息传播的规格更高，使信息传播不仅更快，而且更安全。与之相比较，那些新出现的媒介物在信息传播方面却大大逊色于文字和驿道。这说明，元明清时期的传播格局并无根本性改变，只是某些方面被强化了。

四、古代传播格局并未发生根本改变

与祖国内地新闻传播的整体态势相比较，到了元明清时期，西藏新闻传播的落后状况是更加明显了，最终没有出现如内地《京报》那样包含近代报纸雏形的古代报纸，当然也不可能接受国外近代报纸以及大众传播观念的浸淫，依然顽强地保持着古代传播格局，不仅严重滞后了西藏进入近代新闻传播的步伐，而且未能为西藏近现代新闻传播奠定扎实基础，造成西藏近现代新闻传播事业缺失传播，先天不足。

第四章 西藏古代信息传播的基本评价

西藏古代的信息传播是西藏历史和文化哺育的结果。在漫长的历史时期内，它经历了从亲身传播到文字传播的跃升，产生了复杂而具有西藏文化色彩的传播形态，形成了自己独立的品格。同时，由于历史和文化的局限，在这一悠久的历史阶段中，还是未能出现典型的古代报纸形态。

一、构建了独立的西藏信息传播框架，形成了独特的传播品质

如果我们将西藏古代信息传播分为两个大的阶段：原始传播和古代传播，那么就会发现，这两个阶段的传播构架是截然不同的。在原始传播时代，信息传播的手段的丰富多彩、高原化（岩画）和架构的雏形，令人惊叹。传播方式显然是以声音、岩画、实物三类媒介为主，传播领域则多在军事、生产方面，同时还出现了特殊的传播者——调停人、说唱艺人等，“类新闻法”也约定俗成，形成了如议事会这样的“新闻发布机制”。应该说，西藏原始传播就本质和水准而言，与其他文明区域并无不同，都是“亲身传播”，但西藏原始传播的别致之处就在于，它选择了很多自己的方式。

西藏古代的信息传播自吐蕃开始，历经元明清各朝，渐渐显示出传播的主骨架。在特殊的地理、文化、历史、政治环境的造

就下，西藏缓慢地进入了文字传播时代。传播媒介在不断进步，由竹木、石碑，发展到纸墨；传播方式逐渐形成以驿传、茶马道、文告为标志的主流；积淀了以盟誓、朝贡为代表的信息发布机制；诞生了以朝贡使者、驻藏大臣为典型的信息传播者。总之，传播媒介和方式愈来愈接近新闻传播的特性，传播趋于大众化，文字传播更趋丰富，真正意义上的新闻传播呼之欲出。但是，它们又明显带有西藏地理、文化带来的巨大局限性。无论是传播时效，还是传播范围以及大众化，都渐渐落后于其他文明区域。在具备了古代报纸诞生的基本条件后，古代报纸却并没有诞生，而且进入近代新闻传播时代的脚步差不多比祖国内地晚了将近一百年。

二、在民族文化的沐浴中，西藏古代信息传播具有浓郁的西藏文化色彩

信息传播其实是根植于文化的沃土之上。西藏古代信息传播的突出特色，在很大程度上要归功于文化的造就，它的很多独有的传播形式，其本身就是文化的某种形态。

在古代信息传播中，声音传播的突出地位，正与西藏普遍的游牧文化息息相关；岩画本来就是西藏原始文化的典型形态；如金箭、石器、陶器、缨帽、旗帜等用于传播的实物，与西藏原始人的军事能力和生产活动直接关联；“茶马信道”正是西藏文化的典型表现；如影随形的宗教色彩涂抹于西藏古代信息传播历史的整个过程，在宗教氛围浓郁的西藏，是再自然不过的了。宗教传播本身具有“非世俗化”的特点，但在西藏这样一个宗教氛围浓厚，教事已成为民众日常生活一个必需内容的特别情况下，宗教传播实际也具有大众传播的意味。总之，在西藏古代信息传播中，始终渗透着民族文化的因子。它使传播变得厚重，同时也拖坠着传播本应轻盈的双翼，使其显得沉重不堪。

三、在特殊的政治、历史的合力作用下，西藏古代的信息传播既保守，又开放

西藏历史地位逐步确定的进程，也直接影响着传播演进的过程。西藏地理、经济和文化的封闭性，是其传播进程缓慢的主要原因。它的传播常常限于上层或某个确定的狭小区域，交流有限，多有隔膜。它会造就宗教，但很难诞生真正的新闻传播。因为人们需要宗教，而不是新闻。但是，随着对外交流的展开，特别是在吐蕃时期与唐王朝建立了亲密的甥舅关系，至元代归于中央政权之后，西藏古代的信息传播就逐步变得开放起来，以驿道传播为代表的传播方式应运而生。在路途遥远，地旷人稀的青藏高原，驿道就成为西藏与外界联系的主要信道，也必然成为骨干“信道”；一批批著名的信息传播者，便就是在对外交流背景上诞生的朝贡使者、进藏公干的中央政府官员、驻藏大臣、国家武装力量的指挥官等；很多类似公报的“文告”，基本是中央治藏作为之一种。实际上，西藏古代信息传播状况，从根本上就是由西藏政治生态所决定的。

四、在西藏古代，并未诞生独立的新闻传播

在探讨西藏古代传播时，我们只能使用“信息”而不是“新闻”概念，这是因为在1907年《西藏白话报》创办，即西藏传播进入“近代”以前，西藏只有信息传播，而无典型的新闻传播。它有“类新闻”传播现象，却未出现“报纸”。虽有历史原因，但终归是历史的遗憾。

中编：西藏近现代的新闻传播

[1907 年《西藏白话报》创刊—1951 年《新闻简讯》创办]

关于西藏近现代新闻传播事业（公元 1907 年《西藏白话报》—1951 年《新闻简讯》《草原新闻》创办）的研究，不仅存在着诸多空白，而且不能形成整体的框架，但如果是仔细地加以梳理和推究，从这个时期西藏出现的很有限的报纸、广播和对其域外新闻传播的接受情况等方面的分析中，还是能够有所发现，勾勒出若干轨迹，从而对西藏近现代的新闻传播业形成基本的判断。

需要说明的是，西藏新闻传播事业实际上很难区分“近代”和“现代”的概念。在 20 世纪初叶创办的《西藏白话报》，是典型的近代报刊的形态，与当时在祖国内地兴起的白话报热有直接关系。可惜的是，它并未继续办下去，也就不可能发展到现代报纸形态，它的脉络中断了。西藏近现代的新闻传播业就是如此单薄，竟至于难以获得独立的地位。后来在西藏出现了极为有限的电台和广播，应属现代新闻传播范畴，不过，除此而外，西藏就再也没有出现现代报纸，西藏现代新闻传播业同样难以获得独立的地位。实际上，西藏的近、现代新闻事业纠结在一起，很难泾渭分明地进行划分。在此，我们就将二者合拢为一，进行整体梳理。

第一章　西藏邮政传播的建立

邮政是比驿传更加规范、发达的信息传播渠道。

第一节　中央政府在西藏主办国家邮政

1896年3月20日，清光绪皇帝批准成立大清国邮政，开始进入脱离海关独立办邮政的国家邮政时期。清宣统二年（1910），拉萨邮界成立，并于次年正式成立邮政管理局，邮讯供事邓维屏为首任局长。后陆续开通了自川入藏的古驿道全线：成都—康定—拉萨—江孜—亚东。有据可查的邮政线路有：

1. 成都—雅安—打箭炉（康定）一线：建立时间大约在1904年成都设局以后。这是四川省会与西藏省会通联干线中最重要的一段。步差昼夜兼程，全长309公里路程需行4天又13个小时；

2. 打箭炉—巴安（巴塘）一线：1911年组设。日班邮路，行程9天，全长550公里；

3. 巴安（巴塘）—察木多—拉萨一线：1911年组设。马差运输，行程325公里，需时9天，但维持时间极短。

4. 拉萨—亚东印度边境一线：1901年组设。

清代在拉萨邮界设邮政共8局1所：

局　　名			英文名称
设局等级	旧　　名	现　　名	
总局	喇萨	拉萨	LHASA
二等局	察木多	昌都	GNAGDO
二等局	西格孜	日喀则	SHIGATSE
二等局	帕里宗	帕里	PHACRI
二等局	亚东	亚东	YATUNG
二等局	硕督	硕般多	XOBANDO
二等局	江孜	江孜	GYANTSE
二等局	江达	江达	GYANGY
代办所	西格孜	日喀则	SHIGATSE

1911 年 11 月，辛亥革命爆发，英帝国主义分子唆使西藏少数亲英分子，将清政府驻藏大臣钟颖、所有汉满族官员、藏族爱国者等全部驱逐出藏。西藏邮局被迫关闭，仅留昌都邮局改归四川邮局管辖。1918 年，昌都邮局也最后关闭，内地通往西藏的邮路全部中断。

第二节　西藏地方自办的邮政

西藏地方政府开办邮政的准确时间是藏历水蛇年四月十九日，即 1912 年 5 月 26 日。

西藏地方邮政的开办，是在清军撤出西藏、原邮政系统毁灭的历史背景下，由十三世达赖喇嘛主导，推行西藏社会改革的成果之一。当时客居印度的达赖喇嘛，沐浴西方文化的新鲜气息，在藏推行改革，遂于 1912 年 4 月指示噶厦政府尽快建立邮政，成立“扎康”（邮政局）。

藏历水蛇年四月十九日，《噶厦政府关于成立邮政局及呈送信件按邮包大小贴邮票等规定的布告》发布，公告对象包括：政府各级官员、印度、尼泊尔、蒙古、不丹官员、老百姓、寺庙及回族、门巴族。告知官民须知：“参照外国的做法，适应邮件的增加，开始从拉萨到江孜建立邮局和驿站。第一步，拉萨和江孜建立两个大邮局，其次在浪卡子、曲水建两个小的邮站。从本月开始实施”，并对邮费和办理程序做了极为详尽的说明。

扎康总局设于拉萨丹吉林寺，在噶厦政府内，设一品官扎基，即“邮政局局长”，由贵族担任，任期4年。扎基之下设俗官“仲果”和僧官“孜仲”，在下配邮差“扎巴”。他们在送递邮件时以步行为主，5英里为一段，着藏装，背黄色包袱，持缨枪，枪上系小铃铛，路人闻声让道，以保证邮传速度，而急件则由“大桑”骑马送达。

据1923年的《吉本斯邮学月刊》六月号载，当年西藏设邮局11处：沙莫叶（桑叶）、曲水、僵党（曲水江区）、白地（羊卓雍湖北岸）、伯拉（曲水西15里）、叶党（聂唐）、德庆（达孜县）、帕里、江孜、日喀则、拉萨。

扎康成立经营47年，主干邮路主要有三条：

1. 东路：拉萨—贡堂（蔡公堂）—德庆（达孜）—扎嘎雪—郎木—墨竹工卡—太昭—工布—波密—八宿—昌都；

2. 北路：拉萨—堆龙—羊八井—当雄—安多—黑河；

3. 西路：拉萨—乃琼—岗（赤松桥）—聂唐—朗—曲水—白地—浪卡子—江孜—日喀则和江孜—亚东。

第三节 英、印度等国在西藏所办的“客邮”

“客邮”是外国在西藏所办邮政的代称。

从17世纪开始，西方列强就对中国有觊觎之心。1886年，英国出兵占领哲孟雄（锡金），并在其首府甘托克建立了邮政代办所。这是英人在西藏建立客邮的一种尝试。

1890 年，隆吐山抗英斗争失败后，中国政府与英国在加尔各答签订了屈辱的《中英会议藏印条约》，英国并不断提出通邮等要求。1893 年 12 月 5 日，清朝政府驻藏官员被迫与英国在大吉岭签订了不平等的《中英续议条约》，其中第七、第八条规定了印度与西藏间传递文书的办法。

1903 年 7 月 7 日，英军上校扬赫斯班率军侵入中国西藏康马宗，并在此设立了第一个战地邮局，这便是“客邮”在西藏的开始。1804 年 7 月 6 日，著名的江孜保卫战失败后，英军于同年 8 月 3 日占领拉萨。9 月，《拉萨条约》签订，这为英人在西藏设立邮政机构创造了条件。继康马宗之后，亚东、春丕、林莫、多塔、帕里、堆拉（纳）、江孜、仁布、拉萨 9 地也建立了战地邮局，充当这些战地邮局负责人的有杜洛科、贝恩等人。邮局的业务涉及平信、明信片、快件、挂号信、包裹等。

1908 年 4 月 22 日，中英修订《藏印通商章程》，英国取得了在西藏开办邮政的特权，最初的战地邮政局一跃而成为英印的邮政代办处，自亚东至拉萨，共设立了 12 个驿站。另一条线路是印度至嘎大克，并在嘎大克设有电报局。主管西藏商务及邮政事务的是老牌的英国官僚、“西藏通”，东印度公司哲孟雄行政长官古德，他充当主管西藏事务的官僚长达 30 余年。

自帕里到江孜的邮件——信函、明信片等，隔日一班；重邮件——包裹、印刷品等，每周一班。

1947 年，印度宣布独立。英国在西藏商务和邮政为印度所继承。其时，印度在亚东、帕里、江孜三地设有邮电机构，公开对外营业。邮政路线从中印边界通往江孜，沿途设有驿站，配有邮差，以牲畜运送邮件。同时，在中印边界至江孜开设有电信业务，沿途驿站内设维护点，配以马匹。江孜以远的电报由西藏地方政府所办达尔康——电报局转发。电报一律用英文拍发。邮政、电信各成系统，分别受印度邮政、电信机构领导。印度在继承了英国在西藏的邮电特权后，邮电规模不断扩大，到 1951 年西藏和平解放时，除英国原办的江孜、帕里、亚东邮电局外，还在江孜至亚东之间，每隔 15 里建邮栈房并附设邮站和电台，所设栈房主要有：久布岗、康马、桑打、嘎拉、夺金、堆乃、帕里等。除江孜设有电台、有线电报，桑打只设乘骑外，其余均设单机、乘骑各一。这些邮电机构经营的项目主要有：邮政、电报、电话等。

1954 年 4 月 29 日，《中华人民共和国关于中国西藏地方和印度之间的通商和交通协定》签订。在双方照会中，确定印度将在中国西藏地方所经营的邮政、电报及电话等企业及其设备，驿站及其设备交给中国政府。1955 年 4 月 1 日，交接仪式在拉萨举行，中华人民共和国中央人民政府驻西藏外事帮办扬公素在议定书上签字，在西藏存在了 51 年之久的“客邮”遂退出历史舞台。

第四节　邮政的信息传播功能

西藏的邮政邮电水平与西藏的社会经济水平相一致，惠及范围并不大，但正因为如此，邮政邮电在西藏的信息传播功能就显得尤为突出。

西藏最初很惊异邮政沟通信息的神奇功能。在 1910 年的邮政事务年报中，邮政在西藏引起的震动被这样描述：“西藏多年来，闭关自守，从不想到邮政开办后，即能与外界深通声气。”邮政成为人们了解外面世界的窗口。

自然，西藏的邮政能力和规模很有限，内容亦未大众化，但它作为一种官办的信息信道的本质功能，却并不能因之被忽略。据 1910 年的统计，当年拉萨邮界共经办邮件 2. 36 万件，日邮政量为60余件。若要以邮局均摊，每局不过几件而已。1911年，随着成都经昌都到拉萨的国内邮路的全线贯通，西藏的年邮政业务量增加到5万件，且开办了汇兑和包裹业务。昌都到拉萨邮路规定时间为29天，北京到拉萨邮程为51—55天，比经由香港、印度慢10天以上。邮件多为官方文件，也有若干外籍通商和客居西藏的内地人士的函件。本地函件的寄发人基本是上层人士，一般百姓与之无缘。然而就是这些弱小的邮政，却是西藏近代主要的信息信道之一。

第二章　西藏近现代的报业

第一节　西藏域内：《西藏白话报》的创办

从现有的资料来看，西藏近现代最早的报纸，也是西藏历史上最早的报纸，就是清政府驻藏大臣联豫于光绪三十三年（1907）在拉萨创办的《西藏白话报》。

报纸主要刊登清朝中央以及四川、西藏的公牍、各省官报与中外报纸文章摘要，还有政论文、中外新闻。有时还刊载反帝爱国的文章，或明或暗地批评英国对印度、锡金和西藏的侵略。官方报纸，旬刊，年出30本，约于宣统三年（1911）“中华民国”取代清朝统治、联豫去藏时停刊。

联豫是清王朝的最后一位驻藏大臣。他于光绪三十一年（1905）4月受命为驻藏官员，次年抵拉萨。后因驻藏大臣有泰被弹劾，遂升任驻藏大臣。民国元年（1912）离职返京，在西藏6年。由于他有游历欧洲的背景，故在西藏期间采取了一些重要的改革措施，以吹进新的风气，在西藏办报，即为其一。1908年，联豫从印度购进藏文字模及印刷机器，建立译书局，翻译朝廷的圣旨政令，汇编为《圣谕圣训》，还准备翻译“实学实业之书”。光绪三十三年四月初五，他在为办报给光绪皇帝的奏折中，详细地说明了他的办报思路：

再，奴才详察藏中人痼弊已深，欲事开通，难事速效。因思渐开民智，莫善于办白话报。与其开导以唇舌，实难家喻而户晓，不如启发以俗话，自可默化于无形。

奴才现已于藏中开设白话报馆一所，参仿四川旬报及各省官报办理，以爱国尚武开通民智为宗旨，通篇全译唐古忒文字（注：藏文），取其便于蕃民阅览。商之该商上噶勒丹池巴（注：指代理商上事务罗布坚赞）等，亦踊跃赞成，并将前藏僧俗各官花名开单关阅，请先派销约计三百余份，其自来购阅者，尚不在内。

适查办大臣张荫棠带来石印机器一付，旋将第一期本报，由奴才捐廉印刷发送，探悉蕃情，均甚乐观。现已专差赴嘎里嘎达添购机器，不日可到。其中如有不甚恰当之处，力事改良，以期用笔代话，开化迷信。将来文明渐进，购阅自多，庶咸知外国情形，举行一切新政，似尚不无裨益。

可见联豫创办《西藏白话报》的动机，是“爱国尚武开通民智”，将西方及内地的新风气传进西藏，以改良西藏文化和社会环境，促进社会进步。这与内地办报的目的一脉相承。

现存于西藏博物馆者，为宣统二年（1910）八月印刷的第二十一期《西藏白话报》。笔者亲手翻阅过该期报纸，并有实物照片为证。全报仅存7页，用进口白色优质机制纸印刷、装订而成，长34.5厘米，宽21.5厘米，版幅为长方形。封面正中用红、蓝两色勾勒出长方形框，上部自左至右为蓝色汉、藏文“西藏白话报”字样，下部正中印蓝色团龙一条，四角饰云纹，框右为墨书汉文“宣统二年八月下旬第二十一期”13字。

最末一页为汉藏文办刊说明，蓝色印刷，字迹较模糊，但尚可辨认，主要是标示出刊周期和价钱："本报系每十日出版一本，每本收藏元一枚。每月三本，每年三十本，全年报资合□（注：原字迹模糊难辨）藏三十元。此□（注：原字迹模糊难辨）日零卖之价也。若订阅一年及半年者，每本减二分……"

中间5页为正文，似用钢板刻写，墨色印刷，均为藏文行书。主要涉及西藏新闻、内地新闻、国外新闻以及科技知识等，共有文章、报道15篇。内容分类介绍如下：

1. 开办警察学校。江孜已开辟为商埠，需一定数量的警察维持秩序，根据钦差大臣的命令，拟从拉萨第一陆军中挑选100名识字的军人进入警察学校学习，时间一个月，本月（8月）20日开学。

2. 黑龙江、江西两省局部地区遭受水、虫灾，期政府拨出二万两白银赈济灾民。

3. 四川某某（注：原文字迹难辨）县陈老师热心办学，个人出资1000多两银子，创办了师范学堂和两所小学堂，陈已去世。四川总督赵尔丰请求政府在其家乡建立牌坊，以示表彰。

4. 广东铁路局任命龙建章为审查委员，对修建粤汉铁路的经费预算进行审查。

5. 北京将开办一所公安学校，招考告示已经贴出，欢迎中学生报考。

另外，涉及开垦荒地、开辟商埠、中国手工业品参加南洋博览会等消息，还有文章介绍古代人怎样饲养牲畜、发展农业，以及西方科技知识，使人类不断发展进步，等等。

除《西藏白话报》以外，目前还未找到在西藏创办其他近现代报纸的任何证据。这样，西藏区域内近现代报业的全部历史就是《西藏白话报》，这使其成为全国近现代报业整体水平最落后的地区。

第二节　西藏域外：《藏文白话报》的创办

这里所指的“域外报刊”，是指创办在西藏本土以外，以藏、汉文印刷，针对西藏，或对西藏产生过一定影响的报刊。

《藏文白话报》是在内地创办的对西藏影响最大的一种报纸。它虽创办在北京，但在西藏档案馆存有“中华民国”二年（1913）七月七号实物，并不仅收藏于中央民族大学图书馆。

《藏文白话报》由“中华民国”政府专事少数民族事物的职能部门——蒙藏事务局主办，1913 年元月在北京创刊，月刊，年 12 册，规格为 235cm × 164cm，小于常规的 16 开本，以藏汉对照的形式印刷，订口在上。1913 年元月至 1914 年 12 月出版的《藏文白话报》，均为石印本。自 1915 年 4 月始，汉文为铅印，藏文依然手刻印刷。1915 年 1—3 月因蒙藏院办报处筹备铅印，故停刊 3 个月，至 4 月复刊，并更名为《藏文报》。徐惺初、吴燕绍、徐敬熙等相继任总编纂。

《藏文白话报》的办刊宗旨，是主张民主共和、维护祖国统一、提倡民族平等、共建中华等，在其发刊词中，十分明确地表明了这些意图：

> 蒙回藏之于汉满，同为炎黄子孙，同为优秀贵族……曾几何时，锦绣山河，日销月烁，沈郁顿挫，以迄于今，揆其由来，实由几千年墨守君主专制之政体……今幸共和国体……蒙、回、藏，不能离开中华民国……中华民国不能离开蒙、回、藏……况蒙、回、藏享权利与汉、满平等……自今以来，我四万万同胞，一德一心，尊重国权，崇尚道德，新邦缔造，正中华民国英雄立功之秋也。本报发刊其用意以中华民国优待蒙、

回、藏，与以前君主专制时代不同；蒙藏事务局优待蒙、回、藏，与以前理藩时代不同。取其施行政令公布周知，免致传闻失实，且冀蒙、回、藏同胞，以中华民国为前提，合力并进，岂不懿欤？

封面为彩色印刷。中央上方为交叉的红、黄、蓝、白、黑五色旗。文字自右至左排列三行，最上为报纸名称——“藏文白话报”，中间为出版时间与期号——“中华民国×年×月出版第×号”，下为当局批准出版标志——“中华民国邮政局特批挂号认为新闻纸类”，最下端有“本期奉送”字样。封面四周镶蓝色方框。其间封面的构图、设置也不断发生变化，如将“号”改为“期”，取消“本期奉送”字样等。

报纸的栏目主要有：

——《图画》。政要肖像、蒙藏学校学生合影和徽章、帽章、爵章等。如“蒙回藏王公等爵章”——嗣王爵章（红色）、贝勒爵章（白色）、亲王爵章（蓝色）、贝子爵章（绿色）、辅国公爵章（蓝色）。

——《法令》。政府法令、临时大总统令、关于少数民族事务的法令等。如《蒙古西藏王公等礼服规格和种类及等级》等。

——《论说》。主要刊登关于西藏、蒙古地区的政治、军事、历史、文化、宗教、经济等方面的论文和文章。如《论中国政府为西藏的患难兄弟》《论佛法足以发挥共和之精神》《辩惑》等。

——《文牍》。刊登蒙藏事务院（蒙藏事务局）呈报的关于藏蒙地区的各种批文。如《蒙藏院呈为前藏藩商来京贸易拟恳准予护照文并批》等。

——《杂录》。刊登知识性文章。如《国家版图略说》《前藏公民推戴书》等。

——《答问》。结合国内政治问题设问作答。如《中国改称中华民国是何意思?》《何为共和政体?》等。1915 年改铅印本时取消该栏目。

——《小说》。刊登短篇小说、散文。该栏并不固定，有时隔一期刊登，有时则两期连载。1915 年 4 月后取消该栏。

——《专件》。内容庞杂，有名单、规则、文章、函件等。如《蒙藏学校学生成绩单》《蒙藏学校现行规则》《蒙藏院办报处办事规则》《民国对于满清帝室优待条件》等。

——《要闻》。外交新闻、印花税法及其细则、西藏选举参议院员纪事、各国承认“中华民国”临时总统电文等。该栏 1915 年 4 月取消。

——《广告》。面向蒙藏地区，为边疆服务。有公益广告、商务广告和招生广告等，颇具特色。在“中华民国”二年七月号《藏文白话报》末“广告”一栏，刊登《广告之广告之一》，具体说明了该报对广告的态度：“自前年反正以来，商务停滞。现在大局渐定，所有蒙古、新疆、西藏贸易需要必多，凡西帮、津帮、湘帮、川帮及其他各商，往各边地行商，愿登白者，于本报奉赠期内概不收费，或内地各种贸易愿以蒙、回、藏文登告白者，本处代为翻译，亦不取费。”《广告之广告之二》：“现在五族大同，凡内地人民可往各边地贸易，蒙回藏人民亦可向二十二行省贸易，彼此均为欢迎。如蒙回藏人民愿来内地贸易者，所登告白概不收费。”表达出国民政府对边疆少数民族经济发展的高度关注和优惠政策。招生广告则具体说明了学校的招生范围和时间：“北京蒙藏学校开办预备科第二班广告：本校预备科第二班限定明年三月内到京，倘逾此限概不收录，特此广告。”

《藏文白话报》现存有 1913—1915 年共 22 册，主要收藏于中央民族大学图书馆。

第三节 西藏域外涉藏报刊概述

除影响最大的《藏文白话报》外，在国家政治文化中心、西藏邻近省区或藏族聚居区等区域，也创办了不少涉及藏区事务和文化的报刊，这成为西藏新闻传播事业的延伸和拓展。据西绕江措《藏学报刊汇志》提供的资料，在中华人民共和国成立前，有关藏学的报刊有 87 种（含《藏文白话报》《西藏白话报》）。笔者据此将它们分为八种类型：

——综合性报刊。有《蒙藏月刊》《边声》《藏民声泪》《康藏前锋》《西北月刊》《开发西北》《新西北》《各地新闻明鉴》《蒙藏旬刊》《武装的民族》《边事月刊》《边政月刊》《新西康月刊》《西陲宣化使公署月刊》《边疆消息》《新西康》《新西康月刊》《康导月刊》《西康新闻》《边疆通讯》《川康建设》《康声》《边政导报》《昆仑报》《康声报》《满蒙藏周刊》《西藏班禅驻京办公处月刊》等；

——教育报刊（含校刊）。有《蒙藏专门学校月刊》《蒙藏学校校刊》《公民教育指导月刊》《康专校刊》《西康木里国小校刊》等；

——文学报刊。有《草地》《文风》《昆仑》《三立月刊》等；

——政府公报。有《青海省政府公报》《蒙藏委员会公报》《西康公报》《西康建省委员会公报》《青海省政府工作报告》《西康临时参议会第 1—3 次大会公报》《蒙藏委员会工作报告》《西康省政府公报》《西康省参议会会刊》《西康政务汇报》《章嘉呼图克图驻京办事处月刊》等；

——宗教报刊。有《汉藏教理院年刊》《西北佛教周报》等；

——专业、行业报刊。①交通类：《交通旬报》《西康公路》；②民政类：《西康社政》《西康省社政季刊》《西康户政通讯》《西康民政统计》《西康合作》；③工业类：《中国工业合作协会川康办事处工作报告》《川康工合》《西康建设丛刊》；④税务类：《川康货物税通讯》《川康国税通讯》；⑤经济类：《财务月刊》《西康经济季刊》《西康合作》；⑥统计、物价类：《西康统计通讯》《西康统计季刊》《西康会计通讯》《西康物价》；⑦农业类：《屯殖周刊》《西康农讯》《西康粮政》；⑧青年妇女类：《西康妇女》《西康青年》《边疆青年》等；

——学术报刊。有《康藏研究》《中华文化学会年刊》等；

——政府机关报。有《青海日报》《青海民国日报》《西康民国日报》《康定日报》《建康日报》等。

上述报刊涵盖了1912—1949年间藏学研究和藏区事务报道的主要方面，其中包括对西藏的研究。从分布的情况来看，有47%的创办在有藏族活动的省区，即青海、甘肃和西康等省区。南京、四川因为是国家首都和与西藏毗邻的省区，藏学刊物达37种；从使用语言情况来看，因为主要办在内地，汉语仍然是报刊采用的主要语种，其中汉文报刊80种，藏文报刊只有5种；从发展轨迹来看，除创办最早的《西藏白话报》（1907）以外，由蒙藏交通公司主办的《交通旬报》于1912年创办；1913年由蒙藏事务局创办了《藏文白话报》；在“中华民国”三年到十一年（1914—1922）的9年时间里，藏学报刊的创办是一段空白；从“中华民国”十二年到三十八年（1923—1949），是藏学报刊创办最多的时期。自“中华民国”十二年到十七年（1923—1938），每年创办一种报刊。自“中华民国”十八年到三十八年（1929—1949），平均每年创办三四种刊物，仅“中华民国”十八年（1929年）一年就创办报刊7种，说明民众和当局（国民政府和涉藏地方政府）对藏事的关注程度在不断增强；从内容上来看，以综合性、专业性（含行业性）和政务公报为主，也包括了有限的藏学学术刊物和政府机关报等，涉及面很广，“报道性”多于“研究性”，信息沟通功能大于学术探讨功能，内容极为丰富，特别是专业报刊引人注目。

需要说明的是，一些境外报纸对西藏的社会变化也发生了间接的影响。如办在印度的《西藏镜报》，就是一份在西藏和平解放前，由拉达克人塔青在印度噶伦堡编印的藏文小报，曾发行至西藏境内。但因其帝国主义立场，在西藏仅拥有极有限的读者。该报在印度有部分收藏，大部分则收藏于美国耶鲁大学的贝尼克图书馆。同时，在抗日战争胜利后，中国的政治局势变得复杂起来，西藏有一部分官员收到过部分国外报纸，借以了解中国国内的战争及第二次世界大战以后世界形势的变化情况。

第三章　西藏广播事业的开始和延续

西藏这一时期的广播事业，带有很明显的洋化色彩，主要是在英国人福特的总指导下，在拉萨、昌都和那曲进行的无线电活动。除此而外，南京国民政府在祖国内地创办的藏语电台，也不能不书一笔。

第一节　西藏广播事业的基础建设

电力是建立广播事业的基础。1903 年，西藏噶厦政府在印度大吉岭与英国签订了商、运、邮政协议，英藏开始通商。蜡烛和汽灯传入西藏。1911 年，十三世达赖喇嘛逃往印度大吉岭，从印度社会发展的现实中，感受到世界现代化发展的大趋势，决定派遣一批年轻、聪明的藏族青年去接受英国新式教育。1913 年，4 位藏族青年被送到英国诺裴里大学学习，1921 年结业返藏。1924 年，四名青年学子之一的强俄巴・仁增多吉将西藏噶厦政府在英国基尔斯机器制造厂订购的一部 125 匹马力的发电机和一台铸造货币的机器运回拉萨。1925 年，在拉萨夺底修建了一座藏式四柱电机房，1927 年开始运转发电。1931 年 11 月 18 日，十三世达赖喇嘛亲自前往参加电厂竣工仪式，并命名为“无线美妙智能宝库扎溪电机厂”。1935 年，强俄巴・仁增多吉用高压线将夺底电厂电力输送到拉萨新建的吉布岗小电站，使八廓街的贵族、商民群众家里都装上了电灯。1947 年，噶厦政府批准了扎溪列空关于兴建谢德水电厂的计划，但终于未能付诸实施。

邮电和通信设施建设是建立广播事业的前期工作。1907 年 2 月，驻藏大臣联豫向清廷呈递《详陈藏中情形及拟办各事折》，提出推行新政的主张。其中就担心当时西藏“电线未通，邮局未立”，影响公务传递和军事建设。为此，1910 年 12 月，建成驻藏大臣衙门至西大关约 30 公里的电话线，以备与拟赎买英办的江孜至中印边界之电话线接通，然后拟办通往四川内地之电话线。同时官办邮政，将原塘兵驿站裁撤，并入邮政，于 1911 年在拉萨成立邮政管理局。公元 1918 年（藏历第十五绕回土马年），西藏设立邮政局，管理拉萨至亚东总管府、日喀则总管宗以及公布江达之间的邮政。电报局最初的主管官员是由通晓外语及收发电报业务的僧官荣白伦·群单丹达担任。

在 19 世纪 20 年代，英国人为架设拉萨到江孜间的电报线提供了技术支持，一些西藏青年被培训为译电员，西藏上层还希望加入“万国邮政协会”，并在印度生产藏文打字机。

抗日战争爆发后，蒋介石出于对西藏作为战略大后方的考虑，先后四批派遣军统特工人员进藏，并建立了电台——拉萨支台（支台长罗坚），与昌都、山南、日喀则和德格的分台以及重庆总台、兰州支台保持联系。拉萨支台还试图与设在印度、尼泊尔、西藏边境的两个电台联系，但未获成功。

1934 年 8 月 28 日，黄慕松率国民政府代表团抵达拉萨，获准在拉萨设立他们自己购置的一台无线电台，以便与南京国民政府联系。电台由国民政府使团留守拉萨的国民参议会参议院刘朴忱负责，归国民政府交通部管辖。电台建立之初，即言明西藏地方政府向中央发电免收报费，至于商人，则主要是在向印度采购货物时，依靠西藏有线电台联系，而向内地采购者较少，每次收藏银三两，价格很高。台长席裕翼为无党派人士，报务员、技工、事务员各一人。1947 年以后，只有台长和技工各一人。在 1949 年 7 月 8 日发生的“驱汉事件”中，这座电台被查封，后将零件装箱送至陈锡璋处，由陈带往印度。

1936 年，当时任总管西藏商务及邮政事务的东印度公司设在哲孟雄首府甘托克的行政长官古德到拉萨访问，西藏当局就试图说服印度向西藏提供无线电设备，但未获成功。

1942 年 12 月 12 日，在获得西藏“外交局”的正式邀请之后，美国“战略情报局”派伊利亚·托尔斯泰上尉（俄罗斯大文豪托尔斯泰的孙子）和布鲁克·多兰中尉，携带着罗斯福总统给达赖的信来到拉萨，受到良好接待。当这两位美国人获知西藏希望得到通信设备时，就主动提出向西藏提供 3 部全套轻便易运的无线电台，以便在西藏建立连接昌都、甘托克、那曲、措那和日玛等沿边地区的通讯网，还许诺帮助西藏制造一些藏文打字机。古德在得知这一情报后，立即向他在德里的上司建议，英国也应当向西藏提供发报设备，以削弱美国向西藏赠送无线电的影响。结果是，美国政府批准向西藏赠送了 3 部无线电台和 5 部无线电接受台，英国也不愿被忽视，也向西藏提供了 2 部以上的无线电台，并答应由其驻西藏的使节负责培训西藏无线电专业人员。为此，英国人就提出要加强对西藏人进行西方化的基础教育，学会英文。在此背景下，1944 年 7 月 31 日，拉萨英语学校举行了开学典礼，但只有 5 个月的时间，由于西藏内部意识到，学校教育内容对政教合一的政治体制具有不可忽视的威胁，这所学校就只好关门大吉。

1949 年秋，西藏噶厦政府邀请印度“电力公司”的古德来西藏考察 7 周时间，以论证在拉萨架设电线的可能性。

从这些简单的梳理中，可以看出，不论是清朝中央政府驻藏大臣，还是西藏地方政府，以及当时极为发达、对西藏怀有极大政治野心的英美等资本主义国家，都在西藏广播事业的初期建设，即有线和无线通信设备购进、西藏本土专业人员培训等方面，付出了一些努力，尽管动机不同，在西藏社会发展进程中的功效也大相径庭，但客观上使西藏在极为封闭、落后的情况下，建立了很粗糙的广播事业物质、技术基础。

第二节　福特在西藏的广播活动

美国政府出于其战略利益的考虑，对西藏设立无线电台、建立广播事业投入极大的热情。1945 年初，美国政府向西藏提供了 3 部成套的无线电台，为了应用于战争和行政管理，西藏还邀请英国驻拉萨公使馆的无线电报务员福克斯（R·Fox）为自己培训可以操作无线电台的官员。1947 年，福特（R·Ford）接替福克斯，担任英国驻拉萨公使馆的无线电报务员。他从 1935 年起就一直加入西藏地方政府，曾被任命为“外交部长”，享有很高的政治地位。1947 年以后，西藏当局感到仅仅依靠自己的力量发展无线电技术进展太慢，便设法请印度政府帮助自己加速发展无线电技术，但终无所获。于是，他们就请出福特，全权指导西藏的无线电工程建设和广播事业的发展。福特从 1948 开始，花了一年的时间，建立了西藏的第一座无线电广播站——西藏广播电台（也称“拉萨电台”），西藏第一次可以向外界广播了。

西藏地方政府已经很清楚地意识到，昌都在对抗解放军进军西藏战略行动的优先位置，便计划架设一个由拉萨到昌都的无线电通讯网，于是，在 1949 年 12 月，福特又被派往作为康区民政和军事总管所在地的昌都，带了 3 部电台和在印度受训后充当无线电操作员的 4 名藏族青年，建立了西藏第二座电台，以便在可能发生的军事对峙中占有优势。

同时，为抵抗人民解放军从藏北发起攻势，西藏当局又在藏北最重要的政治中心及藏北总管府驻地那曲建立了第三座电台。还没有材料证明这座电台的建立与福特有直接关系。

据有关资料，福特在阿里、亚东等地也建立了通讯电台，作为拉萨电台的分台。这样，西藏就拥有5座电台，拉萨是总台，昌都、那曲、阿里、亚东便是其分台。

福特在西藏建立电台所遇到的技术层面的困难，具有相当的真实性和典型性。据福特在《在西藏被俘》一书中记载，因为海拔高，空气极其缺氧，只有特制的或经过改装的发动机才能适应高原气候。美国事前提供的发动机由于马力不足，不能带动一般发动机。福特就决定购进新的发动机。当这些发动机运到拉萨时，只有一部发动机还是完好的。这部发动机当然就用来驱动西藏最重要的电台——西藏广播电台。于是福特就只有带着一部残缺不全的电台到了昌都。由于他事前在印度购买了两台手提式无线电收报机，正好可以用美国人提供的小功率发动机带动，所以他在昌都的“无线电事业”就很“幸运”地取得了成功。

福特在事实上就成为西藏广播事业的第一位“总工程师”。不过，由于他受其帝国主义国家利益的驱使，所以在藏创办无线电和广播事业的核心使命，就是对抗即将到来的人民解放军进藏的历史趋势，对抗中国国家统一大业，为他在西藏史无前例的现代文明工程蒙上了可耻的阴影。福特用自己掌握的在当时极为罕见的现代无线电技术，在西藏噶厦政府实现其西藏独立政治野心的罪恶行动中，发挥了不可替代的作用。在摄政大札等亲英势力于1949年秋天制造的“驱汉事件”中，西藏广播电台播出了许多恶毒的谣言，混淆了大众的视听，诸如“汉藏关系是宗教上的布施关系，西藏在历史上就不属于中国”，声称西藏并不存在帝国主义者，所以就没有必要解放西藏。他们还用电台鼓惑人们说，解放军进藏会违反神的意愿，与西藏政教水火不兼容，鼓动西藏人要男尽（死）女顶，前赴后继，坚决进行武装抵抗。这些内容就由藏人热萨甲杆·平措旺久、绕西·彭措扎西和英国人抛司，分别用藏汉英三种语言进行广播。福特还在亚门马嘎藏军八代本驻地（现西藏军区第二招待所）用无线电进行广播，宣传西藏独立，并播出了所谓《西藏独立宣言》。当拉萨当局10月12日得知人民解放军发动昌都战役的消息，极度紧张之余，立即做出决定，所有无线电广播均不得播出这个消息，以免引起惶恐和混乱。倒是印度德里的无线电台在10月15日播出了这个消息。而在昌都，福特无疑是一位“忠心耿耿”、“恪尽职守”的藏军无线电技术装备“参谋长”，他虔诚地运用自己的“智能”，力图挽救藏军全军覆没的命运。在与解放军的交战中，藏军除了在有些时候凭借无线电之力“及时”逃脱解放军的惩罚外，福特并无大的“建树”。原因就在于，解放军作战的目的之一，就是武装“没收”这些电台，实际上也并不困难地做到了。1950年7月，人民解放军与藏军在昌都以北100公里的邓柯发生战斗，一举捣毁了藏军的一座电台，福特回忆说，无线电报务员索郎平措刚开始发一份急电，突然耳机里传来清晰的声音“中国人在此”，随后就没有声音了，这座电台就这样完成了它的历史使命。同时，负责指挥藏军在昌都作战的最高长官阿沛·阿旺晋美，已经清楚地看到了藏军不可挽救的前景，所以在很多时候，便对福特“殷勤”而“诚恳”的作战建议不大感兴趣。福特后来被解放军抓获，并在中国的监狱服刑5年，这是一个可悲而合乎逻辑的结局。

福特建立的这些电台，由于用柴油机发电，功率小，而且只有少数贵族才有收音机，故对西藏的影响极为有限，主要功能是对外广播。关于“西藏广播电台”的创建与传播，我们并未发现完整的文献，实为遗憾。

第三节 西藏接收域外广播的情况

面对无线电广播这样一种需要双边活动和先进技术保障的传媒，西藏极为落后的科技和经济状况，实在是与之格格不入，所谓影响也就局限在官方和少数贵族之内，不过影响毕竟是存在的。

1935年，英国乘十三世达赖喇嘛圆寂之际，派人到拉萨进行分裂中国的阴谋活动。为维护国家主权，南京国民政府一度开办藏语广播节目，强调中国对西藏的主权，揭露帝国主义的侵略野心。但受条件的限制，实际的宣传效果很微弱。

在1945年抗日战争胜利后，西藏许多官员开始有了堪称“珍贵”的收音机，不仅可以收听到西藏微弱的声音，还能接收西藏域外的广播，这使他们对国际、国内形势的把握有了一点保障，从而做出政治上的选择。遗憾的是，由于接收消息有限，所以对外部电台的依赖，反而让他们错误地估计形势，做出错误的选择。

中华人民共和国成立之后，中央人民政府用藏语、汉语对西藏进行广播，宣布中国人民解放军将把西藏从帝国主义的势力下解放出来。1950年初，北京中央人民广播电台在元旦宣布，人民解放军将在1950年内解放西藏、海南和台湾，西藏地方政府同样是从广播中获知这个重大消息的，他们立即向西藏官员担保，人民解放军不会现在就来。同年5月1日，北京中央人民广播电台再次播出，人民解放军当年的任务之一就是解放西藏；22日，又播出文章，号召西藏政府和民众接受西藏和平解放方案。这使西藏地方政府感到了极大的惶恐。上述情况表明，西藏获取域外信息的主要和最快捷的方式就是收听广播，是现代传媒将西藏与外界联系在一起，促使西藏当局对形势做出判断。这样，新闻传媒实际直接影响了西藏乃至中国20世纪中叶的历史进程。

第四章 西藏近现代新闻传播的基本特点

上文所述，就是笔者根据所能获得的资料，对西藏近现代传播业基本状况做出的轮廓式叙述，这种梳理并不是多么理想，不过，从中还是可以发现它的若干特点和规律。

第一节 西藏近现代新闻事业的基本特点

一、有限的影响力

此期西藏虽然也出现了一些典型的新闻现象和模式，但就总体而言，既未能形成体系，又不具备连续性，影响力极为有限。

在这一时期，西藏本土出现了《西藏白话报》以及建立于拉萨的无线广播电台，它的信息传递功能在一定程度上得到发挥，可算是西藏新闻传播史上较有光彩的一页。但人们会发现其间多有空白，像《西藏白话报》这样绝无仅有的西藏报纸，即使在西藏也只收藏并不完整的一份，可见它当年的影响力。它是手写刻印，到 1911 年辛亥革命时，总印量不足 60 期，余无可考。民国元年，清政府被推翻，作为清政府驻藏大臣的联豫就打道回府，去藏还家，他的《西藏白话报》应该是难以存活了。这之后很长一段时期（1911—1950 年人民解放军创办《新华电讯》）内，就再也没西藏自办报纸的踪影。至于无线电广播，因为必须依赖于现代电子技术和传输手段，既要有发射设备，还必须有接收终端，能具备这些“苛刻”条件的，唯有西藏地方政府的要员和贵族，况且在当时复杂的环境下，广播用作政治和军事的功能远大于大众的信息传播。在此情况下，有多少人知道广播？有多少人又有“资格”收听到广播？有多少人能收听到广播？西藏当初创办的那些功率极小的广播的影响力就可想而知了。实际上，福特在藏办的电台，大都为内部通讯电台，还远远不能称得上是全藏的公用电台，或是地方政府的权威广播电台。整个传媒给人的感觉是支离破碎，轨迹不明，未成系统，无专门管理机构，不具有切实的影响力，未能承担起区域传媒应当担负的使命。

二、孤立性的存在

西藏近现代新闻传播业的源头在域外，这与中国新闻史的发展轨迹并无不同。其最早的报纸《西藏白话报》并不是本土人士创办的，是来自四川、身为清朝中央政府驻藏大臣的联豫的“作品”。而广播基本上是洋人福特的“功劳”，他办的电台就像是一家私人电台，不过它的“管家”和唯一的“股东”，却是西藏地方政府。除了为西藏地方政府的政治、军事“服务”之外，它似乎就没有其他的职能和责任。俯视这一阶段的西藏新闻史，也很难看到它与祖国内地和国外新闻传媒之间的互动。我们会无比惊异地发现，西藏近现代的新闻传播是“前不着村，后不着店”，它既与此前西藏古代的新闻传播形态没有联系，又对后来诞生的人民新闻传播事业基本没有产生影响。

三、强烈的宣传色彩

新闻传播从来就不会脱离政治而存在，尤其是在中国近代新闻发展过程中，报刊的政治色彩极为鲜明，政论常常成为报刊最有分量的板块。这个传统在西藏近现代新闻传播中，更是表现出惊人的本能和惯性。《西藏白话报》创办本身，就是清朝中央政府行使国家主权的体现，它的主要使命之一，便是传达官方的意志，刊登政府法令和政策，同时还有关于抗击英国侵略的爱国内容。即使刊印关于祖国内地的消息，也是在显示西藏与祖国的血脉情缘。至于广播，那简直就是西藏地方政府的“工作电台”，它创办的初衷就是为了对抗国家统一，实现所谓的“西藏独立”，实际成为宣传这种理念的舆论工具。英美政府对西藏广播事业表现出来的热情，与实际上的倾力支持，当然也就服从于其在西藏的国家利益，绝不是“大公无私”。因为一个听从于他们的西藏，一个与新中国对立的西藏，甚至一个脱离了中国而走向独立的西藏，必然符合他们的利益。至于后来在昌都与人民解放军形成军事对峙时，电台除了政治色彩外，还完全军事化了，其实它就是西藏的军方电台了。从本质上讲，这个时期的广播电台，就是西藏地方政府和帝国主义政治观念的产物。

四、在中国新闻史上占有醒目位置

西藏近现代新闻传播事业整体并不发达，但却有独到之处，使它在中国新闻传播史上留下了深深一笔。《西藏白话报》是中国最早的藏文报纸。由于中央政府对藏事的高度关注，使西藏成为全国少数民族地区现代新闻意识最早觉醒并最早付诸实施的地方，这也成为西藏在中国近现代新闻传播历史进程中仅有的光荣。

五、域外媒体对西藏的影响

西藏域外媒体对西藏发生过直接而有限的影响。最有影响的当是《藏文白话报》。我们不仅有其邮发至藏的纪录（见本文前述），而且还可以从文献资料上看到该报在藏受欢迎的程度。它被寄往四川藏区，再转发各喇嘛寺及头人。在寺庙里，藏文报竟至于在奉读后，供于殿上，“视如神奇世宝”，“渐次影响，传播民间，……各土司群诣办事处长官行署，多方要求电达中央添赏数份以备观览……”而它的总编纂徐敬修则不无自豪地说：“发刊以来，边陲各界大受欢迎。刊发请益之文电络绎不绝于道，益坚边氓内乡之心。今蒙回藏各境，日就和平，五族共和，国基日固，远轶于武力……”足见它的影响力之大。这与它的办刊宗旨有直接关系。它体现了在清朝灭亡、“中华民国”诞生的大变革时期，当政者的指导思想和时代潮流，即提倡民主，人人享有选举权和被选举权，各民族一律平等，各族同胞合力共进，共建共和政体，同时在一定程度上，《藏文白话报》也代表了中央政府的立场，这也是广大僧俗群众迫切需要了解的。除此之外，办在印度的藏文报纸《西藏镜报》在拉萨也出现过，对西藏上层官僚有一定的影响。一些上层官僚和贵族还有机会阅读国外的报纸，收听域外的电台。在祖国内陆国内战争结束后，西藏问题就显得更加突出，西藏地方政府和贵族便是通过收听祖国内地的电台广播，揣摩中央人民政府和人民解放军对西藏的态度。这些都表明，在西藏交通、通讯和对外交流很不发达的情况下，西藏域外的新闻传播成为西藏除通信、电报以外了解外部世界，实现两地沟通的主要渠道，虽然这种影响的覆盖面和深度是极为有限的。

第二节　制约西藏近现代新闻传播事业发达的综合因素

一、西藏落后的政教合一的封建农奴制度，扼杀了现代新闻传媒形成的生机

宗教观念和体系实际是这一时期社会的统治思想，这与现代

传媒所奉行的民主和科学的新思潮格格不入。封建农奴制度不会允许现代传媒所宣传的理念成为威胁自己权威的武器，而在浓郁的宗教氛围熏陶下，人们对现代传媒就有一种天然的拒绝心态，现代传媒在大家心目中既陌生，又可怕。在19世纪40年代，具有初步民主主义思想的藏族知识分子根敦群培从国外回藏后，曾建议兴办报纸以革新风气，却被视为异端邪说关进监狱，抑郁而死，这就典型地显示出现代传媒生存环境的恶劣。

二、不具备创办当代新闻传播必需的物质基础

在和平解放前，西藏经济极端落后，地理环境险恶，没有公路，没有活字印刷，造纸业和邮电业十分有限，通信手段原始，电力不足，无法提供先进的技术保障，少量的电台和技术人员基本上依赖于英国、印度和美国的支持和培训，完全不具备建立现代传媒的物质基础。据有关资料记载，当时要从印度购进电台，唯一的办法就是肩扛人背，等到达目的地，机器零件已经损坏大半。西藏1947年在英国订购两台发电机及其设备，直到1955年才运到印度的加尔各答港，后再运到锡金首都甘托克，此地至拉萨没有公路，只有靠人力运输，如果不是后来放弃了这个计划，还不知道要用多长的时间才能将这些机器运到西藏，可见当时西藏之落后。

三、没有良好的新闻市场

西藏长期处于自然经济状态，商品经济很不发达，城市经济和规模极为有限，大部分人口分布在农牧区，居住分散，缺乏人口集中的聚居区，交通困难，通讯不畅，95%以上的人为文盲，不具备最一般的阅读能力，这种分散、缺乏文化素养的大众，以及散漫、流动性极大的居住特点，是很难形成现代新闻传媒的发达市场的。

四、经济和语言的制约

经济的落后不仅使人们缺乏互相交流沟通的愿望，而且难以保障更多的人享受现代新闻传媒资源。语言的隔阂不仅使信息的采撷受到影响，而且要把信息传播出去也很困难，所以其时创办的报纸，一般是藏、汉双语印刷，或是在藏文报纸的封面上加上汉语的名称。藏汉兼通的人是最适合做这种报纸的读者了，但这样的受众其实极其有限。

下编：西藏当代的新闻传播

[公元1951年《新闻简讯》创办—
2000年《西藏商报》创办]

第一章　西藏当代报业的萌芽

［1951年十八军创办《新闻简讯》—1956年《西藏日报》创办］

由于历史的局限与地理上的封闭，西藏新闻传播业留下了很多空白和遗憾。直到20世纪50年代，随着中国人民解放军第18军和18军独立支队分二路挺进西藏，两份也许称不上精美，然而引人注目的油印小报《新华电讯》《草原新闻》分别诞生在军营，历史性地迈出了西藏当代报业伟大的第一步。其间屡经变迁，直至1956年在此基础上创办西藏第一份现代报纸——《西藏日报》，是为西藏当代报业的萌芽期。

第一节　西藏当代报业的两支源头：《新闻简讯》《草原新闻》

西藏当代新闻事业的建立，发端于中国人民解放军进军西藏途中创办的两份油印报纸——由四川挺进拉萨的18军所属的《新闻简讯》，以及自青海深入青藏高原的18军独立支队所属的《草原新闻》。这两份在西藏当代新闻史上具有里程意义的报纸，颇多相似之处，在西藏由封建农奴制走向现代文明的伟大历史进程中，扮演了同等重要的角色。当它们在拉萨随着两支进藏部队的会师相融为一，以《新华电讯》出版时，西藏当代新闻业已呼之欲出。

1951 年 6 月，为了尽快实施十七条协议，早日驱逐帝国主义势力出西藏，18 军成立了先遣支队，拟先期进入拉萨。为了保证部队在远离祖国内地的行军途中能及时了解国内外形势，沟通信息，鼓舞部队士气，先遣支队决定创办一份油印小报，并在昌都进行了必要准备，在从昌都出发的第二天，即 1951 年 7 月 26 日，这份被命名为《新闻简讯》的报纸便诞生在人民解放军的进军途中。它的创刊，成为西藏当代新闻事业的先声，其独特价值与深远的影响力，只有以历史的眼光加以审视，才能获得恰当而真实的把握。

《新闻简讯》在创办之初，便给自己确定了这样的任务：以报道时事新闻为主，间或反映部队行军情况。新闻来源主要是从收音机中抄收的中央人民广播电台播发的新华社消息。当时办报条件十分有限，仅有一部很旧的军用收音机和一部半旧的油印机，加上蜡纸油墨，行军帐篷，只需一匹马就足以驮起一个"报社"。其时实际办报者仅有两人，由来自重庆《新华日报》的张成治负责收音和编稿，来自《建军报》的韦起刻写和油印。报纸的负责人为 18 军宣传部报道科长汤化陶。他们一边行军，一边坚持出报。出报的程序简单而紧张：每天下午刚一抵达宿营地，便立即搭好帐篷，架好天线，生火做饭。当夜幕降临，他们就在烛光下抄收记录新闻，随后立即整理和编辑，刻写油印，保证在第二日早晨部队出发时把"报纸"送到大家手中。寒冷的天气，强烈的收音干扰，使报纸出版面临巨大困难，往往要耗时持久才能印出报纸，或编成短讯，不致出版中断。在漫长而且几乎荒无人烟的进军征途中，《新闻简讯》所传达的重要信息，诸如抗美援朝和土地改革，极大地激励了部队干部战士的革命热情和信心。1951 年 9 月 9 日，18 军先遣支队胜利抵达拉萨，《新闻简讯》依然坚持出版。10 月下旬，张国华军长和谭冠三政委率 18 军主力进驻拉萨，该报遂告停刊，至此共出刊 33 期。

在《新闻简讯》创办的同时，由18军独立支队创办的《草原新闻》也应运而生。在人民解放军主力部队由川入藏之际，由西北西藏工委率领的另一支人民解放军也由青海入藏，履行解放西藏的神圣使命，它对外称作“18军独立支队”。在进行认真的军事准备的同时，部队的新闻宣传工作也拉开了帷幕。1951年6月，应西北西藏工委请求，西北局从《群众日报》（西安）、《甘肃日报》、西安和兰州大、中学生中调来20余人组建了报社，归工委宣传部领导。同时，新华社西北分社派出郗平、边绥、吕焕祥3人进藏，配合报社工作。同年7月，西北西藏工委书记范明在兰州西北大厦主持召开工委扩大会议，决定在进藏途中创办报纸，并命名为《草原新闻》，确定了内容和版面。在西宁和香日德，出报的前期准备工作已经展开，筹集收音机、纸张、油印机，建立通讯员组织，练习抄收中央人民广播电台新闻，学刻钢板，训练新闻写作，并出试刊。1951年8月28日，《草原新闻》在18军独立支队于香日德召开进军西藏誓师动员大会之际，同日同地创刊。

西北进藏部队分为前梯队与后梯队，《草原新闻》亦分为前梯队版和后梯队版。部队进入西藏境内后，报纸随部队建制变化，前、后梯队版合而为一。

《草原新闻》除抄录中央人民广播电台的新闻内容之外，更是真实地记录了部队进军西藏的历史进程。它的版面虽只有一张蜡纸大小，但内容丰富。它包括中央人民广播电台的新闻，指挥部的指示命令，部队动态，藏族同胞欢迎人民解放军进军西藏的报道等。当时整个部队只有两部收音机（前、后梯队各一部），又行进在千里无人烟、不通邮路的青藏高原，消息闭塞，几至与世隔绝。而正是《草原新闻》的传播，才使广大指战员拥有了与外部世界沟通的宝贵渠道。党中央的方针政策，全国正在开展的“三大运动”（抗美援朝，土地改革，镇压反革命），乃至家乡的变迁，都进入了他们的视野，更坚定了大家解放西藏，保卫祖国西南边防的信心。

《草原新闻》是西北进藏部队战斗生活的生动记录。作为党的喉舌和部队指挥机关的机关报，它及时地传达着党的指示和司令部的命令，指导部队的全局工作。在创刊号上，范明司令员亲笔撰写发刊词，论述了我军进军西藏的伟大历史意义。9 月 9 日，部队行进至黄河源，报纸针对为期三天的评功查过，整顿纪律活动，以“有功者奖，有过者罚”为题报道了受到指挥部表彰的人和事，也公布了受到处分的干部和事由。抢渡通天河，是进军路上的一场硬仗，报纸以“通天河上的日日夜夜”为总标题，连续报道了渡河情况。为此，新华社播发了综合通讯《战士面前无困难》（霍春禄、边绥）。在翻越唐古拉山口之际，报纸刊登了范明司令员口授的动员令《奋勇前进，抢过唐古拉山》。部队于 10 月 19 日早晨 5 时开始爬山，经过 4 天努力，终于战胜了这道进藏途中最大的险关。在进军途中，报纸刊登了独支司令部制定的《入藏守则》，并配发社论，约束了部队的行为，赢得了藏族同胞的理解和支持。10 月 23 日，部队走下唐古拉山，在聂荣宗宿营，当地宗本率群众百余人到部队营地热烈欢迎，报纸对此作了生动报道。11 月 4 日，报社随部队进入藏北重镇黑河（那曲），报纸刊发了工委关于加强团结的决议和《团结守则》，要求部队向 18 军主力部队学习，并搞好团结。编发了 18 军在横断山脉艰苦行军、捕鼠代食的感人事迹。

1951 年 12 月 1 日，是西北人民解放军举行进入拉萨入城式的历史时刻，《草原新闻》在记录了这个不同寻常的一天的同时，完成了自己的历史使命，宣布终刊。

在《草原新闻》创办的过程中，先后有 23 人参与报社工作：霍春禄、金鉴、袁一凡、陈拓、王鉴、王克俭、陈守温、车德驷、金熙元、何斌、杜华文、木森林、张琪瑞、朱巨汉、王云汉、沉世韧、惠婉玉、张晨虹、贾如彦、葛英琪、夏月如、冯丽英、陈祥清。另有新华社人员 10 名：郗平、边绥、吕焕祥、牛世钧（牺牲于唐古拉山）、彭多德、贾陇梅、王熙庚、柴春秀、高方伯、田育才。他们既是西藏当代新闻事业的开拓者，又是这个历史进程的光荣见证人，书写了历史而又为历史所铭记。

《新闻简讯》《草原新闻》虽分属两支部队，任务略有不同，又异地办报，但在西藏新闻发展史上的地位并无根本不同。它们都是我进藏部队的随军报纸，分别记录了两支部队从不同方向进军西藏的历史轨迹，完整地反映了人民解放军解放西藏的全过程。两份报纸的根本使命是完全一致的。尽管它的分属作战任务不同的两支部队（主力与非主力），创刊、终刊有早有晚，辐射力各不相同，在其后西藏的报业发展进程中，又以不同方式承延脉绪，对后来的报纸如《新华电讯》《新闻简讯》《西藏日报》的创办影响有别，但以历史的眼光来审视，上述种种差异并不影响对二者新闻史价值的判断。就其基本功能而言，它们都真实地记录了人民军队解放西藏的伟大史实，在简陋的办报条件和流动的战斗环境中，尝试以当代新闻模式对部队的战斗生活和国内外大事作以报道，发挥了报纸宣传政策，沟通信息，激励士气的特殊功能，为西藏当代新闻事业的建立提供了人力、物质和办报经验上的准备，确为西藏当代报业的两支源头。

需要说明的是，后来出现的《新华电讯》《新闻简讯》均沿承 18 军所主办《新闻简讯》的余绪，在此基础上不断推进发展，客观上使《新闻简讯》在西藏当代报纸的萌芽中占有主导地位，后又将《草原新闻》并入其中，实在是由于它身处 18 军主力部队之中，拥有地位之优，又先期进入拉萨，荣获了率先为西藏当代新闻事业奠基的历史机遇。

第二节 从《新华电讯》到《西藏日报》：西藏当代报业由萌芽到建立

1951年10月26日，自四川入藏的中国人民解放军18军主力部队进驻西藏，但由于西藏政教合一的封建农奴制的专制统治，帝国主义势力的影响和历史上形成的民族隔阂，藏族僧俗人民对中国共产党及其领导下的人民军队充满着陌生感与疑虑。西藏工委根据中央指示，确定这一时期工作的指导方针是：以进藏人民解放军和进藏职工的实际行动影响群众，用各种方式向群众传播革命思想，大力开展统一战线工作，壮大爱国力量。在此背景下，创办一份省级报纸乃势所必然，然而在当时的西藏，实难具备创办如此规格报纸的基本物质条件。

虽然如此，西藏工委仍从长远考虑，决定设立报社建制，人员有十余人，暂由新华社西藏分社副社长方德代管，在原《新闻简讯》的基础上，以新华社西藏分社的名义出版了油印小报《新华电讯》，其时为1951年11月12日（一说为1952年元月14日）。它的主要任务是向机关干部和部队战士传达国内外重要时事新闻，并根据形势发展，伺机创办“西藏日报”。此报为8开小报，4个版面，用二张蜡纸刻印，每周六期，周一无报。每期容量约5000字，内容均为新华社播发的电讯稿。报纸的编印工作紧张而有序，由张成治从电讯稿中编选重要新闻，张成治、倪潜各刻写一页蜡纸正文，倪潜刻写标题，并与彭映华三人共同校对，再用从军宣传部带来的一台旧油印机印刷，由李文明徒步投送驻拉萨各机关、部队。《新华电讯》是人民解放军进驻拉萨之后，由我党创办的第一份报纸，是后来正式创办的《西藏日报》的最初前身，同时也是西藏自1907年《西藏白话报》创办以来的第一份报纸，实开西藏当代报业和革命新闻事业的先河。

1951年12月1日，由西北进藏的18军独立支队抵达拉萨，两支部队胜利会师，中共西藏工委正式成立。随独立支队进藏的新华社人员和《草原新闻》即与《新华电讯》合并，驻地由彭雪搬到车门。报社由新华社代管改为西藏工委宣传部领导，宣传部长乐于泓兼任社长，原《草原新闻》霍春禄任副社长，具体由霍春禄、张成治负责。《新华电讯》的编务与印刷仍主要由原班人马实施，《草原新闻》的工作人员因参加“评功查过”活动，起初并未参加《新华电讯》的业务工作，在此项活动结束后，才陆续有惠琬玉、夏月如、贾陇梅、冯丽英、王克俭、王兆庚等加入报纸编印工作。

1952年6月，霍春禄调出，张成治成为报社实际负责人。8月，汤化陶调任西藏工委宣传部副部长兼报社社长，郭辛可任编辑部主任，并有常克诚、李宁、时钟曼、郑文珊、朱玉、朱义侠等人调入，报社业务工作明显加强。由于《新华电讯》不能刊登地方新闻，信息传播和政策宣传功能多受限制，在尚不具备创办正式大型报纸条件的情况下，报社决定将版面由2个版扩大为4版，除精编新华社电讯稿外，尽可能刊登地方新闻，报名恢复18军进军途中创办报纸的名称。1952年10月1日，《新华电讯》改为四开四版油印小报《新闻简讯》出版。虽然名称如旧，但内容已发生了重要变化，由原来的军报转而成为对西藏全局工作具有指导功能、面向社会传送综合信息的地方报纸。这是一次不能被忽视的重大转变。

新的《新闻简讯》具有了当代报纸的雏形，虽为油印，但已相当注意版面编排，刊头与标题力求有新的设计，又加大对当地新闻的报道，初显当代报纸之形态。为保障报纸出刊，报社建立起了相对完整，分工更为明确的编印机构，设置了报务、编辑、译电、油印等业务组。报务组仍由原班人员组成；编辑组由张成治任组长，并从军区干校调入彭映华、袁一凡、金熙元以充实力量；译电组组长为李宁，人员增加了李禄淑、吴鸿珍等；油印组工作任务繁重，有人员 5 人，常克诚、倪潜为组长，基本工作是刻写、印刷和分送报纸，印制、发行兼之。倪潜、郑文珊、惠琬玉、夏月如日刻一个蜡版，常克诚进行全部 4 个版的印刷，每日印刷近千份。

1954 年 4 月 10 日，《新闻简讯》改为铅印，油印组撤销，人员转事编务工作。印刷方式的变化绝不仅仅是形式的进化，同时也带动了报纸内容和体式的改进。在印制逐渐规范化的同时，报纸的编排模式也向地方报纸靠拢，地方新闻的分量在增加，同时还刊登一些文艺作品和理论、评论类文章，报纸正在步入当代规范媒体之路。

面对西藏特殊的民族工作需要，1952 年 11 月，西藏工委宣传部创办藏文《新闻简讯》，时钟曼任编辑，由此前成立的西藏军区"藏文编审委员会"担任该报的翻译、刻写和印刷工作。其时主要翻译人员有祝维汉、杨化群、马俊明。报纸在西藏上层人士、各大寺庙和市民中散发。不久，改油印为石印，由仲译朗杰书写，军区印刷厂印刷。1953 年底，王鉴接替时钟曼继任编辑。

1954 年底，青藏、川藏公路全线通车，西藏与内地沟通获得基本保障。它标志着西藏具备了使社会、政治和经济形势发生根本性变化的重要物质条件。1955 年，中共中央同意西藏可不成立军政委员会，而组建西藏自治区筹备委员会，1955 年 3 月 4 日，中央就西藏工委的请示做出批复，同意创办"西藏日报"。为此，中共中央宣传部在全国范围内抽调一批新闻业务方面的精干人马赴藏，与从西藏本地选调的人员一同筹办"西藏日报"。以此为标志，西藏新闻事业工作的重点显然已由铅印内部报纸《新闻简讯》的编印，转移到省级正式报纸的创办上。至此，西藏当代报业发展的初级阶段——萌芽期已进入尾声。1956 年 4 月 22 日，《西藏日报》与西藏自治区筹委会同日诞生，显示西藏当代报业正式走上历史舞台。

从中国人民解放军第18军及18军独立支队在进军西藏途中创办军内油印小报《新闻简讯》《草原新闻》，到由西藏工委宣传部在拉萨组建新的《新闻简讯》报社，创办模式近于地方报纸的同名报纸，西藏当代报业发源于青藏高原上的硝烟与高寒之中，几经变迁，终于度过了它的哺乳期，形成了现代报纸的雏形，虽充满艰辛困苦，然而坚定地迈向现代报纸行列。在这种历史的梳理中，我们不难发现它的发展脉络与西藏社会的历史性变迁有着深刻的一致，二者互为表里。历史的独特、曲折造就了西藏现代报纸即使在它发展的萌芽期也已显得轨迹多变，形态复杂。不过，如果我们用图表作一标示，这种演变的轨迹也并不是多么神秘：

西藏当代报纸萌芽期（1951—1956）报纸演变示意图

《新闻简讯》（十八军先遣支队，1951.7.28，油印，西藏，昌都）/

《草原新闻》（十八军独立支队，1951.8.28，油印，青海，香日德）

《新华电讯》（新华社西藏分社——西藏工委宣传部，

1951.11.12或1952.1.14，汉文版，油印，拉萨）

《新闻简讯》（西藏工委宣传部，1952，10.1，汉文版，油印，拉萨）

《新闻简讯》（西藏军区藏文编审委员会，1952.11，藏文版，油印—

石印—铅印，拉萨）

《新闻简讯》（西藏工委宣传部，1954.4.10，汉文版，铅印，拉萨）

“西藏日报”筹办（1955.3.4，中共中央批复西藏工要，同意创办“西藏日报”）

《西藏日报》创办（西藏自治区筹备委员会，1956.4.22汉、藏文版，铅印，拉萨）

注：创刊时间有不同说法者，在此兼收并蓄，以供考证、研讨

第三节 西藏当代报业萌芽期的若干特点

在很多特殊因素的共同制约下，西藏当代报纸在它诞生的萌芽期即已表现出与众不同的形态，这就是：西藏当代报业产生的专业氛围，几乎与此前西藏极为有限的新闻传统毫无关联，而它的发展取向、方式与推进轨迹，完全是在特定条件和历史使命召唤下所作出的全新选择，尽管这种选择未必是成熟、宏大而最具专业精神的。

一、远离本土，孕育崭新生命

西藏当代报纸从一开始就在它的中心区域之外，选择了一种全新的方式，在远离西藏新闻本土的奇异状态下，孕育着它崭新的生命。

如果我们以西藏地域新闻史的视角来审视西藏当代报纸的萌芽，就会发现它幼稚而伟大的初创并未发生在西藏中心区域或大众社会之中。最早的《新闻简讯》和《草原新闻》分别诞生在青海的香日德和西藏的昌都，而在当时交通停留在“马蹄时代”的落后状况下，昌都与拉萨的距离更是遥远。两份报纸出现在拉萨以外，又是影从部队，它的影响力一般只限于军事区域，自然还不能称为大众传媒或公共传媒，但它们肯定是西藏当时最具影响力的报纸。它们影响的人数未必众多，但它们影响着的正是决定西藏走向民主和文明进程的一支最重要力量。其时的西藏连一份油印小报也不存在，就更衬托出《新闻简讯》《草原新闻》两份报纸在西藏新闻史上位置的醒目。西藏当代报纸把它生命呱呱落地的第一声选择在部队，选择在流动的进军途中，选择在政治、文化中心以外的地方，其实并不是新闻自身的意愿，它更多的是一种政治、军事方面的选择，是历史的一种选择。由此，西藏的报纸从一开始就担负起了庄严的政治使命，形成了西藏新闻业突出的政治传统。如果回首一顾，这种传统其实就是由《新闻简讯》《草原新闻》二报铺设底色，确定基调，奠定基础。

我们还不得不遗憾地指出，西藏当代报纸的萌芽与西藏有限的新闻传统并无关联。在《西藏白话报》创办（1907 年）以前，西藏尽管在地理与社会系统方面一直保持高度的封闭性，但新闻的多种传播形态绝不可能中断。这种传统一直笼罩在强大的佛教文化之下，又由于地广人稀和以游牧为主的生产、生活方式、极端专制和黑暗的封建农奴制度的禁锢，在整体上显得隐晦而气脉若游丝，远未成为一种强势文化。以实际而论，创办《新闻简讯》《草原新闻》的先辈们并未从西藏的新闻传统中汲取或模仿到什么，西藏当代报纸在破土之初与西藏新闻传统之间的相互陌生状况，促成了西藏当代报纸秉承人民报业的传统，直接服务于解放西藏的军事、政治斗争，在没有历史包袱的情况下，形成了自己独有的品格，开创了西藏当代报业的新格局。当然，这种陌生本身就是一种缺憾。在没有厚重基础的状况下，西藏现代报业，乃至整个新闻事业只有白手起家，万丈高楼平地起，显得简陋、仓促，起点不高，隐含了一些先天不足，必须予以正视。

二、不断演进，臻于完善

作为新闻传播媒体，“萌芽期”的报纸媒介功能不断演进，臻于完善，为西藏当代报业的正式确立创造了条件。

《新闻简讯》《草原新闻》两种油印小报的创办，完全是由于部队在荒远的进藏途中沟通信息、宣传政治、军事政策和命令的需要而出现的。在条件恶劣，人烟几无的进军途中，部队既无报纸可读，又因收音机极为有限（18 军独立支队仅有 2 部，18 军主力部队为数亦有限），所以与外界几乎处于隔绝状态，就是部队内部的交流也困难重重，正鉴于此，部队才决定自己办报。这就决定了报纸的功能主要体现在两个方面：一是抄收刊登中央人民广播电台的时事新闻；二是刊载部队指挥部的命令、指示、条例，报道部队行军情况。在当时的背景下，战士们了解外部动态，把握党和国家大政方针政策的愿望最为迫切。即使如此，从相关资料的记载来看，对部队情况的报道也弥足珍贵，尤其是《草原新闻》。在由司令员范明撰写的发刊词中，阐明了进军西藏的伟大意义。它还报道了评功查过活动、抢渡通天河行动、翻越唐古拉山、藏族同胞欢迎解放军等激动人心的场面。刊登了部队针对民族团结和处理好与 18 军关系而制定的《入藏守则》《团结守则》，而在它的终刊号上，记录的就是部队在拉萨举行入城式的盛况。从《草原新闻》的编制规模和准备情况来看，要略胜《新闻简讯》，这使它更有条件在记录国内时事新闻的同时，较多地报道部队情况。总之，《新闻简讯》《草原新闻》二报仍属“战地报纸”，无论从内容还是影响范围来看，总未能超出进藏部队的范畴。

人民解放军 18 军进入拉萨后，西藏工委宣传部在《新华电讯》的基础上，创办了新的《新华电讯》。正如它的命名一样，这份报纸全载新华社播发的电讯，没有自办内容，是处于由军内报纸向地方报纸转变过程中的一份过渡性报纸，同时也是为了满足部队刚刚进驻拉萨时特殊的政治需要。18 军抵达拉萨之后，就决定突破军报范畴，创办地方报纸，但因条件所限，只能搭起报社的架子，以新华社西藏分社的名义出版《新华电讯》，同时为机关干部和部队指战员提供国内外消息。

1952 年 10 月，《新华电讯》改为《新闻简讯》出版，已成为一份“准地方报纸”了，版面由 2 版扩大为 4 版，增加了地方新闻内容，设立了分工较为明确的报社内部机构，形成了正规的地方报纸的机构轮廓，俨然已经成为“西藏日报”的“试刊”。后来它不断扩大，形式愈来愈规整，视野更加开阔，逐渐形成了相当的影响力。1954 年，改油印为铅印，在印刷手段上迈出了实质性一步。至 1956 年，便水到渠成地脱胎成为西藏第一份现代省级地方报纸——《西藏日报》。从这个意义上而言，《新闻简讯》在西藏发展的整个过程，其实就是《西藏日报》漫长的孕育期。

三、肩负重大政治使命，突出宣传功能与民族特点

“萌芽期”的报纸肩负重大的政治使命，突出宣传功能和民族特色，形成了独特的价值取向，奠定了西藏新闻传播事业的革命传统。

“萌芽期”报纸的创办和发展，从本质上来说，都是由实现西藏和平解放、完成祖国统一大业的政治使命来决定的。无论是《新闻简讯》还是《草原新闻》，它们创办的直接动机就是为进军西藏的部队服务，而这支部队所代表的正是全中国人民和西藏最广大人民的根本利益，与其说这是一个军事组织，毋宁说它是一种最有生命力、具有强大到足以改变西藏命运的最先进的政治力量。因此，这两份军报，它的目光并不仅仅停留在自己身旁的野营帐篷和充满硝烟的战场，它首先要刊登的是部队以外的重大时政消息和党的方针政策，让干部战士深切地意识到他们存在和努力的巨大意义。显然，此时报纸的政治宣传功能完全占有主导地位。可以说，西藏现代报业在它迈开第一步的时刻，已负有庄严的政治使命，这种脉络在此后的岁月中一直绵绵不绝，形成传统，凝结成西藏新闻传播事业的特质之一。

部队进入拉萨后，报纸的受众已不仅仅是部队，但它的政治宣传者的角色并没有发生重大变化。此时，报纸身处地方，具有成为地方报纸的必要性和可能性，但当时的西藏，两种政权并存，政治形势并不明朗，规范的社会新秩序尚未建立，按照普通

媒体的机制建立地方报纸为时尚早，同时又不具备最基本的物质条件。因此，《新华电讯》《新闻简讯》仍以宣传党和国家的方针政策为主，前者没有地方新闻，后者在发展中逐渐增加地方报道，在内容上向地方报纸靠拢，但这并不根本影响报纸的政治立场。

在西藏办报，就不能忽视它的民族受众。能否在占西藏人口主体的藏族僧俗群众中产生影响力，便意味着报纸的宣传、传播功能能否真正实现。1952 年 11 月，藏文《新闻简讯》创办，这是一件极富象征意义的大事情，因为它标志着西藏少数民族新闻事业的开端，并开创了另一个传统：民族化。当然，反映藏民族生活的内容在《草原新闻》和旧《新闻简讯》（18 军进军途中主办）中就已经出现了，但用藏语言文字来反映藏民族生活并具有当代特征的报纸，藏文《新闻简讯》当属第一。

四、高尚的敬业精神和艰苦奋斗的优良传统

高尚的志向和艰难的办报环境，铸就了西藏新闻工作者的不凡人格，这种敬业精神和艰苦奋斗的工作作风，成为西藏当代报业史上的传统和珍藏。

《新闻简讯》《草原新闻》诞生于进军途中的雪域高原，条件之艰苦可想而知。作为新闻工作者，他们在面对艰苦的生活环境之外还要付出艰巨的劳动，在行军之余，当晚从收音机中收录新华社新闻电讯，并刻写印刷。寒冷、饥饿、劳累、缺氧、收音信号中断，诸如此类的困难，无不考验着他们的意志，有的还为此付出了生命代价，新华社记者牛世钧便牺牲在翻越唐古拉山的险途中。恶劣的环境即使在进入拉萨后也并没有根本发生改变，当时的报社没有桌椅，只好在藏式柜子上收报，趴在文件箱上译电、刻写，蹲在地上印刷。单薄的衣被常使他们冻得难以入睡，粮食缺乏，只有以马料（黑豆）充饥。报社几易地址，先住彭

雪，再移车门，后至桑多仓，有了较为稳定的工作地点之后，条件才稍有改善。为贯彻中央关于“进军西藏，不吃地方”的指示，加之西藏地方反动势力的阻挠破坏，粮食匮乏，报社人员一边工作，一边到拉萨西郊开荒生产。白天要参加“三反”运动，晚上就必须加班赶出报纸。他们还必须防备反动武装势力的袭扰。虽然如此，他们胸怀崇高使命，不怕困难，艰苦奋斗，用手中的“两支笔”（钢笔、铁笔）真实地记录了这个时期西藏的历史风云，及时准确地宣传了党的方针政策，对西藏的稳定和平叛发挥了重要作用，所铸就的专业精神和人格风范永垂后世。不仅如此，他们也成为后来创办的《西藏日报》的骨干力量。如果要称他们为西藏新闻事业的奠基人和开拓者，确是毫不为过。

从 18 军进藏时创办《新闻简讯》，到拉萨出版新《新闻简讯》，其实是西藏新闻事业发展过程中一个历史阶段的标志，我们称之为“西藏现代报纸的萌芽”。在它曲折的发展轨迹中，诞生了西藏现代报纸的雏形，开创了西藏新闻事业独有的传统，培养了大批新闻人才，奠定了西藏新闻事业的基础。

第四节 《战线报》

在探讨西藏当代新闻传媒业建立和发展的过程中，十八军 52 师创办的《战线报》在进军西藏的过程中，也曾经产生过重要的影响。

《战线报》是人民解放军第 52 师党委的机关报，创刊于 1945 年 11 月 23 日，1950 年初，正在川南安营扎寨的部队突然接到进军西藏的命令，面对西藏神秘、陌生的社会、自然环境，战士情绪复杂。为做好部队的思想工作，师党委决定充分利用报纸进行思想动员工作，成立了以副师长陈子植为主任，政治部周家鼎为副主任，师各机关部门负责人为委员的报纸工作委员会，确定了办报方向、编辑思想、版面规划等，并充实了人员，在下属各团配备了记者。

在进军西藏的若干重要阶段，《战线报》显示出突出的作用。

在进军西藏的前期准备工作中，报纸除报道部队工作以外，还出版《战线》附刊，传达上级指示精神，交流经验。至1950年8月底离开川西向西藏进军时，已出报纸12期，刊登稿件61篇。

在吴忠师长率先遣团154团进驻甘孜过程中，《战线报》派出编辑王教随军采访。虽遭遇严重断粮的困难，但在5—8月间，还是发回稿件52篇，照片62幅。它们不仅被刊登在报纸上，还编辑了《战线》专刊。其中就有先遣支队党委撰写的《甘孜社会调查报告》，内容涉及该地区的社会结构、宗教信仰、民俗习惯、自然环境、进藏部队注意事项等，还有一些藏汉、军民关系的正面报道，内容丰富而具针对性。

在昌都战役期间，部队流动性大，难以出版正规的报纸，于是就改为不定期印发传单，内容主要是关于战术或战斗技术的指导，发到战斗班组，战士们一边行军，一边读报，读后即烧毁。战役结束后两个月，将其间收到的300余篇来稿编辑为《进军康藏纪实》一书。这是十八军进军西藏后出版的第一本书，它包括昌都战役经过和英雄事迹，真实、质朴、生动、全面，极具史料价值。

1951年1月，52师奉命开赴达马拉山修筑公路。在距达马拉山顶不远的一家藏民房舍里，《战线报》设立了自己的编辑部，王教、尹锐、黄原本、蔺仲文、王野、张学义、徐希星等参与报纸的编印工作。白天采访，晚上撰稿、编辑，报纸印出后，当天就可以送发每个连队。在极为艰苦的条件下，指战员们就用铅笔或是用子弹壳制成的“钢笔”，以纸烟盒和废报纸的边角作稿纸，积极写稿，在5—8月共4个月的时间里，《战线》出版70期，附刊17期，有力地配合了筑路任务。

1951年8月，为贯彻十七条协议，52师向拉萨和平进军，《战线报》便结合实际，进行爱国主义、长期建藏、抗美援朝、镇压反革命和统战工作的宣传教育。

1952年，52师抵达江孜，师部集体转业到地方工作，《战线报》改由中共江孜工委主办，由军报变为一张地方报纸。

作为十八军下属一个师的报纸，它在其所能辐射的范围之内发挥了重要作用。不仅积极配合了部队的各项重大工作，而且生动灵活地宣传了党的民族政策和进军西藏的伟大意义，在进军西藏的千里雪野上，充分发挥了宣传党的方针政策、沟通重大信息的传媒功能，弥补了由于部队作战行军和环境恶劣所造成的信息闭塞的缺憾，为顺利进军西藏做出了贡献。需要说明的是，《战线报》的影响力虽不及《新华电讯》和《草原新闻》，也不能算作《西藏日报》的前身，但它创刊的时间却要比这三者都早得多：比1951年创办的《新华电讯》《草原新闻》早了7年，比1956年创办的《西藏日报》早了12年，办刊时间长达8年，在进军西藏的征途中产生了较大的影响，并为后来的西藏新闻事业培养了优秀的人才，在《战线报》工作过的尹锐、王教等后来就成为《西藏日报》的骨干力量。《战线报》应该是西藏当代新闻传播事业中不可忽视的一笔。

第二章　西藏当代新闻传播事业的确立

［1956年《西藏日报》创刊——
1961年日报、电台编委会成立］

我们在此把1956—1961年的6年作为西藏当代新闻传播事业的“确立期”。

西藏的当代新闻传播事业以1956年4月22日《西藏日报》的正式创办为标志拉开了帷幕，直到20世纪50年代末到60年代初，经过平叛和民主改革，报社的机构和人员恢复到报纸创办之初的规模，报纸的性质和内容发生了质变，成为一种比较规范的省级综合报纸，同时，西藏广播事业也基本建立起来，标志着西藏当代新闻传播事业格局的基本确立。毫无疑问，西藏的当代新闻传播事业起步较晚，但起点并不低，同时呈现出复杂而独特的状态。

第一节　西藏当代新闻传播事业的开端

一、西藏第一份省（区）级报纸——《西藏日报》的创办

《西藏日报》的创办，经过了一个较长的萌芽期。1951年7月26日，十八军进藏先遣支队在进军途中创办了《新闻简

讯》。同年8月28日，西北进藏部队（即十八军独立支队）在进军西藏之初创办了《草原新闻》。1951年10月26日和12月1日，这两支部队分别进入拉萨。1951年11月12日（一说为1952年1月1日），在原《新闻简讯》的基础上，以新华社名义出版油印报纸《新华电讯》（12月，改为由西藏工委宣传部领导）。1952年10月1日，《新华电讯》改为《新闻简讯》，仍归西藏工委宣传部领导。《西藏日报》就即在《新闻简讯》的基础上创办。

《西藏日报》的创办需要良好的历史机遇。1954年12月，川藏、青藏两条公路正式通车，使在藏办报具备了基本的物质基础。1955年3月9日，国务院第七次会议通过《关于成立西藏自治区筹备委员会的决定》，《新闻简讯》显然已经不能适应形势变化的需要。1956年2月18日，西藏工委常委会做出关于在《新闻简讯》的基础上创办“西藏日报”的决定：“1. 性质。自治区筹委会机关报，但方针、政策、干部日常工作由工委直接领导；2. 原则上同意出日报，藏汉每日各出一张；3. 决定报社增加藏族副总编辑三人（达赖、班禅、昌都各出一人，每一副总编辑可带三个藏族干部）；4. 决定（西藏军区）编审委员会与报社编辑委员会合并，除现有双方委员原则上不动外，另外再吸收三方若干官员与社会名流参加；5. 报社成立党组，受工委直接领导，党组名单由组织部提出；6. 报社成立后，按中央规定，总编辑可列席工委例会，报社工作由工委书记之一直接领导。”1956年3月7日，西藏工委正式任命“西藏日报”社的领导班子成员：庄坤为党组书记、“西藏日报”总编辑，严蒙为党组成员、副总编辑，郗平、马逸峰、谢显维为党组成员，“西藏日报”社正式成立。西藏工委1955年2月向中央呈递报告，初定“西藏日报”效法《青海藏文报》，藏汉合璧（一至三版为藏文，第四版为汉文），对开四版。3月4日，中央同意创办“西藏日报”，并就编辑方针和报社体制做出明确指示：“关于对报社的领导，应按照中央关于改进报纸工作决议的规定，即由工委书记之一直接领导，并委托宣传部协助管理日常业务。同时，不采取社长制，而采取总编制，设总编辑和副总编辑。所需干部由中央宣传部负责配备”。“工委亦应尽可能地从当地选拔报纸工作人员”。1955 年 10 月，中央人民政府驻藏代表张经武就在西藏创办报纸事请示毛泽东主席，毛主席指出：“在少数民族地区办报，首先应办少数民族文字的报”。“西藏与青海不同，不要藏汉两文合版，要办藏文报。报纸用什么名字和怎样办好，应同西藏地方商量，由他们决定，我们不要包办”。

根据中央和毛主席指示，中共西藏工委便积极开始了“西藏日报”的筹备工作。在西藏工委宣传部的领导下，由中央派来的总编辑庄坤主持了有西藏地方政府、班禅堪布厅和西藏军区编审委员会著名人士参加的专题会议，决定仿照自治区筹委会组织机构模式，组建由西藏地方政府、班禅堪布厅、昌都地区解放委员会和中央进藏工作人员等四方人员构成的报社领导机构。庄坤任总编辑，严蒙（原新华总社）为副总编辑，西藏地方政府派出噶雪·顿珠才让，班禅堪布厅派出德夏·顿珠多吉担任副总编辑，藏族诗人察珠·阿旺洛桑，江金·索南杰布任副总编辑（昌都解放委员会未派人赴职）。格西·曲吉扎巴（蒙古族学者），马俊明（回族学者），刘立千、祝维汉（汉族藏文专家）等人为编委。在报社成员中，还有中下层僧俗官员，以及擅长藏文书法的西藏政府仲译（文书），精通汉藏两种文字，在藏区学习佛经多年的汉族学者、还俗僧侣，包括在进藏前后中共自己培养的一批藏语文新闻干部。汉文版除随十八军及西北独立支队进藏的军队、地方新闻干部外，主要选自中央与其他省市自治区的新闻单位，包括人民日报、新华社和四川、西康、云南、甘肃、新疆、内蒙古等省级报社，以及中央新闻电影纪录厂、中国新闻社等单位的新闻干部，新分配来的大学新闻系的毕业生，办报阵容相当可观。报纸的性质确定为既是党报，又是筹委会机关报，并在报头下加印“西藏自治区筹备委员会机关报”字样。藏汉文分开出版，对开四版，日报。藏文版的读者对象主要是中上层人士和寺院僧尼，汉文版对象主要是进藏工作人员和驻藏人民解放军。关于报纸的名称，初步议定的就有十余个，最终在“西藏日报”、“太阳报”、“雪域报”、“镜报”、“西藏镜报”等名称中选定。因《西藏镜报》与印度噶伦堡的反动藏文报纸重名，经江金·索南杰布提议取消。1956 年，庄坤总编辑到罗布林卡向达赖喇嘛·丹增嘉措汇报讨论情况，达赖喇嘛在详细询问了全国各省市自治区报纸名称后说：“既然大部分省报和省市自治区名称一样，我们就叫‘西藏日报’吧！可以吗?”《西藏日报》的名称就这样确定了下来。达赖喇嘛还为藏文报题写了报名，汉文报则暂用《鲁迅日记》中的手书集字。

1956 年 4 月 22 日，《西藏日报》藏汉文版与西藏自治区筹委会同年同月同日诞生。它是西藏第一张正式的省级日报，是世界上最大的藏文报纸，也是西藏第一份当代报纸，标志着西藏当代报业的诞生，也是西藏当代新闻传播事业的开端。这一天，无疑就成为西藏当代新闻传播事业诞生的标志和纪念日。

二、“拉萨人民广播电台”（西藏人民广播电台）的建立

在西藏和平解放以前，只有少数贵族拥有一些交、直流电子管收音机，英国人福特在西藏地方政府的支持下，曾在西藏的拉萨创办过小型广播电台。这就是西藏使用无线电广播的开始。

1953 年 7 月，进藏独立支队宣传部（1956 年改为西藏工委宣传部）在征得噶厦政府的同意后，筹建拉萨有线广播站。1953 年 10 月 1 日，西藏第一座有线广播站——拉萨有线广播站

正式播音，呼号是“拉萨有线广播站”，以《歌唱祖国》为开始曲，结束曲是《人民解放军进行曲》。当时仅有75瓦扩大机和一千瓦柴油机各一部，6只高音喇叭。每周一、三、五上午10：30—12点用藏语播音。在拉萨有线广播站建立之后，又相继在日喀则、江孜、昌都等地建立了有线广播站。1954年，广播站从印度购进一台扩大机，广播喇叭增至16只。1956年西藏自治区筹委会成立后，广播站的播音时间由原来的每周三次增加到每天三次，拉萨有线广播站已经发展成为正规的广播站。其时的拉萨有线广播站与当时的报纸一样，具有统一战线的性质。一些有特殊身份的爱国青年（如西藏噶厦政府首席噶伦然巴家的小姐然巴·央金卓嘎，噶伦阿沛·阿旺晋美的女儿阿沛·白玛，大贵族察绒的女儿察绒·顿珠卓玛等就是广播站的播音员）参加了广播站工作。广播主要宣传中国共产党和中央人民政府的对藏政策，介绍祖国建设的新面貌和对拉萨各界群众进行反帝爱国教育。这就是西藏人民广播事业的开始。

1958年12月28日，拉萨有线广播站从拉萨市邮电局借用一部3.5千瓦的短波发射机，进行无线电广播试播并获成功。1959年元旦，广播站使用9490千周，以“拉萨人民广播电台”的呼号，每天用藏汉语播音8小时，除转播中央人民广播电台的《新闻和报纸摘要》《全国各地新闻联播》《国际生活》节目外，还自办《地方新闻》《国内国际新闻》《科学常识》和文艺节目。这就是西藏人民无线广播事业的开端。

第二节　西藏当代新闻传播事业的确立

在复杂的政治、社会背景下，西藏当代新闻事业是在经历了较为漫长的酝酿期和转型阶段之后才正式确立起来的。1956年《西藏日报》的创办和1959年拉萨人民广播电台的建立，仅仅是西藏当代新闻传播事业历史性的开始，但还不是它真正的确立。

由于原始落后的经济文化状态、极端专制和落后的封建农奴制度的长期统治、国外帝国主义的干涉和相对封闭孤立的地理环境，西藏虽然也出现了一些新闻传播现象，但并未形成传统。西藏当代新闻事业的帷幕是在人民解放军的进军途中拉开的。从1951年7月26日十八军在进军途中创办《新闻简讯》，到1956年4月22日《西藏日报》的创办，整整经历了6年的时间。这是一个并不短暂的萌芽期。

但即使1956年《西藏日报》正式建立以后，也并不能判定西藏当代新闻事业就完成了它的确立。因为它实际上是在经历了一个阶段的磨合、充实、调整和稳定之后，才真正确立下来。就报纸而言，《西藏日报》在建社之初可谓“兵强马壮”，气势如虹，其规模和机构足以将报纸办成一种具有相当规模的省级大报。报社建立了一个统战性质的行政领导机构。为改进藏文版的工作，1956年12月初，西藏工委委托工委委员平措旺阶到报社领导藏文报工作。1957年3月11日，西藏工委提任察珠·阿旺罗桑、江金·索朗杰布为编辑委员会副主任、副总编辑；噶雪·顿珠、德娃夏在继续担任副总编辑职务的同时，分别兼任藏编部副主任、新闻训练班副主任；成立西藏日报社藏文编辑部，列成普拉为藏编部主任，噶雪·顿珠（兼）、格西曲扎、祝维翰、马俊明、金鉴为副主任。汉文编辑部还派王鉴、陈拓、倪扶汉等到编审委员会工作。报社管理机构主要设汉文编辑部、行政经理部和藏文编辑部等三个部门。汉编部下设记者组、时事组、政法文教组、农牧组、副刊组、经济组和校对组等。藏文编辑部的工作由西藏军区成立的编审委员会负责。从1955年秋季开始，中央宣传部陆续从全国各地选调新闻干部进藏。1956年9月，西藏日报还在萨木汝林卡举办新闻训练班，学员达一百余人。在此阶段，《西藏日报》员工达到150余人，无论是机构的完整性和规模，还是人员阵容数量和素质的齐整，都达到了创刊以来的鼎盛时期。

但报社尚未完成它的调整，1957年下半年就开始进行“大收缩”，使报社仅仅能最低限度地维持对开两版报纸的出版，进入了最为困难的阶段。1957年3月5日，中共中央做出西藏“六年不改、适当收缩”的战略决策。中共西藏工委决定在全区大力紧缩机构，大量压缩精简在藏工作人员（主要是汉族工作人员）。西藏日报社将全社1/3的工作人员（主要是汉族）精简，将刚刚创办起来的新闻训练班合并到西藏干校，从6月份开始，一批批汉族工作人员包括总编辑庄坤、副总编严蒙陆续内调。西藏工委组织部遂将报社组织机构进行调整，在总编辑、党组下成立办公室，总管报纸编辑、行政、印刷等工作。至1957年8月底，报社的收缩工作基本结束，人员由原来的150多人骤减至20—30人，版面也由对开四版压缩为对开两版。工委宣传部副部长方弛辛兼任总编辑，实际是由编辑部三位副主任（郗平、马逸峰、郭辛可）轮流主持工作，负责出版两张藏、汉文报纸。编辑部下设的业务组和记者站撤销殆尽，仅余时事组编辑4人，记者4人，通联1人，摄影兼美编1人，藏文报编辑1人。全部新闻业务人员只有“大发展”时期的1/10左右，还必须开展“反右”政治运动，种菜植树，民兵打靶，修筑防御工事，但报社工作人员以高度的政治和社会责任感，一身而兼数职，艰难地维持着报纸的出版。

1959年元月1日，鉴于政治斗争形势严峻，西藏工委决定将《西藏日报》报头下刊挂的“自治区筹委会机关报”字样取消，原四方面副总编辑中，除工委派出的正副总编辑予以保留外，其余自然免职。由于达赖叛逃国外，《西藏日报》便换下了其题写的藏文报头，由原来的“统战报纸”确定为中共西藏工委的机关报，并重新建立了一支较为齐整的专业队伍，1961 年 5 月，随着新华社西藏分社和《西藏日报》合署编委会的成立，以及下属各机构的设置，《西藏日报》才终于建立了自己明确的办报格局。

与新闻传播业整体发展状态的变化相适应，报纸和广播宣传报道内容也在不断进行调整。这一时期，在宣传内容上，以《西藏日报》为代表的新闻传播媒介典型地体现出阶段性：

在“大发展”阶段，创刊之初，《西藏日报》宣传的核心内容是“十七条协议”和中央“慎重推进”的方针，着重于重大和基本政策的介绍，带有政治启蒙的性质，故以转载新华社电讯稿和知识性文章居多，涉及西藏地方的报道极少。

在“大收缩”阶段，《西藏日报》对江孜市区头人本根却珠迫害旺杰平措事件的报道引起了全社会广泛关注。1957 年 9 月 15 日，江孜市区头人本根却珠以未交人役税为借口，毒打江孜干训队学员旺杰平措，激起群众公愤。《西藏日报》立即发表消息和评论，揭露反动分子违反筹委会关于吸收藏族干部的决议，破坏爱国进步事业的罪行，同时连续发表各地区、机关、学校和各阶层声讨本根却珠迫害藏族学员的消息和来信。编辑部还派出记者随同筹委会工作组去江孜进行调查，发表关于本根却珠毒打藏族学员经过的报道及江孜各界的反应，形成了强大的舆论声势。达赖、班禅因此也在报纸上公开表示要对本根却珠严肃处理。这一报道从 1957 年 10 月 11 日一直延续到 1958 年 2 月中旬。西藏自治区筹委会就此通过了《关于免去西藏参加国家机关工作人员、学员人役税的决议》和《关于重判本根却珠毒打学员旺杰平措案件的决定》，《西藏日报》的大量报道，支持了爱国进步的力量，进一步宣传了中央“六年不改”的方针，提高了党报在群众中的威望。这一阶段的宣传报道具有“过渡期”的特点。一方面要坚决宣传中央“六年不改”的基本方针，另一方面又要对西藏上层反动集团的阴谋保持清醒的头脑，进行有策略的谴责和揭露。

在“平叛改革”阶段，宣传的重点是：为坚决平息西藏叛乱创设浓烈的舆论氛围；宣传西藏自治区筹委会代行地方政权的意义和作用；科学宣传党的民族政策和平叛政策；正面组织民主改革宣传等（具体内容详见第三章第一节）。

就广播而言，西藏在1953、1959年分别建立了有线、无线广播。在20世纪60年代初，伴随着工作机构和基础设施的初步建立，中央和全国的大力支持，西藏广播将覆盖面由拉萨扩展到西藏若干重要城镇。至此，西藏当代新闻事业确立的使命就算是基本完成了。

1959年3月，西藏上层反动集团发动武装叛乱，拉萨人民广播电台无线电广播被迫中断。广播站台的数名职工冒着枪林弹雨在居民楼房顶上架设广播线路，安装喇叭，在地堡里进行播音，播出党中央、中央军委的指示和命令，宣传对参叛人员的政策，报道平叛情况。3月底，叛乱平息后，拉萨有线广播站恢复无线广播，并改呼号为“西藏人民广播电台”，同时坚持有线广播。有线广播以转播无线广播节目为主，广播站和广播电台为同一组织领导机构。7月，西藏电台领导小组和电台基建办公室分别成立。由中央投资援建的西藏人民广播电台广播大楼（即603工程）和自定的602发射台也同时破土动工。广播大楼总建筑面积3500平方米，设置6个主控播音室和1个中录音室、1个大录音室及办公室等附属设施。602发射机房建筑面积1000平方米，还有600平方米的宿舍、食堂等附属设施。1960年6月，西藏人民广播电台在四川等地招收63名学生，分别送到中央台、四川台、陕西台等电台进行培训。9月，中央广播事业局和中央人民广播电台以及14个兄弟省市广播电台先后派出56名编辑、技术人员和干部援助建台。11月7日，第一台15千瓦短波发射机以4035千周频率正式启用广播。同年，购买500瓦有线广播扩大机50部，使昌都、日喀则、那曲、山南、林芝、江孜、亚东等地的有线广播站也先后建立起来。1961年6月，西藏电台编委会成立。10月，西藏电台广播大楼和发射台交付使用。

“拉萨人民广播电台”的正式建立，以及基本广播设施的兴建和有线广播向基层的延伸，标志着西藏当代广播事业的创建，使西藏初步建立起比较完整的当代新闻传播事业格局。

第三节　西藏当代新闻传播事业基本品质的形成

由于复杂因素的综合制约，西藏当代新闻传播的确立表现出总体上的独特性：

一、突出的政治地位

作为省级报纸，《西藏日报》的创建受到党和国家最高领导人的关注。中央就报纸的创办做出正式决定，毛泽东主席还就报纸的模式更是做出具体的指示。报纸虽为自治区筹委会的机关报，但领导核心则是中共西藏工委。工委书记之一直接领导报社的工作，报社总编辑可列席工委例会。在西藏政治形势很不明朗的情况下，《西藏日报》实际就成为中央对藏政策的代言人和最重要的宣传阵地。平叛改革以后，报纸由原来的统战报纸转变为中国共产党西藏工委机关报，其性质发生了根本变化。广播所扮演的角色与《西藏日报》基本相同。由于西藏的新闻传媒拥有突出的政治地位，故虽为地方传媒，但却具有辐射全国和世界的影响力。自此以往，西藏的当代新闻传媒就很自觉地承担起崇高的政治使命，并积淀为一种稳定的传统，贯穿于西藏20世纪中后期新闻传播事业的整个过程。

二、强烈的统战色彩

在新中国成立之后的省级报之中，唯有《西藏日报》社是以统战的模式建立起来的。在西藏和平解放，原西藏地方政府还在行使行政权力，政治形势十分复杂的特殊情况下，为了团结更广大的爱国人士，稳定西藏的形势，顺利建立民族自治机制，《西藏日报》社领导机构的组成便由工委、达赖、班禅和昌都解放委员会四方构成，报纸特别注明为西藏自治区筹备委员会机关报，而筹委会的主任就是达赖喇嘛。1953 年 10 月建立的拉萨有线广播站，也吸收了一批具有爱国思想的藏族贵族青年参加工作。报纸和电台的统战性质，不仅是当时政治形势的产物，同时还决定了其宣传重点必然是反帝、爱国和民族团结的“慎重推进”政策。这使它将自己与祖国内地报纸的宣传内容和格调显著地区别开来。

三、“藏汉双璧”的办报格局

在中央和毛泽东主席的直接指导下，《西藏日报》在办报之初就将自己与其他少数民族地区报纸区别开来。它既不同于历史上创办的藏文报纸，如 1907 年在藏创办的《西藏白话报》——内容全部使用藏文；也不同于“藏汉对照”的模式，如国民政府蒙藏事务院 1913 年创办的《藏文白话报》——藏汉文对照；同时也有别于《青海藏文报》——汉藏文同报不同版，而是针对西藏地区藏族占全西藏人口 95% 的实际情况，创办了藏、汉两种文字《西藏日报》，一名双报，同日创刊，既满足了广大藏族同胞的需要，也为进藏的汉族干部战士和国家工作人员提供了方便。“藏汉双璧”的办报模式，不仅符合西藏的社会发展实际，是中国新闻事业的独创，而且确立了此后西藏新闻业发展的基本模式。

四、形象化的传播方式

面对西藏经济、文化极为落后和语言隔阂的现状，西藏新闻传媒努力进行了形象化传播的尝试。为增强效果，摄影记者陈宗烈刊发了不少反映平叛和民主改革、祖国新面貌的图片，如反映广大农奴生活的《拴在田头的小农奴》《乞食》《负重的奴隶》《九十高龄仍在打酥油的老女奴》《与狗争食的藏族儿童》，表现农奴翻身得解放的《焚烧文契》《翻身女农奴》《翻身农奴开收割机》《跑马射箭》等，在干部、群众和部队中享有盛誉。在广播电视尚处于空白或很不发达的情况下，新闻纪录片在西藏的历史发展进程中也发挥了重要作用。藏族摄影师泽仁、扎西旺堆、计美邓珠、次登随十八军进藏，用摄影机记录了西藏一个阶段难忘的历史画面，拍摄了《解放西藏大军行》《光明照耀着西藏》等重要的纪录片。1952 年，中央新闻纪录电影制片厂驻西藏摄影站成立。1956 年，在西藏自治区筹委会成立期间，他们以中央新闻报道组的身份，拍摄了中央代表团团长陈毅元帅在八一农场种苹果、会见达赖等珍贵的镜头。在签订和遵守和平解放西藏协议的 8 年时间里，相继完成了《战胜怒江》《康藏、青藏公路修建和通车》《达赖喇嘛、班禅大师参观祖国各地》《庆祝西藏自治区筹备委员会成立》《中央代表团在西藏》等重要文献纪录片。1954—1956 年，他们还以 10 天一部的速度，拍摄了反映西藏新旧社会变化、农牧民生活、藏族妇女、儿童风貌等方面的《新闻简报》。60 年代初，又尝试制作了《西藏新闻》杂志片，共 12 期 70 多个题材。摄影、图片在传媒中的出现，无疑增加了宣传的直观效果，受到西藏大众的真心欢迎。实际上，它们是西藏新闻传媒“地方化”、“民族化”的先声。

五、民族团结和国家统一的优势

在当时极端落后的条件下，如果没有中央的有力支持和全国人民的无私援助，仅仅靠西藏地方是绝对不可能建立起新闻传播事业的。中央不仅从国家和地方新闻单位选派了大量新闻干部和业务骨干，以此为核心建立了领导机构和较为齐整的业务队伍，而且在机器设备方面也提供了直接支持。印刷设备是随十八军进藏时用牦牛驮运进来的，北京中央民族印刷厂赶制了藏文铜模，上海方面供应了印刷机、汽油发电机和其他器材，重庆、成都调拨了机器和纸张，西南军区政治部印刷厂先后调来关来发、刘永秀等20余名技术骨干进藏支持。西藏的广播大楼和发射台也由中央拨专款建设。中央和一些省市派来大批专业技术人员和干部指导、支持西藏建立广播事业，还在祖国内地培养了西藏最初的广播技术人才。西藏新闻传播事业的创建，是以国家统一和民族团结为最基本前提的。

如果我们认真地回顾西藏当代新闻事业确立期（1956—1961）的历史轨迹，就会发现它与西藏和平解放和民主改革的历史步伐有着深刻的一致。在特殊的政治、社会、文化、历史和地理背景下，西藏当代新闻事业的确立经历了较长的酝酿和创建、转型之后，才最终完成了为自己定位的使命。在这一发展时期，已经初步显示出西藏新闻传播业的基本走向，使它不仅成为西藏新闻传播业的源头，同时还扮演了奠基者的角色。它不仅是一个伟大的开始，还是巨大、悠远的投影。

第三章　西藏新闻传播事业的初步发展

［1959年平叛改革—1966年5月“文革”］

1959年3月，西藏上层集团悍然发动全面的武装叛乱，驻藏人民解放军奉命平息了这场叛乱，随后，以拉萨为中心，西藏开始了影响深远的民主改革运动，从根本上摧毁了反动落后的封建农奴制度，建立起社会主义的先进体制，西藏的历史从此进入一个新的发展阶段。这种巨大的历史变革，给西藏的新闻传播事业提供了良好的历史机遇，无论是报业、广播体制，还是其规模、内容，均发生了和创建初期迥异的质的变化，从平叛结束到“文革”开始（1959年3月—1966年5月），西藏的新闻传播事业尤其是《西藏日报》获得了空前的大发展，步入了西藏新闻传播史上的第一个繁荣期。

第一节　《西藏日报》的全面发展和兴旺

平叛改革基本结束后，西藏社会发生了翻天覆地的变化，焕发出巨大的发展生机。从1959年上半年开始，在中央宣传部和西藏工委的有力支持下，大批干部和大中学生从全国各地（包括西藏本地）进入报社，报社的工作环境和设备水平也得到明显提高，在短短6年时间里，《西藏日报》从一个全国办报水平最低、规模最小的报纸，跻身全国省级报纸中上水平，写下西藏当代新闻传播史上骄人的一页。

一、全面恢复阶段（1959 年 3 月—1961 年 3 月）

面对西藏在平叛改革之后出现的大好形势，《西藏日报》也开始进入了自身大发展的新时期。自 1959 年 5 月开始，西藏工委便陆续抽调一批新闻干部到报社工作，中共中央宣传部调配的新闻干部也于同年 9 月开始分批进入报社，如来自天津、山西的王民、李文珊、任务之等一行 7 人（1959 年 9 月），来自人民日报社的金沙（1960 年 4 月，任西藏日报总编辑），还有来自陕西、河北、北京、四川等省市的江涛、葛新、樊泉水、郝志崇等十余人（1960 年冬—1961 年春）。至 1961 年 6 月，调入报社的新闻干部达到 50 余人。报社印刷厂也在 1959—1960 年两年内招进工人 20 余人。这样，报社的员工总数达到 180 余人，超过该社大发展的 1957 年 167 人的规模。在经历了“大调整”中大幅度的压缩和 1959 年春季的反革命武装叛乱的考验之后，《西藏日报》终于迎来了自己发展的春天。

与此同时，报社的业务和管理机构也进行了重大调整。1960 年 8 月，在新华社总社的支持下，新华社西藏分社和西藏日报社合并，使报社的新闻采写力量大大增强。西藏工委及时对报社的领导机构进行了全面调整。1961 年 5 月，撤销原报社党组，成立“两社”（新华社西藏分社、西藏日报社）共同编委会，任命金沙为总编辑，赵慎应（分社社长）为副总编辑，王民、李文珊、陆双欣、袁定干为编委，在编委会下设汉文编辑部、藏文编辑部、记者部、行政办公室等四个职能部门，建立起了较为完整的行政和业务管理体系。

在平息叛乱之初，报社经历了血与火的斗争，报社干部和职工用他们英勇的行为像战士一样保卫了报社，保证了报纸的正常出版。在西藏实行“六年不改”政策之后，西藏上层反动集团竟误判形势，对四川、青海等省藏族聚居区的民主改革发难。先是攻击诬蔑，继而支持在那里进行叛乱，并从1956年起在西藏昌都等地筹划煽动叛乱。西藏的形势日渐紧张起来，报社以印刷厂员工为主，包括新华社的一些人员组成民兵连，配备机关枪、卡宾枪、手枪等武器和报话机保卫报社，并将社址由“三多仓”迁至军区附近的“彭苏”大院。报社还将本单位的藏回族统战人士和家属接到报社妥善安置。1959年3月10日（中旬），西藏上层反动集团悍然在拉萨发动叛乱，《西藏日报》也成为叛乱分子攻击的一个重要目标，报社民兵连凭借三楼上的碉堡和地面工事，坚守了三天三夜，在战斗打响的第四天，《西藏日报》就恢复出版。

为服从整体宣传战略，《西藏日报》开始对平叛并不涉及。直到3月28日，新华社播发中央关于平息西藏叛乱的决定后，《西藏日报》才把“平叛改革”作为报纸的宣传中心。报纸版面由对开二版恢复到对开四版。报社从仅有的十几个编辑记者中抽调尹锐、王鉴、陈宗烈随平叛部队到山南、日喀则等地采访。为解决采访人员奇缺的问题，便请新华社记者向报社供稿，同时还从仅有的编辑、翻译中抽调人员下乡，参加平叛和对农村牧区、城镇、边远地区和寺庙工作的报道。由于报道面广，声势浩大，内容真实翔实，形式多样化，极具说服力和震撼力，宣传功效卓著，《西藏日报》由此为国内外所瞩目。《西藏日报》在1959年平叛期间刊发的大量通讯和调查报告，后来被民族出版社结集为《西藏民主改革的胜利》《万恶的西藏农奴制度》出版，在国内外产生了较大影响。

由于西藏政治形势逐步明朗化，报纸就旗帜鲜明地展开了强大宣传攻势，使《西藏日报》的工作进入了酣畅淋漓、立体宣传、势不可遏的强势阶段。这一阶段的宣传报道工作主要体现在四个方面：一是为坚决平息西藏叛乱创设浓烈的舆论氛围。报纸以醒目标题刊登了国务院关于平息西藏叛乱的命令、新华社关于西藏叛乱的公告和谭冠三政委与达赖的三份重要信函，揭露了西藏上层反动集团撕毁“十七条协议”，公开分裂祖国的罪行，揭示出叛乱的实质是维护封建农奴制，全方位地报道了翻身农奴控诉封建农奴制度罪恶的种种感人场景，谴责了叛匪围攻各地党政机关、杀害工作人员和群众的罪行，对英美以及印度当局支持西藏独立、干涉中国内政的行为给予坚决回击；二是宣传西藏自治区筹委会代行地方政权的意义和作用。报纸对1959年4月11日由代主任班禅额尔德尼主持的筹委会第一次全体会议，以及在民主改革运动中通过的许多权威性决议、决定和有关政策，均进行了充分的报道，提高了自治区筹委会的权威性和影响；三是科学宣传党的民族政策和平叛政策。在当时特殊的情况下，对达赖去藏不以叛逃论之，而作为被劫持外逃进行报道。报纸还就对上层爱国人士、未参与叛乱的农奴主和寺庙实行统战政策，安排上层人士参加国家机关工作，在政治上生活上予以照顾等特殊政策进行了足够的报道。平叛部队、党政工作人员在建立新政权和恢复社会秩序、发展生产、关心群众疾苦、实行“谁种谁收”、“减租减息”政策等方面付出的巨大努力也得到了充分宣传；四是正面组织民主改革宣传。报纸除对民主改革进行全面广泛的报道宣传外，还对全区第一批进行“三反双减”运动试点的山南乃东县凯松、凯墨、昌珠，派记者蹲点半年之久，从访贫问苦、扎根串联、诉苦算账、成立农会、解放奴隶，到分配土地、庆祝解放、组织大生产，均以消息、通讯、工作经验和照片等形式予以全方位报道，产生了重大影响。在拉萨和日喀则，记者还对当地的民主改革进行了较为深入的报道，而当时全国大张旗鼓宣传的“大跃进”、“人民公社化”等，并未在《西藏日报》给予报道宣传，显示西藏新闻媒体鲜明的地方特色和政策优势。

二、发展阶段（1961 年 5 月—1964 年元月）

1961 年，平叛改革进展迅速，西藏区内大股叛匪已被平息，农牧区的民主改革已全面拉开序幕。作为西藏当时仅有的省级报纸，毫无疑问要及时正确地反映这场西藏历史上最伟大的社会革命。

1961 年 6 月到 1962 年春天，新华分社、西藏日报党组撤销，成立西藏日报社、新华分社编委会，报社、分社作为传播媒介的功能受到重视。为了适应新的宣传需要，报社编委会在全社范围内组织了旨在提高报纸质量的“红旗竞赛”，从总编到印刷工人，大家都投入到紧张的竞赛活动之中，人均日工作量在 10 小时以上，报纸每天都要集体组织一次好版面、好标题、好专栏、好新闻、好照片的评价活动，激发大家办好报纸的荣誉感和责任意识。经过 8 个月的扎实竞赛，藏汉两张报纸的新闻写作质量、形式、版式和印刷质量均获得明显提高，采编人员的业务水平也获得提升，整体办报水平创下最好纪录，面貌大为改观。在“红旗竞赛”的基础上，编委会又在编采系统中成立专业夜校，把大家在竞赛中激发出来的积极性引导到新闻业务的学习上来，总编辑金沙亲自为员工授课，西藏工委首长、筹委会各部、处负责人也被请到讲台上，向学员讲解形势政策。

1962 年 10 月，对印自卫反击战打响。为加强对我军自卫反击战的报道，同时西藏日报的编采队伍已具有独立工作的能力，西藏工委便决定新华分社和西藏日报分设。于是，已停刊的《交通报》（青藏公路管理局主办）编采人员调入报社，原社、报联合编委会更名为“西藏日报编委会”，并任命一名副总编，增设三名编委。1963 年春天又对中层机构进行调整，撤销记者部，成立由记者、美术摄影、通联等组成的通联部，由编委会委员李文珊负责。

三、兴旺阶段（1964年元月—1966年5月）

到了1964年，西藏胜利完成了平叛改革，社会秩序趋于稳定，生产力得到恢复和发展。由于党的民族政策得到全面贯彻实施，广大农牧民群众生产积极性大大提高，从1959年开始，西藏连续5年农牧业生产获得大丰收，全区各族人民衷心拥护中国共产党的领导，拥护爱戴人民解放军，藏汉民族空前团结，自治区成立的条件更加成熟。西藏新闻传播事业获得了前所未有的历史机遇。

在这一时期，报纸的印刷手段实现了重要突破。1964年，西藏工委决定将有百余人规模的西藏人民印刷厂合并到报社印刷厂，使报社印刷厂的规模扩大了一倍以上，除了承印两张对开四版的报纸外，还能对外大量承担各种书报杂志的印刷任务。为此，报社增设经理部，主管印刷调度、出版发行、材料采购、计划财务等工作。1964年10月1日，从上海采购的轮转机安装完毕，调试成功，在全区各族人民庆祝共和国成立15周年之际，用新式轮转机印刷的《西藏日报》藏汉文版同广大读者见面，这标志着报纸的印刷手段已经达到当时全国先进水平。

报纸的内容和业务也取得显著进展。为迎接自治区成立，宣传西藏各族人民在中国共产党领导下取得的伟大成就，编委会从各业务组抽调人力组成报道组，分赴昌都、那曲、山南进行采访，报道昔日的百万农奴在摧毁了封建农奴制度后当家做主人、建设新西藏的精神风貌和深刻变化。编辑人员除认真编好稿子以外，注重版式变化，设法开辟新栏目，多方面、多角度地反映平叛改革以来党的民族政策在西藏的胜利。由此，《西藏日报》不仅地方新闻多、内容新，评论版面天天有，栏目丰富，期期有新，而且版面中心突出，枝繁叶茂，设计精巧，印刷清晰，美观大方，引人入胜，无论是内容还是形式，都居于全国省级报纸中上水平。

党和国家对《西藏日报》给予高度关注。1965 年 8 月，毛泽东主席为《西藏日报》题写了报头，26 日，报社召开了隆重接受毛主席题写的报头墨迹庆祝大会，西藏工委第二书记张国华把报头亲手授予总编辑金沙，9 月 1 日，《西藏日报》藏汉文版均换上了毛主席题写的报头。

1965 年 9 月 9 日，西藏自治区正式成立，它标志着西藏的民主革命已经完成，进入了社会主义的初级阶段。《西藏日报》也被赋予新的历史使命，西藏自治区党委对报社领导机构先后两次（1965 年 10 月、1966 年 3 月）进行调整，同时也加紧了人才招纳，从拉萨中学、西藏民族学院、西南民族学院选拔 40 多名学员，在中央民族学院创办了新闻训练班，中宣部选调 10 余名新闻干部进藏援助报社。至此，报社的总人数达到 441 人，其中新闻业务干部有 200 余人，其规模和业务力量并不逊色于祖国内地一般的省级报社，这是《西藏日报》社历史上最兴旺的时期。

第二节　广播事业获得大发展

一、地市、县有线广播体系初步建立

1959 年元旦拉萨人民广播电台正式开播以来，拉萨有线广播站就结束了独立播音的历史，与广播电台同时承担了宣传党的政策的任务。同时，西藏地、县有线广播站建设取得大的进展，基层群众收听广播的状况有较大好转。1960 年，国家购买 500 瓦有线广播扩大机 50 部，分发到基层，除拉萨有线广播站以外，昌都、日喀则、那曲、林芝、江孜、亚东等地的有线广播站相继建立。1963 年，又购买日本 R－911 型半导体收音机 500 多部，下发到西藏每一个区作为集体收听工具。1965 年 9 月，在西藏

自治区成立的喜庆时刻，中央代表团赠送给西藏每个乡和驻藏部队每个连队一部熊猫牌收音机，共计2200部，以解决基层接受广播的困难。从1959年到1966年，西藏共建成基层广播机构37个，其中地市级30个，县级7个。

在这一阶段，各地广播站基本建立起来。1961年4月，拉萨广播站与西藏电台正式分离，对外呼号改为“拉萨有线广播站”，归属拉萨市委宣传部领导。1965年，拉萨市陆续在堆龙德庆、墨竹工卡、工布江达3个县建成一批乡级广播站。日喀则地区有线广播建设的历史之长和规模之大，仅次于拉萨。日喀则地区有线广播开始于1954年，1955年5月21日正式播音。同年6月，亚东有线广播站成立。12月，江孜有线广播站成立。1962年2月，日喀则县有线广播站建立。此后，南木林、萨迦、谢通门、聂拉木等县相继建立了有线广播站。1964年7月，江孜专区撤销与日喀则合并后，全地区19个县、口岸均实现了县县有广播站，区区有小型广播放大站。1959年民主改革后，林芝地区也建立了有线广播站。1964年7月，林芝专区和拉萨市合并后，广播站划归林芝县。1955年1月，昌都有线广播站建成播音。1956年5月，那曲有线广播站成立。1962年7月，山南有线广播站正式开播。

各地市县有线广播站建成时间先后有别，规模不一，但宣传内容和模式则大体相同。主要是转播中央人民广播电台和西藏人民广播电台藏汉语新闻、文艺节目，同时有自办的当地新闻和文艺节目，播音以藏语为主，藏汉语交替播出。那曲广播站还用当地方言进行广播。广播播出时间、间隔长短不等，一般是把转播和自办节目交替、隔日进行，有的每日分几次播出，有的是一日一次播出，全天播出的时间长则达11个小时，如拉萨广播站，短则3小时，如山南广播站。有的播出时间难以固定。有线广播以其廉价、简便和传播的大众化、迅捷化，在宣传党的方针政策，沟通与外界的信息，丰富民众文化生活等方面发挥了重要作用，成为无线广播的延伸和拓展，有效地填补了报纸媒介传播的不足，在西藏新闻传播事业发展初期，具有不可忽视的地位。

二、广播构架趋于完整

1959 年 3 月，“西藏人民广播电台”在平叛改革的历史巨变中，从“拉萨人民广播电台”脱胎而出，机构人员逐渐稳定。1965 年西藏广播事业局成立，并与电台实行局、台合一体制，这种机制一直延续到 1993 年厅、台分设。电台内设编辑部（下设文艺组、播音组、藏语组、汉语组）和办公室（下设服务部、人保科、机务科、总务科）。同年 6 月，成立电台编委会，负责全台的党政事务和宣传编播业务，行政和业务构架基本建立起来。至 1962 年底，电台编制人员达到 112 人，具有了相当的规模，与 50 年代相比，有了根本性的变化和发展。

在 20 世纪 60 年代，西藏广播事业技术建设的重点是西藏电台及其发射系统，其时发射系统采用中短波并举，以短波为主进行大面积覆盖的技术政策。中央人民政府在财政困难的情况下，拨款 400 万元建设 602 工程（发射台）和 603 工程（广播大楼）。1961 年 10 月，602 发射台正式交付使用。至 1963 年，4 部中、短波发射机全部投入使用，发射总功率达到 195 千瓦，无线广播覆盖率实现 12% 。

编采和播音业务也取得一些进展。1963 年 3 月 1 日，西藏电台和《西藏日报》在各地区所在地成立了联合记者部，统一发稿，分别采用。直到 1966 年 5 月“文革”开始后自办节目停办，记者采访活动也基本停止。初期的藏语编辑基本上是单一的汉译藏，而稿件的绝大部分来自于《西藏日报》，藏文编辑部虽单独设立，但直接用藏语进行采写的几近于无。1966 年以前实行藏汉语混播，藏语编辑部专门设立翻译组满足藏语播出之需，绝大部分稿件要通过翻译这道程序才能进入播音阶段。电台的业务逐渐步入正轨，但对报纸和通讯社的依赖性很强。在1959年3月以前，拉萨县级广播站和拉萨人民广播电台的藏语播音员均非专业人员，而是由几位爱国的贵族之女暂代，之后就有了正式的播音员，如汉语播音员文裕庚、钟季和，藏语播音员益西旺姆、达瓦次仁、仁曲、扎西卓玛、索朗卓玛等。

三、广播内容丰富化

1. 广播方针的确定

建台初期，根据西藏地方政府尚在执政，民众对中国共产党和人民解放军并不完全了解的实际，确定广播方针是宣传党的民族政策和“慎重、稳定”的方针，进行反帝爱国主义教育。除转播中央人民广播电台新闻和国际时事节目外，自办了《国内国际新闻》《地方新闻》《科学常识》以及藏剧、音乐等文艺节目。

1961年西藏电台和拉萨电台分设后，成立了独立的编委会，确定广播原则是：以藏语为主，藏汉语并举，各有侧重，并对藏汉语节目的基本受众做出了预设，藏语节目的主要对象是藏族群众，汉语节目主要是农牧区乡以上藏族干部和在藏工作的汉族干部职工，重点办好新闻节目。1965年元月，电台对节目的方针作了修正，确定藏语节目对象主要是城镇居民（包括郊区农牧民）和藏族干部，兼顾农牧区群众，汉语节目的主要对象是汉族干部、职工和驻藏部队指战员。增设专题节目，增加综合节目和知识性节目的播出时间。“以藏语为主，藏汉语并举”方针的提出，为西藏广播事业的发展确定了科学的原则，成为西藏新闻传播事业的基本方向，并不限于广播领域，具有重大的历史意义。

2. 节目设置日趋丰富，民族特色浓郁

在20世纪60年代初，电台在节目设置上进行了重大调整，主要是根据西藏社会实际，配合中心工作，大力扩大自办节目比重，节目涉及范围更加广泛。藏语节目除转播中央电台的藏语节目外，增设了新闻节目。汉语节目在转播好中央台的《新闻》《全国各地广播电台联播》《国际新闻》《在祖国各地》等内容外，自办了新闻、社交和音乐等类型节目，向大众传播文化科学知识，提高文化修养，为进藏干部职工学习藏语服务。

这一时期的电台节目设置不断丰富。主要分为三类：

一是新闻节目。这是广播节目的主体。电台在开播之初就设置了《西藏新闻》《国内新闻》《国际新闻》《少数民族地区在前进》等。为解决报纸传递缓慢的缺陷，1965 年 5 月电台开办了《记录新闻》广播，将当天重要新闻以纪录速度播出，供各地有线广播站抄收（直至 1976 年国庆节停办）。

二是社教类节目。在有线广播阶段，就设有《讲卫生》《讲故事》节目。电台成立后，藏语节目设置了《新人新事》《科学知识》，汉语节目设置了《高原红旗》《科学技术》《藏语广播讲座》《小学教师业余学习讲座》《对流落国外藏族同胞广播》等。

三是文艺类广播。电台在建立之初就在节目之间播出缓冲音乐，到 1962 年已经建立了一定规模的文艺节目磁带库，分类存放，为节目播出提供了便利。在藏语节目方面，编辑们在民间录制了《卓瓦桑姆》《苏吉尼玛》等传统的八大藏戏，以及《阿玛烈火》《索朗央金》《达娃雄奴》《岗巴啦》等传统歌舞曲和乐曲，并播出一些兄弟民族的歌曲和音乐。汉语文艺广播主要引进一些反映社会主义革命和建设成就的内地歌曲。电台还播出了 60 年代初期各族艺术家创作的反映西藏人民新生活新气象的优秀歌曲，如《教我们怎么不歌唱》《共产党来了苦变甜》《唱支山歌给党听》《逛新城》《洗衣歌》等，经过广播传唱，声飘万里，脍炙人口，终为经典。

四是服务类广播。西藏电台在建台伊始就开设《天气预报》节目，不过实行拉萨时间（比北京时间晚一小时），用藏语播报，预报也仅仅是以藏医天文历算推测。

3. 重大事件报道取得良好社会效果

在这一阶段，为配合西藏工委的中心工作，电台举行了一系列重大宣传活动，主要是关于中央“慎重、稳定"工作基本方针、农村工作“二十六条”和农牧区工作“三十条”等方面的政策宣传，调动了翻身农奴的生产积极性，使西藏的农牧业生产得到恢复和发展。较为典型的是对乃东县结巴乡“穷棒子社”群众自发组织起来开展农业生产事迹的系列报道，造就了全国著名的翻身农奴的代表人物——次仁拉姆，产生了较大影响。1962年对印自卫反击战打响，电台藏汉语节目组织力量加强宣传力度，重点报道了吴远明等一批英雄人物。1963 年之后，又集中开展了学习雷锋和大庆、大寨精神的专题宣传报道。

1965 年 9 月 9 日，西藏自治区正式成立。电台抓住机遇，全面宣传西藏和平解放 15 年来取得的伟大成就，报道了以陈毅为团长的中央代表团在藏的重大活动情况，民主改革和对印自卫反击战以来的西藏社会发展状况无疑是宣传的重点。发生在雪域高原上的新人、新事、新气象，经电波传向世界屋脊上的广阔区域，极大地激发了翻身农奴建设社会主义新西藏的积极性和干劲。

四、创建人民对外广播事业

这一阶段一个突出的成就，还在于创建了西藏对外广播事业，构成中国人民对外广播事业的一个重要组成部分。

1964 年 2 月 14 日，为向流落境外的藏胞宣传党的民族政策，维护国家统一和民族团结，同时为向国外揭示中印之战的真相，经中央军委批准，西藏军区政治部和西藏人民广播电台联合开办《对流落国外的藏族同胞广播》，它的主要使命是向国外藏胞（主要是印度）宣传党对参加叛乱人员政策，同时报道西藏民主改革以来的社会发展成就，瓦解达赖集团，争取国外藏胞回归祖国。

为加强边境地区的对外宣传，在长达4000公里的边境线上构筑宣传屏障，开辟反分裂第二战线，1962年12月，中央军委政治部指示在乃堆拉、则里拉、卓拉哨所中国一侧建立大功率有线广播。这三处广播站分别于1966年7月、1967年8月和11月开播，每天用印地语播出四个小时，节目主要分为两个部分，一是录播中央人民广播电台印地语广播，二是自编节目，内容一般为报道新中国建设成就，宣传马列主义和毛泽东思想，歌颂人民解放军，播发重要国际新闻和中印两国领导人有关两国关系的重要讲话、活动，播放民族戏曲、音乐。

《对流落国外的藏族同胞广播》一直延续至今（更名为《对国外的藏族同胞广播》），而乃堆拉、则里拉、卓拉三个广播站则应时而变，于1973年奉命撤销。

五、电影成为新闻传播的特殊途径

电影一般并不被作为“新闻传播”的家族成员，但在社会经济极端落后的西藏，电影却充当着大众传播媒介的角色。在和平解放之初，它被刚刚进藏的工委各级机关和人民解放军赋予了特殊的宣传和传播使命，客观上成为西藏新闻传播事业不可忽视的一个组成部分。

早在1951年解放军挺进西藏之际，中国电影公司就组成了西北西藏电影工作委员会电影教育工作队随军进藏。1955年2月，西藏工委宣传部和西藏军区文化部联合成立影片联合发行站。1965年9月，西藏电影公司成立。大批电影放映队深入基层宣传党的方针政策，传播科学和文明，电影成为当时人们文化生活一项备受喜爱的内容。一般的联谊会、恳谈会和重要活动都要放映电影。即使噶厦政府限制群众与解放军接触，但只要有电影可看，那就是人山人海，气氛热烈。电影帮助民众了解了祖国建设新貌和更大的世界，是现代文明和阶级教育的最好启蒙方式。除故事片外，电影队一般还放映纪录片，如《百万农奴站起来》《欢腾的西藏》等，这成为当时最形象的新闻传播。

六、转播中央台节目

电台的特殊使命和广泛的传播性能，使它不仅自身作为独立媒介发挥作用，同时，它还成为沟通民众和中央传播媒介的必然中介。从电台开播之日起，转播中央电台的节目就成为一项必需的义务，转播的节目主要是《全国新闻联播》《新闻和报纸摘要》《国际时事》。自1966年1月起，西藏电台用全部频率在每日23：00—1：00转播中国国际广播电台地印地语广播（1994年4月30日停止）。

第三节 西藏当代新闻传播事业的重要转型

从1959年平叛改革到“文革”开始，既是西藏新闻传播事业发展较快的时期，同时更是一个重要的转型时期，对后来西藏新闻事业的发展具有深远的影响。

首先，以1959年平叛开始为标志，西藏新闻事业的性质发生了本质变化，由原来统战宣传机构，突变成为中国共产党领导下的人民新闻事业。

从1951年人民解放军进军西藏，西藏实现和平解放，到1959年达赖集团发动武装叛乱，西藏社会政治格局仍基本维持1951年以前的状况，西藏地方政府依然是西藏的执政府，中国共产党和人民解放军作为新生的政治力量，与原西藏地方政府共存，形成了统一战线性质的基本政治生态，西藏的新闻媒体在宣传内容、人员组成和媒体性质确认上，都是按照统战机构实施的。

1959 年 3 月，西藏上层反动集团悍然违背十七条协议，发动武装叛乱，站在人民对立面，公开对抗中国的统一大业。1959 年 3 月 28 日，国务院总理周恩来发布命令，宣布解散西藏噶厦政府，由西藏自治区筹备委员会代行西藏地方政府职权。从 1959 年春到 1961 年，西藏基本完成了民主改革，建立了人民民主性的新政权，从根本上推翻了封建农奴制度。1965 年 9 月，西藏自治区成立，标志着社会主义制度在西藏的确立。在此政治背景下，西藏的新闻事业的性质也发生了根本性变化，《西藏日报》由原来统战性质的西藏自治区筹委会机关报，变成为中共西藏工委机关报，以《西藏日报》为代表的西藏新闻事业终于融入中国人民新闻事业的光荣阵营，奠定了西藏当代新闻事业的政治基础。

其二，新闻传播构架趋于完整，西藏当代新闻传播体系初显雏形。在西藏新闻传播事业的确立时期，报纸和广播事业基本建立起来，但还仅仅是初创。在 1959 年实行民主改革以后，西藏的政治形势完全明朗，两种政治力量并存的状况宣告结束，西藏新闻事业发展获得了明确的目标和方向，从而进入了高速发展期。这一时期的主要变化是：《西藏日报》不仅恢复到 50 年代中后期的水平，而且从规模和质量上均有较大幅度提升，其整体水平接近于祖国内地省级报纸发展态势，成为西藏新闻传播事业上升的标志；广播事业的发展更加迅速，不仅基本建立起地市级有线广播体系，而且在广播节目的设置上趋于丰富，并突出民族和地域特色。在西藏的特殊环境下，广播成为当地最有辐射力的现代媒介；需要说明的是，在文化和经济很落后的西藏，电影的传播效能得到最好发挥，大大拓展了民众的视野。这些变化，显示出西藏新闻传播体系在经过十多年的努力之后，已建立了较为完整的新闻宣传框架，能够保证在西藏政治经济文化中心拉萨和西藏其他主要城镇进行有效的信息传播。

其三，广播事业逐渐崛起，成为当时影响力最大的宣传媒介。在这一时期的新闻事业建设中，广播的突出地位得到进一步确认。限于文化和发行条件，报纸还不能充当广大受众可以广泛接触的媒介，广播成为当时最适合西藏受众的媒介，这使广播的发展获得特别的重视，成立了独立的编辑委员会，确立了“以藏语为主，藏汉语并举”的著名的西藏新闻事业基本原则，不仅建设了发射台和广播大楼，基础设施发生了重要改观，而且于1965年成立了西藏广播事业局，广播事业的发展获得了行政保障。第一批正式的播音员开始出现，改变了以前由有文化的开明贵族子女兼职的状况。节目类型丰富化，设置了新闻、社教、文艺和服务等各类节目，初步满足了政治教育和生产建设之需。西藏对外广播事业为适应西藏反分裂斗争需要也应运而生。无论从辐射范围，还是节目内容来看，广播当然是西藏当时影响最大的媒介。

其四，《西藏日报》全面恢复和快速发展，奠定了其在西藏新闻传播格局中的主导地位。作为中共西藏工委的机关报，《西藏日报》的辐射范围虽不及广播，但它是西藏新闻传媒体系中的核心和主导媒介。在平叛和实行民主改革的重要历史时刻，《西藏日报》因时而变，不但性质发生了根本变化，而且抓住历史契机，适应时代巨变而产生的强烈信息需求，在艰苦、危险的环境中开展了积极的宣传攻势，特别是在民主改革的宣传中发挥了突出作用，在国内外产生了广泛的影响，提升了《西藏日报》的著名度。新式轮转印刷机的安装和报社规模的大幅度扩大，使《西藏日报》具有了与祖国内地省级报纸相当的实力。1965年毛泽东主席亲笔为《西藏日报》题写报头，不仅充分肯定了报纸在西藏伟大历史变革中的重要作用，同时也奠定了其在西藏新闻传播格局中的主导地位，《西藏日报》成为西藏新闻媒介的旗帜。

其五，民族化、地方化色彩鲜明，西藏当代新闻事业特色初具。为了实现最大的传播和宣传效应，西藏新闻媒介已经十分注意此时此地的特殊传播环境，有针对性地进行宣传。这主要表现在：在传播语言上，确立了“以藏语为主，藏汉兼顾”的基本方针，把民族语言的传播置于首要位置；节目设置凸现民族特色；开办了对外广播节目，服务于西藏政治斗争需要；在西藏民主改革宣传上，更是突出西藏特点，影响广泛；一批藏族播音员培养起来，成为西藏新闻传播领域的中坚。凡此等等，形成了西藏新闻传播的民族和地域特色，不仅成为其传统，更是体现出独有的价值。

当然，这一时期西藏新闻事业的大发展，毕竟是建立在极为薄弱的基础之上的。它在一定程度上满足了宣传之需，但还远远不能满足广大农牧区受众的需要。它的传播范围实际上还仅仅局限于西藏主要城镇和邻近的农区。传播的媒介比较单一。公开发行的报纸仅仅有《西藏日报》一种。广播虽种类丰富一些，但以政治宣传为主导，信息的广泛性较为有限，作为大众传媒，它们的大众化程度并不很高。

第四章　西藏新闻传播事业的曲折发展

［1966年“文革”—1976年“文革”结束］

1966年5月，席卷全国的“文革”风暴，并没有因为西藏的特殊地位绕道而行。西藏本来就脆弱的当代新闻传播事业，在总体上遭受了自创建以来最大的摧残和打击。不过，在不同传媒中，这种负面影响还是表现出某些差异。其中，报业受到的损失更大，出现停滞和困顿，而对于广播电视事业建设而言，仍然保持着发展的势头，西藏新闻传播事业在巨大的政治灾难面前曲折前进。

第一节　《西藏日报》路途曲折多艰

在这一时期，整个西藏的报业依然维持着《西藏日报》“一枝独秀”的局面。作为西藏最大也是唯一的省级报纸，它以最大的影响力和最强的事业基础，成为这场突如其来的政治风暴首先被摧残的对象，其间几经变迁，上下起伏。

一、群众组织夺权（1966年5月—1967年3月）

1966年5月，《西藏日报》在西藏自治区党委文化革命领导小组的直接发动下开始了“文化大革命”运动。首先掀起了揭批“金沙黑线”的批判浪潮，被纳入“金沙黑线”的人员竟至

50余人。7月12日，自治区党委决定在报纸上公开批判“金沙黑线”。

在上级的指示和要求下，工作组暂时放松了批判“金沙黑线”，将主要精力集中在创建报社“五七”农场方面。9月底，大队人马到位于达孜县的报社农场进行劳动锻炼改造。

同年8月，报社革委会成立。此后，区党委工作组陆续撤出，报社内开始出现一些群众组织。随着“红卫兵”大串联和群众组织的兴起，报社工作秩序日益混乱。1967年元月，上海“一月夺权风暴”波及拉萨，报社群众组织于元月10日夺了报社编委会的领导大权，报社机构运作完全处于瘫痪状态。

二、实行军事管制（1967年3月—1969年9月）

为解决群众组织夺权后报社的混乱状况，西藏军区党委组成了以魏克为主任，张鹏迅、李春发为副主任的西藏日报军事管制委员会，于1967年3月4日武装接管了报社，取代了原报社两级管理机构。在军管会的主持下，报社的业务工作全面恢复，每日报纸可正常出版，但在四月初中央文革小组“四一二”指示传达后，报社工作秩序复又大乱。至7月，报社两大派群众组织严重对抗，迫使报纸停刊。9月，两大派群众组织各出一张《西藏日报》藏、汉文电讯版，这种状况一直延续到1968年9月西藏自治区革委会成立前夕。自治区革委会成立后，报社军管会代表自治区革委会主持报社工作。

三、以军代表为主导的“三结合”革委会成立（1969年9月—1971年5月）

1969年9月27日，西藏日报社三结合的革命委员会成立。主任是张桂林（军管会主任），副主任是宋泉纬、顾建英（军管会副主任）、所梦九（革命干部代表）、孔庆贵、赵长裕（群众组织代表)，革委会下设编辑部、政工组、办事组三个工作机构，同时，报社的一百多名新闻干部到林芝参加“毛泽东思想学习班”，在报社的一百多人在坚持正常出版报纸的情况下，将主要精力放到“斗、批、改”上。当时报纸充斥着大批判文章和报道，几与全国报纸面目相同，地方报道受到限制，并规定了“一天一篇不断线”的报道原则，以强化政治宣传。

四、以地方干部为主导的报社革委会成立（1971 年 5 月—1973 年 7 月）

1971 年 5 月，新调整的自治区革委会对西藏日报社革委会也进行了较大程度的调整。报社革委会的军队代表换届，自治区革委会新任命了孟昭勤、朱虹辉、朱文超、丁锡彦四位军代表为西藏日报社革委会正副主任，接替了原革委会军队代表的工作和职权。与此同时，在林芝学习的百余名报社人员分批返回报社。1971 年 11 月，西藏自治区第一次党代会召开，恢复了西藏自治区党委。区党委于 1972 年元月任命了报社党的核心小组成员，报社随后逐步建立起了汉文编辑部、藏文编辑部、采访通联室、办事组、政工组、印刷厂等 6 个基层工作机构，报纸出版逐步正常化。

1972 年 12 月，“三支两军”人员陆续撤出地方单位，西藏自治区党委任命了以地方领导干部为主的革委会和党的核心小组，结束了报社以军为主、军干结合的“三结合”革委会管理报社的历史。一批有经验的领导干部重新回到领导岗位。在此基础上，报社着力提高办报质量，重振声誉。从 1973 年开始，报社组织了“出早报、出好报”活动，地方报道得到加强，在很短时间内就突破了原来“一天一篇不断线”的禁区，地方内容覆盖多个版面，容量大大扩展，新闻报道类型丰富化，农牧业生产方面的报道比重逐渐加大，版面编辑和设计正走向活泼和美观，报纸的总体发展状况进入了“文革”以来最好的时期。

五、西藏日报社党委成立（1973年7月—1976年10月）

1973年7月，西藏日报社召开党员大会，组成了以张再旺为书记的报社党委会。1974年，报社对机构作了调整，设立总编办公室、政治处、汉文编辑部、行政办公室、藏文编辑部、印刷厂等6个工作部门，两名军代表撤回。为解决报社人员老化，后继无人，业务力量严重不足的问题，培养专业人才，1974年9月，报社与西藏人民广播电台联合举办了新闻训练班，学制一年，共招收到学员57人。1975年，李文珊任报社党委书记。8月，新闻训练班学员顺利结业，30多人分配到报社工作，报道力量大大加强。报社开展了庆祝西藏自治区成立10周的宣传报道。报社工作步入较为稳定的发展时期。

第二节　广播事业保持全面发展势头

一、机构设置和事业建设

1968年3月以前，西藏广播事业局机构设置并无变化。1973年9月15日，设立有线广播网管理处，主要管理县级广播站。1976年8月4日成立西藏电视台筹备组。自此，西藏广播事业局共设置政治处、办公室、计财处、有线处、藏编部、汉编部、技术部、606转播台和西藏电视台筹备组等9个下设机构，机构设置和管理机制趋于完整。

电台机构起伏变化极大。1973年9月15日，西藏自治区党委批准西藏广播电台藏汉语两套节目分开播音，分设藏语编辑部和汉语编辑部。1974年元月，为加强整体宣传统筹和管理，设立总编室。“文革”初期，自治区党委委派工作组进驻电台，领导“文化大革命”工作，协助电台党政机构开展宣传和其他工作。1967年1月13日，根据中央指示精神，西藏人民广播电台实行军事管制，军管小组成立“勤务组”，代行管理职权，后成立电台局军事管制委员会（1967年2月—1968年1月）。1968年3月，西藏广播事业局（电台）成立“三结合”（军代表、革命干部和群众组织代表）革委会。1973年5月，军代表撤出，广播事业局领导机构实现地方化，其间领导班子几经调整。

在整体动乱的“文革”期间，由于政治宣传和反分裂斗争的需要，广播事业建设实际上在以较快的速度向前推进。1969年9月1日，拉萨工布堂试验台建成播音，它的主要职责是：发射西藏电台藏汉语节目，转播中央人民广播电台第一、二套节目，以同频广播方式压制敌、外台对拉萨地区的广播，大大提高了西藏电台的辐射力。

1975年11月6—15日，西藏第一次广播工作会议召开，制定了全区“五五”、“六五”广播事业发展规划，确定了广播事业建设的方针：以中短波相结合，以中波转播覆盖为主，积极发展专杆专线的农村有线广播。1968年7月，以国家确定的“备战、备荒、为人民”的战略思想和“进山、隐蔽、多点、分散”的建设方针为指导，始建606转播台（也称“平战结合台”），台址由自治区党委第一书记、西藏军区司令员张国华亲自确定。1970年，国家投资1800多万元，动工修建606短波转播台及电厂配套工程，1977年9月9日，工程全部竣工，使该台的总发射功率达到230千瓦，覆盖面直径可达500公里，能全天转播西藏电台的藏汉语节目。1975年3月，新安装调试的15瓦短波发射机，使大部分地县能够收听到西藏电台的藏汉语广播节目。1976年9月2日，606转播台基本建成投入试播。日喀则（1972年10月1日）、山南（1973年8月20日）、昌都（1975年10月

1 日)、林芝八一镇（1976 年 4 月 1 日)、那曲（1977 年 8 月 1 日）等地区中波转播台在此期先后建成使用。1974 年以后，先后更新了西藏电台至工布堂试验台、白定 602 发射台的 24 公里音周电频，开通了药王山至工布堂试验台、白定 602 发射台的 8GC 微波电路，并进行了广播通路的指标测试，使播音质量进一步提高。1976 年元月 2 日，西藏广播事业局决定成立广播监测台，中央投资 111 万元进行建设，1977 年投入运行，加强对中央和自治区广播发射效果和覆盖情况的监测。

二、节目设置和宣传内容

“文革”开始以后，电台自然就成为进行阶级斗争的工具，一些深受群众欢迎的节目被迫取消。1967 年元月电台实行军事管制以后，根据中央规定，电台停止编辑和播送西藏地方节目，一律转播中央台节目。在宣传内容上，主要集中在“无产阶级专政下继续革命理论”、“中共九次和十次代表大会路线”、“两个阶级、两条路线、两条道路的斗争”、“活学活用毛主席著作，特别是学习马列毛主席语录运动在全区开展的情况，巩固和发展文化大革命成果”等，假话、空话和套话大量充斥在节目之中。

在这一时期，电台节目设置有较大增加，节目内容较以前更加丰富，同时开展了若干重要宣传报道活动。1973 年 9 月 15 日，西藏电台将原有的藏汉语节目轮流分时段式播音改为藏语和汉语两套节目分开全天播音，全天总播音时间增加到 24 小时 15 分。藏语节目主要设置了《学习马列著作和毛主席著作》《全区新闻联播》《新闻》《简明新闻》《对农牧民广播》《学科学、讲卫生》《对流落国外的藏族同胞广播》《天气预报》《文艺园地》等栏目，同时转播中央人民广播电台藏语广播节目。汉语自办节目有《全区新闻联播》《新闻》《高原建设者》《对人民解放军广播》《天气预报》和文艺节目，同时大量转播中央人民广播电台的节目。为庆祝自治区成立10周年，西藏人民广播电台在1975年8月15日至9月底，藏汉两套节目分别开办了《庆祝自治区成立10周年专题节目》。1966年1月3日到1994年4月，西藏电台用全部频率在每天的23：00—1：00转播中国国际广播电台印地语广播。

在这一特殊阶段，电台的节目适应形势发展，增设了若干新节目，原设节目内容也在不断变化之中。1973年9月15日藏汉节目分设时，开办了《农牧天地》《全区新闻联播》《简明新闻》等节目。

"文革"期间，传统民族艺术被作为"四旧"受到严重摧残，文艺节目高度政治化，"左"倾色彩突出，缺乏艺术感染力和群众基础，藏民族文化特色大为削弱，即使和平解放后诞生的一批新节目也被禁演禁播，样板戏取代了传统藏戏，"语录歌"和"革命歌曲"取代了民族歌舞，汉语演唱取代了藏语演唱，藏语文艺广播已近绝境，回放率高，人员骤减，在很长一段时间里，藏语文艺节目仅有一两人维持广播。1973年藏汉节目分设开办时，藏语文艺广播主要开设了《文艺园地》节目，汉语文艺广播的节目时间主要用来转播中央人民广播电台节目。

当时仅有的服务性节目《天气预报》并未停办，并由原来的拉萨时间改为北京时间播报。

三、新闻业务

"文革"开始以后，西藏电台各驻站记者陆续返台，自办节目停办，正常的记者采访活动基本停止，但鉴于进行宣传的基本需要，西藏人民广播电台设法恢复记者站，加强藏语广播，在一定程度上弥补了政治运动带来的严重冲击和破坏，使新闻传播维持着最低限度的运作。

1974年元月3日，西藏自治区党委决定恢复西藏电台驻各地市记者站，并与西藏日报记者站合署办公。自此以后，各记者站相继恢复。记者站人员由两部分构成：一是各地市抽调的有新闻工作能力、政治表现好的当地干部加入本地记者站工作，二是电台编辑部选派的记者驻站工作。记者站以半年或一年为期召开记者会议，确定宣传报道原则和重点，安排报道任务，编辑部主要领导深入各地记者站进行调查研究，说明宣传动态，解决实际问题，并建立了记者站和编辑部轮换制度。

1973 年 9 月藏汉语节目分开播音后，汉文编稿审定后，交翻译组有针对性地选择部分稿件译成藏文稿播出。

1967 年 1 月后，地方电台的自办节目全部停止，电台的职能仅仅是收转中央电台节目，播出天气预报、节目介绍和中央电台节目的收转语，而藏语节目的播音基本没有间断。1974 年 8 月，鉴于电台播音力量薄弱，国家批准西藏从北京的顺义、密云两县招收了 8 名高中毕业生充实播音员队伍。

四、基层有线广播事业继续发展

在“文革”期间，西藏基层有线广播作为无线广播和报纸的延伸，适应广大农村听众的需要，在总体上依然继续向前推进和发展。

拉萨有线广播站占有地缘优势，并拥有良好的基础，在各地县中发展势头最为强劲。至 1975 年，广播站已由原来（与无线电台分设时）的 9 名员工扩充到 26 名，全市有各类广播专业技术人员 60 人，亦工亦农线务员 9 人，业务线务员 138 人，以藏族（占 68.7%）为主体，而妇女的比例也占到 40.3%。在 20 世纪 70 年代，拉萨市共架设支干线 1302 公里，大小喇叭 19228 只，建立小片广播点 89 个，普及面达到 44%，初步形成了以县站为中心，面向农牧区，联系千家万户的有线广播网络。

西藏其他地区的有线广播建设也获得了进展。山南有线广播站在20世纪70年代中期，帮助乃东县、贡嘎县、琼结县、扎囊县、朗县相继建立和发展了有线广播和小片广播网，琼结县成为山南地区第一个建成以县站为中心、区区有广播放大站、家家户户通广播喇叭的县。1969年，阿里有线广播站从葛尔坤沙随阿里行署迁至狮泉河镇，条件稍有改善。

五、西藏电视台筹备组成立

西藏的电视事业建设终于在20世纪70年代中期拉开了帷幕。它的标志就是1976年9月西藏电视台筹备组的成立，这说明，西藏电视事业在“文革”末期已经开始启动。

第三节 “文革”时期西藏新闻事业的基本特点

“文革”的政治风暴，并没有因为西藏的特殊性绕道而行。它同样给西藏的新闻传播事业造成了灾难性后果。不过需要说明的是，西藏在国家安全和政治格局中的突出位置，还是在一定程度上约束了这种“杀伤力”，使西藏新闻传播事业在此时期虽被“红色风暴”所席卷，但在某些方面，在某种程度上，尚能保持最低程度的传播状况，并在一些方面还有所发展，呈现出曲折复杂的状况。

一、西藏新闻事业在整体上遭受重大损失

“文革”巨大的政治冲击波，使新闻事业同其他事业一样同样不能幸免。激进的群众组织直接冲击报社，并夺取报社权力，不仅使报纸成为大批判的阵地，而且使报社机构一度陷于瘫痪。报社人员参与“文革”运动，使正常的业务工作难以进行，直到实行军事管制并在嗣后成立“革委会”，正常的工作机构才逐渐得以恢复。在广播事业方面，内容的空洞和播报方式的单调，

使广播远离了广大的听众，特别是民族艺术和民族文化被作为“四旧”而打入冷宫，民族歌舞、戏曲和藏语演唱被样板戏、汉语歌曲所完全取代，藏语文广播常常只能以回放来填塞节目。总之，新闻传播机构遭受的严重破坏、畸形的政治宣传观念和传播方式的千篇一律，使新闻传播成为极“左”政治的传声筒，信息功能大大削弱，对极“左”思潮的泛滥起了推波助澜的作用。

二、在宣传内容上高度政治化，信息传播功能大为削弱

在“文革”期间，西藏所有媒介同全国一样也成为极“左”政治的一统天下。在传播内容上，政治压倒一切，基本覆盖了报纸版面，充塞了广播频道。报纸整版整版地刊登大批判文章和各地开展运动的情况，其面孔几与全国其他报纸相同，而广播也充斥着关于阶级斗争的空洞宣传，严重脱离西藏实际。藏族民传统文化艺术受到排斥，取而代之的是风行国内的样板戏和语录歌。在“文革”开始的一段时间内，西藏广播受命停止自办节目，成为中央人民广播电台的“转播台”。极“左”政治宣传的泛滥，严重影响了党的民族区域自治政策的贯彻和落实。

三、国家宣传战略继续得到保障

需要说明的是，极左政治虽给西藏社会经济发展造成了巨大损失，但由于是国内政治动乱，还不至于摧毁国家安全机制和民族区域自治的基本政治构架。在此前提下，西藏新闻传播的混乱现象在一定程度上得到有效控制，在涉及国家安全和西藏民族自治等根本性政治原则上并未“出格”。在报社和广播电台受到“红色风暴”直接冲击的情况下，为保证新闻宣传阵地的安全，西藏遵照上级指示，及时采取军事管制措施，控制了大局。在自办节目无法进行的困境中，西藏人民广播电台就转播中央人民广

播电台节目，保证基本时政信息的通达。《对流落国外的藏族同胞广播》节目继续进行，以保持对外宣传的一致性和连贯性。为维护国家战略利益考虑，西藏在国家的有力支持下，建成了平战结合的606转播台及电厂配套工程，大大扩大了电台的覆盖面，同时建成了工布堂试验台，除转播中央人民广播电台节目外，还可对境外敌台实施有效压制。

四、服从于特殊政治宣传需要，广播事业建设等某些方面曲折发展

在“文革”期间，强大的政治风暴并未能摧毁西藏新闻传播的所有生机。在西藏新闻事业服从于国家利益和政治宣传需要，在某些方面获得了发展，特别是广播事业建设全面进展。在广播基础建设方面，不仅建成了工布堂试验台、606转播台等，大大提升了广播电台的覆盖范围，同时在一些重要地市建立了中波转播台，将西藏广播的辐射范围进一步向广大农牧区延伸。以拉萨为代表的基层有线广播事业继续发展，逐步形成以县站为中心的基层有线广播网。1975年，西藏第一次广播会议召开，制定了西藏广播事业发展规划和事业建设方针。在广播业务建设上，将原来的藏汉语节目轮流分时段式播出，改为藏汉两套节目分开全天播出，节目容量大幅度增加，听众分类更加清晰，节目针对性得到加强。在这一时期，创办或是调整了一些面对农牧区的实用型节目。整个广播事业虽不能避免极“左”政治的干扰和制约，但就事业建设而言，呈整体发展的态势。

报纸的发展状况比较曲折。1967年，鉴于政治运动造成报社机构瘫痪的严重境况，日报被军事管制，每日报纸方可恢复正常出版，后随着群众组织的直接对抗，两大派竟各出一张《西藏日报》，直到1968年9月西藏革委会成立，《西藏日报》才合二为一，成为西藏自治区革委会机关报。1972年，日报成立了

革委会，报社业务得到加强，地方报道逐渐增加，报纸容量逐步扩大。1973 年成立报社党委会，报社机构进行了全面调整，报社业务受到重视，并与电台联合举办了新闻训练班，以解决专业人才严重缺乏问题。在政治运动的巨大惯性面前，《西藏日报》还是能够抓住时机，部分恢复传播正常机制。

五、西藏电视事业建设开始启动

这一时期一个重要变化是，西藏电视事业建设拉开了帷幕。1976 年，西藏电视台筹备组成立。虽然在这一时期并没有进行重大的工程建设，但筹备工作已正式展开，并拍摄了纪录片《欢腾的高原》，在篇尾打出“西藏电视台筹备组”字样，向外界宣告了西藏电视建设工程开始的重大信息，极具象征意义。

第五章　构建西藏新闻传播事业的完整格局（上）

［1976 年“文革”结束—1994 年实现激光照排］——电视事业的创建和广播电视事业的发展

从“文革”结束到 20 世纪 90 年代中期，是西藏新闻传播事业逐步建立完整大格局的突进时期。在广播和报纸事业获得新的发展机遇的同时，西藏电视事业也逐渐建立起来，成为西藏新闻传播大家族中新的一员。西藏报业也打破了以前《西藏日报》独步天下的单一局面，地市和专业报刊先后创刊，富于层次感的真正的报业体系开始出现。至 90 年代中期，西藏已经完全建立起了西藏完整的新闻传播体系，开创了西藏新闻传播的新局面。

在这一时期，西藏新闻传播事业基本完成了构建完整框架和体系的使命，也是新闻传播事业发展最快、多维跃升的突进时期，而其中的进程，又可以分为两个阶梯：第一阶梯（1976—1984），在完成了从“文革”到改革开放的过渡期（1976—1978）之后，新闻传播事业立即进入了快速发展、立体构建的新时期，特别是新传媒——电视事业的建立和报业单一格局的突破，标志着西藏完整的现代新闻传播机制的构建；第二阶梯（1985—1994），是现代新闻传播机制进一步完善和发展的重要时期。西藏继续保持着报刊、广播、电视（包括有线电视）多种传媒发展的良好势头，事业建设跨越式地扩大和提升，新闻市场加大了向农区拓展的步伐，宣传报道方针几经调整，世纪性的新闻事业规划目标日渐明朗。

第一节　西藏电视事业的创建

从1976年西藏电视台筹备组设立，到1985年西藏电视台正式成立，西藏电视事业终于初步完成了创建新传播媒介的使命。电视台站的出现，使西藏新闻事业格局发生了重要变化，不仅使之更加完善，而且顺应国家新闻传播潮流，一跃而成为西藏影响力最大的大众传播媒介，改变和调整着以前的固有格局，对西藏新闻传播事业的发展产生了直接而深远的影响。

一、西藏电视台的建立

1. 西藏电视台的筹建

1976年9月，电视台筹备组正式成立。当时筹备组成员有西藏广播事业局明玛才仁、来自吉林的援藏干部何仁、黑龙江佳木斯电视台技术员李景才和吉林电视台播音员李晓梅。时值“四人帮”被粉碎，筹备组于是就在10月份，用一台10毫米摄影机拍摄了纪录片《欢腾的高原》，像电影一样巡回放映，民众以兴奋的心情观赏了影片，而片尾打出的“西藏电视台筹备组”9个大字，第一次向西藏广大民众宣布了西藏电视台正式筹建的消息，标志着西藏电视事业走出了历史性的第一步。

1976年11月之后，祖国内地援助建设西藏电视台的技术和专业人员先后莅藏。内地高校毕业生张科、莫珊、李春兰参加筹备组工作。1977年8月，江苏无锡广电局电视发射工程师邓玉龙、陕西广电厅事业处工程师黄小成也成为最早参与建设西藏电视事业的光荣一员。在此期间，西藏派往内地学习的大学生穷达、刘莎、强巴索巴先后被分配到筹备组参与电视台创建工作。西藏广播事业局还从西藏人民广播电台抽调富有经验的技术员苏峰、钱礼孝、欧加宽等，成为创建电视台的中坚力量。

1978 年 4 月后，电视试播组搬迁到劳动人民文化宫，借用文化宫乒乓球室当作电视机房和播音室，另外搭建两栋活动房作为办公室之用，筹建和试播同时进行。

1978 年 5 月 1 日，筹备组使用四频道 100 瓦发射机，向拉萨市区试播黑白电视节目获得成功，全国最后一个地区结束了没有电视转播的历史，这对西藏乃至全国都具有划时代的意义。筹备组随之也改称为试播组，工作的职能和方向发生了重要转变。

1979 年 10 月 1 日，试播组使用功率为 1000 瓦的发射机试播彩色电视节目成功，意味着西藏电视事业又跨越了一个历史阶段。每周播出 3 次，每次 3 个小时。

经过 10 年的努力，西藏电视台的筹建工作取得了实质性的成功。1985 年 8 月 20 日，西藏电视台正式宣告成立，西藏电视事业在艰难的探索和推进中，终于跻身现代化大众传媒行列。

2. 电视台机构设置

1976 年电视台筹建初期，全部人员仅有 4 人。1978 年，电视台获得正式编制计划，员工达到 82 人，其中编、采、译、播人员 27 人，工程技术人员 38 人。到 1983 年，西藏电视台员工已达 165 人。在整个筹备期间，电视台的组织机构是：何仁（援藏干部）任组长，明玛才仁、沈福矩、穷达为副组长。1985 年西藏电视台正式成立后，设立新闻部、节目部、译制部、技术部、灯光部、调度科和行政科。明玛才仁（主持工作）、穷达、刘长富为副台长，邓玉龙、黄小成任台长助理。

3. 节目类别

西藏电视台试播黑白电视节目成功后，播出频率基本为每周五播映一次，后改为每周二、四、六播出 3 次。播出节目除自办本地《新闻》以外，均为播放中央电视台的节目录像，如新闻类节目、《体育之窗》《天气预报》等，同时还播放以电影故事为主的文艺节目。

1979年试播彩色电视节目成功后，播出频率增加到每周8次，每次3小时，周日中午加播一次。

4. 电视剧摄制

为丰富节目内容，西藏电视台自20世纪80年代初即开始电视剧摄制工作。1982年10月，在中国文联党组书记、中国电视艺术委员会主任金山等老一辈艺术家的大力支持下，西藏电视台筹备组成功摄制了西藏第一部电视剧《还愿》，翌年，该剧还荣获全国第三届电视剧“飞天奖”。从第一部电视剧拍摄成功，到1985年西藏电视台正式建台，筹备组先后拍摄了《弯弯的吉祥河》《玛玛山的故事》《八个活着的人》《达瓦卓玛》《旺堆的哀乐梦》《阿古登巴的故事》《他们的地平线》《一个难忘的夏季》等16部（集）电视连续剧，以及《丹增的一天》《小罗布》《拉萨河畔的钟声》等6部（集）电视短剧，其中电视剧《达瓦卓玛》获全国第三届电视艺术“骏马奖”三等奖，同时还译制了几十部电视剧、电视小品、美术片、科教片等。

5. 新闻业务

随着电视台的正式建立，新闻业务虽白手起家，困难重重，但还是在逐渐推进着。

节目制作和播出方式逐渐实现规范化。1985年电视台成立时，并无固定的电视记者，新闻和专题拍摄交互进行。没有设置专门的新闻编辑部门，新闻部门隶属于电视台总编室，仅仅能办一个新闻栏目——《西藏新闻》，格式也不规范，无片头、片尾和字幕标题，节目编审制度也不健全，总编室领导既是各栏目的监制，也是各栏目的编辑，后期制作由当时的技术中心完成。在1976年10月电视台筹建之初，播音员仅仅有来自吉林援藏的李晓梅，播出时不出播音员图像，仅出声音。其后参与电视播音工作的，分别有西藏电台播音员孙德萍、西藏电影公司配音演员朗杰央宗等。西藏电视台筹建初期，还未能开展藏语播音工作。1982 年，中央人民广播电台民族部藏语播音员昌决加盟西藏电视台，藏语播音才正式开始。1983 年底，格次成为西藏电视男声播音员，电视台才开始了男女声藏语对播。

节目制作、播出和发射手段在逐渐完善和成熟。西藏电视台在 1979 年国庆节前采用黑白电影摄像机直播录像节目，此后彩色电视节目试播成功后，才逐步使用节目制作技术手段。在电视台院内建成简易的节目制作机房，可以进行简单的小专题节目和新闻节目制作。1985 年，为庆祝西藏自治区成立 20 周年，中央和自治区共拨款 1400 多万元，对西藏电视台设备进行了提升和改造，使电视台初步具备了一定的节目制作能力和节目制作条件。

西藏电视台的节目播出从简单到复杂，逐渐规范化、规模化。从 1976 年 10 月筹建电视台后的两年内，中心机房暂设在文化宫的简易活动平房内，每周三次用黑白摄像机直播。1979 年 10 月后，用彩色录像机播出节目。1984 年，播出机房搬迁至电视台院内，并购置了一系列机器，提高了播出效果。

节目发射设备水平逐步提高。在试播黑白电视节目时，使用的是天津电视台提供的 100 瓦双信道单机调幅黑白电视发射机，试播彩色电视节目时，使用的是成都 630 厂生产的 1000 瓦双信道彩色电视发射机，当时架设在药王山上的 29 米十字形天线的辐射范围仅仅有 5 公里。1984 年开始，筹建电视发射机房和发射塔，翌年年底，双环天线电视发射塔在拉萨市中心的药王山最高处建成，可同时发射中央电视台一、套节目和西藏电视台一、二套共四个频道的电视节目。

6. 电视宣传

宣传工作一直是电视工作的中心任务。首先是提高电视新闻的时效性，力求当天新闻当天播出。拉萨当日发生的新闻，一般都能在本日的电视新闻节目中播出，即使条件限制，本日不能播出，也要在翌日播出。发生在拉萨以外的新闻，也有一部分能够于当日播出。在1985年庆祝西藏自治区成立20周年的报道活动中，电视台在西藏广播事业局的统一协调下，从年初就开始了专题宣传活动，并在7月上旬到9月初达到了高潮，发挥了电视“图文并茂”、“先声夺人”的优势，全面、准确、及时地报道了庆祝活动的整个过程。

二、地市电视事业建设

在筹建西藏自治区电视台的同时，地市电视事业建设也相继展开，成为西藏电视事业大格局中的一个不可或缺的方面。

1. 拉萨电视台的创建

1984年12月20日，拉萨电视台成立。1985年8月25日，拉萨电视台正式开播。首任台长为拉萨市广播电视局副局长洛旦，这是西藏第一家地市级电视台。

2. 各地市电视转播台的建设

在拉萨电视台筹建的同时，西藏其他地市也以筹建电视转播台模式，开始了电视事业建设。

——山南电视转播台。1982年7月开始筹建，主要功能是转播西藏电视台节目。1985年9月23日，山南地区开通了西藏第一个地区级卫星电视地面接收站，转播中央台第一套节目。

——日喀则电视转播台。1981年9月筹建，1983年元月22日试播西藏电视台节目。1985年9月20日，通过卫星接收转播中央电视台第一套节目，随后相继转播中央二套和西藏一套节目。

——阿里电视转播台。1984年4月筹建，11月试播成功，1985年11月，狮泉河通讯卫星地球站建成，借此接收央视一套信号。

——那曲转播台。1982 年筹建，12 月试播，1985 年 8 月，先后转播央视一套和西藏一套上星节目。

——昌都转播台。1981 年筹建，8 月 1 日试播成功。1985 年，昌都卫星地面接收站建成，可传输央视一、二套和西藏电视台一套共 3 套节目。

——林芝电视转播台。1985 年初开始筹建，8 月 1 日试播，转播央视一、二套节目。

至此，西藏七个地市均建成了电视台或转播台，使央视一、二套和西藏电视台节目的观众从拉萨扩展到西藏各地市驻地所在城镇。

三、西藏电视覆盖网建设

西藏电视事业起步较晚，而又人口居住分散、交通不便。为缩小与内地距离，尽快扩大电视覆盖面，西藏电视事业建设从一开始就确定了以卫星地面站建设为中心的高起点建设战略。

在拉萨卫星地面站建成以前，西藏电视台仅靠录像转播央视节目，大大降低了传播的时效性。

西藏卫星地面站建设始于 1983 年。为解决西藏收看电视节目问题，国家电子工业部、总参通讯部、广播电影电视部集资 1000 万元建设拉萨卫星地面站，1984 年 12 月 21 日在拉萨举行落成交验仪式。这不仅使接收的央视信号正常，图像清晰，声音纯正，而且使拉萨市观众看到了首都北京国庆 35 周年庆祝大会的实况转播。到 1985 年，地县电视转播台、差转台增加到 60 座。

卫星地面站的建成使用，使电视节目传输跨越了空间障碍，基本能做到即时传输和播出。从此，西藏电视台靠录像转播中央电视台节目的落后状况遂成为历史，西藏电视事业进入一个与祖国内地同步发展的崭新时期。

第二节　广播事业的快速发展

从“文革”结束到80年代中期，西藏广播事业在国家改革开放的适宜背景下获得了良好的发展机遇，节目设置大大丰富，信息量成倍增加，民族文化艺术借助于神奇的电波传遍世界屋脊，广播事业进入快速发展轨道。

一、广播事业方针的调整和长远发展目标的确定

1976年10月“文革”结束，西藏广播事业的发展走上正轨。特别是在十一届三中全会后，一批富于思想性和知识性的专题节目开始创办，广播形式和内容均发生了实质性变化和革新，广播和民众的生活日益接近，大众传媒的功能进一步凸现。

1984年3月29—4月5日，西藏第三次广播电视工作会议召开。会议根据中央关于“四级办广播、四级办电视、四级混合覆盖”的方针，从西藏实际出发，确定了西藏广播电视事业的发展规划和奋斗目标：“到本世纪末，要在西藏建成一个具有民族和地区特色的，中央、地（市）、县相结合的、广播和电视、无线和有线、城镇和农牧区并重、宣传质量高、内容丰富多彩、节目多套覆盖、技术手段先进、设备完善配套、符合我区实际、与全区两个文明建设相适应的现代化广播电视网。”核心是西藏要在一定的历史时期内，建成比较完整的广播电视网络和体系，形成以最先进的传媒——广播电视为先锋的现代化传播构架，促进西藏和外部世界的沟通和交流，加快西藏社会经济进步。在西藏广播事业获得一定发展，但覆盖率和整体水平还不高，电视事业初建的特殊背景下，构建西藏广播电视网这一宏大目标的提出，无疑是对广播电视事业在新闻传播大格局中重要性的肯定，绘就了西藏在21世纪到来之前广播电视事业的发展蓝图。

二、广播节目与宣传

这一时期的广播节目进入调整阶段。1978 年元旦，为满足不同方言区藏族群众收听需要，西藏人民广播电台开办藏语方言广播——《昌都地方语广播》。该节目一直延续到 1986 年 12 月 31 日。《对外广播》也在 1978 年 1 月 1 日—1986 年 12 月 31 日间的每周二、四、六使用昌都方言进行广播。

节目内容也随着国家实行改革开放和以经济建设为中心的基本国策，进行了重大改革。1980 年，中央对达赖集团的政策进行了较大调整，允许他们回国探亲、参观和定居。为此，《对流落国外的藏族同胞广播》改为《对国外的藏族同胞广播》，把外宣原则由原来局限于针对达赖"藏独"阴谋，调整为"立足世界、面向实际、让世界了解西藏"的大外宣思想，第一次将外宣对象扩大到国外一切对西藏抱有兴趣的人士和国家，突出正面报道西藏和国家的建设成就，在《家乡新貌》《祖国各地》《亲友之声》三个节目中实行主持人形式，以乡情、亲情和客观性提高节目影响力。

1980 年 3—5 月，西藏人民广播电台集中力量，系统报道了中共中央总书记胡耀邦、国务院副总理万里率中央代表团来藏视察的情况；全国人大常委会副委员长阿沛·阿旺晋美在藏视察情况；突出报道了中央第一次西藏工作座谈会精神，详细报道了中央为西藏的经济发展、农牧民治穷致富而制定的一系列特殊政策，以及农牧民焕发出来的空前高涨的致富积极性。1984 年 4 月，中央第二次西藏工作座谈会召开之后，西藏人民广播电台同样展开了规模较大的宣传活动。

新闻节目进行了较大改进，以扩大信息量。1978 年 4 月 12 日，藏汉语恢复了《西藏新闻》节目，日播 6 次。增办了《简明新闻》，日播 4 次。1979 年以后的《西藏新闻》节目，根据形势发展和需要，及时报道西藏各项建设新成就，宣传党的改革开放和治穷致富政策，以及免征免购和有关农牧区的新政策。

1980 年以后，电台新开设了很多社教类节目，提高节目的知识含量和思想教育功能，适应国家改革开放和西藏经济建设的需要。先后有《对农牧区广播》《科学园地》《雪域佳音》《理论与实践》《法制漫谈》《西藏历史知识讲座》《青年之友》《在世界屋脊》《高原子弟兵》《藏语广播讲座》《英语广播讲座》《高原交响曲》《老年知音》等节目登台亮相。《对农牧民广播》改为《对农牧区广播》，并投入力量宣传党的十一届三中全会和第一次西藏工作座谈会精神，在解放思想，激励广大农牧民致富和建设社会主义新文明方面发挥了直接作用。

广播的时效性受到重视。1983 年，西藏遇到了特大旱灾，电台派出记者到距拉萨 300 公里以外的江孜、那曲等地进行采访，当天发出的报道，一般都能在当天播出，并配以评论，取得了良好效果。

三、文艺广播步入繁荣期

文艺广播在消除了“左”倾思潮的干扰之后，突出民族和地域特点，一批批优秀的节目通过电波传入广大民众耳中，使人们的文化生活得到极大丰富，弘扬了民族文化、艺术，这成为藏族传统文艺广播最为活跃的大好时期。

从 1978 年起，西藏电台播发了在“文革”期间被禁锢的《美丽的拉姆普赤》《朗拉穷思》《宋则牙拉》《耶各啦》《宗巴朗松》等 60 组民族传统歌舞区和乐曲，使这些民族文化瑰宝重新焕发出新的生命力。

1979 年初到 1980 年夏，藏语文艺工作者又从业余文艺公演节目中陆续采录了一批内容健康、形式活泼的特色文艺节目。节目以内容划分，有展现各族人民新生活的歌舞曲《欢乐的珞巴村》《门巴姑娘采新茶》《夏尔巴人心向党》；反映农牧民生产生活的歌舞曲《织好篷圈送牧场》；歌颂交通职工艰苦创业的六弦琴弹唱《歌唱加加养护段》；描写草原赛马盛会的民乐合奏曲《赛马会之歌》；展示庆丰收场景的大型歌舞曲《丰收之夜》；追溯藏汉人民源远流长的情谊，表现欢迎文成公主入藏仪式和藏汉人民喜悦心情的古典歌舞《唐柳曲》；风趣幽默的表演唱《牦牛赞》等，特别是传统藏戏《白玛文波》《曲解诺桑》《阿古登巴》《折嘎》等重头戏的播出，赢得了藏族民众的一片惊喜和叫好之声，其时文化活跃的情景，由此可见一斑。

1983 年 9 月 1 日—14 日，首届全国藏语文艺广播会议召开。大批藏汉语文艺广播节目走向民众，优美的音乐和旋律回响在辽阔的雪域高原，使文艺广播步入了自它建立以来的丰收和繁荣期，足以让新闻传播业引为自豪和骄傲。这些节目包括：《空中雪莲》《听众点播》《广播剧院》《广播小说》《广播故事》《说唱连续广播》《藏族音乐》《轻音乐》《兄弟民族音乐》《外国音乐》《影视歌曲》《儿童歌曲》《每周一歌》《阅读与欣赏》等。

四、首次开展广播听众调查

西藏人民广播电台在此期间还进行了西藏新闻传播业历史上规模最大、范围最广的受众调查。1978 年 9 月，西藏人民广播电台编辑部翻译组组长杜泰带领听众调查组，对西藏较为偏远的那曲地区听众收听藏语广播情况进行了全面调查。他们在那曲行署驻地的机关、学校和居民区，以及那曲东部地区的索县、巴青县的三个区和两个道班进行了调查，召开了 12 次以上的座谈会，受访人员超过 150 名，调查的内容主要是：对藏语广播能听懂多少？听得懂或听不懂的原因是什么？对藏语广播的意见和要求；核对和收集农牧业生产等方面的藏语词汇；核对若干藏语地名等。受众认为，藏语广播内容比较丰富，也较为口语化，基本能够听懂，同时还有一些方面需要改进。这些调查结果，成为制定广播特别是藏语广播发展方略和政策，改进广播方式和内容，更好适应听众需要的直接依据。

第三节　广播电视事业的调整和改革

在20世纪80年代中期到90年代中期，根据西藏社会发展需要，自治区及时调整广播电视事业发展方针，确定了至20世纪末的发展规划和目标。同时，西藏广播电视行业着力推动新闻传播改革，确定了广播电视在西藏传媒体系中的“先发”优势和地位。

一、广播电视事业方针不断调整

1988年6月9—17日，西藏第四次广播电视工作会议召开。会议提出的广播电视发展方针是：“到本世纪末，要在全区建成一个符合西藏实际的，广播和电视相结合，城市和农村，对内和对外并重，以藏语为主的社会主义现代化广播电视宣传网。”强调了对外传播的重要性，同时体现出西藏的民族特色，即把藏语传媒作为西藏新闻事业发展的首要责任，建成一个覆盖面广泛，符合西藏地域和民族实际的开放式的广电传播体系。

1989年，西藏第五次广播电视工作会议召开，主要总结边境广播电视建设工作，以适应国内外政治形势发生重大转变的需要。会议的重要收获是，充分认识到农牧区广播电视建设的落后现状和发展的紧迫性，提出将广播电视事业的重点放到农牧区，并对原有的技术政策进行了重大调整，即根据西藏实际和局限性，不再笼统地强调全面开花，将国家制定的“四级办广播、四级办电视”做出修订，提出优先保证中央和自治区两级广播电视的覆盖，有条件的地区可以自办广播电视新闻、专题和天气预报，今后一个时期，县级市和县不再新建电视和广播电台；逐步完善以卫星为主的广播电视传输系统；摆正广播和电视的位置，总的方针是先解决农民听到广播、看到电视的问题；无线电广播要继续贯彻大、中、小功率相结合，中波和短波相结合，干扰和广播相结合，以中小功率多布点和中波覆盖为主的方针；积极发展调频广播，乡村广播可采取小调频收转机带入户调频自动音箱，实行无线调频覆盖的办法，以取代不适合西藏居住分散实际的专线有线广播网，对西藏此后广播电视事业发展产生了积极的影响。

为贯彻落实江泽民总书记1991年关于“三区建设”（新疆、西藏、内蒙古三个自治区广播电视事业建设）的重要指示，1993年9月15—19日，西藏第六次广播电视工作会议召开。会议提出西藏广播电视事业建设的中心任务是扩大广播电视覆盖率，主要是藏语节目的覆盖率，增强民族语言节目的制作能力，改善广播电视节目播出质量和传输效果，加强广播电视人才的培养。在此基础上，明确了广播电视事业“五个为主，一个超前”的建设方针：实行大、中、小功率相结合，以中小功率、多布点为主；中短波、有线和调频覆盖相结合，以调频和短波覆盖为主；广播电视节目传输、短波和卫星相结合，以卫星传输为主；广播电视覆盖网的建设，城市和乡镇相结合，以发展乡村广播电视收转站、单收站为主；大功率、中短波实验台的建设和维护管理，中央和地方相结合，以中央为主；广播事业建设与人才培养相结合，把人才培养摆在超前位置。1996年，西藏自治区党委、人民政府做出了《关于加强和改进广播电视工作的决定》，将这个方针以文件的形式确定下来，成为此后西藏广播事业发展的基本方针政策。

二、广播电视重大宣传报道活动

在这一时期，西藏广播电视传媒根据西藏特点，集中有限的传媒资源，互相配合，整体运作，实施重大宣传活动的重点报道，形成突出的传播优势，在解放思想、维护稳定、反对分裂、促进社会发展、塑造西藏新时期新形象等方面，产生了热烈反响：

——重要节庆活动宣传报道

西藏自治区成立20周大庆报道。1985年7月上旬至9月初，广播电台和电视台全方位地报道了以胡启立为团长的中央代表团的在藏活动和西藏自治区的庆祝活动，同时，突出宣传了在党的民族区域自治政策指导下，西藏社会经济发生的重要变化和农牧民治穷致富的成绩。

西藏民主改革30周年报道。1989年，新闻媒体藏汉语节目大都开办了特别或专题节目，比较系统地宣传西藏民主改革30年来取得巨大成就。

昌都解放40周年报道。1990年9—10月间，电台开设了专题节目，电视台连续播出反映昌都地区40年来建设成就的专题片15集。

西藏和平解放40周年报道。1991年5月23日，是西藏和平解放40周年纪念日，西藏新闻界进行了规模最大的宣传报道活动。西藏广播电视厅制定“定人员、定设备、定时间、定播出栏目”的“四定”责任制。从1990年11月17日开始，西藏广播电台和电视两台先后开办了《光辉的起点》《纪念西藏和平解放40周年》《历史的丰碑》《从数字看变化》等专栏、专题，电视台共播出自制专题片63部（集），新闻170多组（条），电台播出57组专稿，20余万字，对外节目开设了《伟大的里程》专题广播，三个月中播出稿件200余篇，报道了以李铁映为团长、阿沛·阿旺晋美为副团长的中央代表团在藏的一系列活动。电台、电视台特地为全国各省市自治区开办了祝贺节目《来自远方的祝贺》30 组。这次主题宣传活动一直持续到 1991 年 6 月 10 日，历时 7 个月之久。

建党 70 周年报道。1991 年，在庆祝中国共产党诞生 70 周年之际，西藏两台开设了《党的旗帜在西藏高原飘扬》的专题节目。

——反分裂宣传报道

1987—1988 年，分裂主义分子在拉萨制造了一系列骚乱。1987 年 9 月 27 日、10 月 1 日，拉萨连续发生两起由少数分裂主义分子制造的暴力骚乱。在民族自治权威遭到挑战的严重时刻，西藏广播电视厅严格按照中央的指示和自治区党委的部署，保证中央人民广播电台和中央电视台节目的转播，及时播出了中共中央总书记赵紫阳和全国人大常委会副委员长班禅额尔德尼·确吉坚赞的讲话、谈话，每天播发大量的评论、消息、广播讲话，开办了《西藏是祖国领土不可分割的一部分》的广播讲座，向分裂主义之流发起有力反击。在骚乱期间，广播电视媒体播发消息、通讯 86 篇，电视录像 33 条。1988 年 3 月 5 日，拉萨再次发生骚乱，暴徒砸毁了三讯道转播车、录像车、采访车以及现场灯光录像、录音设备。在局势极为严重的情况下，节目播出时间不仅没有减少，还增加了 3 个小时，对揭露分裂分子的罪行，稳定局势发挥了重要作用，受到中央和自治区党委、政府的高度评价。

1989 年，苏联和东欧形势剧变，中国也出现了波及全国的政治大风波。3 月 5 日前后，拉萨发生多次骚乱，4—6 月，北京的政治风波也波及西藏。在全国新闻宣传形势十分混乱的情况下，西藏广播电视系统坚持党性原则，与党中央保持一致，坚决当好党和政府的“喉舌”，顶着压力和谩骂，进行反动乱宣传，受到国家广播电影电视部的表扬。

——政治宣传报道

1986年，在《中共中央关于社会主义精神文明建设指导方针的决议》的指导下，西藏新闻媒介开展了四个方面的重要宣传报道活动：一是清理“左”倾影响，开展“一切从西藏实际出发”的大讨论。电台在藏汉语节目中开办了《理论与实践》节目，藏语电视节目中开设了《一切从西藏实际出发》的大讨论专栏，提高和统一了干部群众，结合西藏实际，解放思想，进一步落实民族宗教政策，切实发展西藏经济的思想和信心；二是积极宣传落实党的民族宗教政策状况。主要是集中报道了三个富于影响力的重要活动——中断了20年的拉萨祈祷大法会（藏历年）、拉萨藏学学术研讨会（8月）和藏民族传统节日雪顿节（8月）；三是重点加强了对西藏经济建设的宣传报道。如关于企业扩大经营自治权、搞活经济，农牧区的家庭承包、多种经营，商业的对外开放和开发区内资源等，突出以旅游业为中心、以农牧业为基础的主题。主要报道活动包括：农牧区抗灾救灾、旅游业发展状况，以及在香港和日喀则举办的西藏对外经济贸易洽谈会；四是精神文明建设宣传报道。

1992年，广播电视紧紧围绕中心工作，进行关于西藏问题白皮书的宣传，以“人权”、“主权”为核心，以事实驳斥了境外反华势力的谬论，维护了国家形象，粉碎了达赖集团借人权问题分裂祖国的阴谋。

——重要采访报道活动

1989年，西藏新闻媒介进行了五世到九世班禅灵塔开光仪式、十世班禅圆寂等重大宣传活动。1990年，重大的报道活动主要有：江泽民总书记视察西藏；五一拉萨解除戒严；西藏第四次党代会和民族团结表彰大会；江孜调查；布达拉宫维修；“一江两河”开发等。特别是5月中旬—6月中旬，在自治区党委副书记丹增、广电厅副厅长明玛才仁的率领下，自治区联合报道组深入那曲重灾区进行采访报道，西藏的主要媒体——日报、电台、电视台均开设了专版、专栏、专题，持续近一个月，刊播发长篇通讯、特写、访问记、消息、录音报道等题材的新闻稿件近百篇，引起较大反响。

三、新闻改革步伐加快

在适宜的舆论氛围下，西藏新闻传媒机构进行了一系列积极尝试，在新闻报道、播出和内容等方面进行了改革，强化了媒介的舆论监督和信息传播功能。

舆论监督得到加强。1988 年，广播电视新闻节目组织了系列批评性报道，就城市建设中的问题进行了公开报道，反映了群众的意见和呼声，获得了社会好评。1992 年，两台加强了舆论监督和解放思想宣传，当年播发言论 160 多条。尤其是系列评论——《十论解放思想》，以及几十条批评性报道，在社会上引起了很大反响，是新闻宣传模式的一次重要改进。

节目播出形式体现时代潮流。1991 年，广播播出形式实现了全面突破，长期沿用的指令性播出形式为主持人播出形式所取代，逐渐推广到很多节目。至 1994 年，西藏电台的节目全部改版，藏汉语专题节目全部实现了主持人形式。

节目制作机制有所创新。1991 年，广电传媒开创了与社会联合办节目的新思路，与自治区农业局、林业局、水利局、税务局、区党委组织部、西藏军区后勤部、武警西藏总队等十多个党政军部门和单位共同开设了《前进中的西藏农业》《林业之声》《高原水利》《高原先锋谱》《高原后勤颂》《高原卫士》等专题节目，获得了较大的社会效益。

同时，新闻报道形式更加丰富。广电厅机动记者站和林芝、日喀则、山南记者站开展了系列报道，如《西藏在前进》《来自林芝的报道》等，产生了良好的社会效应。

第四节　电视事业的新发展

从20世纪80年代中期到90年代中期，西藏电视事业在初步完成了自己的创建使命后，开始进入快速发展的轨道。无论是电视节目设置，还是电视业务的推进，都逐步向规范的电视媒介机构靠拢，与此同时，电视事业发展的触角逐渐向西藏地市延伸，电视的传播区域不断扩大。

一、节目设置和改革

节目、栏目设置趋于丰富。从1986年4月12日开始，西藏电视台加大了自办节目的力度，在继续办好藏汉语《西藏新闻》的同时，译制并用藏语播出中央电视台《新闻联播》节目，新办了《知识之窗》《动物世界》《世界各地》《华夏掠影》等栏目。1989年，除完整转播中央电视台一套节目外，还自办了两个频道的节目，一是面向全区的藏汉语混播的卫视节目，还有一个频道是面向拉萨地区的藏汉语混播节目，每天中午和晚上播出。1994年，电视台开设了融专题、娱乐、服务于一体的综合性板块节目《在西藏》。

特别值得一提的是，服务和广告信息类节目开始出现在西藏的电视荧屏上。1987年，西藏电视台开始经营广告业务。1994年1月，开办《信息窗口》节目。从1994年3月开始，播报《天气预报》。

在这一阶段，电视台还制作或参与了多种电视剧、故事片的摄制。如1986—1987年与香港新海化电影制作发行公司进行大型历史故事片《松赞干布》的摄制，该片在1994年获全国少数民族题材故事片“腾龙奖”，1990年，拍摄单本剧《江那边》，并获西南地区优秀电视剧评比二等奖，1992年，与重庆电视台合拍《边关情仇》并搬上荧屏。

二、电视业务的改进

记者队伍逐步发展起来，成为电视媒介的主力军。1986年，西藏电视台新闻部有了固定的记者。1987年3月，广电厅组建了厅属新闻部，将电台和电视台的记者组织起来统一使用。1993年，广电厅所属新闻部撤销，西藏电视台新闻部恢复组建，设立了记者组、编辑组、通联组和设备组，人员达到32人。

为了广泛收集信息，西藏电视行业陆续建立了驻各地和部队的记者站。1987年后，西藏广电厅在全区7个地市设立了广播电视记者站，新闻部成立了机动记者组。1993年，成立第一个系统以外的记者站——武警西藏总队记者站，后又设立了西藏电视台驻西藏军区记者站、西藏军区后勤记者站、武警水电部队羊湖电站记者站、西藏公安交警记者站、边防总队记者站、武警消防总队记者站，组建了初具规模的电视通信网络。

为加强电视业务沟通，西藏电视业逐步建立了相应的通联机制。1994年1月，西藏电视台新闻部成立通联组，主要进行宣传报道动态的上下沟通，使地市台（包括转播台）及时将本地新闻报送西藏台，同时将西藏的重要报道内容及时传输给中央电视台和全国新闻电视节目交换网。

为服务于民族观众，电视台加强了藏语节目译制工作。1994年1月，西藏电视台成立翻译组，主要翻译《西藏新闻联播》节目稿件和中央电视台《新闻联播》节目稿，以满足藏语《西藏新闻联播》节目的播出需要。

一批专业播音员逐渐成长起来，成为西藏电视事业繁荣发展的标志。1986年，新闻节目开始出现播音员图像，女声单播。偶尔抽调西藏电台男播音员进行对播，无固定男播音员。1988

年，电视台新闻节目正式实行男女声对播，播音员是肖凡（浙江援藏干部）和朗杰央宗。1994 年元月，西藏电视台成立播音部（负责人为昌决）。1994 年 5 月，在新创办的汉语专栏节目《在西藏》中，让莫晋扎尝试以主持人形象出现在画面中，一改以往刻板的新闻播音方式，以生动的介绍和承上启下的串联，个性化的语言，使电视节目形式活泼，观赏性大提升。西藏电视台译制部配音演员朗杰央宗，是西藏电视台第一个双语（藏汉语）播音员。此后，晋扎、旺珍、贡吉、红梅、刘益友、吴炜、德庆卓嘎、普珍、尼松多吉、加央顿珠等也都成为西藏电视台各具特色的节目主持人，为广大观众熟悉和喜爱。

三、地市电视事业建设

在 20 世纪 80 年代初期，西藏各地市电视台或转播台基本建成，而在 80 年代中后期到 90 年代前半期，地市电视事业保持着继续发展的势头，成为西藏电视网络的一个重要组成部分。

从 1988 年开始，拉萨电视台作为西藏最大也是唯一的地市级电视台，自办节目逐渐增加，至 2000 年，创办了《拉萨新闻》《城市聚焦》《生活时空》《经广干线》《广告信息》《点歌台》《天气预报》《每周一歌》等藏汉语栏目，每天的播出时间在 6 个小时以上。同时制作了《神奇美丽的拉萨》《古城迎春》《火热的冬天》等 18 部专题片，拍摄了《三个拉萨姑娘》等 6 部电视剧，译制了《济公》《恶缘》等 3 部汉语电视剧。1992 年，由该台摄制的春节、藏历年新年晚会《赞美故乡》专题片，获西藏自治区文艺专题类一等奖。

各地市电视节目也纷纷自办电视节目。山南电视台 1987 年 7 月自办《山南新闻》《一周要闻》《天气预报》《点歌台》等节目；日喀则电视台于 1991 年元旦正式自办《日喀则新闻》节目；阿里电视转播台于 1994 年成立新闻部，自办相对固定的栏目，如《阿里新闻》《歌声传情》等藏汉语栏目；那曲电视转播台自1992年开始自办《那曲新闻》节目；昌都电视转播台从1984年开始自办节目，先后开办了汉语和昌都方言的《昌都新闻》《广告》《每周视线》《观众点播》等，摄制了《六一儿童节》《桥与昌都》《藏东圣地》《十世班禅大师视察昌都》《西藏昌都》《沧桑巨变话昌都》《类乌齐见闻》等上百部专题片；林芝电视转播台于1987年开始自办汉语《林芝新闻》和不定期的专题节目。

在20世纪80年代，西藏各地市、县先后成立广播电视局，建立了广播电视专业管理机构。1985年1月，拉萨市广播电视局成立；1987年，日喀则、昌都、山南、那曲、林芝广播电视局成立；1991年，阿里广播电视局成立。90年代中期之后，西藏75个县级行政机构基本采用或与县委宣传部合署办公，或与文化部门合署办公的方法，成立相应部门（称文化广播电视局，或文化广播电影电视体育局），实行行业管理。

第五节　广播事业的新推进

在20世纪80年代中期到90年代中期，广播事业取得了重要进展。这主要表现为，管理机构经历了“分—合—分”的调整，节目种类增加较多，内容更加丰富多彩，并创办了调频广播，广播的影响力十分突出。

一、广播管理机构的调整

这一时期广播管理机构的最大变化，是广播、电视记者的联合管理体制的施行。在新闻采制力量很有限的情况下，曾经发挥过积极的作用，但同时也存在着忽视广播电视各自行业特点的缺陷。

1987 年，为集中新闻采写力量，广播电视厅组建了新闻部。此后，广电厅就实行广播、电视记者通联合一的管理体制，即广播、电视记者合二为一；广播记者站与电视记者站合二为一，统称广播电视记者站；广播电台采通组与电视通联组合二为一，藏汉语广播电视系统一稿两用，皆为一身二任。在西藏特殊的情况下，这种特殊机制较好地解决了两台的稿源短缺问题，同时，能够集中人、财、物力，提高工作效益，不仅减少了一套机构，而且一稿两台使用，减少了重复劳动，对通讯员来稿也一次付给报酬，节约了经费。两台合一的办法还培养了一专多能的人才，他们既能写广播稿，也会电视摄像，可谓相得益彰，但也有局限性，主要是声像矛盾突出，电视和广播的各自优势难以体现，在管理上也容易出现漏洞。1993 年，西藏广播电视厅与西藏电台分设。

二、节目调整与宣传报道

这一时期，新闻和社教类节目取得了显著的成效。主要是新增栏目多，内容含量加大，规模逐步扩大，形式不断创新，并逐步实现了板块化和主持人化，踏上了现代广播发展之路。

1. 节目设置逐步丰富，传播效果大大增强

1986 年，藏汉语节目的地方性、针对性、知识性和趣味性都有所增强。新闻节目增加了地方稿，突出经济报道和科技知识的宣传，广播评论初步开展起来，藏语广播增加了《青年之友》节目，对青年进行爱国、理想、道德和纪律教育。

1987 年，电台对藏汉两套节目作了较大幅度的调整，增办了《简明新闻》《国际简讯》《雪域佳音》《西藏历史知识讲座》《听众点播》《空中雪莲》《说唱连续广播》等新闻、教育和文艺类节目，同时还开设了《西藏是祖国不可分割的一部分》历史讲座。

1988年，创办新闻综合型节目《高原时空》。1994年4月1日，将原有的《雪域佳音》《西藏之窗》《在世界屋脊》等3个节目与原《高原时空》合并，仍名为《高原时空》，由新闻综合型节目变而为板块式主持人专题节目，不过其新闻内涵基本未变，成为电台一个具有广泛影响的代表性节目。

1989年，藏汉语节目均作了较大调整。《对农牧区广播》改为集服务、普及、传递多种信息和知识相结合的综合性主持人节目，《科学园地》节目并入其中，1992年增加了科普信息内容。《对外广播》由原来两天发一组稿变为每天发一组稿，其中的《亲友之声》增加节目次数，并以主持人形式播出。藏语《简明新闻》每日播出四次，并增发一组新稿。

1991年国庆日，电台正式开设少儿节目《格桑梅朵》。播出期间，进行了《中华人民共和国义务教育法》《西藏自治区实施〈未成年人保护法〉办法》等法律法规的宣传，同时还开展了十佳少年事迹宣传，介绍中外名人成长故事等，激励少年成才。

1992年4月1日，电台新设《经济天地》专题节目，重点反映西藏经济建设成就和思考。同月，藏语节目开办了少儿节目《格桑梅朵》和政教节目《时事学习》，开设“十论思想解放”系列评论节目，开风气之先。

电台节目逐步实现主持人化：

1988年，新创办的新闻综合型节目《高原时空》由新闻综合型节目变而为板块式主持人专题节目。1989年，《对农牧区广播》改为综合性主持人节目。1994年，西藏人民广播电台藏汉语节目全部改版，所有节目均实现主持人化，并向板块化方向发展。新推出了《经济大观》《高原时空》《高原交响曲》三个主持人节目。藏语对外节目中的《神州漫游》《东西南北》《故乡与亲人》三个节目也实现了主持人形式。《高原子弟兵》节目实行了栏目化、主持人化，设有部队短讯、军营之声、军人论坛、武警天地、军事知识、服务窗、热线点播等栏目。

随着广播事业基础建设的进展，广播的时效性和传播范围大大扩大：

1987 年，电台首次实现了重大消息藏汉语新闻节目同步播出。1989 年 11 月 1 日，拉萨上星站建成，西藏电台的藏语节目全部上星播出，实现了广播事业的历史性飞跃。1993 年 1 月，电台汉语节目上星播出，标志着电台的两套节目的传播质量和辐射范围全面达到了历史最高水平。

2. 文艺广播成绩卓然

不仅节目品种增加，而且形成了较大规模的板块节目，在整体上呈现出丰富多彩的景象。

1985 年 11 月，电台开办了《听众点播》节目，在实现听众和广播双向互动方面做出了尝试。后开设了藏汉语《微型小说》《藏戏与曲艺欣赏》节目。在 1991 年为庆祝西藏和平解放 40 周年而开办的《来自远方的祝贺》节目中，电台播出了全国 22 个省市自治区提供的精彩的文艺节目，丰富了大众文化生活。

1994 年，电台的藏汉语文艺节目适应时代需要，进行了较大幅度的改进。4 月 1 日，藏语板块综艺节目《空中大舞台》开办，节目时间为 60 分钟，由 5 个方面构成："献给听众的歌"、"曲艺欣赏"、"轻音乐欣赏"、"影视新歌快递"、"古曲神韵"，以《空中大舞台》为领头羊，共同构建了一个真正的"空中大舞台"，使广大听众可以尽情领略民族艺术的魅力。

自从 1983 年开设《广播剧院》节目以来，欣赏广播剧就成为听众文化生活的一个不可缺少的内容。开始时主要是引进中央和兄弟台的广播剧节目。1987 年，自己制作了广播剧《卢耀曾》《文成公主》和《拉萨河的传说》。

3. 服务型节目也及时应对生活之需，作了一定调整

1994 年 4 月 1 日，藏汉语《天气预报》与《节目预告》合

并为《节目预告·天气预报》。广告信息节目在经过一段磨合之后，顺应市场经济的潮流，获得较大发展。1986年，电台组建广告信息部，1989年停业。1994年重建，随之，一系列经济广告节目出台亮相。其中《经济大观》设置有“商海短波”、“市场景点”、“经济咨询”、“企业快车”、“空中献歌”等5个节目。

三、调频广播创办

1985年8月25日，西藏电台“FM98经济广播”——调频广播正式开播。每天播出两次，每次2小时，内容为歌曲和音乐。1994年4月1日，调频广播开试办节目，并以主持人形式播出，每天播音6小时。1995年5月4日，调频广播改版并实现首次直播，节目由新闻、综合板块、信息三部分组成。调频广播的诞生，标志着西藏广播事业的大众化、现代化进程正在加快。

第六章　构建西藏新闻传播事业的完整格局（中）

［1976年“文革”结束—1994年实现激光照排］——单一报业格局的突破和完整报刊体系的建立

在这一历史阶段，西藏报刊业获得了最快的发展。《西藏日报》“一枝独秀”的单一局面被打破，报刊体系逐渐建立起来。激光照排技术的采用，使西藏报刊业传统的编排印刷技术实现了革命性变革。新闻改革取得显著进展，意识形态宣传和信息传播功能得到较好发挥，报刊的影响力明显扩大。

第一节　单一报业格局的突破：专业和地市报刊创办

由于受经济环境和政治因素的制约，自1956年《西藏日报》创刊以来，在近30年的社会发展阶段中，西藏报业一直是日报“一枝独秀”的单一局面，全区仅此一家，别无它报，这在全国极为罕见。直到20世纪70末到80年代初，随着行业报《西藏科技报》和第一家地市报《拉萨晚报》的创刊，才打破了这一局面，西藏的报业格局由此发生了重大变革。

一、专业报纸的创刊

最早出现的是专业报纸，它率先承担了开辟西藏报业新局面的历史使命。

1979 年，由西藏自治区科委主办的藏汉两种文字《西藏科技报》在拉萨创刊。这是西藏第一份科技类报纸，它既是当时全国兴起的学习科学热潮的产物，又是西藏社会经济发展的必然，主要介绍西藏独特的地质地貌、物候气象、动物植物、矿产资源，以及中外科学考察队、探险队在西藏的工作情况，西藏的历史文化、藏医藏药、高原旅游和各民族风土人情等文化方面的内容。《西藏科技报》办报质量较高，1988 年曾荣获“全国科普报刊先进集体”称号，1990 年被授予“全国十佳科技报”称号。《西藏科技报》的诞生，标志着西藏单一报业模式的结束，其后至 80 年代末期，一些对象性报纸纷纷创刊，西藏报业一时景象生动，丰富而充满活力。

1985 年元月，《西藏青年报》社在拉萨成立，并出试刊。1989 年，西藏第一份青年报纸——《西藏青年报》正式创刊。它的主办者是共青团西藏自治区委员会。藏汉两种文字出版。藏文版为周一刊，设“中学生园地”、“农村科技”、“文学天地”、“新闻大观”等栏目。以藏区及农牧民群众为读者对象。汉文版为周二刊，由四开四版增加至四开十六版，主要栏目是：“经济视线”、“雪域风情”、“情感世界”、“高原聚焦”、“九州经纬”等，面向全国发行。读者对象是青少年和一般读者。这份报纸由于在运作机制上进行创新，于 1994 年 10 月在四川省成都市设立发行站，选择了一个远比西藏要广大得多的市场一试身手，曾创造了平均发行量 7 万份的西藏报纸最高发行纪录，成为西藏域内最具活力的报纸。

西藏第一份法制类报纸——《西藏法制报》，于 1985 年 9 月在拉萨创刊。西藏自治区司法厅主办。以藏汉双语出版两种同名报纸。初为内部版。1986 年汉文版停办，1988 年正式创办藏文版。翌年，汉文版复刊。至 1992 年 1 月正式创刊。国内公开发行。开设的专版有："法制要闻"、"法制综合新闻"、"法学理论"、"法制副刊"等。同时还设有固定栏目："法案大观"、"案例分析"、"律师信箱"、"法言法眼"等。影响所及，至于青海、四川等相邻省市藏区读者。最高发行量曾达到5万份，创1994年西藏报纸发行量之最。

西藏第一家广播电视报——《西藏广播电视报》，于1989年8月29日正式创刊。西藏广播电视厅主办。它的创刊，是西藏广播电视尤其是电视事业获得大发展的必然产物。起初以刊登央视一、二套节目和西藏电视台一、二套节目预告为主，同时补充一些广播电视新闻的延续报道，1992年进行扩版，增设"雪域大观"、"文摘荟萃"等栏目，由原来的四开四版扩大到四开八版，深受读者欢迎，是一张在西藏具有较大吸引力的服务类报纸。该报1991年在西藏率先实现激光照排，技术手段和版面质量居于西藏报刊前列。1998年，该报顺应影视合流大趋势，更名为《西藏广播影视报》。

对象报刊的出现，使西藏传播业的内涵和领域大大拓宽，在一定程度上满足了民众生活、文化和工作之需，是西藏报业的大发展、大进步。从创刊到20世纪90年代初期，同时也是它们的黄金时期，不仅发行量较高，而且内容和版式较能适应受众需要，对传播域外新文化、新信息，丰富大众生活，促进改革开放起到了积极的作用，其意义不可低估。

二、地市报纸的创办

西藏地市报纸均为机关报，成为《西藏日报》的重要延伸，同时开创了西藏区域性报纸的先河，使各个特色别具的地市拥有了展现自己的窗口，拓宽了报业体系，与广播电视业互为补充，充实了西藏新闻传播大格局。

首开创办地市报纸纪录的，自然是西藏政治经济和文化中心的拉萨。1985 年 7 月 1 日，中共拉萨市委机关报——《拉萨晚报》宣告诞生。它不仅是西藏第一种地市级报纸，也是西藏第一份城市晚报，在西藏报业发展史上颇具象征意义，一个多层次的党报、机关报时代到来了，一个机关报与晚报共存的时代也到来了。

《拉萨晚报》在创刊之初，承传着西藏新闻传媒的良好传统，同样是藏汉双语出版。藏文版四开四版，周一刊。1996 年 7 月 1 日增升至周四刊，每期发行 5000 份；汉文版四开四版，周一刊。1986 年 7 月 1 日增升为周三刊，1994 年元旦增升为周七刊，成为日报，1998 年扩展为四开八版，1999 年扩展为四开十二版，1994 年 5 月 1 日自办发行，期发行数达到 16000 份。同样，栏目的设置也发生了显著变化。藏文版设置四个版面：一版为要闻，二版为社会新闻，三版含科技、卫生、名胜古迹等，四版为副刊和国际新闻。汉文版的栏目设置变化最大，目前已达到 12 个版，版面和内容不断扩大，并越来越贴近民众日常生活，逐渐形成了自己的办报风格。它是西藏影响力仅次于《西藏日报》、很受大众喜爱，唯一具有在市场零售能力的机关类报纸，同时在国内晚报系列中具有一定的知名度。

总之，地市报纸的出现，丰富了西藏报业格局，是西藏新闻传播业的一大进步。但须指出的是，由于受经济发展和新闻市场的制约，它们一般都发行量很少，无一逾“半万”，显具社会效益，但基本无经济效益。

三、期刊系列的出现

在 20 世纪 80 年代前后，西藏开始创办了一批大众化和专业性的刊物。刊物的出现，使西藏新闻传播的格局又发生了一次重要调整，扩展了传播的层次和内涵，使其阵容更加齐整，并深刻而广泛地影响了西藏社会和经济的发展。

（一）哲学政治经济类

《西藏纪检监察》：1983 年 8 月创刊，西藏自治区纪律检查委员会、西藏监察厅主办。月刊。藏汉双语出版。以党风廉政建设为宗旨的综合性刊物。原名《纪检通讯》，1991 年更名为《西藏纪检》。1996 年更名为《西藏纪检监察》。

《知识集锦》：1985 年 5 月由西藏人民出版社藏文编辑部第三编辑室创办，藏文版，双月刊。面向基层、面向农牧区的时政综合性刊物。由于发行不畅，1990 年停刊。

《西藏发展论坛》：1985 年 1 月创刊，1987 年停刊，1990 年复刊，西藏自治区党校主办。原名《西藏党校》，1996 年更名为《西藏发展论坛》。季刊，汉文版。哲学社会科学综合理论刊物，主要探索和研究西藏社会发展和经济建设。

（二）自然科技类

《西藏医药杂志》：1975 创刊，西藏自治区医学科学研究所主办。原名《西藏医药》，1992 年正式出版发行。季刊。汉文版。主要刊登西藏医药卫生管理、科研成果和经验，突出高原特色。该刊聘请了由区内外 45 人组成的专家组进行学术把关，具有一定的学术品位，稿源地涉及全国 20 多个省市自治区，在国内具有一定影响力。

《西藏科技》：1976 年创刊，1991 年正式出版。西藏自治区科技信息研究所主办。季刊。汉文版。学术性综合科技期刊，主要反映西藏科技政策和成果。1992 年荣获国家科委、中宣部和新闻出版总署颁发的“全国优秀科技期刊评比三等奖”。

《西藏农业科技》：1978 年创刊，西藏自治区农科所、西藏自治区农学联合会主办。季刊。汉文版。综合性、知识性期刊。刊载西藏农业科技最新成果，推动农业科技创新、开发和运用，传播农业科技知识。

《西藏地质》：1985 年 7 月创刊。西藏地质学会、西藏地质研究所主办。1990 年后变为西藏地矿局、西藏地质学会主办。半年刊。汉文版。刊载西藏高原及邻近地区地质科学研究成果，促进地质科学事业、西藏矿产普查勘探开发工作的开展。

（三）文史教育类

《西藏民族学院学报》：1980 年 4 月创刊，西藏民族学院主办。哲学社会科学民族类学术期刊，设有藏学研究、民族学研究、民族语言文字研究、哲学研究、经济学研究、史学研究、语言文学研究等栏目。

《西藏研究》：1982 年 2 月创办，西藏社会科学院主办。季刊。藏汉双语出版。不定期出版英文版本。综合性藏学学术性理论刊物。它的宗旨是研究西藏的历史和现状，弘扬民族优秀文化，探索和回答西藏两个文明建设中的理论和实践问题，及时介绍国内外藏学研究的新成果，促进国际藏学学术交流，推动中国藏学研究的健康发展。设藏文、汉文和英文三个编辑部。西藏代表性期刊之一。地域、民族和藏学特色突出，文化品位较高，学术含量较大，在国内外学术界有较大影响。1995 年在全国社科期刊评奖活动中，汉文版荣获“全国优秀社科学术理论期刊提名奖”。1996 年 6 月，汉文版再次被确认为“全国中文民族学类核心期刊”。1998 年 2 月，汉文版入选“全国百种重点期刊”。

《西藏教育》：1984 年创刊，西藏自治区教育厅主办。藏汉双语出版。1984—1987 年不定期发行。1988 年公开发行。季刊。宣传党的民族教育政策，探讨民族教育规律，交流教育教学经验，提高西藏教育质量。刊物内容以中小学教育为主，兼及大中专和职业教育。

《西藏体育》：1985 年 9 月创刊，西藏自治区体育运动委员会主办。初为不定期发行。1989 年停刊。1992 年公开出版发行。季刊。汉文版。宣传西藏体育成就和特色，交流经验，开展学术研究，促进西藏体育事业发展。

（四）文学艺术类

《西藏文学》：1977年创刊，西藏文学学艺术家联合会主办。原名《西藏文艺》，季刊，西藏人民出版社主办。1979年改由西藏自治区文联主办。1980年改为双月刊。1984年更名为《西藏文学》，刊名由郭沫若先生题签，月刊。1988年改为双月刊。办刊宗旨是发展西藏文学创作和文艺评论，积极培养发展以藏族为主的创作队伍，繁荣西藏文艺创作，并将西藏的文学艺术传播到国内和世界各地，发表小说、散文、诗歌、文艺评论等多种形式文学作品和文艺理论文章，西藏文学艺术的代表性刊物。

《西藏文艺》：1980年创刊，西藏文学学艺术家联合会主办。主要刊登文学创作、翻译作品和理论文章。藏文版。初为季刊，1982年改为双月刊。主要读者对象为5省区藏族同胞。

《雪域文化》：1980年创刊，西藏自治区群众艺术馆主办。原名《西藏群众文艺》，不定期出版。1983年11月正式出版发行，季刊。1988年改为《雪域文化》。办刊宗旨是介绍藏族文化艺术，弘扬民族优秀民族文化。

《旭日》：1982年创刊，西藏人民出版社主办。藏文版。不定期发行。1985年9月停刊。

《邦锦梅朵》：1983年10月创刊，中国民间文艺家协会西藏分会主办。挖掘、搜集、整理及抢救藏民族优秀民间文化。1988年由4开4版的小报改为32开的季刊。1990年正式出版。藏文版。西藏有代表性文化刊物之一。

《西藏画刊》：1984年5月创刊，西藏人民出版社主办。藏汉对照，季刊。主要为西藏人民特别是为农牧民服务。

《山南文艺》：1984年创办，西藏山南地区文联主办。办刊宗旨是弘扬山南民族文化，造就文学新人。1988年公开出版发行，季刊。藏语版。发行至山南以及西藏、青海、甘肃、北京、全国民族院校，以及法国、比利时等地区和国家。

需说明的是，西藏还有数量不少、种类丰富的内部期刊。它们同样是西藏新闻传播事业的组成部分，在西藏社会发展中扮演着特殊的角色。就大者区分，主要有校刊类、教育类、新闻类、医药类、经济类、文化类、科技类、政治宣传类、行业类等9类70余种。虽发行数量不大，出版周期较长，并无经济效益，影响面局限于某一行业或专业领域，但覆盖面广，从整体上反映出西藏社会经济发展的状况和需要。

第二节 《西藏日报》的调整和发展

在“文革”结束之后，《西藏日报》作为西藏最有影响力的传媒，在办报方针、机构设置、宣传内容和报道方式诸方面，进行了重大调整和革新，在克服了政策因素造成的困难后，进入恢复和发展时期。

“文革”结束之初，报社领导体制进行了变革。取消革委会，实行党委领导下的总编辑负责制。援藏干部陆续抵藏。报社机构设置为：汉文编辑部、藏文编辑部、总编办公室、政治部、行政处、印刷厂。

1980年3月，中央书记处召开西藏工作座谈会。4月7日，下发了《西藏工作座谈会纪要》。同年5月21日，中共中央总书记胡耀邦等中央领导视察西藏，并指示把汉族干部的大多数调回内地，让藏族为主的少数民族干部逐渐担负起建设新西藏的重任。1980年7月—1982年底，汉族干部内调工作开始，按照“三年分三批，头年走大半”的计划，报社在1980年秋季第一批内调干部职工167名，领导机构立即出现不健全的问题，上级对报社党委和编委会进行了调整，总编辑员额由原来的10人减为7人，中层机构缩编为汉编部、藏编部、采通部、政治部、行政出版部等5个部门。1981—1982年，又有两批共48人内调，报社人员锐减，即使维持两张报纸的正常出版也很困难，报社的业务受到直接影响和削弱。为克服困难，基本保证出版质量，1981年11月，报社举办了一年制的新闻训练班，招收30名应届高中毕业生进行专业培训，至1992年底结业，补充到报社各部门，使报社人员奇缺的问题暂时得到缓解。由于汉族业务人员大批内调造成的发展困难，是报社自20世纪60年代大调整以来遭受到的最大冲击，事业和业务发展不得不基本停滞。

1983年，是汉族干部大批内调的第一年，组织机构基本稳定下来，职工人心初定，注意力开始转向贯彻落实农牧区新经济政策，治穷致富方面，但报社机构受到人员短缺的影响，依然不能正常运作。鉴此，1983年5月，报社的领导体制进行了转轨，由原来的党委领导下的正副编辑分工负责制，改为编委会领导下的总编辑负责制，撤销了存在近10年之久的西藏日报社党委。

20世纪80年代中期以后，西藏日报获得了较大发展。

1986年4月22日，西藏日报举行创刊30周年庆典活动。党和国家领导人阿沛·阿旺晋美、帕巴拉·格列朗杰等题词祝贺，出版了纪念专辑《西藏日报创刊三十周年纪念》。这次庆祝活动，是对日报创办30年来经验的全面总结。

随着经济的发展和新闻市场的拓展，报社获得了全面发展的良好机遇。1988年，西藏日报实现胶印，试印藏文版。1989年2月，西藏日报藏汉文报开始实行胶印，告别了铅与火的落后时代。1990年2月，西藏日报举行胶印正式开印剪彩仪式。1993年2月，西藏日报推出“周末版”（试刊）。5月，西藏日报羊湖记者站成立。1993年，报社成立藏语文指导小组。

第三节　报刊技术革命和新闻革新

在80年代中期以后，以《西藏日报》为领头羊的西藏报业经历了历史性变革，不仅在省级报实现了激光照排，而且在新闻改革中有所作为，业务水准和传播效果明显提高，报刊体系趋于完整，出现了崭新的局面。

一、《西藏日报》实现激光照排，告别铅与火的时代

1994年4月，《西藏日报》实现激光照排，告别传统的铅与火的时代，标志着西藏平面传媒的编辑、印刷技术完成了一次革命性转变，也意味着全国省级报纸全部实现了最先进的激光照排。

激光编辑照排系统最早由北京大学研制开发，至1994年3月，全国除《西藏日报》以外的各大省报均已实现激光照排。受经济和技术因素的制约，《西藏日报》依然在沿用手工检字、手工拼板的落后技术，成为我国印刷排版工艺技术革命的最后一块“孤岛”。

作为西藏影响最大，也是全国最大的藏文报纸，《西藏日报》在宣传党和国家的方针政策，维护国家统一和民族团结，促进西藏社会经济发展和繁荣，传播现代文明，实现与域外沟通等方面做出了历史贡献。在报纸创刊之时，印刷设备是进藏部队用牦牛驮进来的几台20世纪30年代的简陋设备。直到1964年，报纸才开始使用轮转机印刷藏汉文报纸。随着科技进步，陈旧落后的铅排工艺，已不能适应信息时代的需要，不仅劳动强度大，而且工作效率极低，出版周期长。1992年，《人民日报》采用卫星传版，并在全国设立22个代印点，唯有西藏未能实现激光传版，直接影响到中央报刊在西藏的发行。

为赶上时代步伐，促进西藏报业的信息化和现代化，《西藏日报》决定实现激光照排。1991 年 10 月，报社激光照排筹备小组成立。1992 年 4 月确定了建设方案：采用北大新技术公司的激光照排系统，达到编辑、排版、校对一条龙流水作业。在北大方正成都分公司及西藏自治区设计院的帮助下，完成了激光照排厂房设计和内部装修、线路设计任务。1993 年 3 月—1994 年 3 月，报社先后派出三批人员在成都公司进行技术培训。北大方正集团还专门设计开发成功了藏文软件系统，满足了日报藏文版出版的需要，可使藏汉两文种报纸同时实现激光照排。1994 年 3 月，报社建筑面积 1761.12 平方米的三层激光照排厂房建设并完成内部装修，最后一批受训人员也返回报社。4 月 4 日，系统主机（为当时最先进的 93 方正系统）运抵拉萨。

1994 年 4 月 22 日，在《西藏日报》创刊 38 周年之际，第一张由激光照排系统编辑印刷的报纸诞生，报社为此举行了隆重的庆典。北大方正集团总裁晏懋洵在贺信中认为，在《西藏日报》这家位于世纪屋脊之上、海拔最高的报社实现激光照，创造了中国报业的三个记录：是全国省级报刊技术改造中设备最齐全的一家，从照排、彩色到传版一次到位；是全国省级报社技术改造中语言种类最多的一家，藏文、汉文、梵文的配套使用，丰富了报纸内容，适应了当地之需；是省级报刊最后一家完成激光技术改造的报社，这标志着全国省级以上报纸全部实现了激光照排，是中国报业发展史上的一个标志，同时，也是西藏报业史上的一次飞跃和革命。它不仅是技术手段的重大进步，而且也是西藏信息时代到来的主要标志之一。

二、新闻改革取得初步成效

在这一历史时期，苏联解体、东欧剧变，世界范围内的反社会主义思潮甚嚣尘上。这些政治潮流也波及西藏，从而引发了

1987 年和 1989 年的两批拉萨骚乱，新闻媒介同样面临严重挑战。西藏新闻传播事业加快了新闻改革步伐，在坚定维护新闻传媒“喉舌”性质的前提下，文字传媒加大了改革力度，突出信息传播功能，加强可读性，扩大影响力，提高传播效果，进行了一系列富于成效的尝试。

1. 坚定新闻宣传工作的政治方向

在 20 世纪 80 年代后期，受自由化思潮的冲击，对报纸是否坚持党性原则发生怀疑，在全国范围内，新闻报道出现了较为混乱的情况。

在此背景下，西藏的新闻传媒站稳立场，坚定地贯彻中央政治路线和战略决策，旗帜鲜明地维护西藏稳定和民族团结。不论是在 1987 年的拉萨“9.27”骚乱，还是 1988 年的拉萨“3.5”骚乱中，西藏各主要媒体并未“顺应”潮流，进行无原则的报道，而是在自治区党委的直接领导下，坚决执行中央决策，根据西藏实际，以稳定为要务，立场鲜明地反对骚乱，站在维护国家统一和民族团结的高度，揭露“藏独”分子的罪恶和阴谋，正面引导和宣传，发挥了传媒的积极作用。

1989 年 12 月 9 日，自治区党委常务副书记热地在全区第五次广播电视会议上发表讲话，对西藏新闻媒介的地位和作用进行了清楚的阐述。他认为，新闻的功能固然是多方面的，但中心是宣传，尤其是在西藏这样一个民族自治区，新闻媒体应当站在反分裂斗争的最前沿，占领这个阵地。必须始终坚持党性和阶级性原则，充分发挥党、政府和人民的耳目喉舌作用，始终从党的利益出发，把维护党和人民的利益作为新闻宣传舆论工作的最高原则，在任何时候，任何情况下，都必须坚定不移地与党中央保持一致。这是社会主义新闻宣传工作的根本原则。在西藏，新闻宣传工作的原则体现为：坚持维护祖国统一，增进民族团结，促进经济发展，文化繁荣。讲话所确定的新闻宣传原则，是西藏新闻事业发展经验的总结，也是西藏新闻事业的基本规律和方向。

1992 年，《拉萨晚报》做出《关于加强党对报纸的领导，坚持正确舆论导向的决定》，明确指出：《拉萨晚报》是中共拉萨市委机关报，必须置于党的绝对领导之下；坚持党性原则，旗帜鲜明、坚持不懈地反对资产阶级自由化、反对分裂、维护祖国统一，坚持党的基本路线，突出经济宣传，搞好农牧区社会主义思想教育等各方面宣传，充分发挥党和政府耳目、喉舌作用。所有言论稿件、700 字以上的新闻稿件、1000 字以上的文艺稿件、40 行以上的诗歌及二、四版新闻稿件均由编辑部主任审定，评论员文章和一版新闻稿、超过 2000 字的稿件由总编辑审定，社论由市委宣传部主管部长审定，一些重大文章由市委有关领导审定。对社会新闻和批评稿件，均须编辑部主任和总编辑审定。对刑事案件、突发事件的宣传，要由主管部门审查。《拉萨晚报》的规定，明确了党报编选原则，建立了严格的审稿制度，确定了不同层次“把关人”的职权，从机制上确保传媒的政治方向，并保证使传媒在政治敏感区域的西藏发挥良好的沟通和宣传功能，这在西藏传媒界极具典型性。

2. 突出经济报道，促进西藏发展

党的十一届三中全会后，国家发展战略转移到以经济建设为中心。特别是 1992 年党的十四大确立发展社会主义市场经济以后，西藏经济建设的重要性被越来越多的人所认识，经济报道和宣传成为西藏新闻传媒的中心和重要支撑点。

1992 年 4 月，自治区政府副主席毛如柏在讲话中提出，目前的宣传指导思想是以建设有中国特色的社会主义理论为指导，以经济建设为中心，加大改革开放分量，稳定局势，加强民族团结，维护祖国统一，反对分裂，把西藏的各项工作搞上去。经济新闻报道要做到“四性”：一是鼓舞性；二是指导性（导向性）；三是舆论性；四是监督性。5 月底，自治区党委宣传部、自治区新闻工作者协会组成西藏新闻战线赴沿海地区考察团报道组，前往沿海发达地区广州、深圳进行考察、报道。《西藏日报》以及西藏电台、电视台为此开辟专栏《来自沿海地区的报道》，每天刊登报道组发自南方的稿件。

实现以经济报道为中心，首先要突破西藏的传统新闻观念。政治效益是西藏新闻传媒的最大优势，在新的形势下，政治原则还是经济的集中体现，与新闻的党性原则实际保持着深刻的一致性。

西藏经济新闻的报道主要集中在两个方面，一是商业新闻。如国家对西藏实行的特殊经济政策：以集体、个体为主，以市场调节为主；工商业免税政策等。商品经济观念对西藏传统观念是一个巨大的冲击，其磨合过程就成为经济报道的潜在市场。二是农牧区经济报道。西藏是典型的农牧业经济区域，现代工业极少，农牧经济是西藏经济的缩影，由此就成为西藏新闻宣传的重点。西藏新闻界逐步明确经济报道的意义和地位，扩大报道数量，拓宽报道领域，改进报道方式，取得了一定成效，拉近了媒体与社会发展间的距离，适应了市场经济发展的需求。由于受传统观念的制约，以及西藏特殊政治社会因素的影响，西藏经济新闻报道落后于全国。以 1990 年西藏人民广播电台汉语《西藏新闻》为例，全年共播发各类新闻 2792 条，其中经济报道 654 条，占全年播发新闻总条数的 23. 4%。在头条新闻中，经济报道有 87 条，占 23. 8%。两方面所占的比例，显示经济报道还未被置于新闻大格局中的中心位置。

3. 改进会议报道

会议报道占据栏目醒目和大部位置，一直是西藏新传媒的痼疾。在这一时期，西藏新闻界进行了改革会议新闻的种种努力，改善传媒形象，提升传播境界，凸现传媒大众化本性，取得一定效果。

会议常常被当作天然的新闻，占有了大量的媒体空间。来自1990年西藏人民广播电台汉语《西藏新闻》节目的统计表明，当年播出新闻2792条，其中会议703条，占全年总播出量的25.18%，平均不到4天就有一条会议消息。这个比例还超过了本应作为中心加以报道的经济消息（23.49%），一般性的会议消息在新闻播出中数量过多。不仅数量多，而且编播地位突出。1990年汉语《西藏新闻》节目中播出会议消息有290条，而编播在前三条有198天，占全年总天数的54.26%，占全年前三条会议消息总数的25.57%。全年会议消息编播在前三条的有280条，占全年会议消息总数的39.83%。会议消息的地位十分突出，几乎成为消息的当然主体。会议消息篇幅一般都较长。在1990年《西藏新闻》播出的703条会议消息中，单篇篇幅超过500字的达224条，占会议消息的31.86%。会议的重要性、会议主办者的个体意愿和稿源缺乏，是造成这一不良现象的主要因素。会议消息居高不下，还养成了一些新闻从业者的惰性，只要拿到现成的会议资料，就可以照猫画虎，格式化地写成会议新闻稿，导致会议新闻报道的“八股化”，形式死板，语言干瘪，令人生厌。

会议新闻泛滥，其原因就在于将会议等同于新闻，逢会必播，也是钻了其他新闻短缺的空隙。会议无疑是一大新闻源头，但二者并不能画等号。决定新闻价值的尺度，在于它的重要性和接近性。在西藏新闻资源并不很丰富的情况下，如果不深入基层，以独特的新闻敏感发现新闻，必然就会感到新闻短缺，对会议产生依赖。西藏新闻界在分析现状的基础上，立志改变会议新闻弥漫媒体的局面，将目光转向生产生活，加强农牧区新闻报道，强化经济报道，凸现服务功能，使媒体逐渐走向大众，走进人们的生活，探索出了一些改进途径：在会议内容上筛选。把那些大众真正关心、感兴趣的新鲜东西奉献给大家；在题材上挖掘。不局限于会议内容自身，而是以会议某些方面为引子，在更大范围内采访，扩大报道内涵，深化报道思想；改进会议新闻报道形式。用语力求形象，结构突出重点和特色；在板块或栏目上分流，将会议新闻分散到不同栏目中去，减少头版头条使用量。各新闻单位组织记者到城市以外的农牧区等边远地方和单位采访，全面反映西藏社会生活发生的变化，使媒体面貌有了改观。

4. 开展短新闻采访竞赛活动

为解决新闻媒体信息量不足，稿件冗长空洞，脱离实际的问题，西藏新闻界开展了短新闻采写活动，以促进新闻文风的改变。

1991 年上半年，《拉萨晚报》利用参加全国晚报“红塔杯”短新闻大赛的机会，组织全报社的短新闻采写竞赛活动，树立面向实际，富于活力，短小精悍，新鲜有味的新闻好风气。报社制定了参赛计划，落实了选题，举办了短新闻讲座，分时段总结和评选好新闻。引导记者将目光对准重要新闻事实，对准农牧区群众。记者达央、刘斌、旺久就布达拉宫维修工程中民众关心的文物保护、工程质量、进度等进行采访，这些准确而有说服力的报道，配以新闻图片，赢得了读者的好评。记者江白深入林周、达孜县采访，写出了《铁索桥的演变》《阿古登巴去过的地方》等好稿，被西藏其他多家媒体转载转播。记者陈西圣在尼木、日喀则采访中，完成了《生产藏香的能手》《抗英英雄的后代》等特色稿件。报社还从基层通讯员中选取了一些较为扎实的稿件参加竞赛。从 1991 年元月 15 日—6 月 30 日，《拉萨晚报》共出报 70 期，刊发参赛新闻 72 篇，其中消息 45 篇，通讯 27 篇。读者评价报纸说：“现在的《拉萨晚报》办得像一张报纸了，不但有可读性，也有指导性”。

5. 增加“软新闻”份额，提高文化含量，扩大媒介内涵

“典型”的新闻格式和内容，已经影响了新闻的可读性。强

烈的政治色彩，使新闻未免显得单调。在进行新闻改革中，一些记者努力创新，开发“软新闻”领域，取得良好效果。

在传统新闻较为刻板的情况下，“软新闻”就像是一抹绚烂的彩虹，改变着传媒的面貌。如介绍天葬师工作、生活、感情和天葬风俗的《天葬师的今昔》，反映既是宗教领袖，又是分裂分子头领达赖的亲属生活状况的《达赖家族的今天》，以介绍花与民族宗教、十三世达赖爱花嗜好以及历代咏藏诗中关于花的题材的《花—藏民族的宠物》，叙述在有杀生禁忌的西藏，以捕鱼为生的渔民生活生产情形的《雪域深处访渔村》，记述在拉萨因骚乱而实行戒严的当晚，这座城市宁静景象的《今夜无新闻》等报道，虽记载的并不是典型的新闻事件，但经过作者精心观察，选取新颖的角度，以生动的语言加以描述，便绘声绘色地展示出西藏社会的丰富多彩和情趣，获得了读者的好评，产生了一定的影响。这种努力，在一定程度上纠正了西藏新闻报道模式化的弊端，增加了文化内涵，给新闻注入新鲜活力。

报纸的文化板块也进行了改革。1993 年，为适应读者文化生活的需要，《西藏日报》推出“周末版”试刊。版面扩大为四个版。1995 年，因国家实行双休日制度，更名为“星期刊”。这样，《西藏日报》的文化版就由文艺副刊“雪莲花”、“报告文学”和“星期刊”三个板块（均为周刊）构成。文化板块无疑是西藏民族文化的荟萃之地。在版面设计上，突出西藏特色，不盲目追随一般报刊兴起的“周末版热”，虽增加了版面，但不从正刊中分离出来。强调文化熏陶，不为迎合潮流而大量刊登奇闻奇事、婚恋婚变、炒星炒人，与党报的基本格调相协调。副刊强调小说、散文、诗歌、文艺评论并举，并根据稿源情况每期有所偏重，名家与新秀共版，不同文体相间，版面以庄重、深厚、清新为基本风格。星期刊则以“社会热点”、“热点透视”、“聚焦人物”等为重头戏，把目光对准发生在区内的重大事件，新闻价值高，影响大，读者面广，如物价问题、毕业生分配问题、工资改革、住房改革等。同时还组织重大活动报道，配合正刊的宣传任务，收效显著。如对孔繁森精神的宣传，刊登了大量的诗歌、散文、回忆文章和图片，形成了宣传声势。对“百部爱国主义影片”“羊湖精神”等题材的宣传也收到良好效果。在组版方式上，并无一定之规，更多体现的是编辑个人的特点。摄影作品比例不断增加，使版面富于生气，更利于形象地介绍西藏瑰丽的文化景观。经过不断改进，文化版成为培养文艺人才的园地，透视西藏文化的窗口，是《西藏日报》最受瞩目的栏目之一。不少西藏的文化名家都是从这里走上文坛，西藏著名作家益西单增、扎西达娃、马丽华，评论家李佳俊等，都与它有着不解之缘。在内容上，以“健康有益，贴近生活，丰富多彩，雅俗共赏”为原则，立足区内，面向读者，突出地方特色，包括地域特色、气候特色、民族特色、文化习俗、人员构成等，使之成为外界了解西藏的一个重要窗口。稿件的80%是当地或外地作者所写西藏题材，而这些外地作者都有独特的在藏经历。在保持西藏风格的基础上，适度刊登区外作者的非西藏题材的文章，丰富文化版内容，尤其是弥补冬季的枯稿期稿源不足的缺口。文化版先后开设过60多个栏目，如“社会热点”“我爱西藏”“周末恳谈”“史海钩沉”“往事回首”“耳闻目睹”“消费指南”“影视天地”“法庭内外”等已经成为较有影响的固定栏目。不过，文化版的风格还不够稳定、突出，名牌栏目较少，稿源不足，整体水准与源远流长的西藏文化尚不完全相称。

6. 举办全区“好新闻”评奖活动，提高新闻采写水准

为提高西藏新闻报道的水准，更好地发挥新闻传媒在西藏社会发展和经济建设中的沟通和促进作用，从1985年开始，西藏新闻工作者协会和西藏新闻学会设立了一年一度的西藏好新闻奖评选活动。本次评出好新闻48篇，集中反映了1984年西藏新闻

界的最高成就。此后，每年的好新闻评奖活动，就成为西藏新闻工作业绩的一次大检阅，以总结经验，发现不足，引导趋势，直接推动了西藏新闻事业的发展。

以1991年好新闻评奖为例，就能发现西藏新闻事业的重要进步。这一年正好是西藏和平解放40周年大庆，国家和自治区组织了一系列大型的庆祝活动，同时适逢国家投巨资进行的布达拉宫维修工程开工，自治区还组成联合采访组赴江孜县调查报道，西藏和国内外新闻传媒幸逢此绝佳机遇，上演了一场有声有色的“新闻大戏”。

本次评奖活动增加了好版面和优秀摄影图片奖两个项目，以适应西藏新闻事业快速发展的需要。特等奖授予了自治区联合调查采访组江孜系列报道。拉萨晚报《布达拉宫维修工程系列报道》，以新颖的视角，精练的文字，突出的思想性和可读性，被授予消息类好新闻一等奖。新华社西藏分设采写的通讯《朗嘎村的变迁》，以老记者独有的采访经历，简洁的文笔，展示了拉萨郊区一个村的变化，以小见大，成为西藏40年来历史变迁的缩影。自治区广播电视厅的专题稿《党旗在雪域高原永远飘扬》，以丰富的资料，较强的针对性和说服力，准确的画面，恰当的音响效果，以及很有分寸的政论色彩，取得了良好的播出效果。西藏日报的《沧桑巨变话文部》，以深入扎实的采访，精当的选材和对“无人区”深挚的感情，展现了文部的风情和共产党领导人民开发文部的辉煌业绩，受到评委的一致好评。它们均获优秀新闻作品通讯类一等奖。西藏日报的摄影组照《五彩缤纷，欢度佳节》，从多个侧面抓住了和平解放40周年庆祝活动的欢乐场面，图片精美，思想性强，喜庆气氛浓郁，展示了西藏摄影记者独特的构思力和天赋，荣获优秀图片摄影一等奖。新华社西藏分社的《爱流泪的女县长》《拉萨桥头的康巴盛会》等虽未获奖，但在采写水准上亦有突出的优势。在评奖过程中，也发现了西藏新闻界的若干缺陷：消息量少，针对社会问题的消息较少，质量高的消息则更少。在参评的74篇（件、幅）中，消息仅有25篇，与消息在整个新闻报道中的主体地位并不相称。公认的好消息难得一见。抓问题的消息就更少。与《拉萨晚报》的努力相比，其他新闻媒体显现迟钝。这些都反映出西藏消息写作整体水平不高。新闻篇幅也太长。受传统采写习惯的影响，在报道中常常罗列不必要的名单、议程、数据，滥加议论，好作说明、铺垫和穿插，占去大量篇幅，以“长”为荣。记者素质尚待提高。不少作品存在明显缺憾，浪费了珍贵的新闻资源。新华社西藏分社记者的采写能力显胜省区内记者，而区内一些记者的能力还不如地区报社的记者。如在庆祝西藏和平解放40大庆的报道中，日喀则报的一篇稿件比区内几家大新闻单位的质量还要高些。探究原因，正在于一些记者深入实际采访不够，新闻的敏感性不足有关，基本功有待提高。

西藏自治区1991年好新闻获奖作品名录

等级	体裁	语别	作　　品	作　　者
一等	消息	汉	江孜系列报道	自治区联合报道组
一等	消息	汉	布达拉宫维修工程系列报道	达央、刘斌
一等	消息	汉	西藏90大工程加紧建设	刘伟
一等	消息	汉	拉萨的大气水质最干净	刘伟
一等	消息	藏	康巴扎西将收藏文物奉献桑耶寺	桑布
一等	通讯	汉	朗嘎村的变迁	桑布
一等	通讯	汉	沧桑巨变话文部	刘新平
一等	通讯	汉	党旗飘扬在高原（系列报道）	李永发等
一等	通讯	藏	社会主义的红旗在边雄新村飘扬	拉日
一等	评论	汉	此路可通	李永发
一等	评论	汉	深刻的变化，可贵的经验	群觉

续表

等级	体裁	语别	作　　品	作　者
一等	评论	藏	上下一致夺丰收	扎西次仁
一等	画刊	图片	五彩缤纷欢度佳节	西藏日报摄影组
一等	版面	汉	西藏日报5月18日一版	西藏日报汉编部
二等	消息	汉	畜禽兴旺粮增产余粮转化效益高	任友明
二等	消息	汉	曲贡遗址发现青铜器	李志勇　孟唤
二等	消息	汉	西藏是祖国不可分割的一部分	罗则明
二等	消息	藏	伦珠尚乡粮油总产达到155万斤	索朗
二等	消息	藏	坚百村群众饮水、住房困难得到解决	普穷
二等	评论	汉	重视科技发展农业	孟晓林
二等	评论	汉	团结就是力量	孟晓林
二等	通讯	汉	日喀则亮出你的底色、潇洒	宁世群
二等	通讯	汉	天下第一道班纪实	宁世群
二等	通讯	汉	山沟中崛起的希望	益西加措
二等	通讯	藏	甘当残疾人和孤寡老人的仆人	丹增
二等	通讯	藏	军民团结之花	巴桑贡觉
二等	图片	图片	张学忠副书记访农家	格桑吉美
三等	消息	汉	大庆声屏花团锦簇	张热闹
三等	消息	汉	喜看拉萨新面貌系列报道	杨从彪、罗则明
三等	消息	汉	日喀则集体企业改革十年效益显著	黄忠
三等	电视新闻	汉	北京中路派出所查缴非法收购物资	秦岑松、张涛文
三等	消息	汉	阿贡活佛再次为家乡捐资十五万元	尹洪坤

续表

等级	体裁	语别	作　　品	作　者
三等	图片新闻	藏	阿沛副委员长为广播电视报题词	次仁平措
三等	通讯	汉	是活佛，也是新闻工作者	索朗、马加
三等	通讯	汉	戎马边防二十年	泛舟
三等	通讯	汉	一个不摆阔气的总结表彰会	赵恩学
三等	通讯	汉	南迦巴瓦峰下的葬礼	多吉占堆、屠小华
三等	通讯	汉	来自森林的呼唤（广播稿）	张云华
三等	通讯	汉	为了五保老人的心愿	旺堆、李伟等
三等	通讯	藏	政策落实，民族语文结硕果	次旦欧珠
三等	通讯	藏	好妇联主任央坚次仁	仓决
三等	通讯	藏	村里的好带头人	江白
三等	图片新闻	藏	故事大王	扎西顿珠
三等	画刊	汉	中央艺术团在藏演出纪实	格桑吉美
三等	图片	藏	阿沛副委员长、洛嘎市长同孩子们在一起	旺久
三等	要闻版	汉	5月2日《西藏日报》汉文一版	西藏日报编辑部
三等	要闻版	藏	4月21日《西藏日报》藏文一版	西藏日报编辑部
三等	要闻版	汉	10月1日《拉萨晚报》汉文一版	拉萨晚报
三等	评论	藏	狠抓教育这个大计	索朗
三等	评论	藏	美德、榜样	索朗群觉
三等	杂谈	藏	拉萨的出租车	坚参

［据《新闻工作通讯》1992年二期］

三、报刊体系趋于完整

在这一时期，西藏地市报纸有所增加，特别是刊物的类型更加丰富化，报刊的格局趋于完整。报刊继续保持旺盛的发展势头，一批印刷媒介纷纷亮相雪域高原，包括地市报纸和时政、经济、文化、艺术、教育等不同类型的刊物，使西藏传播媒介阵容进一步齐整，能够全方位地向外界展示西藏的真实形象和特殊魅力。

1987年10月1日，《日喀则报》正式创刊。日喀则是藏北重镇，文化和经济均较发达。它是西藏除拉萨以外最早创办的地市级报纸。日喀则地委机关报，面向区内外公开发行。藏汉两种文字出版。初为月报，1993年固定为周报出版发行。它虽办在西藏中心城市以外，发行量不足5000份，但却具有较大范围的影响力。不仅在日喀则19个县市口岸、全藏7个地市拥有订户，而且在区外21个省（市）自治区的140个城市和地区都有它的忠实读者，成为西藏有代表性的报纸之一。

1994年1月8日，又一份地市级报纸——《阿里报》创刊。

在此期间，一批新的时政文化刊物相继创办。

《西藏佛教》：1986年创刊，中国佛协西藏分会主办。藏文版。半年刊。

《西藏大学学报》：1986年7月创刊，西藏大学主办。哲学社会科学、自然科学综合性学术期刊。藏汉双语出版。

《西藏公安》：1988年创刊，西藏公安厅主办。双月刊。汉文版。

《西藏艺术研究》：1988年9月创刊，藏文版。西藏自治区民族艺术研究所主办，以藏文化艺术为研究对象的专业理论刊物。半年刊。

《主人》：1989年10月创刊，西藏自治区总工会主办。1991年11月公开出版发行。半年刊。藏汉文双语出版。

《党的生活》：1989年创刊，西藏自治区党委组织部主办。季刊。藏文版。面向农牧区基层党员的教育刊物。

《西藏科技情报》：1990年创刊，西藏自治区科技信息研究所主办。季刊。汉文版。

《西藏旅游》：1991 年创刊，1993 年公开发行，西藏自治区旅游局主办。汉文版。季刊。它印刷的精美、版式的精彩和浓郁的文化气质，使之成为外部世界了解西藏的最佳读物之一，也是西藏代表性刊物之一，影响所及，至香港、新加坡、台湾、澳门以及东南亚地区。

《西藏民族宗教》：1992 年创刊，西藏民族宗教事务委员会主办。出版藏文版年刊和汉文季刊。

《西藏民俗》：1994 年元月创刊，西藏民间文艺家协会主办。它的前身是《邦锦花》。藏汉双语出版。季刊。该刊是西藏有代表性的民族文化期刊，在国内外享有盛誉。

《西藏艺术研究》：汉文版，1986 年创办，原名为《艺研动态》。1987 年改为《西藏艺术研究》。1992 年公开出版发行。季刊。

《半月谈》：1995 年 1 月创刊。西藏人民出版社受新华社委托主办。半月刊。藏文版。基本方式是将汉文版《半月谈》进行选择性翻译，并增加有关西藏的时事内容，突出重点、把握大局、指导西藏、传播信息。

《人民西藏》：1995 年 8 月正式出版，西藏自治区人大常委会主办。双月刊。藏汉双语出版。

第七章　构建西藏新闻传播事业的完整格局（下）

[1976 年“文革”结束—1994 年实现激光照排]——西藏新闻传播事业地域特色凸显

在这一时期，西藏新闻传播事业的区域和民族特点进一步凸现出来。针对西藏政治和社会发展的特殊性，重大战役性新闻报道备受重视，开展得有声有色，产生了巨大的传播冲击力。同时，为突破西藏地理、文化等方面带来的封闭性，西藏新闻传播界以热情和积极的努力，逐渐建立了多层次的交流机制，开阔了视野，在更大更广阔的背景上审视西藏新闻传播事业。

第一节　浓墨重彩记录西藏历史进程——重大新闻报道活动成效突出

新闻传播从来都是社会发展和变革的晴雨表。在 20 世纪 80 年代中期到 90 年代中期，西藏进入了改革开放的关键时期，社会在曲折地转型，受众和传播媒介的视野大大扩展。反分裂斗争日趋激烈和复杂化，在西藏自治区首府拉萨，先后发生几次由分裂分子操纵的骚乱，新闻传媒成为其中醒目和重要的坐标。此间适逢西藏和平解放 40 周年，新闻传媒又一次获得了发挥自己传播功能的绝佳机遇，既实现了西藏与外界的沟通，记录了历史，同时也必然地使这些历史般的记录，成为西藏新闻传播史上的代表作。

一、新闻媒介——反分裂的利器

自20世纪80年代后期以来，在国际大气候下，西藏的反分裂斗争日趋激烈，拉萨先后多次发生严重骚乱。在这场关系国家安定、统一和民族团结的重大政治斗争中，西藏新闻传媒表现出坚定的政治立场和良好的素养，始终站在党和人民一边。对这个表现，中央工作组和西藏自治区领导人评价道：宣传工作在平息骚乱中起到了关键作用。

1987年9月27日、10月1日，拉萨两次发生大规模骚乱。1988年3月5日，一群分裂分子利用传召法会、迎请强巴佛的仪式再次制造骚乱。1989年3月5—7日，拉萨连续发生大规模骚乱。7日，国务院宣布从8日凌晨起对拉萨实行戒严，至1990年4月20日撤除。

西藏新闻传媒在这场分裂斗争中经受了严峻考验。1988年3月5日，分裂分子砸毁了三讯道电视转播车、录像车和采访车，连现场的灯光、音响、录音设备亦未幸免。中央驻藏新闻媒体——新华社西藏分社、人民日报、中央人民广播电台、中国国际广播电台驻藏记者站，《西藏日报》、西藏人民广播电台、电视台、拉萨晚报、拉萨电视台、西藏青年报、日喀则报等媒体，积极参与了反对分裂的新闻宣传战斗。在这场新闻“战争”中，新华分社表现得尤为突出。在1989年的“3.5”骚乱前，分社从各方信息判断，分裂分子可能要在3月10日前，利用星期天和宗教节日制造骚乱。3月5日，记者便出现在敏感的八廓街，中午12时，骚乱果然发生，记者成为警察以外最受分裂分子“关注”的对象，记者一边躲着飞石，一边抢拍现场照片，他们身着便服，但还是被辨认出来，受到围攻，被困派出所长达三个多小时，只能利用电话向分社进行报道。骚乱迅速由八廓街扩大到周围四五条街，记者就混入围观群众中进行采访。由于事前预测准确，有相应部署，几乎所有分社记者赴现场采访，及时准确地反映和报道了当日骚乱实况，在拉萨所有媒体中尽显优势。拉萨的三月仍如寒冬，严重的缺氧使人的心跳达到一百多次，在缺氧环境下所必需的充分睡眠和按时进餐，完全被紧张的工作节奏打乱。“3.5”当晚，很多记者为写稿直到凌晨3点多才能休息，还有一些记者为突击稿件，一直工作到凌晨6点。第二天还要照常工作。在那些非常的日子里，记者视一日一餐为常规。拉萨与北京时差2个小时，当北京早上8点上班的时候，拉萨实际还不过6点，但面对总社的召唤，记者们总是立即进入工作状态，完成总社下达的采访任务。3月6日，骚乱分子大肆抢烧，分社成为攻击目标，两幢平房遭到抢劫和焚烧。上午，骚乱分子到分社附近的北京东路打砸抢烧，下午6点，数百名戴大口罩的骚乱分子冲到分社大西门边的平房，砸开房门，抢搬室内物品，当街放火烧毁，将大门口藏文的机关牌子也付之一炬。大火使分社和市内电话、总社卫星线路中断，直到晚9点才获修复，将其喻之为一场“战斗”，丝毫不为夸张。在这场激烈的反分裂斗争中，分社积极主动，不怕困难和牺牲，抢发了很多独家新闻，图文并茂，真实可信，引起世界瞩目。在骚乱期间和戒严前后，共发出文字稿100多篇，图片近百张，取得了突出的宣传报道效果，成为反分裂斗争中西藏新闻媒体中的典型“战役”。《西藏日报》作为本地最重要的媒体，也及时集中宣传报道力量，展开了强有力的反分裂宣传攻势，无论是总编、编辑、记者还是工人，都积极行动起来，不分昼夜投入工作，采写稿件、撰写言论、印发传单，共发消息237篇，言论13篇。西藏广播电视厅领导带领职工，冒着飞石危险，架设高音喇叭，宣传政府公告，广播、电视媒体播发消息、通讯86篇，电视图像33条，有效地引导了舆论，遏制了分裂分子的嚣张气焰。

坚定的政治信念和牺牲精神，成为这场新闻战斗中凝聚的最宝贵经验。在复杂、动乱的局势面前，西藏新闻工作者始终坚定地站在党和人民一边，面对分裂分子的威胁毫不动摇，在维护国家统一和西藏稳定的历史挑战中立下功勋。在和平时期，西藏的新闻工作者却要面对"战火"考验，事实证明，他们不仅是勇敢的战士，而且是优秀的战士。

二、西藏和平解放40周年大庆活动：西藏新闻界的大检阅

1991年5月23日，是"十七条协议"签订40周年纪念日，中央和西藏各界举行各种活动，庆祝西藏和平解放40周年。

庆祝西藏和平解放40周年活动，从1990年10月庆祝昌都解放40周年拉开帷幕，直到1991年8月初纪念阿里解放40周年止，历经10个月之久。西藏新闻界全方位、多层次、多角度，深入细致地报道了西藏40年来的社会大变革和巨大成就。全区13家报纸、广播、电视、新闻刊物，以及中央、全国驻藏新闻机构向区内外、国内外刊播各类文字、录音、图像新闻近3000条、篇，仅《西藏日报》《拉萨晚报》《西藏青年报》《日喀则报》等4家藏汉文报纸就刊用各种题材的文字稿2000余条，出专版140多个，使用图片2000余幅。西藏人民广播电台和西藏电视台，于1991年4月15日—6月10日，开办《纪念西藏和平解放40周年专题节目》，播发广播专稿90多篇，播放电视专题片50部，两台翻译文字约20万字。《西藏日报》藏汉文版自1990年10月以来共刊出纪念专版140块，文字稿2000多篇，图片2000多幅，并在"5·23"大庆期间藏汉文版刊出9个彩色版，突出了喜庆气氛。《拉萨晚报》《西藏青年报》《西藏科技报》《西藏法制报》《日喀则报》及各地市电视台，也都充分发挥各自优势，以各种方式进行了大庆宣传报道。中央人民广播电台驻藏记者站，会同中国广播电影电视部赴藏采访组，共同完成

了大庆采访报道，采写了反映西藏40年来成就和大庆活动的新闻稿件400余篇，在国内外产生了较大影响。中央台记者还参与了中央电视台赴藏采访组5集电视系列片《西藏在诉说》的摄制工作。西藏的新闻工作者还在大庆期间，接待了国内外和港澳地区的记者，通过他们向世界宣传西藏，扩大了西藏的影响力。

新华社西藏分社的大庆采访活动，应该特别书上一笔。作为有国际影响的国家通讯社，分社采访报道的重点主要放在对外宣传方面。从1991年2月初到5月底，分社组织精干力量和强大阵容，开展了一场持久而成功的战役报道，在前后106天的时段内，共发稿205条，包括成就稿、针对性稿、人物稿、见闻稿、中央代表团活动报道以及藏历新年和春节的年庆活动报道。面对西藏特殊的宣传背景，分社的采访有明确的针对性。20世纪80年代末到90年代初，达赖集团加强了在国外的分裂活动，1991年又策划了所谓“国际西藏年”，一些西方国家的议员抓住什么“汉族大量向西藏移民”“藏文化遭到破坏”“宗教信仰受到限制”“西藏的人口政策”“西藏的归属问题”“西藏的人权问题”以及“核污染”等问题，在“人权”上大做文章，攻击中国政府。分社利用40大庆的良好机遇，组织了对应性的采访调查，采写了30多篇文章，回答了国际社会最为关心的一些问题，回击了国外反华势力的臆造和污蔑。它们包括“大量历史档案说明西藏自十三世纪以来就是中国领土不可分割的一部分”“西藏档案馆巡礼”“西藏各界人士谈人权”“著名西藏活佛说，就宗教信仰自由而论，现在是西藏和平解放以来的最好时期”“自治区人事局局长谈汉族干部的贡献和人数变化”“环境监测数据表明，拉萨是世界污染最轻的城市之一”“藏文化在继承得到发展”等选题。为了采写中央和西藏的隶属关系方面的稿件，记者们先后7次到西藏档案馆查阅资料，反复核实，播发后被多家国内外媒体采用，产生了较大的传播效力。针对达赖集团“中国在西藏堆放核废料，造成了严重的污染”的言论，记者专程采访了成立不久的西藏自治区环境监测中心，以大量数据证明：西藏是世界上污染最轻的城市之一。《人民日报》海外版、《中国日报》以及多家海外媒体予以转载，清晰地将西藏的真实形象展示于世界。

分社的采写技巧得到充分发挥。在报道策略上，坚持“以我为主”的原则，对西藏社会主义建设的成就和老百姓安居乐业进行大力宣传，掌握主动权，回应国外舆论的疑问，反驳其歪曲之词。采写了“五大重点工程为西藏经济注入活力”“西藏地方立法成效显著”“昔日奴隶庄园喜迎藏历新年”“高原处处有丰碑”等。同时在写作技巧上，以事实说话，不做过多议论，增强传播效能。通过事实选择和剪裁，将主题渗透进新闻事实之中，在客观的报道中实现宣传意图。如通过报道女县长、女律师、导游小姐等女性人物，反映西藏妇女地位的变化，通过报道布达拉宫维修、老活佛的一生、班禅大师的守护人等，反映西藏的宗教政策，通过记述岗巴拉雷达兵等事迹，来说明藏汉民族之间、军民之间的团结友善。

分社报道方针和成果获得了国内、国际传播界的认可。它的中外报刊采稿率达到84%，为近年来采稿率最高的大型报道之一。《中国日报》采用者在100篇以上，《人民日报》海外版，国际性报刊如《信报》《大公报》《星岛日报》《欧洲时报》等也保持着不低的采用率，尤其是华侨报刊对新华社稿件更有兴趣和信心。报道的宣传效果也使人振奋。1991年3月18日，法新社播发了一条伦敦专电，称“达赖喇嘛抱怨说，英国更多的是相信中国方面的说法”。可见即使对于西方主流媒体，新华社也保持着对它的相当影响力，这种影响力在一定程度上超过了被西方奉为“人权卫士”的达赖，起码在这次报道上的情形就是如此。外国驻华使馆期待的关于西藏的背景资料，在新华社报道系统、准确、权威和可靠的报道中基本能得到满足，新华社的系列报道就这样被摆放在这些大使的办公桌上。

1991 年 6 月 15 日，新华社发出通报，表彰西藏和平解放 40 周年大庆新闻宣传报道工作。通报指出，新华社为此次宣传组织了总社国内部、对外部、摄影部、解放军分社等有关部门的记者，国内报道共发通稿 215 篇，采用率为 74.5%。对外英文广播和中文、法文、西班牙文、俄文、阿拉伯文、专线共发稿 311 篇，采用达 84%。摄影报道共发照片 430 张，国内报道的单张采用率达到 80% 以上。对外报道的大型展览《中国西藏》共展出照片 105 幅，在我 100 多个驻外使馆展出。解放军分社赴藏报道组共发回文字稿将近 30 条，照片 12 幅，《经济参考》《瞭望》周刊、《半月谈》杂志、新华出版社等也进行了充分的报道。其发稿数量之多、采用率之高、影响之大，创下历年来民族宣传报道上的最新纪录。

在域外媒体的大庆采访活动中，香港传媒具有代表性。1991 年 6 月 27 日—7 月 5 日，中国记协和新华社香港分社组织了由《大公报》《文汇报》《快报》《东方日报》、中国香港通讯社、亚洲电视台和无线电视台等 8 家新闻机构、14 人构成的香港记者团赴藏采访。他们先后在拉萨、日喀则、江孜等地区采访，参观了布达拉宫、大昭寺、罗布尔卡、抗英遗址、扎什伦布寺，访问了西藏大学、拉萨地毯厂、哲蚌寺、帕拉庄园，走访了一些藏族群众家庭，接触了干部、学生、市民和僧人。记者们关心的主要问题是：宗教政策——藏民信仰宗教到底有没有自由、自由程度有多少、宗教场所恢复情况、僧侣的社会地位和生活情况等；民族政策——藏族子女入学、升学、就业情况、藏汉关系现状、藏汉干部比例等；西藏“独立”问题——藏民中希望西藏独立的到底有多少、抓了多少、怎么处理等；对达赖的政策问题——群众信仰达赖是否自由、政府是否干涉、藏民是否希望达赖回来等。经过一周的采访，他们共同的感觉就是：西藏的实际与外界的宣传差距太大，西藏并不像外界宣传的那样“可怕”。他们说他们自己都有些要“转向”了，而且再回去以后还要向大家说说这些感觉。记者们大都能以客观的态度报道西藏的真实情况，在反驳外界的歪曲宣传，积极宣传西藏方面发挥了不可替代的作用。在问到关于“西藏独立”、拉萨骚乱等敏感问题时，大多数被采访者的回答是：“搞骚乱、要独立的是极少数人”，“和旧社会相比，现在人们的生活水平提高了很多，子女有上学、就业的机会，党的政策很好，我们不赞成独立”。“那些搞骚乱的人违反了法律，政府按法律处理，我们没意见”。“现在生活条件很好，我们只希望有一个安定的社会。”在拉萨、江孜的采访中，记者们目睹了繁荣的市场和涌动的人流，感觉到西藏人民的生活确实得到了改善。在拉萨城关区丹杰林居委会一户人家，记者们看到他们的子女有的工作，有的上学，家里有电视机、收录机、电冰箱、佛龛、卡垫等高档家具，主人回答说，这只是拉萨的中等生活水准。在江孜原帕拉庄园农奴朗生家里，记者们看到新建的房屋占地面积很大，每户经营二三十亩土地，牲畜、粮食和风干牛肉很丰富，都很惊讶。主人在回答记者们的提问时，很爽快地回答说：国家并不干涉盖这么大的房屋，种地也不缴税，家中存粮很多，就是三四年没收成全家也够吃。1990 年国家给我的商品粮任务是 3000 斤，而我完成了 4000 斤。记者们对西藏宗教信仰是否自由的疑问也基本消除了。他们在八廓街和各寺院，看到香火旺盛，人们自由出入和活动，被采访的群众和僧人的回答一般是：信不信教完全自由。由于西方传媒对中国国家通讯社——新华社的偏见，外界对西藏的了解多取西方和达赖的声音，西藏就这样一直被歪曲着。香港记者的采访因为具有的“中间”身份而更具说服力，成为中国主流媒体宣传的补充和实证。

三、一系列重要宣传报道提升西藏新闻传媒的社会地位

西藏在改革开放中发生的巨大变化，以及国内外对这里的高度关切，给新闻界以宝贵的历史机遇。在一系列精彩的重要报道中，既展示了发展中的西藏，也表现出了新闻传媒的整体进步。

1. 重要活动的采写

1985 年，西藏自治区成立 20 周年，以胡启立为团长的中央代表团莅临拉萨，西藏各媒介予以重点报道。

1989 年，新闻媒体及时报道了班禅额尔德尼·确吉坚赞副委员长在西藏日喀则圆寂和国务院决定筹建十世班禅灵塔、寻访转世灵童的重大消息。

1990 年 7 月，西藏新闻媒介集中报道新任中共中央总书记江泽民视察西藏活动。同年 10 月，胡锦涛率自治区代表团赴昌都庆祝昌都解放 40 周年，新闻界予以报道。

1992 年 6 月，西藏各媒体报道噶玛格举教派在楚布寺认定第十七世活佛仪式。同年，在启动的“中国的大西南”大型采访活动中，西藏日报社组团赴四川、重庆、云南、贵州、广西进行采访。同年，为庆祝中日邦交正常化 20 周年，中日联合攀登南迦巴瓦峰，新华社西藏分社多吉占堆、《中国体育报》锻炼、《西藏日报》刘立强等中方 3 名记者，在采传设备远逊于日方的情况下，怀着充分的信心加入了两国间的新闻竞争，在时效性和深度上毫不逊色于日本同行，赢得了日本记者的尊敬。自 1960 年郭超人报道中国 3 名勇士攀登珠峰以来，新华社登山报道便活跃起来。而自 1975 年我国登山运动沉寂后，相关报道也逐步降温。从 1984 年中国登山队首次攀登南迦巴瓦峰成功后，新华社的登山报道又复活跃，在此后西藏登山队攀登卓奥友峰、章子峰、中日联合攀登纳木那尼峰、双跨珠峰、中苏美联合攀登珠峰

等重要登山活动中，都有新华社记者的身影。登山报道不仅成为新闻报道的特色领域，而且成为西藏新闻报道的显著优势。

1993 年 9 月，西藏各媒体热烈报道十世班禅大师祀殿释颂南捷落成典礼。

1994 年 7 月，中央第三次西藏工作座谈会召开，西藏主流媒体从 8 月开始集中报道中央确定的 62 项重大援藏工程。

2. 偏远地区的采访

1987 年 7 月和 1988 年 11 月，记者唐召明两次到藏北无人区进行采访，最直接地了解了农牧民的生活状况和他们对党的深厚感情。

1989 年初，为配合西藏民族改革胜利 30 周年的宣传，新华社西藏分社组织了江河（黄河、长江）源藏区采访活动。记者多吉占堆采写了《曲杰活佛如是说》等优秀稿件。记者土登的青藏公路摄影报道同样引人入胜。同年，记者索朗罗布在拉萨河南岸的洞巴——西藏极为少见的渔村采访，将藏民迥然异趣的生活生产状态介绍给世人。记者王永治报道了极具西藏特色的“藏族康乐棋——吉韧”，以及各种体育活动，开拓了西藏体育报道的内涵。记者任欣对珠峰地区旅游业的采访，也可谓是历经艰险，一波三折，典型地反映出西藏基层采访的巨大困难和特殊性。

西藏的重要活动报道和偏远地区报道，是西藏特殊的社会环境和自然环境造就的结果。西藏的特殊地位，决定了发生在这里的很多活动具有全国甚至世界的意义，这使西藏新闻界作为地方性区域性媒介，却享有全国性影响力，这正是西藏新闻界的内在价值和特色所在。

第二节　西藏新闻传播界对外信息交流机制的逐步建立

随着“文革”结束，国家实行改革开放的基本国策，全国工作重心转移到以经济建设为中心的轨道上来，西藏的新闻事业也走出封闭和保守，打开对外交流渠道，学习和借鉴外地新闻改革经验，推动西藏新闻传播业快速发展。

20 世纪 80 年代中期以前，西藏对外交流的方式主要体现为：

一是建立与相关省区的业务合作机制。如 1980 年 11 月 1 日，在文化部的主导下，西藏电影公司与内蒙古电影制片厂就藏语译制问题达成协议。

二是在西藏主要媒体上推介祖国内地情况，特别是民族自治地区的社会和经济发展状况，促进彼此之间的了解。1981 年元月，西藏日报组织的《伟大的祖国》专页陆续见报，分别介绍全国 30 多个省、市、自治区概况。1982 年 4 月，西藏日报开辟《祖国大家庭》专栏，系统介绍全国 31 个民族自治州。

三是以拉萨为主办地，邀请外地专业机构和人士举行专业研讨会，建立区域性联席会议制度，加强相互交流和合作。1983 年 8 月，由西藏日报社主办的西南四省区（云、贵、川、藏）5 报（四川日报、云南日报、贵州日报、西藏日报、成都晚报）总编辑座谈会在拉萨举行。此后，这个联席会议成为稳定性的区域性新闻业务交流机制。1984 年，由西藏广播电视局主办的全国首届藏语文艺广播会议在拉萨召开，川、青、甘南以及西藏等省区、州广播电视剧和中央人民广播电台民族部的 13 名代表出席了会议。

在 20 世纪 80 年代中期以后，西藏新闻传播初步形成了开放的格局，不仅基本建立了覆盖整个西藏的新闻通信网络，而且与域外新闻媒介的交流日益频繁，西藏新闻事业的封闭状况正在被打破。

一、通达全区的新闻通信网络

主要是新增设了西藏自治区传媒驻基层和对象单位的记者站，加强通讯员培训，建立起了较为快捷和覆盖面较为广泛的新闻通讯网。

西藏新闻媒介注重在基层设立记者站，保证媒介拥有丰富的信息源。1990 年 4 月，西藏电视台、西藏人民广播电台驻西藏军区政治部记者站、西藏武警政治部记者站、西藏军区后勤部记者站、武警交通一总队记者站、武警水电三总队记者站、八一地区部队记者站相继成立。1991 年 5 月 8 日，西藏日报、西藏人民广播电台、西藏电视台驻羊湖记者站正式成立。它以宣传羊湖建设成就为己任，开辟了新闻报道新渠道。

与此同时，新闻界抓好通联工作，逐步建立一支覆盖面广的通讯员队伍，培植广泛的媒介信息源。西藏各主要媒体基本上要在每年举行不同形式的通讯员会议，举办业务培训班，总结经验，学习业务，通报报道思路。1988 年，西藏广电厅与西藏日报、山南地委宣传部联合在泽当举办了通讯员培训班，40 多人参加了培训，并发展了一批特约记者。1992 年，西藏日报向全区各地市、县和驻军部队发出函件，恳切要求地方和部队的政治、宣传部门重视通讯员培训和新闻报道工作，充分利用媒介推动各项工作。1992 年，西藏两台先后举办 12 期通讯员培训班，受训人员达 270 人次，并在一年内召开了两次通讯员会议，保证两台稿源充足。1993 年 2 月 12 日，70 多名新老通讯员汇集西藏日报社，参加新闻通讯员座谈会，共商西藏日报发展大计。1993 年 4 月 7 日，西藏日报藏文编辑部召开通讯员座谈会，表彰了

1992年社教征文中获奖的10篇优秀稿件。这次活动共收到基层通讯员300多篇来稿。1989年12月，《西藏青年报》召开通讯员座谈会，40多名通讯员代表参加会议，15名1989年度优秀通讯员受到表彰。一些基层单位也开展各种形式的通讯员培训工作。如驻藏某仓库部队政治部十分重视新闻报道和通讯员工作，集中6天时间对通讯员进行培训，组成6人采访报道小组到基层连队进行采访，在一周内完成了23篇新闻稿件。

二、区外新闻媒体纷纷落户西藏

为了加强对西藏的新闻报道，以新华社为开端，先后有20余家中央新闻媒体进驻西藏，在藏建立了记者站或采访机构。它们不仅在宣传西藏方面发挥了重要作用，实现了多重信息沟通，扩大了西藏的视野，而且拓展了西藏新闻事业的内涵，成为西藏新闻事业的一个重要组成部分。

新华社无疑是进驻西藏最早、影响最大的区外媒体。1950年初，新华社派出精干人员踏上随军进藏的征程，并在1951年“八一”前夕，途经昌都时成立了由第二野战军总分社派来的记者与十八军新华支社的记者组成新华社西藏分社，十八军政治部宣传部副部长汤化陶兼任社长，随军采访的新华社二野总分社记者方德任副社长。1951年10月，新华社分社跟随人民解放军进军步伐进入拉萨，开始了新闻宣传新里程。同年12月，西北独立支队在拉萨与十八军主力部队胜利会师，随同独立支队采访的新华社西北总分社记者和工作人员即合并入西藏分社。在20世纪50年代，分社的负责人基本由中共西藏工委宣传部领导兼任。1959年3月—1960年10月，新华分社与西藏日报社合并，简称“报分社”，两社领导合一，由方驰辛兼分社社长和西藏日报总编辑。到1991年西藏分社成立40周年之时，分社有记者17人，其中藏族、回族有11人，共发出关于西藏的新闻文字稿1万余篇，新闻图片10万余张，忠实地记录了西藏的历史变迁。

1956年，中央新闻记录电影制片厂驻西藏摄影站成立，从此，以藏族摄影师为主体的摄影记者，真实生动地记录了西藏半个多世纪的历史风云。

中央新闻媒体建立驻藏记者站始于20世纪60年代。进入90年代以来，中央和国家新闻媒体陆续派出人员在拉萨建立记者站，在宣传、介绍西藏方面发挥了不可替代的重要重用。截至1999年底，已在西藏出版行政部门登记建站的有18个，大部分隶属于中央、国务院各部委直接管理，也有一部分挂靠西藏相关行业部门。它们是：中国检察报驻西藏记者站（1991、7、25）、人民法院报驻西藏记者站（1992、1、30）、中国税务报驻西藏记者站（1992、6、12）、中国工商报驻西藏记者站（1993、3、4）、国际商报驻西藏记者站（1994、11、1）、中国贸易报驻西藏记者站（不详）、中国测绘报驻西藏记者站（1995、2、15）、中国建筑报驻西藏记者站（1996、6、24）、中国水利报驻西藏记者站（1997、5、26）、中国商检报驻西藏记者站（1997、9、10）、经济日报驻西藏记者站（1997、9）、中国资产新闻报驻西藏记者站（1997、9、17）、中国财经报驻西藏记者站（1997、10、4）、中国商报驻西藏记者站（1997、12、26）、人民日报驻西藏记者站（1998）、中国地质矿产报驻西藏记者站（1998、8、26）、人民大众科技报驻西藏记者站（2000、1、20）、农民日报驻西藏记者站（2000、9、4）、金融时报驻西藏记者站、中央人民广播电台驻西藏记者站、中央电视台驻西藏记者站（1982、5）、中国国际广播电台驻西藏记者站（1982、5）、光明日报驻西藏记者站、工人日报驻西藏记者站（1991、6）、中国文化报驻西藏记者站等。民族团结杂志、中国电力报、健康报、西南教育周报等也设立了专职或兼职记者。

其间，《人民日报》《解放军报》《参考消息》《战旗报》

《两用人才报》等在拉萨设立了航空代印点，西藏读者终于可以较早地看到外地报纸，吸纳接受丰富信息。

三、西藏新闻界对外业务交流空前活跃

伴随着西藏对外开放进程的加快，西藏从原来被动接受援助，开始走出雪域，以积极的姿态参与区域性、全国性业务交流活动，发起、主导或参与了区域性新闻交流、协商机制，为外界了解西藏以及西藏的新闻传媒提供了平台，同时全方位借鉴外地新闻改革和发展经验，推动了西藏新闻事业的发展。至于西藏与国外新闻界的交流，特别是国外记者以及采访团对西藏的访问、采访，后有专章论述，在此不述。

此间，以西藏新闻机构为主办方，举办了一系列区域性业务研讨活动。1985 年 7—8 月，首都记者采访团抵藏采访。1987 年 7 月 16 日，全国第五届藏语文艺广播会议在西藏日喀则举行。1988 年 8 月，西南五省六报总编辑会议在西藏日报社举行，对少数民族地区如何搞好民族团结以及新闻改革进行了专题研究。1990 年 8 月，全国五个少数民族自治区总编辑会议在西藏日报社举行，探讨办好少数民族地区党报的经验。1990 年 6 月 26 日—7 月 5 日，全国少数民族自治区广播电视工作会议在拉萨召开，13 个自治区和省市的 200 多名代表出席会议。1991 年 8 月 9—16 日，西南四省区六报（四川日报、云南日报、贵州日报、重庆日报、成都晚报、西藏日报）经营管理会议在拉萨举行。1991 年 8 月中旬，全国第九届藏语文文艺广播会议在西藏广播电视厅举行。1991 年 9 月 3—7 日，《健康报》西南省区第三届记者会议在拉萨召开。1991 年 9 月 26 日—10 月 3 日，西部六省区晚报协作会议在拉萨举办。1992 年 7 月 16 日，中国西部电视集团 1992 年度节目交流会在拉萨召开。

西藏新闻界还积极参与了区外组织的区域性业务协作会议、

学术研讨会、新闻采访和竞赛活动，开阔了视野，促进了西藏新闻事业的改革和发展。

1989年8月9日—12日，西藏代表参加了在青海西宁市举行的第五届五省区藏语译制片协作会议。1990年8月8日—15日，第一次五自治区党报总编辑联席会议在内蒙古召开，西藏日报获好新闻评比一、二、三等奖。1991年9月5—9日，全国五自治区党报工作会议在新疆乌鲁木齐举行。西藏日报有4篇作品获奖。1992年12月8—13日，西南五省七方党报总编辑、记协主席、秘书长会议在广西南宁举行，着重讨论了在市场经济条件下，党报如何完善内部机制改革，搞好报业经营等问题。

1992年12月，全国新闻学术年会在济南召开，《日喀则报》宁世群的“党报新闻言论要加强针对性”获得优秀论文奖。

1985年，西藏记协组织西藏日报和西藏人民广播电台记者，到内地十多个省市采访当地中学西藏班，充分报道了藏族学生在内地的学习、生活情况。1992年5月21日，西藏自治区组成新闻界赴沿海地区考察报道组，赴广东、深圳考察采访。西藏日报、西藏电视台、西藏人民广播电台为此开辟了《来自沿海地区的报道》专栏，每天刊登报道组发来的采访作品。1986年，西藏电视台选送的歌手孟新洋荣获中央电视台第二届青年歌手大奖赛第三名，西藏电视台获“伯乐奖”。1990年，西藏日报参加西南六报经营管理竞赛，并获印刷质量第一名。1991年上半年，《拉萨晚报》积极组织参加了全国晚报协会发起的“红塔杯"短新闻大赛。1992年8月，全国党报民族好新闻评选活动在宁夏举行，西藏有5篇作品获奖：益西加措的通讯《山沟中崛起的希望》获一等奖，边巴次仁的通讯《西藏历史的见证人》获二等奖，群觉的短评《深刻的变化，可贵的经验》，扎巴贡觉的通讯《起点》（藏文）获三等奖，刘新平的《沧桑巨变话文部》获鼓励奖。1993年10月，西藏日报参加了国家新闻出版总署在北京举办的1978—1993年中国报刊发展与成就博览会，并设展台展出。

西藏新闻界还以真诚和热情，积极接待和配合区外记者在藏的采访报道活动。1992年，继去年成功进行西藏和平解放40周年宣传报道后，中国记协又组织了新华社、中国日报、北京日报、华声报、工商时报、中国新闻社、农民日报等十几家新闻单位的16名记者组成记者团进藏进行了20余天的采访活动。

第三节　西藏新闻传播事业现代格局的基本建立和重要突破

在“文革”结束，国家实行改革开放的发展战略以后，西藏的新闻传播事业也获得了全面发展的重要历史机遇。从20世纪70年代后期到90年代中期，在将近20年的时间内，西藏的新闻发展目标更加明确，事业建设快速增长，媒介体系逐步建立，现代传播格局完全形成，传媒影响力大大提升，在促进西藏社会发展、维护祖国统一和民族团结的伟大事业中发挥了巨大作用。

一、构建了西藏新闻传播事业的完整格局，标志着西藏现代传媒体系的建立

——创建了西藏电视事业。西藏电视事业从20世纪70年代末期开始，经过十余年努力，至80年代中期，终于建立了西藏电视传播体系，使西藏新闻传播格局实现重要突破，成为这一时期西藏新闻传播事业建设中最大、也是最富标志性的一项成就。

——建立了完整的报刊格局。报刊事业借改革开放之良机，地市报纸和专业性、对象性报刊相继创刊，突破了长期以来省级机关报的“单极”局面，报刊种类和覆盖范围大大扩展，逐步

建立起了相对完整、信息量日渐丰富、影响力逐渐提升的报刊体系，同时报刊实现激光照排，编辑、印刷技术发生革命性变革，成为西藏历史上平面传媒最为发达的历史时期。

——广播事业继续保持良好发展势头。广播事业在此前建立的良好事业基础上，不仅在事业建设上继续加大力度，更重要的是在节目内容上摆脱极“左”思潮束缚，趋于丰富化，信息传播功能得到充分发挥，在西藏辽阔的天空中，凭借着神奇的电波，在宣传国家政策，维护西藏稳定，传播现代科技知识，弘扬民族文化，丰富民众文化生活诸方面充分发挥了现代传媒广泛的传播功能。

——传媒的封闭局面逐渐被打破。由于西藏独特的地理和政治环境的制约，在20世纪70年代末期以前，西藏的新闻传播不仅笼罩着浓厚的神秘色彩，而且对外新闻传播极其有限，这就直接限制了西藏新闻传播事业整体水平的提高。为适应改革开放和西藏社会主义建设的需要，西藏新闻界以各种不同方式开展对外交流，如积极参与全国新闻传播交流活动，主办区域性专业活动，派出记者到祖国内地进行采访，向区外媒体（包括中央和国外媒体）推介西藏社会经济发展状况，促进了西藏和内地的互相了解，加快了西藏传媒现代化的步伐。

如果将这一时期的新闻传播事业置于西藏新闻传播事业发展的整体背景上加以考察，就会发现它至少具有如下意义：在20世纪50—60年代建立的新闻传播事业发展的基础上，这一阶段的新闻传播事业全面发展，无论是传统的报纸、广播，还是新兴的电视、刊物，均获得了明显进展，成为西藏新闻传播历史上最快的发展时期；这一阶段又是重要的转型时期，不仅新闻格局实现了突破，而且媒介的定位也发生了重要变化。媒介既是党和政府的喉舌，担负着宣传党和国家重大方针政策的宣传责任，同时媒介的信息传播、文化传播和娱乐等以前讳莫如深的基本职能也逐渐得到发挥；这一阶段又是西藏现代传播格局的成型期，新创建的电视媒介与传统的报刊、广播一起，共同构成了西藏完整的现代传媒体系。由此可以发现，这一历史阶段，既是承先启后的转折期，更是重要的发展和完型期。

二、电视事业诞生，西藏传媒格局发生重要突破

这一时期西藏新闻传播事业的最大成就便是电视事业的创立。

与祖国内其他区域相比较，电视在西藏的传播意义更加突出。西藏地域辽阔，交通不便，人口稀少而居住分散，教育水平很低，城镇化程度极其有限，报纸等传统媒介的信息传播功能受到限制：由于不能及时送到读者手中，报纸的时效性大打折扣；而文化程度则直接制约着民众阅读报纸，获知信息。广播虽然具有跨时空、跨文字的传播优势，但它主要是听觉感知，不能形成视觉信息，依然带有传播的缺陷。而电视是一种综合媒介，图、文、声交融，具备各种传播媒介的整体优势，成为西藏新闻传播发展的必然趋势。

西藏电视事业的建立，对西藏新闻传播自身和西藏社会发展具有多重的意义。它不仅使西藏新闻传播事业家族中诞生了一个新的成员，从整体上改变了新闻事业的格局，提升了西藏新闻传播事业的现代化、信息化程度，而且缩小了与祖国内地的差距，逐渐融入国家大传播体系之中，成为西藏新闻传播事业现代化主要标志之一；电视事业的建立，还开辟了一个现代化、形象化的宣传、信息信道，使广大城乡受众特别是农牧民可以超越文化程度的局限，跨越地域屏障，通过内涵丰富的电视画面，直观而生动地接受信息，及时利用信息，直接推动西藏社会的文明进步；电视在传播民族文化，促进跨文化交流中具有突出的优势，不仅能通过优美清晰的画面展示藏族艺术的绚烂多姿，而且能以悦耳

动听的旋律凸现藏民族艺术的独特魅力，使受众能比任何其他媒介都要更直接、丰富地感受民族文化、艺术的个性；在宣传党和国家政策，维护国家统一和民族团结，反击西方及达赖集团分裂势力的敌对宣传方面，电视同样具有比其他媒体明显的优势。它的生动性、通俗性，使它所传播的信息更易为大众所接受。总之，电视突出的大众化特性、综合性传播方式和跨媒介的信息传播时效性，使其在西藏新闻传播事业格局中具有突出和不可替代的优势，必然成为优先发展的现代传播媒介。

三、报刊业打破单一机关报格局，逐步形成了层次丰富、种类较为齐全的平面媒介体系

这一阶段，西藏报刊业发生了质的飞跃，单一的机关报格局被打破，较为完整的报刊体系逐步建立，使之成为西藏历史上报刊种类和发行量最多的时期。

这一阶段报刊繁荣有其特定的历史和社会背景。“文革”结束后，国家实行改革开放的发展战略，西藏开始走出神秘和封闭，人们对信息的需求急剧增加。社会的开放为文化的繁荣创造了适宜的环境，报刊创办的高潮成为可能。西藏经济的复苏和发展，全国对西藏的援助工作的全面启动，为报刊事业发展创造了物质基础。西藏与祖国内地日益密切的交流，启迪和引发了西藏办报办刊热潮。总之，是信息传播的必然，是改革开放的成果，是西藏社会发展的需要，是西藏新闻传播事业发展的趋势。

得益于良好的历史机遇，西藏报刊业在这一阶段建立了较为完整的体系，影响力明显提升。对象报纸和地市报纸相继创刊，传播领域向不同行业和各地市延伸，报纸的覆盖面大大拓展。刊物种类丰富，涉及哲学、政治、经济、自然、科技、文史、教育、文学、艺术等，辐射西藏社会、文化、政治等各个领域。西

藏建立了以机关报为主体，以拉萨为中心区域，辐射地市和行业，以藏、汉语为基本传播语言的报刊体系。在党和国家的大力支持下，又有受众广泛而迫切的信息需求的支撑，报刊的发行量创造了西藏的历史纪录，大部分至今难以逾越。如《西藏日报》1978 年的发行量为 66807 份（其中藏文版 24684 份，汉文版 42123 份），接近 7 万份，而该报 1999 年的发行量不过 34610 份（其中藏文版 14696 分，汉文版 19914 份），不足 4 万份。当然，其中多种媒体的分割和经济因素等是不可忽视的原因。

报刊体系的基本建立，对西藏新闻传播事业的发展产生了重要影响。不仅传播格局丰富化，传播层次更加细腻，覆盖面更加宽广，传播效能显著，而且确定了西藏报刊业的基本走势，形成了西藏报刊业的基本构架和特色。如机关报和行业报成为报业主体，刊物发行量不大但种类丰富，民族特色突出。

四、新闻改革加快步伐，媒介的信息传播和社会监督功能得到有效发挥

在国家实施改革开放的大背景下，西藏新闻传媒在自治区党委和政府的大力支持下，消除极“左”路线的影响，遵循新闻传播规律，改善媒介形象，发挥媒介信息传播功能，积极推进舆论监督，产生了良好的社会效果。

广播电视的节目设置极大丰富。特别是新闻节目和文艺节目、服务类节目增加，在一定程度上满足了受众的需要。新闻节目在保证宣传党和国家大政方针政策的前提下，更多地报道西藏社会经济发展动态和人们普遍关心的问题，拉近了媒介与受众之间的距离。文艺节目的繁荣，不仅传播了民族文化，而且丰富了民众的文化生活。服务类节目的出现，标志着媒介角色的历史性转变，它不但是国家“喉舌”，也是公众信息平台。在 1978 年开展的西藏人民广播电台藏语节目收听调查（那曲），也是显示

媒介定位重要变化的标志性举动。

新闻评论和舆论监督力度加大。1988 年，广电传媒组织的系列批评报道引起了各界关注。这些报道所监督的内容虽仅仅限于城市建设，但它在西藏新闻传播历史上却具有开创意义。不仅使受众看到了媒介的另一重要功能，同时也开始培养起受众健全的媒介意识。1992 年，随着邓小平南巡讲话的发表，西藏新闻传媒开设了解放思想系列评论栏目，对加快西藏改革开放步伐，改变传统观念，发挥了积极推动作用。

为适应改革开放的新形势，西藏新闻媒介进行了一系列业务改革。如加强经济活动报道，体现以经济建设为中心的思想；改进会议新报道内容和模式，扩大信息量，贴近百姓生活；增加“软新闻”份额，提高新闻的趣味性和创新性，使新闻更加具有吸引力；开展短新闻竞赛活动，改革新闻报道方式，提高新闻时效性；建立西藏好新闻评奖机制，激励全区新闻从业人员提高新闻报道水准。这些改革措施，显著地提高了西藏新闻传媒的业务水平和传播效果。

五、开创对外新闻交流新局面，西藏新闻传播的封闭状态逐步成为历史

在这一阶段，西藏新闻媒体借助于改革开放的良好氛围，以多种渠道和方式开展对外交流，逐渐打破了西藏新闻媒体的自我封闭状态，融入国家新闻传播大体系之中，站在一个新的起点上。

西藏形成了对外交流的多种方式。如逐步建立西藏域内完善的新闻通信网络，加强媒体间的沟通，使信息资源共享；建立与外省区的新闻业务合作机制，共同译制影视节目；在西藏新闻媒介上宣传介绍祖国各地社会文化经济状况，促进西藏与兄弟省区之间的了解和沟通；建立区域性媒体联席会议制度，定期召开会

议，交流经验，共同发展；积极参与全国以及区域性新闻传播交流活动，借鉴发达地区经验，推动西藏新闻传媒快速发展；一批中央和国内著名媒体在藏纷纷建立驻站机构，成为实现西藏和内地乃至国外交流的信息平台。凡此种种，使西藏媒介在很大程度实现了与祖国内地的多层次交流，调整了西藏新闻传播构架，促进了西藏传媒的发展。

六、媒介影响力日益提升，但挑战依然存在

从20世纪70年代后期到90年代中期，西藏新闻事业全面发展，无论是媒介的数量还是覆盖范围，均创历史最高水平，影响力显著提升。就广播电视而言，到1995年，西藏有广播电台两座，藏、汉语和调频广播三套节目播出，广播覆盖率由1978年的18%提高到55%。电视台两座，覆盖率由1978年的8%达到1995年的50%。据测试，全西藏地市所在地和大部分县所在地可收听到中央人民广播电台和西藏人民广播电台第一套节目，收看到中央和西藏电视台2—3套节目。就报纸而言，此期多种报刊的发行量多创历史最高水平。《西藏影视报》在1995年更是达到创纪录的104000份。机关报的发行数量在锐减，但就总体情况而言，报纸的发行总量呈上升趋势。就期刊而言，最高的发行量是15000份（《西藏文学》），发行超过10000份的有3种（《西藏文学》《雪域文化》《西藏旅游》）。一般刊物的发行量在1000—3000份之间。这些记录在相当长时期内依然是最高纪录。随着经济发展和西藏对外交流的扩大，西藏媒介的影响力也逐渐辐射到西藏相邻省区，如青海、四川等。

但是，西藏新闻传播业面临着严重的挑战。广播电视覆盖率仅仅过半，意味着西藏的农牧区基本上听不到广播看不到电视，信息传播存在着巨大盲区；在20世纪80年代，由于大批汉族干部内调，致使西藏日报等媒体专业力量严重缺乏、断层，削弱了

媒介影响力；受经济、人口等因素的制约，西藏报刊的发行量虽创历史新高，但总量和规模极为有限，新闻事业并不发达。这些构成了西藏新闻传播事业的历史局限性。

第八章　西藏新闻传播事业的整体跃升

［1995 年有线电视创建——2000 年《西藏商报》创刊］

进入 20 世纪 90 年代中后期，西藏新闻传播事业在充分历史积淀的基础上，获得了整体跃升的良好机遇，并在各个方面取得空前突破，成为西藏新闻传播事业获得最大发展的历史阶段。

在报道内容上，西藏传媒立足雪域高原，与时俱进，真实而及时地记载了西藏社会发展中许多重大的事件，较为准确地记述了历史发展的种种生动而真实的细节，与西藏自身一样，凸显出地域和民族的鲜明特质。

报业改革继续推进，西藏第一家商业服务类报纸诞生在拉萨，报业家族增添了新的一员，报业格局于是发生了具有象征意义的突破。

广播电视基础建设取得重大进展，西藏广播电视制作中心、西藏广播影视节目传输中心等一批重大项目先后建成投入使用，从根本上加强了西藏广播事业的基础，成为西藏传媒现代化的醒目标志。

有线电视在拉萨等全区主要城镇逐步普及，西藏受众获得了一个新的信息和文化传播渠道，大大丰富了各族人民的文化生活。

携时代崭新风气，网络作为当今社会最新颖、传播最广最快的大众传播媒介，也翩然降落高原，带给相对封闭的雪域以格外的惊喜，突破了西藏新闻传播的传统格局。

西藏新闻对外交流与社会经济文化交流一样，在西部大开发和建设小康社会的浪潮中，达到了空前热烈的程度。西藏从来没有如现在这样与外部世界建立着如此密切的联系。

应该指出，在报刊业整体遇到挑战的同时，广播电视事业获得了最快的发展，成为对西藏影响最大最广的新闻传播媒介。

西藏新闻传播事业从总体上正完成着与整个国家乃至世界的接轨。在继续保持民族和地域特色，充当党和人民喉舌的同时，它正逐步加入更大范围内的“大众传媒俱乐部”。必须申明的是，这种越来越显著的趋同性，正是西藏新闻传播事业走向繁荣的标志。

第一节　有线电视事业的建立

一、有线电视台的创建

西藏有线电视建设开始于20世纪90年代初期。1993年，西藏广播电视厅根据国家“一城一网”的原则和《西藏自治区人民政府关于加强有线电视管理工作的通知》，筹建西藏有线电视台，并于同年12月27日在广电厅大院内试播。1995年11月10日，西藏自治区人民政府正式批准成立“西藏有线电视台”。同月，在拉萨市正式播出。1998年2月28日，广电部长孙家正签发了《广播电视台许可证》，“西藏有线电视台”成为西藏唯一一家行政区域性有线电视台。到2000年，西藏有线电视台自办节目两套，传输节目45套，网络覆盖拉萨市区和城郊35平方公里范围。仁青次旺成为西藏有线电视台首任台长。

二、节目设置和发展

在节目设置和播出内容上，西藏有线电视台不断调整和丰富，逐步满足了观众的需要，大大丰富了城镇居民的文化生活，开辟了新的信息渠道。

建台之初，西藏有线电视台就根据西藏事业基础和观众需求，确定了“以转播为主，自办为辅”的方针，每日播放2—3小时的电视单本剧或连续剧，影响很有限。为适应观众文化生活需求，1996年8月，西藏有线电视台将办台思想调整为“转播与自办并重”。11月26日，开办了第一批自办栏目——《歌声传情》《节目预告》。后增设了《有线之旅》《电影艺术欣赏》等栏目，使自办节目量每日增加到9个小时。1997年5月，增设了《中国文艺》《实话实说》《曲艺杂谈》《欢乐家庭》，自办节目时间增加到16个小时。同时还开设了《国内剧场》《海外剧场》《午间剧场》《大宝剧场》《周末影院》等栏目。自办节目不断增加，反映了西藏有线电视台逐步走向成熟。

西藏有线电视台的节目形式也在丰富化。1996年12月28日，开始转播中央电视台一套的《新闻联播》，以及西藏电视台一套的《西藏新闻联播》藏汉语新闻节目，使新闻节目进入以影视剧为主体的有线台屏幕，同时以藏历新年和春节为契机，自办综合性文艺节目，突出西藏特色。1997、1998年先后制作了特别节目——《97有线大拜年》《98春节有线大拜年》《98藏历新年有线大拜年》。

1998年，在自治区党委的支持下，西藏有线电视台推行频道总监定额目标责任制。作为改革的重大举措，西藏有线电视台在原来一套自办综合节目的基础上，创办了以财经娱乐节目为主的“阳光18频道”，以及以新闻综艺节目为主的“新闻综艺频道”两套自办节目。在西藏电视史上首次通过公开竞争的方式，聘任刘兆春、段剑锋分任两个新创频道的总监，以定额目标责任制的形式进行管理。每个频道在仅有5—6个人员，资金短缺，设备简陋的困难情况下，凭借创新机制带来的活力，艰苦创业，力求创新，使频道办出了特色。

“阳光18频道”先后开设了15个专栏和5个电视剧场，每天播出19个小时，改版和新办了自制节目《财经频道》《歌声传情》《银屏导视》《下周银屏》《影视精品》《电视商城》《中国音乐风云榜》《娱乐人物周刊》《财经快讯》《少儿天地》《天天健美》《娱乐现场》《海外真实记录》《天气预报》《MTV》等节目（栏目），开办了《午间剧场》《天天影院》《阳光剧场》《周末影视》等收视率较高的节目或栏目。

新闻综艺频道（9频道）开设了5个专栏节目和影视剧场，每天播出9个小时。自办节目有《有线快讯》《广告》《天气预报》等，开设《电影专场》《精品电视连续剧展播》《环球音乐网》等，同时还录播中央电视台一套《新闻联播》、西藏电视台汉语《西藏新闻联播》节目。

1999年，两套节目在扩大播出时间和提高经济效益方面取得良好进展。8月18日，阳光18频道实现了全天24小时不间断播出，9频道也于10月份将播出时间增加到15个小时。就在这一年，两个频道基本实现了以频道养频道的目标，在西藏首开独立经营，不靠国家拨款，自收自支办电视的先河，在西藏新闻传播发展史上具有独特的意义。

三、有线节目转播

西藏有线电视台的一个主要任务就是转播全国各省市上星电视节目，丰富银屏。

在1995年8月以前，西藏有线电视台尚处于筹建阶段，此时仅转播中央电视台一、二套、四台节目，四川、山东、浙江、云南四省卫视节目，以及本地的西藏电视台一、二套和拉萨电视台共10套节目，传输范围仅限于西藏广电厅大院、电视台大院和拉萨自来水厂，实际上就是厅内闭路电视。

1995年9月—1998年，转播的节目数量和范围逐步扩大。中央电视台一至八套、中央教育电视台一、二套，山东教育电视台以及内地各省市的36套卫视节目，均可以在西藏有线电视台银屏上观赏得到，传输范围扩大到整个拉萨市区。至2000年，西藏有线电视台基于对等落地和大局为重的原则，每天向拉萨市区有线用户传输45套电视节目，2套逆程信息和2套调频广播，全天播出时间在720小时以上。

四、地市有线电视建设

从20世纪90年代中期开始，各地市几乎是与西藏有线电视台同时起步，开始了各自的有线电视建设步伐。各地市均成立了自己的有线电视办公室或有线电视站，并进行基础设施建设，落实有线用户，转播有线节目，并处于高速发展的态势。

1996年，拉萨市成立有线电视办公室。到2000年，有线用户已近一万户，光缆铺设60多公里，电缆铺设200多公里，在各地市中拥有最多的有线观众。

山南有线电视站于1994年建立，当年用户达3000户。1997年5月正式建站，可以传输16套节目。至2000年，在完成了泽当镇16.3公里光纤主干线改造工程后，可传输32套节目。

日喀则有线电视站于1997年10月18日竣工，山东省援建，可传输17套节目，用户达到1500户。至2000年，发展到3500户，年转播时间达到7884小时。

狮泉河有线电视站（属西藏阿里地区）于1998年5月建站，由陕西、河北两省援建，8月开始转播节目，狮泉河镇和噶尔县城的1500用户可以收看到22套节目。

那曲有线电视站建于1997年，浙江省援建，至2000年，有线用户达到3000多户。

昌都有线电视站于1997年6月建立，1200家有线用户可以观看到32套电视节目。1999年，50套的传输能力使3800个用户能够感受到丰富多彩的银屏魅力。

林芝有线站建于1997年2月，至2000年，转播的22套节目使3500个用户可以纵览世间风云。

第二节　广电中心、传输中心：西藏广播电视事业建设新成就的标志

在西藏经济快速发展，全国兄弟省市加快对口援藏力度，广播电视事业被摆在“首发”位置的有利条件下，广电事业建设进入了西藏历史上发展最快的时期，为提高广播电视覆盖率，传递现代文明，抵御境外敌对势力的反华宣传，增强宣传效果，奠定了较为扎实的基础。不仅各项基础设施建设获得了全面进步，而且重点建设工程先后竣工，加入西藏新闻传播事业的大阵容之中。

一、广电中心、传输中心投入使用

西藏广播电视节目译制制作播出中心（简称“广电中心”），是西藏“八五”重点建设项目，1993年8月25日破土动工，1995年8月大部竣工，部分设施在1995年自治区成立30周年期间投入使用。1996年8月16日，广电中心全面竣工并正式投入使用，总投资7314万元，其中中央政府补助投资1500万元。

广电中心设计总建筑面积为17512平方米，由三个单元构成：一是电视中心，主要是西藏电视台，面积12694.97平方米，是广电中心的主体；二是一栋职工住宅楼，1296.13平方米；三

是广播中心，主要是西藏人民广播电台，面积为3520.9平方米。中心的设计工作量为：制作和播出5套广播节目——西藏电台藏汉语各一套，转播中央电台一、二套和印地语节目；制作和播出电视节目4套——西藏电视台藏汉语节目各一套，转播中央电视台一、二套节目；转播西藏电台调频立体声广播节目一套。

广电中心投入使用后，大大增强了西藏广播电视的译制制作能力，提升了播映效果，使西藏广电事业迈上了一个新的台阶。广播节目（藏汉语、卫星经济广播）的录制播出总量达到17335.8小时，比正式交付使用前的1996年增加了8205.8小时。广播中心300平方米的录音制作室年均录制节目840小时以上，以前文艺节目录制场地不足，质量差，节目周转缓慢的问题得到根本解决。自1998年以来，全区大型文艺节目的录音制作基本都在中心300平方米演播室进行，特别是1999年纪念民主改革40周年大型文艺晚会、第六届全国少数民族传统体育运动会拉萨分赛场的会歌、主题歌、插曲，以及闭幕式上各民族大联欢文艺晚会、中央电视台“心连心”团赴西藏慰问演出、庆祝建国50周年文艺晚会和庆祝澳门回归文艺晚会的音响均出自这个录音室，它实际成为西藏广播文艺节目录制制作中心。西藏电视台的600平方米演播大厅，也成为举行大型文艺等室内现场直播活动的最佳场所。1995年8月31日，由中央电视台和西藏电视台首次合作举办的大型文艺晚会《多彩的哈达》就在这里进行。西藏电视台的斜切面屋顶构图和环状内在构架，与相毗邻的布达拉宫建筑群浑然天成，成为一种独特的建筑艺术，跻身拉萨标志性建筑行列。

西藏广播影视节目传输中心（简称“节目中心”），建筑面积1083.96平方米，总投资1700万元，1998年6月10日破土动工，同年9月10竣工，经6个月的调试，于1999年元旦日试播，同年3月1日正式播出。

投巨资兴建节目传输中心，主要是为了改善西藏广播电视剧传输手段，较大幅度地提高广电覆盖率。1999 年以前，西藏电视台的节目主要是租用拉萨邮电通讯卫星地球站进行传输。新建的节目中心实现了西藏广播电视节目的上星播出，不仅覆盖了西藏 120 万平方公里的广大区域，而且延伸到西藏周边国家、东南亚和西亚一带。节目中心设备先进，技术领先，它的电源系统、数字压缩系统、监控系统、射频系统等具有极高的专业化水准。9 米发射天线从美国沃泰克斯公司进口，配制不间断电源系统，采用数字视频压缩系统传输节目，利用“亚太—R”卫星传输西藏藏、汉语两套视频节目，8 套音频节目和两套图文节目，使全区的地区广播电视转播台、县级差转台和乡级收转台站、单收站等，均能清晰收转上星的藏汉语广播电视节目和图文信息节目。

目前，节目中心担负着西藏电视台藏、汉语两套电视节目和西藏人民广播电台的藏、汉、康巴话，以及调频节目的上星任务，还与西藏西部信息港网络有限公司共同承担“西藏信息港”“全国卫星广播网”“西藏广播影视网”“局域网俱乐部”等四大网站的建设、维护和技术保障任务，还要进行西藏广播影视剧内部局域网系统的建设、维护。

二、村村通工程

1998 年国家广电总局确定在 20 世纪末实现全国“村村通”广播电视的目标。为帮助西藏实现这个目标，国家投入 2761 万元。1998 年 12 月 9 日到 11 日，西藏广播影视局长座谈会确定，将广播影视工作的重心转移到农牧区。1999 年，西藏广播影视“村村通工程”正式启动，广播影视厅安排了 644 座乡级站的建设任务。至 2000 年底，西藏已建单收站 1242 座，有线电视站 31 座，收转站 1061 座，完成村村通工程 2334 座，解决了 65 万农牧民群众收听收看广播电视的问题。广播电视人口覆盖率分别达到77.7%和76.1%，使西藏地（市）、县、乡（镇）所在地和人口较为集中的村都能收听收看到中央电台和西藏电台的节目。特别是林芝、米林两县，在广东、福建两省有关地市的强有力支持下，广播电视人口覆盖率达到85%以上，已经在全区率先实现了广播电视“村村通”。

三、西新工程

2000年9月16日，江泽民总书记对西藏、新疆两自治区广播电视覆盖和实验工作做出重要批示，党中央以“西新工程”冠名，开始组织实施大规模的广播电视建设工程。国务院和国家广电总局先后派出17个工作组到西藏7地市和58个县进行调研。同时还派出三批共86名工程技术人员常驻14个中波台，帮助完成“三满”播出任务。2000年西藏成立“西新工程”领导小组。西藏广播电影电视局在自治区“西新工程”领导小组的领导下，对西藏广播电视事业技术状况进行了全面调查，制定了“西新工程”三步走战略以及实施方案，国家投入巨资在西藏实施“西新工程”，改扩建中波发射台，兴建实验台和75个地县调频广播电台，使广播人口覆盖率提高了22.8%，广播节目的播出时间和质量都有了明显提高。同时，西藏人民广播电台开办了康巴话广播，延长了播出时间，昌都人民广播电台也按期开通了康巴话广播。“西新工程”大大提高了中央人民广播电台和西藏人民广播电台节目在西藏的收听效果，加强了空中对敌斗争的实力，初步达到了把党和国家的声音传到千家万户的要求。

四、“三区”建设

1991年，江泽民总书记就如何加强新疆、西藏、内蒙古3个民族自治区广播电视事业建设做了重要指示，“三区”建设拉开序幕。1993年，国家计委、财政部和广播电影电视部进一步对建设项目进行落实，并于同年下达了建设项目投资。1993—1997年，建设总投资达到6093万元，新建扩建了狮泉河、江孜、八一、日喀则、山南、普兰、措那7座中波转播台，新建乡级广播电视站204座，完成西藏人民广播电台编播楼改造和配套广播译制设备，增强了藏语广播的译制能力。完成了监测台的建设，使西藏监测工作走上了正轨。建成了自治区广播电视培训中心。对53个没有中波转播台的县建立了调频广播转播台，达到县县有广播转播台，使广播人口覆盖率大幅度提高。至1997年，西藏广播电视人口覆盖率分别达到615和52%。

五、"大庆"广播电视工程

1995年9月，西藏自治区走过了整整30年的历史。为庆祝这一重要的历史变革，中央第三次西藏工作座谈会确定在藏建设350个太阳能乡级广播电视收转站，列入62项援建工程。1994年5月，国务院工作组抵藏考察，初步确定该项目总投资2800万元。自治区大庆办公室为了满足广大农牧民的需要，确定用现有资金建设493个乡和57个道班共550座广播电视收转站、单收站，惠及68个县、市，分布在西藏91%的县和50%的乡。10个月完成了太阳能广播电视单收站336座，太阳能广播收转站133座，广播电视收转站81座，使全区广播电视人口覆盖率分别提高了9%和8.5%。

六、600座乡级太阳能广播电视收转站工程

1995年11月28日，国务委员、国务院秘书长罗干对西藏广播事业发展做出重要批示，11月30日，他视察了曲水县查坝拉乡太阳能广播电视收转站。不久，国务院同意西藏建设600座乡级太阳能广播电视收转站，国家计委为此下达500万元建设资金，分两次拨付。1997年，首批2500万元资金到位，改造了50

座较大功率的广播电视收转站，建设了7座中波台，121座乡级广播电视收转站。1998年，又一批250万元资金投入，保证了849座乡级广播电视收转站建设目标的实现。

第三节　网络新闻开辟西藏新闻传播新天地

网络被称为是继报刊、广播、电视之后的第四大媒介，这一概念在1998年5月召开的联合国新闻委员会上正式得到确认。1995年10月20日，《中国贸易报》率先在自己的互联网上建立了自己的网站，开中国网络新闻媒介的先河。

西藏初步建立了自己的网络新闻传播，但还不完善。在20世纪中后期，西藏很多机关、学校都建立了自己的局域网，创办了“西藏网”“西藏信息港”“西藏在线”等十多个网站以及一批互联网频道网页，《西藏日报》《拉萨晚报》等报纸先后创办了电子版。新华网、人民网、新浪网等设置了西藏网页。1999年2月成立的西藏广播影视传输中心，除担任西藏电视台藏汉语两套节目、西藏人民广播电台藏、汉、康巴语和调频节目的上星任务外，还与西藏西部信息港网络有限公司共同承担“西藏信息港”“全国卫星广播网”“西藏广播影视网”和“局域网俱乐部”等四大网站的建设。

网络在近年来的勃兴，不仅使遥远的雪域高原与世界融为一体，同时也成为传统媒体新的传播渠道和重要的补充。西藏的网络用户虽然增长速度快，但一般流于“基本信息”的浏览，尚未引入网络经济，有必要加快政府上网进程，积极建设电子商务工程，使之成为推动西藏经济发展的新动力。

由于种种特殊性和引人注目之处，西藏网站的规模并不小。从数量上来说，通过对5个著名门户网站的搜索引擎的抽样分析，得知搜狐（www. sohu. com）网站有309个与西藏相关网站，有2883904个西藏相关网页；新浪（sina. com. cn）网站有294个与西藏有关网站，有2883904个西藏相关网页；网易（www. 163. com）网站有821个与西藏相关的网站，有599000个与西藏相关的网页；雅虎（www. yahoo. com）网站有175个与西藏有关的网站，有310000个与西藏有关网页；google（www. google. com）网站有710000个与西藏相关网页。以上典型调查表明，在因特网上，关于西藏信息资源的网站至少在800个以上，相关网页数量至少在2880000个以上，足见其信息资源规模的巨大，但这还仅仅是中文网站的情况，而因特网上英文（tibet）网站的相关网页数量更是达到1040000个。这些中外文网站、网页分布于国内、国际著名门户网站的搜索引擎之中，其访问结果具有相当的代表性和可信度。

如下表：

网站名	网　　址	西藏相关网站	西藏相关网页
搜狐	www. sohu. com	309	2883904
新浪	sina. com. cn	284	2883904
网易	www. 163. com	821	599000
雅虎	www. yahoo. com	175	310000
Google	www. google. com		71000

统计时间：2001年11月8日

从西藏网站的分布情况来看，它们的主办者主要是各级政府或由政府支持的机构，如中国西藏网站（www. tibet-hina. org），《中国西藏》网站（www. ctibet. org. cn）分布点主要是北京、拉萨、西宁、成都等地，其总量占网站总数的70.5%以上。还有一小部分是各阶层团体、组织、研究机构和商界机构自行筹资建立的网站，包括个人设计的网站、网页。国外的网站、网页，主要分布在美国、法国、加拿大、德国、英国、澳大利亚、印度、尼泊尔、新加坡等国，中国台湾和香港地区也建有不少相关网站。

在通过对网易（www. 163. com）网站涉及西藏地区和个人相关网页的调查中得知，网站内容的行业分布是：在西藏已有的118个网页中，旅游交通占27个，参考资料8个，科学技术4个，网络1个，教育就业1个，公司19个，政治军事7个，医学保健3个，女性天地1个，社会文化19个，艺术6个，体育运动1个，新闻媒体4个，工商经济3个，文学1个，部门3个。西藏有关个人网页2个：昌都——格桑梅朵（www. tibetflora），林芝——西藏情结（www. go3. 103. com）。青海省西藏相关个人网页2个，西宁（正午星光）。西藏个人网页1个。

关于西藏网站的语种版本。其基本状况是英、汉、藏三种混合语言并存，而以中文网站数量最大，所占比例高达76.3%。在汉语网站中，还分为简体和繁体两种。如西藏佛教中文网（www. namoguru. org）为简体汉字和英文并存。也有不少中文网站（33.3%）提供了英汉对照。如逍遥网（www. xoyo. com. cn），同时有简体、繁体和英文。最具特色的是国内藏文网站——同元藏文网站（www. tibet. net），在一级类目上提供英文、藏文软件服务，在同元藏文字处理软件下载方面提供白体和黑体两种藏文字体，藏、梵两种输入法，还同时支持藏、汉、英三种文字混合编辑、输出。同样，藏文网站积极宣传西藏文化，设有藏文电子科技专栏，提供藏文软件、电脑培训、各类翻译等服务。

计数器的数量表达出访问的结果。有关西藏网站大部分（80%）设有计数器。访问人数多则逾万，少则几十。一般网站都极为关注自己网站被访问的次数，但遗憾的是一些大型网站并未设立计数器，如新华网西藏网站（www. xz. xinhua. org）。藏文网站倒是很注意访问反馈。它提供了藏式计数器的提交申请服务。

如下表：

网站形式 / 网站名称	英文	日文	藏文	中文繁体	中文简体	计数器	软件服务	导航栏
www. xoyo. com. cn	有			有	有			有
www. tonguer. net	有		有	有		有	有	有
www. xz. xinhua. org				有				有
www. hellotibet. com	有	有			有			有

统计时间：2001 年 11 月 8 日

关于页面编排格式。西藏网站采用的最多排版格式还是表格构架。一种形式是：网站头部网站导航栏内容版权。如康巴网景（www. kangba. com）；一种是：网站头部主体内容版权。如你好西藏（www. hellotibet. com）；还有一种是：左导航右主体下版权。如西藏建设网（www. com668. com）。它们均能较好地将自己所要表达的内容清晰地显示出来。很多网站还注意到对自己知识产权的保护。从这种形式构架来看，内容的重要性是决定布局的关键因素。越是重要的内容，就越被置于醒目的位置，以引起浏览者的注意，这样就可以很方便地查到相关的信息。

关于西藏网站内容。首先是文字内容。一个机构或团体的 web 主页由哪些元素构成，主要取决于其建立主页的目的和动机。西藏网站在于给网民提供关于西藏的经济、社会、文化等各类综合信息，因此主页的组成元素很清楚，网站的设计亦颇具特色。通过对西藏相关网站 2 到 4 级类目的访问，可以看出西藏相关网页设计的专栏有：西藏快讯、雪域漫步、文化艺术、西藏风情、藏域春秋、藏传佛教、网友园地、风光旅游、重要人物、历史发展、民族政策、境外藏胞等，其信息功能基本上体现出西藏经济、社会和文化发展的综合水平。关于图片内容。人们对西藏风土人情常常予以特别关注，故在西藏相关网站中图像资料较为丰富，许多网站提供了大量精美的图片可供下载。在目前规模最大的专门图片网站——西藏图片网（www. tibetpic. com），就拥有图片30000幅。

如下表：

栏目 / 网站名称	西藏快讯	民族政策	自然生态	雪域漫步	文化艺术	社会经济	西藏风情	藏传佛教	藏域春秋	网友园地	风光旅游	重要人物	历史发展	藏医藏学	域外藏胞	旅行西藏
西藏信息中心	有	有	有	有	有	有		有			有	有	有	有	有	有
西藏在线	有		有	有	有		有	有	有		有					有
西藏2000	有	有			有	有	有	有								有
西藏之窗	有			有	有			有			有	有	有		有	有
西藏热线	有		有		有	有	有	有		有	有					有
西藏网	有	有	有	有	有		有	有	有		有			有		有

统计时间：2001年11月8日

西藏网站在建设过程中，也反映出一些突出问题。主要是重视硬件，忽视软件，相关西藏网的国际顶级域名大多为国外达赖集团注册，这给国内中文西藏网站的发展带来无法弥补的先天性障碍；在语言使用上，大多以汉语为主，英文、日文较少，藏文则更少，制约了国际化交流；网站内容较单薄，规模有限，技术支撑参差不齐，尚未建立起一个权威的西藏门户网站；文献信息采集严重重复，影响了使用率和效能。西藏信息网络应当由盲目、自发阶段向正规、专业化方向发展，由从网络信息借用传统媒体信息阶段向自生信息阶段过渡，提高网站建设水平，加快“数字西藏”发展步伐。

第四节　新闻传播宣传效应大幅提升

“九五”期间，是西藏历史发展进程中重要的一个时期，许多重大活动不仅成为展示西藏发展变化的绝好机会，同时也为新闻传媒提供了展演的舞台。它们是西藏社会进步的标志，当然也是西藏新闻传媒境界整体提升的里程碑。新闻传媒不仅在传播信息，还在记录历史。这些重大宣传报道活动主要包括：西藏重要庆典活动、国家重要庆典活动、西藏重大社会事件、西藏重要政治宣传战役等。

一、国家重要庆典活动

香港回归报道——

1997年7月1日，香港终于脱离英国殖民统治，胜利回归中国。西藏新闻传媒组织了最强大的阵容，全方位进行了宣传报道。

6月17日，西藏日报社召开新闻界迎香港回归座谈会，拉萨各新闻媒体的代表参加了会议。在7月回归前后，西藏日报套红隆重报道了回归特大喜讯和西藏各界的热烈庆祝活动。广播影视厅组织“三台一报”（电台、电视台、有线台和《西藏广播影视报》）投入精干力量展开报道，实行滚动播出，增加播出时间。电台还与广东珠海电台联合开办了《香港百年回顾》100组系列专题节目。4月20日，调频广播编辑部成功地组织了“迎回归、爱中华、爱西藏”全区大中小学生征文活动，6月15日晚主办了“香港回归征文颁奖文艺晚会”。从5月1日开始，电台所有的藏汉语新闻、专题、文艺类节目均加大了迎回归宣传报道的力度，在各类节目中开设了6个专栏。电视台、有线台在《西藏新闻联播中》开设了《香港回归祖国倒计时》《香港百年》《雪域儿女庆回归》等栏目，举办了“回归颂”大型文艺晚会，在最有影响的栏目，如《在西藏》《七色风》《每周报道》《信息窗口》《雪域地平线》中推出了迎回归的特别节目，整个宣传报道活动历时4个月之久。

庆祝澳门回归报道——

迎接澳门回归的宣传与反对分裂、维护祖国统一、揭批达赖紧紧结合起来，在报刊和广播电视中刊载和播发了一系列重要文章和专题，以“澳门基本法”“澳门历史”和“一国两制”为重点，取得了良好的宣传效果。

1999 年 5 月，广播影视厅根据上级关于澳门回归宣传报道指示精神，研究制定了周密的报道计划。电台每周日播出珠海电台制作的 54 集大型广播节目《归来的澳门》。电视台藏语频道从 4 月 1 日起，译制播出中央电视台 150 集《澳门记事》节目，一直持续到 8 月 31 日。有线台与内地有线台联合推出《走进澳门》专栏。《西藏广播电视报》开辟 8 个专版介绍澳门历史和现状。特别是在 12 月 19 日回归时刻，电台并机准时转播了中央电台的节目，还于 20 日早及时推出了 55 分钟的西藏庆回归新闻特别节目。电视台新闻部及时报道群众对回归的反映，并机同步转播中央电视台的节目。19—20 日，有线台三个频道同步转播中央电视台节目的时间达到 126 个小时。各台还及时报道了在西藏开展的庆澳门回归 10 项活动。

建国 50 周年庆祝活动报道——

重点是宣传建国 50 年来西藏发生的历史性变迁，突出爱国主义和反分裂斗争教育。

《西藏日报》从 1998 年 10 月 6 日开始，发起“雅江行”大型采访活动。记者们兵分四路，分赴拉萨、日喀则、山南、林芝采访，从雅鲁藏布江的源头开始，深入采访了沿江 30 多个县市，行程达 5000 多公里，对这里的农牧业生产、农牧民生活、城镇建设等各方面进行调查采访。自 1999 年 3 月 29 日始，西藏日报隆重推出“雅江行”系列报道。

广播电视媒介充分发挥优势，开展了卓有成效的宣传。电台在藏汉语新闻节目中开辟了建国 50 周年特别报道《辉煌的历程》，在藏语《农牧天地》专题节目中推出了《辉煌 50 年》专栏，在汉语《高原时空》《经济大舞台》《高原子弟兵》中增加了《雪域的脚步》《西藏经济的崛起》《丰碑颂》等专题内容。经济频道还承办了“经广杯”西藏青年歌手大奖赛。电台还推出27组共1260分钟的藏汉语文艺特别节目。电视台开办了《腾飞的西藏》《中国经济发展50年——西藏篇》《献给母亲的歌》等庆祝节目。在国庆期间，广播、电视共播发系列报道、专题200多组。

二、西藏重要庆典活动

西藏自治区成立30周年大庆活动报道——

1995年9月，是西藏自治区成立30周年庆典。国务院副总理吴邦国率领中央代表团赴藏参加庆典系列活动。西藏日报进行了重点报道，并出两期彩报以示喜庆。广播影视厅两台在大庆期间，新办了20多个栏目、节目。8月31日，西藏电视台与中央电视台首次合作，现场直播了大庆综合晚会《多彩的哈达》。9月1日，西藏电视台通过卫星，向全国观众现场直播了在新落成的布达拉宫广场隆重举行的庆祝西藏自治区成立30周年大会。

西藏民主改革胜利40周年庆祝活动宣传报道——

1999年5月4日，西藏日报开辟《纪念民改40周年》专栏。电台推出了特别报道《历史的跨越——我说民改40年》，邀请30位各界藏族人士对着记者的话筒畅谈民改40年来个人成长、家庭的变化、社会的进步和经济发展。西藏对外广播从1月4日——12月29日推出专题报道《辉煌的历程》，共播出稿件100组，这是对外广播开办30多年来持续时间最长、投入精力最大、广播特色最浓、宣传效果最好的一次宣传战役。电台还创意组织赴西藏唯一不通公路的墨脱县进行独家报道。经济频道节目制作了10组纪念民改40周年专题报道。藏汉语文艺节目推出了大量相关主题的文学、歌曲和音乐专题。电视台与中央电视台、西藏各地市台联手行动，开办了大型系列节目《伟大的变化，辉煌的历程》《西藏民改40年》等，各个节目均推出了“庆民改”特别节目。

纪念改革开放20周年暨中央第三次西藏工作座谈会召开4周年宣传活动——

1998年7月9日，《西藏日报》重点报道自治区纪念真理标准讨论20周年座谈会。1998年12月，《西藏日报》突出宣传自治区党委、政府纪念改革开放20周年大会。7月27日，西藏日报突出报道自治区纪念中央第三次西藏工作座谈会召开4周年座谈会，并刊发社论《新时期党的西藏工作指导方针的伟大胜利》。

电台在汉语节目中增设了《高举伟大旗帜，胜利迈向新世纪》专栏，在藏语《农牧天地》节目中开设了《邓小平理论系列讲座》专栏，在藏汉语新闻节目中推出《满怀豪情话改革》《62项工程巡礼》《从数字看变化》等专栏。电视台摄制了4集专题系列片《西藏迈向新世纪》、系列新闻片《飞跃——西藏自治区改革开放20年巡礼》、4集电视专题片《来自朗县的报道》《62项工程巡礼》等，全面报道西藏在中央的关怀和全国人民的大力支持下，改革开放20年来，援藏工作实施4年来，西藏社会和经济发展取得巨大进步和深刻变化。

三、西藏重大社会事件

关于第十世班禅转世灵童的报道——

1995年11月，第十世班禅转世灵童金瓶掣签仪式在拉萨大昭寺举行。12月18日，在日喀则大昭寺举行隆重的坐床典礼。西藏新闻媒体整体运作，全方位宣传报道，收到突出效果。这个系列宣传被自治区党委宣传部认为是“泰山压顶，如雷贯耳”。

全国第六届民运会拉萨分赛场宣传报道——

1999年8月下旬，全国第六届民运会拉萨分赛场开幕。这是西藏第一次举办全国性的体育赛事。西藏新闻媒体进行了全方位的报道宣传。西藏日报在藏汉文版上开辟了民运会专刊。电台和电视台在中央台的协助下，成功地现场直播了开幕式、闭幕式盛况。各项赛事实现了第一时间播报的承诺，同时还推出了特别节目《56个民族广场大联欢》，电台在这次报道中实现了三个突破：首次与中央电台合作进行现场直播，时间达83分钟；首次实现赛事结果与广播同步；首次对全国性体育赛事开办评论节目《赛事点评》，邀请嘉宾到现场分析，凸显了广播优势。

四、西藏重要政治宣传战役

关于山东援藏干部孔繁森的宣传报道——

1995年1月，《西藏日报》刊登自治区党委《关于开展学习宣传孔繁森同志先进事迹活动的决定》，同时配发西藏日报记者、新华社记者、人民日报记者、大众日报记者撰写的长篇通讯《领导干部的楷模——孔繁森》，在全区掀起了向孔繁森学习的高潮。广电厅两台与山东省等新闻单位联合进行了孔繁森事迹的连续报道。西藏电台从山东引进了长达14个小时的配乐报告文学《高原雪魂——孔繁森》。西藏电视台和山东电视台合拍了电视连续剧《孔繁森》，引起全国震撼。

关于西部大开发的宣传报道——

1999年，党中央发出西部大开发的号召，西藏的发展也获得了一个绝好的历史机遇。西藏新闻界将此列入2000年宣传重点，突出西部大开发的意义，报道了自治区党委和政府关于西藏实施西部大开发的重大举措。西藏电视台还与中央电视台合作，完成了《到西部去》《西部热土》《发现西部》等专题片，形成了具有相当冲击力的宣传热点。

政治思想教育和精神文明建设宣传报道——

西藏是国内外媒介十分关注的热点地区。近年来，西方敌对势力为了达到“分化”“西化”中国的目的，一直在所谓“西藏问题”上煽风点火，达赖分裂集团也与之相呼应，利用宗教的影响力，攻击中国共产党的领导和社会主义制度，美化封建农奴制度，煽动民族对立和分裂，使西藏的意识形态斗争异常激烈。

1996 年，广电媒介增设了《精神文明建设在西藏》《精神文明建设大家谈》等专栏，进行舆论宣传。同时，连续报道了陈金水等先进模范人物的事迹，弘扬了社会正气。

1997 年，根据自治区党委、政府的部署，重点开展了精神文明建设专项治理，开展多种形式的群众性精神文明创建活动的宣传，同时有计划地宣传了各类英雄模范人物事迹，深入宣传了党的民族、宗教、统战政策，报道了陈奎元书记视察桑耶寺、扎什伦布寺情况，以及甘丹寺修复竣工验收等，反击了达赖分裂集团对西藏文化发展状况的诬蔑。报纸上大力宣传了优秀基层干部觉拉、甲日乡基层党组织建设和部分优秀共产党员的先进事迹，进行了“青藏线系列报道”、拉萨市“讲文明、树新风”，创建文明卫生城市活动等重点报道。《西藏日报》还在年初开展了新闻扶贫活动，这一做法，为西藏新闻界之表率。

1998 年，新闻界加强了邓小平理论宣传，电台在《高原时空》等节目中开设了《高举伟大旗帜，胜利迈向新世纪》的专题报道，在藏语《农牧天地》中开办了《邓小平理论系列讲座》，向农牧民通俗介绍邓小平理论知识。报纸还重点宣传了全区寺庙教育和整顿情况。

1999 年，新闻界结合西藏实际，加大了精神文明建设宣传力度，深入开展邓小平理论宣传，加强祖国观、民族观、宗教观、文化观的“四观”教育，强化揭批达赖力度，及时在节目中播出了对邪教“法轮功”的批判和对李登辉分裂祖国言行的批判，电台推出了无神论讲座，宣传马克思主义唯物论和辩证法。

2000年，根据中央关于加强政治思想工作的指示，西藏新闻界把政治思想工作的宣传作为重点，做出整体部署。以“崇尚科学、破除迷信”为重心，搞好精神文明建设和无神论的宣传，推出了《崇尚科学文明、破除迷信愚昧》《唯物论论坛》《进一步加强和改进新时期思想政治工作》等栏目，报道和树立了堆龙德庆县农牧民进行自我教育，崇尚科学，破除迷信等一批典型。新闻媒介还突出宣传了西藏广播影视局优秀援藏干部任国庆和老西藏精神的实践者尹祥美等一批先进典型、模范人物和文明村镇、文明行业。

《西藏日报》在精神文明宣传方面成效突出。在相当长的一个时期，西藏宣传领域与全国趋同性宣传较多，正视西藏特殊性不够，对严重制约西藏稳定和发展的宗教唯心主义、干扰党和政府工作的陈旧落后观念、破坏民族团结和国家观念的狭隘民族主义、违反科学阻碍民族进步的各种陈规陋习，缺乏正面触动的勇气和信心，有一些记者在涉及反分裂、宗教和民族等敏感问题时竟不敢署名。针对这些问题，《西藏日报》迎难而上，选准突破口，发起了精神领域的反击战。1996年8月，西藏日报《精神文明建设众人谈》等栏目，刊发了如《话说“这是西藏”》等观点鲜明、针对性强的言论，受到社会各方面的好评。《精神文明重在建设》栏目主要是要解决理论层面的问题，直接触及长期以来讳莫如深的一些敏感问题，表现出一种积极的宣传态势。

党的十四届六中全会召开后，《西藏日报》抓住大好机遇，以评论为突破口，围绕精神文明建设需要解决的主要问题，在短时间内（1997年12月2日——12月9日）连续刊登了8篇评论员的文章，阐述了西藏精神文明建设的重要性和现实意义。这8篇评论观点鲜明，面对现实，论证有力，集中推出，又有广播电视的呼应，形成了强大的舆论声势。这些文章不仅成为很多单位进行政治学习的材料，而且还被区外不少报刊转载，一份省级报纸如此显著的舆论导向作用，即使在全国亦为少见，显示出西藏日报对精神文明建设的重视和积极引导的能力。

西藏精神文明建设最薄弱的地方正在于农牧区，西藏日报便将重点放在农牧区精神文明建设上，发现了山南贡嘎县甲日乡这样的好典型。这个乡以前形势极为混乱，一些分裂分子以此为据点，成立反动组织，公开与党的基层组织进行对抗，逼迫群众和干部信教。在20世纪80年代中期，上级多次派工作组进行整顿，但因为政策界限不明确，效果并不明显。1992年以后，县委痛下决心，整顿了乡领导班子，取消了反动组织，大力加强精神文明建设，坚定了群众跟共产党走的决心。西藏日报与新华社西藏分社记者对此进行了联合采访，完成了《历史与人民的选择》的长篇通讯，在全社会引起很大震动。

第五节　新闻改革深入推进

这一阶段，西藏新闻界锐意改革，使西藏新闻传播在扩大规模、巩固基础、扩大覆盖面的良好态势中，传播的质量和形式也在发生着令人惊喜的变化，其民族和区域特色日渐突出，提高了西藏在全国新闻传播领域中的地位。

一、西藏的新闻传播评价机制发生重要变化

1997年3月28日，西藏自治区党委组织部、宣传部、新闻出版局和记协联合表彰全区首届“十佳新闻工作者”。西藏日报社丹多、益西加措、孟晓林，西藏广播电影电视厅白玛卓嘎、刘长江、次仁多吉，人民日报西藏记者站张忠，新华社西藏记者站央珍、伍皓荣获十佳称号。它不仅能够使新闻工作者十分明确地看到西藏新闻事业的基本成绩，同时也将竞争和激励机制引入新闻传媒机构。“十佳”评选和一年一度的西藏好新闻评选机制相

结合，形成了西藏新闻事业发展的又一推动力量，构建了两个层次的评价平台。1997年，自治区党委成立了新闻协调小组，开展新闻评阅工作。

二、广播电视传媒被置于优先发展的位置

在西藏这样一个地域辽阔、人口居住极为分散、社会经济很不发达的民族自治区，广播电视等电子传媒被放到优先发展的位置，从设备到人员投入甚巨，而能穿越空间屏障、接收设备相对简单的广播，更是被置于最优先发展的地位。在西藏的大部农牧区，人们很难看到或及时看到纸质传媒，于是，广播就充当着唯一的大众传媒的角色。在实际的探索和实践过程中，西藏已经建立了适合于自己实际的新闻事业梯次：报纸、广播、电视、网络——突出广播电视，最突出广播，完成由城镇向农牧区的战略转移。

三、报业格局实现突破

这一时期，并不是纸质传媒的繁荣期，但却是它的上升期。在新兴传媒特别是在电视、网络的直接影响下，从20世纪90年代初期开始，报刊的发行量就呈下降趋势，原来市场占有量并不少的报纸，却销量大减。西藏城市化进程的缓慢和教育水平的徘徊，更是制约了报纸的发展。在这种情况下，西藏报业加大改革力度，提升报纸信息化水平，建立相对完整和发达的传播网络，扩大版面，推进报纸向西藏域外延伸，使报业在规模上相对稳定，而在时效性、新闻性和信息化、大众化等方面取得较大进展。

报纸普遍扩版。在国内报业急速发展，报纸版面扩张，信息和服务功能进一步明确化的背景下，西藏的主要报纸也进行了扩版和功能调整。1999年3月5日，《西藏日报》汉文版进行试扩

版，4 月 21 日正式扩版，报纸由以前的 4 个版扩大为 8 个版，信息量和可读性增加。2000 年 4 月 22 日，在创刊 45 周年之际，《西藏日报》进行幅度较大的阶段性扩版。受气候、季节影响，西藏每年进出藏情况呈现明显的旺、淡季之别，而旺季显然也是报纸发行的“旺季”，扩版就是在旺季时（5 月 1 日—10 月 31 日）将原有的 36 个版扩至 48 个版，进入淡季（11 月 1 日—次年的 4 月 30 日）后再恢复原初 36 个版的状况，每年循环。改版后的《西藏日报》以新闻改革为先导，以增强新闻性为中心，强化权威性，扩大信息量，提高贴近性，增加服务性，从周一到周五的每一天，用 4 个版的篇幅，报道全区和国内外发生的重要新闻，另外 4 个版分设经济、政法、科教、文化、社会等 5 个周刊，加强专题性、全面性和深度。《阳光周末》版继续保留。阶段性扩版，是日报根据西藏实际，创造性构建的一种办报机制，既能合理调配资源，又可以照顾到读者面的变化，因时制宜，创设了中国党报一种新的办报方式。

《拉萨晚报》1999 年 7 月 1 日实现了第二次扩版，使版面达到 4 开 12 版，形成了“快、新、短、活、博”的风格。1999 年，《西藏青年报》扩大为“5 报 2 刊”：《信息传递》《男报》《球迷文摘》《娱乐快报》《藏文报》《作文精选》（藏、汉文），报纸的发行量达到 18 万份，是西藏发行量最大的报纸，并在全国一些大城市建立了发行网络。

1997 年元月，《西藏科技报》改半月刊为周刊，出版周期大大缩短，时效性和信息功能得到更好发挥。

随着西藏首家商业报纸的创刊，报业格局也实现了重大突破。1999 年 9 月 1 日，西藏第一份服务类报纸——《西藏商报》试创刊。2000 年元月 1 日正式创刊。同年 4 月 23 日起，扩版至 16 个版。该报属《西藏日报》子报，它是新型的“城市报纸”，适应了西藏城市文化发展的需要，使西藏的报业格局实现了突破。

地市报业获得了较大发展，成为西藏报业的一个重要组成。

1993年7月《昌都报》试创刊。1996年元月1日，正式创刊。成为继《拉萨晚报》《日喀则报》之后的第三张地市级正式报纸。

1997年，3家地市级报纸均实现了激光照排。《西藏青年报》锐意改革，本着“让西藏信息传出去，让内地的信息传进来”的宗旨，在成都等地设立了记者站，1997年的报纸发行量达到6万份，在西藏报业中一枝独秀，创造了非常突出的社会和经济效益。

《西藏日报》在拓展“新闻源”方面取得进展。在全区7地市建立记者站的基础上，将目光投向尚未建站的相关区域和行业。1996年，《西藏日报》在有西藏大后方基地之称的青海省格尔木建立了自己的记者站，使西藏日报的影响力更加广泛、合理。1995年10月，西藏电视台和7地市电视台和全区8个记者站成立了西藏电视新闻交流协作网，以加强新闻信息资源方面的沟通和共享。

四、经济报道和舆论监督被置于突出位置

在新闻报道和宣传内容上，经济报道和舆论监督被放到突出位置。传统的以会议为主体的新闻报道方式有所调整。1995年，中央第三次西藏工作座谈会结束以后，广电厅两台开设了《中央关心西藏，西藏怎么办?》的专刊，就西藏的经济和社会发展展开讨论。1997年，主要报道了国企改革、科技兴藏、更新观念、援藏工作、“三下乡”、扶贫脱贫等活动。围绕西藏中心工作，开展了109国道、格尔木至拉萨输油管线开通20周年、羊湖精神、62项工程、拉萨皮革厂患病职工求助等较有影响的系列报道活动。1999年，西藏新闻单位围绕经济建设这个中心，

突出宣传农牧业在西藏经济发展中的基础地位，重点报道了国企改革、科教兴藏、援藏工作以及经济工作中的热点、难点。西藏日报认真组织了国有企业攻坚战的报道，先后报道了拉萨啤酒厂、珠峰摩托有限公司、自治区电力系统等企业改革的做法、成效和经验，对搞活国有企业起了推动和示范作用。为介绍西藏经济发展成就，推介西藏名优产品，西藏电视台还推出了“日喀则农业 50 年”“山南国有企业结硕果”“西藏药业股票在沪上市”“西藏名优新特产品”“重振国企雄风”等报道，突出了林芝、日喀则、拉萨等地的援藏工作。

舆论监督力度加大。在西藏特殊的社会环境下，正面宣传报道无疑是主流，但也不可避免地陷入“颂歌”的误区。进入 20 世纪 90 年代后期，西藏新闻界解放思想，正确处理正面报道为主和舆论监督的关系，正视社会问题，使新闻传播媒介的社会监督功能得以发挥，从根本上维护了社会稳定。1998 年，西藏电视台、西藏日报和拉萨晚报等播刊出关于环境、城建等方面的批评性报道，令人耳目一新。

五、广电事业管理法制化进程加快

随着西藏新闻事业的迅速发展，特别是广播影视事业的高速增长，市场规范化管理日显迫切。1995 年，广电厅严格宣传纪律，确保中央两台和西藏两台节目的转播；坚持厅总编室例会制度，及时交流信息，保证舆论导向的正确性；印刷出版了《广播电视法规性文件汇编》，便于照章执行；成立了厅音像管理处，加强对广播电视的社会管理；逐步解决了广播电视的归口管理问题，理顺了县以上管理体制；1996 年，起草了《西藏广播电视管理条例》，向各地市颁发了《广播电视系统行业管理工作大纲》；召开境外卫星地面接收设施管理工作座谈会，进行冬季大检查；依照规定，对自治区影视制作经营机构、国外摄影团队、有线电视加密频道和有线电视节目播出实行严格控制管理。对有关机构重新进行审定和登记；召开了第一次影视拍摄制作管理座谈会。1997 年，认真贯彻国家颁布的《广播电视管理条例》和《电影管理条例》，并组织开展了公开的宣传活动；1999 年，广播电影电视厅起草了《西藏自治区设置影视制品管理暂行规定》，并于同年 8 月经自治区人民政府颁布实施；2000 年，西藏广电局加强了影视制品管理工作，并对全区广播电视机构、转播台、收转站、卫星地面站进行了全面清理、整顿和统计，颁发了许可证。

六、广电媒体涌现出一批名牌栏目

经过十多年努力，西藏广电传塑造出一些具有较高著名度的名牌栏目，在区内外产生了较大影响，成为西藏新闻事业发展和成熟的象征：

《对国外藏胞广播》：1964 年 2 月 14 日开播，是西藏人民广播电台唯一一个对外节目。内容主要是新闻、专题和文艺。节目宗旨是“以我为主、以正面宣传为主、以事实为主”。设有大家庭、西藏新闻、故乡文艺、每日一歌、彩虹桥、多康新闻、世界屋脊、西藏人等栏目，在国外具有一定影响力。

《在西藏》：西藏电视台第一个综合性板块性节目。1994 年 4 月开办。共设西藏人、热线追踪、艺术窗口、企业长廊、信息动态、用户指南、艺人访谈、亲情传递、社会扫描、漫步世界屋脊等 10 个板块，还配合西藏自治区成立 30 周年，开设了《话说活佛转世》《日喀则专辑》《山南专辑》等特别节目。由于选题贴近观众，形式灵活，收视率较高。

《每周报道》：西藏电视台深度报道和评论性栏目。藏、汉语播出。主要对党的方的方针政策进行阐解，内容接近群众，深受观众特别是农牧区观众欢迎。

《经济广角》：西藏电视台经济综合类主持人板块节目。1997年8月开办。主要栏目有信息速递、消费指南、商海传真、消费热线、广告文体等，提供经济、科技信息，指导消费。

《雪域地平线》：青少年对象性栏目。设有雪域新人、青年话题、社会与青年、走进校园、青春旋律、知识窗等，集知识与趣味性于一体。

《空中大舞台》：西藏人民广播电台藏语文艺节目。1994年开办。设有影视插曲、轻音乐欣赏、曲艺15分钟、新歌快递、古曲神韵、周末空中信使。以观众点播为主，穿插听众来信等相关内容，深受基层群众欢迎。

《城市聚焦》：也称“十频道聚焦”。拉萨电视台汉语专题节目。1998年5月开办，主要对城市发展建设和市民关心的问题进行深度报道和评析。

《军营风采》：西藏人民广播电台《高原子弟兵》节目中的一挡栏目，1999年推出，以驻藏部队和武警官兵为服务对象，深受官兵欢迎。

《新闻综述》：西藏电视台藏语新闻板块节目。1999年9月15日开办。设有每周要闻、新闻分析等两个栏目，主要报道自治区重大新闻，介绍新闻背景，对重大新闻事件进行评论。

《大千世界》：西藏电视台综合性藏语专题节目。1999年9月15日推出。突出知识性、趣味性、艺术性、欣赏性。它开阔了观众的视野，内容丰富，收视率较高。

第六节　对外业务合作交流局面一新

进入20世纪90年代中后期，西藏与外界在新闻传播方面的交流明显增加，不仅密度加大，而且层次丰富化，形成了全方位对外交流的良好局面。这种交流，不但向外界显示了西藏新闻传媒的实力、特色和成就，同时更是抓住了一次次向传媒发达地区以及其他民族地区学习的良机，借鉴他人经验，创建或稳定区域性、行业领域性协作机制，相互协助，优势互补，逐步缩小西藏与全国的距离，推动西藏新闻传播事业的快速发展。

这一时期交流的主要方式是：

一、在西藏举办全国性或区域性行业会议

区域性行业协作（联席）会议，是西藏对外交流的基本机制。协作的对象多为毗邻的西南5省、全国民族自治区，以及使用藏语较多的省区，而其中联系的纽带就是地域之便和民族文化的接近性。

2000年8月26日—9月4日，第五届全国省级有线电视台台长会议在拉萨召开，包括凤凰卫视区域代表和部分传媒公司的代表出席了会议。

1995年6月，西南5省记协主席、秘书长联席会议在西藏日报社举行。

1995年7月，第八届全国5自治区党报总编辑联席会议在西藏日报社召开。

1995年7月3日，全国部分省市广播电视厅（局）长会议在拉萨举行，主要交流了广播电视援藏成果和经验。

1995年9月17—26日，中国西部广播电视技术协作会首次在拉萨召开。

1995年10月5—12日，由西藏电台承办的第57届全国城市电台广告经济信息交流会在拉萨举行，这是西藏电台建台以来举办的第一次全国性会议。

1996年5月29日—6月4日，《西南旅游》杂志工作会议在西藏日报社举行。

1996年6月16—23日，中国西部地区党报副刊经验交流会

在西藏日报社召开。

1996 年 8 月 5 日，中国科技报研究会五届二次理事会暨西部地区科技报年会在拉萨举行。

1996 年 8 月 14—18 日，西南地区第六届党报新闻资料工作会议在西藏日报社举行。

1996 年 8 月 15 日，全国少数民族语言电视译制协作体年会在拉萨召开，倡议建立全国少数民族语言电视译制供片中心。

1996 年 8 月 16 日，全国第十四次藏语文艺广播会议在拉萨召开。中央人民广播电台民族部，以及四川、青海、阿坝、甘南人民广播电台藏语广播人员出席会议，交换了 1100 分钟的文艺节目，并进行了评奖活动。

1997 年 10 月 6—11 日，由西藏广播影视厅主办的第二届全国藏语新闻作品评奖会在拉萨举行。中央人民广播电台民族部以及青海、四川、西藏的电台、电视台从事藏语新闻工作的代表参加了会议。

1998 年 7 月 20—27 日，首届 5 省区藏文报协作会议在西藏日报举行。

2000 年 8 月 17 日，第十七届全国广播电台经济信息协作网全会在拉萨开幕。

二、出席在区外举行的全国性或区域性行业会议

西藏在积极于文化圣地拉萨主办行业会议以外，还主动参与在西藏以外举办的全国性和区域性行业会议，以保持对外交流的连续性，始终将西藏的新闻传播事业置于国家和区域发展的大背景上，唤发起持久的动力。

1996 年 7 月 19—27 日，以如何办好少数民族地区报纸为主题的第九届全国 5 自治区党报总编辑联席会议在新疆巴音郭愣蒙古自治州举行，西藏选送的关于十世班禅转世灵童金瓶掣签成功

举办的消息获民族好新闻一等奖。

1996年10月28—30日，全国广播影视系统援藏会议在北京召开。初步确定了一批援藏项目："九五"期间，国家将投入9000多万元，建设项目1190个，部属单位和地方厅局投入近5000万元，建设项目39个。

1998年4月28日，《西藏日报》副总编辑李佳俊出席中宣部、中组部在北京召开的学习孔繁森先进事迹座谈会，介绍了《西藏日报》学习和宣传孔繁森事迹的情况。

1998年5月9日，《西藏日报》副总编辑旺堆次仁参加在广州召开的全国省级党报主要领导座谈会议。

2000年10月，西藏电视台正式加入中国电视译制委员会。

三、积极参与全国或区域性行业评奖活动

下面的事实会使我们发现：在20世纪90年代中后期，西藏新闻传播界在进入自己有史以来最快的阶段后，具备了较为充分的自信，加入了全国各种类型和层次的专业评奖机制，广播、电视和报纸三大传媒全面报捷，显示出西藏传媒在全国所具有的不可替代的明显优势。

这些评奖机制包括：

——区域性奖励机制。如：1995年5月，《西藏日报》在第二届全国部分省市党报版面研讨会上（武汉），分获一、二、三等版面奖；

——全国性（包括一些国际性竞赛）奖励机制。这是主体部分。获得奖励的既有新闻作品，也有杰出的新闻工作者。如：1995年11月30日，西藏电台文艺部编辑的专题音乐《西藏的心跳——来自地球之巅的原初绝唱》，在第五届上海国际广播音乐节上获银编钟奖；1995年11月5日，西藏电台白玛卓嘎获第二届全国"邹韬奋新闻奖"；1996年5月7日，全国电视优秀稿

件评选会在郑州举行，西藏电视台强巴索巴的《话说雪域活佛转世》，获本年度中国电视奖文化类一等奖。电视新闻片《第十世班禅转世灵童金瓶掣签仪式》获本年度中国电视奖一等奖；1997 年 7 月 28 日，在沈阳举行的中国广播电视新闻奖评奖会上，《西藏广播影视报》刘林芳采写的消息《电影红河谷筹拍》，获 1996 年度报刊新闻、专稿奖，消息类一等奖；1997 年 10 月 10 日，在中央电视台国际频道组织的 72 小时滚动报道——“世纪报道”中，西藏电视台韩辉、央宗、张焰拍摄的《中国报道·香港回归》获中央电视台海外中心“特等奖”；1997 年 10 月 20 日，在“中信杯”全国第九届优秀播音主持作品、第八届播音与主持论文评选暨中国广播电视学会研究委员会 97 年会上（深圳），西藏的 11 篇播音与主持作品分获一、二、三等奖；1997 年 10 月 26 日，第七届中国新闻奖和 1997 年中国电视奖揭晓，年忻、尉朝阳拍摄的消息《乔迁之喜》，获中国新闻奖三等奖、中国电视奖二等奖；1997 年 11 月 15 日，西藏电台文艺部音乐专题片《藏北永远的牧歌》，获第六届上海国际广播音乐节评委会特别奖；1997 年，西藏日报益西加措荣获第二届“全国百佳新闻工作者”称号；1998 年 10 月 27 日，西藏电视台播音员红梅、德央获 1998 年“孔府杯”全国广播主持一等奖（全国广播电视学会、全国播音主持研究会）；1999 年 6 月 14 日，西藏电台庆祝民改 40 周年大型系列报道《历史的跨越——我说民改 40 年》，获第十届中国广播奖专题类二等奖；2000 年 7 月 9 日，西藏电视台配音演员苍姆获第二届中国“百佳电视艺术工作者”称号；2000 年 9 月 12 日，西藏电台记者刘长江获第四届“百佳电视艺术工作者”称号。西藏电视台记者米玛获第四届“范长江新闻奖”；2000 年 12 月 18 日，西藏电视台与中央电视台、新疆、内蒙古、广西、宁夏电视台联合摄制的电视艺术片《献给母亲的歌》，获第八届全国少数民族题材“骏马奖”。拉萨电视台《生活时空》栏目获三等奖。西藏自治区党委宣传部与中央电视台联合摄制的25集电视连续剧《西藏风云》，获评委会特别奖，并获“飞天奖”“金鹰奖”最佳导演奖、最佳剧组奖、最佳主题歌奖和评委会特别奖。

四、联办广播电视节目或共同摄制影视作品

西藏还利用自己独特的文化和地域优势，借助于外部雄厚的资金和技术实力，合作开展影视、报刊的制作、发行，优势互补，共同推动新闻事业发展，扩大西藏在全国乃至国际领域中的影响力。

合作的方式包括：利用卫星传版在拉萨当地印刷国内重要报纸，提高时效性。如1995年，西藏日报社承印《人民日报》《参考消息》卫星传版，拉萨地区的读者可以看到当天的两种报纸；与内地电台联办直播节目，形成全新的传播效应。如1997年11月1日，西藏电台调频广播编辑部与江苏南通经济电台共同策划的两地直播节目——《波连神州东西，情牵长江首尾》90分钟直播节目获得成功。2000年6月16日，由西藏电台和江苏无锡经济电台联合举办的报道援藏干部任国庆先进事迹的两地大型直播节目《遥远的足音》圆满结束；与内地媒介联合进行采访活动。如1999年10月10—18日，西藏日报社召开“心连心，手拉手、共同迈向21世纪”全国省、市报纸赴藏采访活动会议；与内地影视机构联合制作影视作品。如1997年9月5日，四川合邦集团向广电厅赠送电视剧《大命运》《单亲家庭》。1997年元月，西藏电视台与杭州电视台签订联办节目协议。1998年1月5日，西藏那曲电视台与辽宁电视台联合摄制的四集电视连续剧《从拉萨穿越念青唐古拉——我见到你》首映式在西藏电视台举行；卫星传输直播节目。如2000年2月4日，西藏电视台春节、藏历新年大型文艺晚会《吉祥千年》，在农历

正月初一、藏历大年三十通过卫星向全国现场直播。

第七节　西藏新闻传播事业进入新的历史发展阶段

进入20世纪90年代中后期，西藏新闻事业进入全新的发展阶段，传媒构架进一步突破和调整，宣传和传播水平继续提升，媒介地位更加彰显。不仅出现了新的传播媒介——有线电视、网络传播等，而且借助于国家的有力扶植和各省市的无私援助，在广电事业建设上获得重大进展。与此同时，西藏新闻事业继续沿着此前的历史发展逻辑和良好传统向前发展，开展重大新闻事件的宣传报道，积极推进新闻改革，提高新闻传播效能，加强对外交流，使西藏新闻媒介的影响力达到新的水平，成为宣传党和国家政策、传播先进文化、沟通信息、服务娱乐受众、推动民族文化建设的渠道和平台。

一、有线电视和网络新闻传播加入西藏传媒行列，西藏第一份都市报纸——《西藏商报》创刊，西藏传播格局实现重大突破，在更广阔的背景上构建完整体系

在20世纪90年代初期拉开帷幕的西藏有线电视建设，终于在90年代中期正式登台亮相。1995年，西藏有线电视台成立并播出节目，成为西藏第一家也是唯一一家有线电视台。地市有线电视建设也同时展开。有线电视还承担着转播国内其他省市有线电视节目的任务。有线电视台的建成和覆盖范围的扩大，使西藏城镇居民又获得了一个便捷、高清晰度、节目丰富多彩的传播媒介，极大地丰富了市民的文化生活，开拓了信息来源，缩小了西藏城镇特别是中心城市与内地的差距，同时对传统的新闻传播构架形成强烈冲击，客观上强化了传统媒介进行改革的迫切性。

网络成为这一阶段引人注目的大众传播媒介。在90年代末期，作为当今世界上最富传播能力的网络也跨越时空屏障，足履雪域高原。上网成为民众获取信息的流行渠道。在西藏新闻传播的历史上，还没有哪一种媒介能如网络一样，实现西藏与外界最快捷、最全面、最丰富的信息沟通。网络传播在西藏的逐渐普及，同样具有区域传播上的革命意义。网络在信息传播的频率、密度、幅度、深度为传统媒介所望尘莫及，这对具有明显封闭性的西藏新闻传播业而言，具有全面的开拓性和挑战性。西藏新闻传播格局在发生着深刻的变化。

1999年，一张全新的报纸——《西藏商报》面世。它的出现，极具象征意义。这不仅是西藏第一张市民报纸，而且也是西藏第一家以企业模式经营的媒介，它使西藏报业增加了新的成员，丰富和改变了西藏传媒体系，在机关报和行业报一统天下的西藏，它的“闪亮登场”，不仅带给受众以惊喜，还带给西藏传媒界以新的传播理念。

二、以西藏广电中心、传输中心建成为标志，西藏实施了许多重大工程建设，广播电视事业建设取得重大成就

面对西藏幅员广阔，交通不便，人口居住分散的现实，广播电视无疑成为西藏受众接受信息的第一选择，在西藏新闻传媒格局中居于第一梯次的醒目位置，成为西藏当代新闻事业的特色之一。

在国家和各省市的大力援助下，西藏广播电视事业建设取得突出成就。以20世纪90年代中期西藏广播电视节目译制制作中心的建成为标志，西藏广电基础设施水平有了根本性提高。在这一时期，为维护国家和民族利益，保持西藏的稳定和繁荣，促进西藏发展，提升传媒水平，在党和国家的直接扶植下，西藏自治

区实施了一系列深刻影响西藏传播事业发展的跨世纪重大工程，广播电视的摄录编播设施大为改观，传播效果明显提高，覆盖范围进一步扩大，偏远地区特别是农牧区接受广播电视的状况显著进步，媒介地位更加突出。至2000年，广播电视覆盖率分别提高到77.7%和76.1%，整个西藏7个地市75个县和872个乡所在地都能看到电视、听到广播，西藏广播电视事业获得了历史性突破，凸显出广播电视在西藏地区突出的媒介影响力。

三、新闻改革深入推进，传媒格局继续调整

在西藏新闻事业全面发展的历史进程中，新闻改革也在深入推进。根据西藏实际和现代传播趋势，西藏将广播电视媒介作为“领头羊”重点扶植，并以此为突破口，大幅度地改变西藏新闻传播的落后状况，从而基本确立了西藏当代新闻传事业的格局；报刊体系也在发生变革。为适应市场需求，各报普遍实行扩版，增加信息容量。西藏第一家都市类报纸——《西藏商报》试创刊，使西藏报业开辟出一个新的品种，具有开创意义。地市报纸阵容继续扩大，西藏报业向地市延伸的趋势更加明显；西藏还逐步建立了有效的评价机制，对激发西藏新闻工作者的责任感、使命感产生了积极影响。西藏自治区党委为了加强对新闻宣传工作的宏观指导，成立了新闻协调小组，开展了新闻评阅工作。这些改革，使西藏新闻传播从格局到传播方式和内容等，均取得了重要进步。

四、西藏新闻传播的传统优势继续得到传承，现代传媒在保持西藏团结稳定、推动西藏文明进步等方面发挥着巨大影响力

出于西藏稳定和发展大局的考虑，面对西藏有限的传播资源，集中区内媒介精干力量，开展“战役性”重大宣传报道活

动，一直是西藏新闻传播的一个传统。在90年代中后期，西藏新闻界开展了一系列颇具影响力的重大宣传报道活动，形成了强大的宣传优势，凝聚了人心，扩大了西藏的著名度，考验了西藏新闻媒介的传播能力，大大提升了其影响力。

五、西藏新闻传播业加快了走向全国、面向世界的步伐，影响力日益扩大

进入90年代中后期，西藏对外新闻交流的频率明显加大，交流的层次更加丰富，交流范围扩大，取得显著成效。西藏新闻机构作为东道主，在藏主办了全国性和区域性行业会议近20次；西藏也积极派出代表出席全国和区域性专业会议，参与行业评奖活动，并取得良好成绩；西藏还利用自己的地理、文化优势，与国家级媒体及兄弟省市媒体联办广播电视节目或摄制影视作品。这些合作交流，不仅扩大了西藏传媒在全国的影响力，更重要的是，借助于这些交流活动，发现了西藏的差距，直接推动了西藏新闻改革和业务能力的提高。

当然，西藏新闻传播在进入世纪之交之际，虽然达到了自己的历史发展的制高点，但许多历史性的缺陷依然存在，使西藏新闻传播事业面临着巨大困难。西藏报刊业在广播电视和互联网的夹击下呈现出整体萎缩之势，发行量一直徘徊不前；新闻传播业市场化程度很低，广告收入极为有限，自主生产力严重不足；农牧区仍然是西藏新闻传播事业发展的“软肋”，很多地区看不到报纸电视、听不到广播，信息闭塞；藏语传媒的发展受到语言、人口等方面制约，不利于推进西藏社会文明进程；新闻传媒缺乏专业人才，节目采编制作水平有待提高等等，这将是西藏新闻界在21世纪所要着力解决的重大历史课题。

类编：西藏新闻传播的领域

在对西藏新闻传播事业进行了纵向的梳理后，我们会基本把握其发展轨迹，从历史高度理解西藏新闻传播的一般状况。在西藏特殊的历史、地理、社会、政治、经济和文化环境的共同作用下，西藏新闻传播事业更是体现出鲜明的地域和民族品性，这使它将自己与祖国其他地方的新闻事业区别开来，凸显出西藏的特殊性。在此，我们就有必要提取西藏新闻传播事业中一些最具特色的领域，横向梳理，集中论述，以加深人们对西藏新闻传播事业的理解，是为“类编”。主要涉及“西藏的对外新闻传播”“西藏和平解放以来的新闻教育”“西藏现代藏文传媒的历史形态”“西藏的电影传播”“新闻援藏”五个方面。

第一章 西藏的对外传播

西藏独特的地域、政治、经济、文化气质，使其在中国国家战略中扮演了重要的角色，人们总是习惯于向这里投以好奇和关注的目光，国际传媒也毫无例外地将西藏纳入它们的视野，而西藏新闻传播业所具有的鲜明民族和地区特色，更是成为吸引世界的一个重要方面。不论是西藏，还是世界的传媒界，都有一种相互交流的热烈期待。于是，西藏的对外新闻传播就很自然地发生了。

第一节 西藏对外传播的必然性

西藏的对外传播首先源于让世界真实了解自己的迫切愿望。

在和平解放以前漫长的历史时期，西藏固守封建农奴制的藩篱，高度封闭，这种政治构架差不多完全扼杀了作为现代文明的新闻传播。而在另一面，新闻事业的极端弱势化又“成就”了西藏的封闭。对外交流和传播的落后，给西藏的社会发展带来了巨大而深远的消极影响，成为西藏落后不可忽视的直接因素之一。

西藏和平解放，给西藏的新闻传播以新的历史机遇，同时也赋予其新的历史使命。以对外宣传为主要标志的西藏对外新闻传播，具有突出的特点和特殊的意义。它是西藏反渗透、反颠覆、反和平演变、反分裂斗争的重要组成部分。西藏面临的政治和新闻环境十分严峻。西方对中国怀有敌意的国家，在对西藏实行攻心战略上恰恰保持着“清醒”的头脑，他们利用其发达的传媒，加紧对西藏进行舆论渗透和煽动，鼓噪“西藏独立”，试图将西藏从祖国大家庭中分裂出去，阻挠中华民族的振兴大业。西方国家将它们的国际传播炫耀为“战略轰炸”，而对西藏就格外“照顾”。西方国家和达赖加大了对西藏广播的功率，增加了藏语广播时间，有22个国家和地区的70多个频率覆盖西藏，其中有20多个频率是藏语广播。美国等西方国家也纷纷开设中文卫视频道，几十套节目覆盖西藏。境外各种音像制品通过各种渠道进入西藏。在一些地方，收听西藏自己的广播节目要远比收听国外节目还要困难。这不仅给西藏的社会稳定和经济发展提出了挑战，也给西藏的新闻传播事业特别是对外传播提出了重大课题。

由于历史原因，现在在境外的藏胞大约有十余万人，主要分布在印度、尼泊以及欧美等20多个国家，他们大部分是所在国的普通公民，并不追随达赖的“西藏独立”逆流。随着时光推移和西藏社会经济的巨大进步，原来追随达赖叛逃的不少上层人士多至垂暮之年，思乡之情日浓。从整体上审视，“西藏独立”的影响逐渐萎缩，但不可忽视的是，由于一些藏胞将“西藏独立”与“返回家乡”相等同，对今日西藏的巨大变化所知甚少，客观上成为达赖分裂主义的信徒。西藏迫切需要主动和有效地向国际社会推介自己、宣传自己、塑造自己。

西藏历来是政治敏感地区，而它的敏感正因为其在国家利益和国际政治格局中拥有的特殊地位。在中华民族走向伟大复兴的新的历史时期，作为中国领土不可分割的一部分，西藏事务事关全国大局，它的发展、稳定和安全，涉及全国的发展、稳定和安全。西藏脱离不开祖国大家庭的关怀，同时又是祖国安全和繁荣的一个重要支撑点。世界需要全面了解西藏在国家政治架构中的突出地位，把握西藏的真实状况。强大的对外宣传和积极的新闻传播，将会展示出一个迈向新纪元的真实的西藏，塑造西藏良好的形象，创设有利的国际舆论环境，把国际目光吸引到这里来，把藏胞的目光吸引到自己的家乡来，使西方的单极宣传不攻自破，这正是西藏新闻传媒的重要使命。

第二节　西藏对外传播的基本格局

经过半个多世纪的努力，西藏已经建立起了以对外宣传为核心，与国外开展双向新闻交流为两翼的对外新闻传播格局，有效地介绍了西藏，促进了世界对西藏的了解，也促进了西藏对世界的了解。

一、维护民族团结和国家统一

建立了以《对国外的藏族同胞广播》为主体的对外宣传框架，有效地遏制了达赖集团和西方敌对势力的反面宣传，展现了西藏的社会进步和经济发展，维护了民族团结和国家统一。

假如我们站在西藏特殊的文化、政治和地理背景上审视，就会看出西藏的对外宣传无疑是其对外新闻传播的代表作，具有明显传播优势的广播肯定是对外宣传的主渠道。

西藏对外广播是在特殊的政治背景下建立起来的。1959 年 3 月，西藏上层反动集团反动武装叛乱，并裹胁一些藏族同胞流落境外，主要定居在印度。1962 年 10 月，中国对印自卫反击战打响，为向外界披露真相，自 1963 年 6 月 24 日起，每周编排三组对流落境外的藏族同胞广播，只呼台号，不报节目名称。1964 年 12 月 14 日（藏历新年初一），经国务院和中央军委批准，西藏军区政治部联络部和西藏电台联合推出《对流落国外的藏族同胞广播》节目。1994 年 4 月 1 日后，播出时间扩大为每天三次（14：00、18：00、23：00），稿件播出由 1984 年以前两天回放变为其后的每天播发新稿。

为适应宣传的需要，提高传播效果，对外广播节目的内容和宣传形式不断丰富和改进。在20世纪60—70年代，宣传的重点是国家对流落国外的叛乱人员及家属、投诚人员的政策，以瓦解达赖集团，同时大力宣传西藏民主改革以后的大好形势和翻身农奴获得解放以后的幸福生活，展示中印边界战争的真相，揭示西藏实行民主改革的必然性、进步性和反击印度扩展主义战争的正义性，是为了西藏人民的根本利益，维护国家主权。进入80年代，随着国家改革开放政策的实施，对外广播的内容和形式发生了重要变化和革新。1979年上半年，国家宣布对参加1959年叛乱的全部在押战犯给予释放，电台集中力量重点报道了他们获释后与家人团聚、出席集会、参观访问和工作生活的情况，生动地进行了爱国主义和民族团结教育，有力地反击了西方舆论编设的骗局和迷雾。这是西藏对外广播发生重要转变的具有标志性的事件。宣传对象扩大到包括藏族同胞在内的国外所有关心西藏社会发展的人士，并从极"左"思潮中解放出来，将宣传重心放在反映西藏经济建设成就上，真实化和情感化，以乡情、亲情、真情打动受众，节目形式逐步多样化。1981年，对外广播顺应传媒革新潮流，实行主持人形式，《家乡新貌》《祖国各地》《故乡与亲人》等专题节目生动活泼，引人入胜。结合形势发展，先后开办了《西藏处处多风采》《西藏人权白皮书》《西藏是祖国领土不可分割的一部分》等大型专题节目，以丰富的历史事实回答了关于西藏历史地位的疑问，向外界展现出一个富于生机和魅力的西藏。90年代以后，对外广播逐渐正规化，具有了成熟的宣传机制和相当的宣传规模，影响力日渐扩大。确立了为西藏改革开放和经济建设服务，创造良好的国际舆论环境两方面的主题，以"人权和主权"为主要内容，开展了《伟大的历程》《今日西藏访谈录》《普通人家访谈录》《百家乡镇》《辉煌的历程》

等大型系列采访报道，广泛宣传西藏建设成就，坚定西藏是祖国不可分割的一部分的政治和国家观念。1996 年初，为全面介绍西藏文物抢救、保护和维修方面的成就，回击国外舆论“西藏文化灭绝论”的恶意歪曲和诽谤，对外广播节目用英语和藏语两种语言开办《西藏文物之窗》栏目。1997 年 4 月 12 日，根据西藏外宣工作会议的部署，对外广播突出集中“揭批达赖”和宣传“西藏今天的发展进步”两大主题，挂牌播出《百家乡镇》栏目，全面报道了国家和兄弟省市支持建设的“43 项工程”“62 项工程”“一江两河工程”等重大工程以及产生的巨大社会经济效益，同时还对百家乡（镇）、村在脱贫致富、经济建设、农牧民生活方面的巨大变化进行了具体生动的报道，体现了党和政府对农牧区建设的关心。为加强宣传力度和权威性，增强说服力，连续播发了新华社评论员文章，组织权威部门专家、主管领导和社会著名人士撰写文章，从学理、历史、社会实践诸方面教育和引导境内外藏胞认识达赖的分裂本质。1998 年 5 月，对外广播开设《开放的西藏》系列主持人栏目，报道今日西藏的真实面貌。

除此而外，西藏还加强了边境地区广播建设，形成对外宣传的前沿阵地，构建积极外宣态势。边境地区是西藏与境外开展舆论争夺战的焦点区域。西藏地处祖国西南边陲，边防线长达 4000 公里，与印度、尼泊尔、不丹、锡金、缅甸等 5 个社会制度不同的国家接壤，边民来往频繁，又有大量流落国外的藏胞生活在此，反分裂、反渗透斗争十分尖锐。达赖集团引诱和教唆边民子女到国外读书，利用“同果望钦”大法会对信教群众进行分裂宣传，唆使边民偷渡，偷运大量反动宣传品进藏。面对严峻形势，西藏加大了边境地区外宣力度，先后在樟木口岸、亚东、普兰、措那、米林等 5 个边境县建立外宣点，开展反蚕食斗争。同时，西藏边防部队也在樟木、亚东、吉隆等地设置了对外宣传橱窗。

在边境广播电视事业建设中，首先发展有线广播。同时，根据边境宣传实际，有针对性地建设有线广播。起初，仅在亚东建立有线广播站（1978 年以前阿里地区由新疆维吾尔自治区代管）。1962 年 12 月，根据中央军委总政治部的指示，西藏决定建立一批大功率边境广播站，以加强宣传实力。1966 年 7 月、1967 年 8 月和 11 月，乃拉堆广播站、则里拉广播站和卓拉广播站先后开播（1973 年 2 月撤除），每日使用印地语分两次（9—11 点，19—21 点）播出 4 个小时，一是录放前一天晚上中央人民广播电台 11：00—1：00 的印地语节目，一是自编节目。随着西藏经济实力的增强，边境地区的无线广播事业也逐步发展起来。日喀则地区从 1988 年到 1998 年共建成 13 座中波转播台。1988—1994 年，在狮泉河和 21 个边境县、口岸共建中小功率中波转播台 28 座。

西藏还转播或开设了昌都话、印地语、康巴话等少数民族语言广播，丰富了对外广播层次。1966 年 1 月 3 日—1994 年 4 月，西藏人民广播电台用全部频率在每天的 23：00 至次日凌晨 1：00 转播中国国际广播电台地印地语节目。1978 年元旦—1986 年 12 月 31 日，西藏人民广播电台藏语广播开办《昌都地方语广播》节目。《对国外的藏族同胞广播》节目在同一时期的每周二、四、六使用昌都话进行广播。2000 年实施“西新工程”以后，西藏人民广播电台开办了康巴语广播，延长了藏语播出时间，昌都地区人民广播电台也开通了康巴话广播。为保证外宣质量，取得对外宣传的主动权和良好效果，西藏外宣工作一直致力于人员培养和基础设施建设，建立了一支包括社会各方面精英和代表人物的外宣基本队伍。外宣基地建设取得明显进展。在第一批确定的 30 多个外宣采访基地的基础上，各地、市、县根据本地情况又确定了当地的边境外宣联系点，使对外宣传阵地逐步向前延伸。西藏还注重信息工作。1999—2000 年连续编写了《达赖活动大事记》，收集整理报送了大量参考资料，编写了包括 200 多个相关问题和 90 多条外宣口径的专题材料，进一步完善了外宣资料库、图片库。为培训外宣通讯员，西藏人民广播电台对外部在 1983—1992 年的 10 年间，编辑了 6 期藏汉文的《对外广播优秀稿选》、4 期《对外广播专题稿选》。

二、请进来，向世界展示西藏的巨大变化

以积极、自信和开放的姿态，邀请和接待国外新闻机构对西藏进行采访报道，向世界展示和平解放以来西藏的巨大变化和美好前景。

西藏的神秘特异和国外媒体以想象和夸张为基本特征的宣传，使其成为国际热门话题。遗憾的是，这些媒体塑造的西藏，与实际的西藏有极大的距离，其中不乏偏见、误解和阴谋。鉴此，国家和西藏地方政府主动邀请和欢迎世界友好国家的媒体和西方发达国家的主流媒体到西藏进行访问和采访，以最具说服力的事实还西藏以真实，树立西藏良好的国际形象。

西藏的对外新闻传播起始于 20 世纪初。据 1989 年《中国新闻年鉴》记载，最早进入西藏进行采访的西方记者是伦敦《泰晤士报》驻北平的记者莫里逊，他于宣统元年（乙酉），即公元 1909 年从四川进入西藏进行采访活动，但大规模的交流则是在西藏和平解放以后。国外到西藏进行的新闻采访活动大体可以分为三个阶段：

第一阶段（1951—1976）。即西藏和平解放到“文革”结束。来访西藏的主要是以苏联为首的社会主义国家和友好国家的新闻工作者和作家。

第二阶段（1976—1987）。即“文革”结束至 80 年代末期。其时正处于国家改革开放初期，来访活动极为活跃。

第三阶段（1987—2000）。进入20世纪80年代末期，由于“两权”斗争升温，来访活动明显减少，而在90年代中后期，又逐渐呈上升趋势。西部大开发和国家稳定的改革开放政策，再一次使西藏成为国际传媒瞩目的焦点。

从西藏和平解放以来的新闻来访活动，便会看出其国别范围更加广泛、媒体著名度提升，影响力强势化，对藏关注程度大幅度增强。就国别而言，既有在特定历史时期的友好国家——苏联、波兰、阿尔巴尼亚、南斯拉夫、匈牙利、朝鲜、民主德国，罗马尼亚、捷克斯诺伐克、埃及等，也有西方发达资本主义国家——美国、法国、英国、日本、澳大利亚、新西兰、意大利、瑞士、奥地利、挪威、联邦德国、丹麦等，还有亚洲、拉丁美洲、大洋洲、非洲以及毗邻西藏的国家和地区——尼泊尔、香港、阿根廷、墨西哥、伊朗、马来西亚、新加坡、塞内加尔等，基本上涵盖了世界主要国家和地区；从媒体来看，涉及世界诸多著名媒体特别是影响力甚巨的主流媒体——国际代表性的美国有线电视公司（CNN）、英国广播公司（BCC）、日本广播协会（NHK）、美联社、《纽约时报》《巴尔摩太阳报》、“美国之音”广播、《洛杉矶时报》、美国哥伦比亚新闻学院、路透社、《泰晤士报》《真理报》等。也有不同的国家级新闻机构——菲律宾通讯社、西班牙埃菲通讯社、尼泊尔《每周评论》、联邦德国电视台、澳大利亚广播公司、加拿大广播公司、《时代》（联邦德国）、安莎社（意大利）等，还有在国际舆论界占有一席之地的华文媒体——新加坡《联合早报》，香港《大公报》《文汇报》《快报》《明报》《东方日报》、中国香港通讯社、亚洲电视台、无线电视台，马来西亚《澳华时报》《华声报》《星岛日报》，菲律宾《世界日报》《商报》，美国《侨报》等。

西藏为这些新闻媒体提供了尽可能多的采访区域，以拉萨为中心，辐射西藏主要城镇、口岸和农牧区，而各种团体、机关和个人就成为他们的访问、报道对象。这些国外媒体的从业者或是“掌门人”足迹所及，有西藏政治经济和文化中心的拉萨，有藏族文化发祥地的山南，有后藏重镇日喀则，有西藏江南之称的林芝，西藏最大的边境口岸樟木口岸等，它们是西藏文化和经济最为典型的地区，是整体西藏形象的缩影。在西藏，这些十分好奇并怀有各种复杂心态的记者们，来到工厂、学校、寺庙、公社、农场、国家机关、居委会、少年宫，人民医院，还有普通的藏族农牧民家庭，尼泊尔商店等诸多机构进行采访，已经触摸到西藏最基本的社区和脉络，能较为完整和真实地把握西藏的历史和现实，做出客观一些的评价。

他们在藏的采访活动就像西藏本身一样丰富多彩。境外记者们观赏了具有浓郁民族特色的藏族文化风情活动，拍摄反映西藏自然风光、民俗、宗教、旅游、藏族生活今昔变化、推广利用太阳能等方面的生活和文化纪录片，进行了专题采访，与不同领域机构人员举行座谈会，有针对性地采访了西藏一些重大活动，利用西藏独一无二的自然和人文资源拍摄大型广告，与西藏交换纪录片。来自遥远国度的新闻工作者们，常常受到西藏党政高层领导的接见，这既是一种礼遇，又成为直接采访的机会。

面对由西方主导的主流媒体培养起来的传播接受习惯，面对不少西方受众对中国传媒的不信任和误解，由他们“崇拜”和“信任”的媒体来介绍西藏，也许更有说服力和效果。西藏邀请这些开始对西藏开始并不了解的记者进来，就是要让他们通过自己的眼睛来观看，用自己的理性来思考，并最终用自己的语言告诉世界，西藏到底是一个什么样的西藏。

三、走出去，积极开展双向互动

在国外开拓西藏新闻传播新领域，向世界直接展示西藏的形象和真诚，积极开展双向新闻互动。

比起大批外国记者接踵到雪域高原来，西藏的新闻工作者到国外进行采访和宣传就比较有限，且多以间接的方式进行。出访的新闻官员和编辑记者基本为藏族，他们的现身说法和答疑，具有其他人不能替代的代表性、权威性和说服力。

西藏的新闻出访等外向交流活动的主要是形式是：一是随团出访。《西藏日报》总编辑尹锐、副总编丹增、群觉、旺久，新华社西藏分社副社长昂望丁增，西藏广播电视厅厅长杜泰，西藏新闻出版局局长旺堆次仁等先后出国访问；二是参加国际新闻交流活动。西藏电视台每年制作30多个小时的节目，在美洲东方卫视台播出。《西藏日报》与美国第二大华文报纸——《国际日报》合作，在该报推出“西藏专版”。汕头经济特区报社与《国际日报》合作编辑《国际日报·中国大陆》新闻专版。《西藏日报》抓住机会，开设了西藏——汕头——美国传版信道，将成型版面传输到美国出版。1991年11月，由西藏电视台和四川电视台联合摄制的电视纪录片《藏北人家》《古格王朝》分别获得本年度首届四川国际电视界最佳纪录片金熊猫奖和最佳纪录片银熊猫提名奖，这是西藏电视界第一次荣获国际大奖。1997年11月，由西藏人民广播电台文艺部选送的音乐专题节目《藏北，永远的牧歌》获第六届上海国际广播音乐节评委会特别奖；三是与国外进行电视节目交流。1987年6月，西藏电视台向联邦德国电视台提供了电视片《青稞在欢唱》，1996年7月，由西藏电视台选送的大型系列片《中国西藏》在北美电视台播出，1999年12月，由西藏电视台拍摄制作的电视专题片《衣食住行》首次出口日本长崎电视台，并在香港、新加坡、马来西亚等国家和地区播出；四是出席国际会议。1995年8月30日—9月15日，西藏电视台藏编部主任白玛卓嘎和西藏电视台记者白央出席了在北京举行的第四届世界妇女代表大会及非组织论坛，向世界宣传西藏。

四、推动西藏新闻基础设施建设，为西藏对外传播提供保障

强力推动西藏本土新闻基础设施建设，特别是提高广播电视覆盖率，扩大传播范围和影响力，为西藏对外新闻交流提供有力保障。

西藏自身新闻传播事业的基础设施建设，不仅关系到西藏内部的新闻传播和宣传，同时也是抵制境外敌对势力宣传，有效开展对外新闻交流的基本保障。当西藏本土新闻传媒覆盖面和影响力日渐强大之际，也就意味着外来消极传播的力量在逐渐弱化，而西藏本身必将获得越来越多的对外交流资本、优势和机会。其中广播电视的发展和产生于对外交流方面的效能尤为突出。至2000年，广播覆盖率提升至77.7%，而电视覆盖率也由1977年试播期间的2%，提高到2000年的76%，从根本上加强了西藏空中对敌斗争的实力，实际成为西藏对外传播的有力保障和内在组成。

第三节　西藏对外传播的一般特质

由于西藏文化、历史背景、地理环境、经济发展等与祖国内地迥异，又地处西南边陲，是中国典型的以单一的少数民族（藏族）为主体的民族自治区，同时在中国国家政治、安全战略中占有重要地位，亦为国际政治热点地区，于是在对外新闻传播中便也体现出极端重要性和突出的特点。

一、受到国家和自治区重视，在国家对外宣传格局中占有醒目位置

在现代中国的对外宣传三大热点（所谓台湾问题、西藏问

题和人权问题）中，西藏即占其二：所谓西藏和人权问题。西方国家把这两个问题作为遏制中国、分裂中国的“重头戏”，精心导演，持续演出，力图最大限度地扩大“戏剧效果”，以达其不可告人之目的。这样，西藏的社会稳定和发展、繁荣，就直接关乎中国的国际形象和主权。国家不仅对西藏的对外宣传有整体和长远的部署，党和国家领导人也做出了重要指示，为西藏实施对外宣传和开展新闻交流指明了方向。国家和兄弟省市还投入巨额资金和大量设备，从根本上改善西藏新闻传播事业状况，组织实施了像“西新工程”这样具有重要战略意义的重大项目，不断扩大广播电视覆盖率，提升对抗和压制国外新闻渗透的能力，逐步改变了西藏地区敌强我弱的被动态势，在雪域高原的碧空蓝天构建了有效的防护网和安全屏障。

二、定位明确，重点突出

西藏在国家政治生活和国家安全中所占的特殊地位，也决定了其对外新闻交流的基本立场和重心。在 20 世纪 60—70 年代，新闻交流主要是以对外宣传为主调，基本原则是藏胞接待和争取国外藏胞回归祖国。进入 80 年代，随着达赖分裂活动的加剧和公开化，以及国际反华势力对西藏问题“关注”程度的再次升温，西藏在新闻对外交流中就转而直接点名揭批达赖背叛分裂祖国的罪行，开展反分裂斗争，维护祖国统一和民族团结成为新的主题，对外宣传和交流进入新的阶段。至 80 年代后期，随着东欧剧变和苏联解体，西藏对外新闻交流的重点就转移到反对西方反华势力“西化”“分化”策略，揭批达赖分裂本质，维护国家主权和中华民族根本利益上来。以“运用西藏历史和现实这部活教材，揭露旧西藏封建农奴制度的黑暗，大力宣传新西藏发生的巨大变化，宣传我国的宗教政策，让国外公众全面认识和了解西藏”为主要内容。确定“对我有利，对分化和瓦解达赖集团有利，对争取国际舆论有利”为基本方针，力争改变国际涉藏宣传西强我弱的局面。不论历史形态如何演变，反分裂、反“藏独”始终是西藏对外新闻传播的灵魂，重点则是民族和宗教问题，归结点是在国际上展示西藏真实形象，创设良好的国际舆论氛围，推动西藏的社会进步和经济发展，维护国家统一。

三、对外传播对象以周边和藏族聚居国家为主，同时延伸到西方发达国家

就对外交流范围而言，西藏首先试图建立有利于我的地缘环境，与邻邦印度、尼泊尔、不丹、锡金、缅甸进行密切的新闻传播活动，这不仅包括以在印度境内居住的藏族同胞为主要传播对象，也包括邀请这些国家的记者到西藏进行采访报道，其中以与友好国家尼泊尔之间的交流最为频繁。东南亚国家多信奉佛教，又同属亚洲国家，宗教和地区感情十分接近，自然就成为西藏开展对外新闻交流的重要区域。在欧美一些国家，如瑞士、英国、意大利、德国、美国、加拿大、澳大利亚等，居住着不少藏族同胞，藏传佛教形成了一定影响，亦为西藏对外新闻传播的重点地区。西方发达国家凭借着最先进的传媒技术和影响巨大的传媒机器，几乎垄断了国际话语权，在此情况下，中国用国际的眼光来审视，以主动的姿态邀请他们亲自到西藏来，借此将真实的西藏传播到世界，修正偏见，具有现实的意义和长远的必要性。美、英、日等国家的世界主流媒体的记者频频抵藏，正是这一理念的具体化。总之，西藏的对外传播正由周边走向亚洲，由佛教国家推向非佛教国家，由友好国家推及一般甚至充满敌意的国家，由近及远，由小到大，逐步推广到整个世界。

四、突出藏族文化和地域特色，具有鲜明的个性和文化品位

从前面的介绍可以看出，藏族传统文化习俗与活动、藏传佛教及经典寺院、重大庆典活动、藏族家庭和居民、普通喇嘛、民族管理机构等常常成为外国新闻工作者重点造访的对象，它们是藏族精神的标志，也是新西藏面貌的典型体现，既是西藏的特色，更是西藏的价值。而在有限的出访中，作为西藏全体新闻工作者代表者均为藏族，广大藏族在社会主义大家庭中才是真正的主人。正鉴于此，西藏展示在世界面前的形象，具有三个不可忽视的特点：民族性、文化性和地域性。世界正是从这里开始，逐步认识着神秘而遥远的西藏，走进真实而完整的西藏，感受到西藏在和平解放以来发生的巨大变化和蕴藏着的发展潜力。

五、构建了全方位多层面的对外传播大格局，全面推介西藏

作为国家边防重地和民族自治区，西藏构建了以对外广播为骨干，以建设域内新闻传播特别是广播电视的技术装备为基础，以邀请和接受国外来访、在国外开拓西藏新闻传播新天地为两翼的对外新闻传播大框架，这个框架所蕴含的核心观念就是“以我为主”，将今天的西藏向世界推介出去。就本质意义来讲，这个框架实际是一个双向传播机制，即以对外广播为标志的外向传播和以来访为标志的内向传播，一出一入，形成一个具有对应性的良性循环，及时将关于西藏的信息传播出去，同时迅速获知各方面的反馈。而对外开拓则更多地具有象征和补充意义，它会显示西藏的自信和原则，并提供给世界以直接对话和解惑的机会，是对外传播的延伸和强化。西藏的对外传播还尚未达到强势，但已经建立起来的较为完整的框架，则是表示了一个信念：西藏渴

望世界理解，世界也需要西藏的回声。西藏所走过的道路，正是世界所期望的：民主和进步。

六、对外传播手法和方式不断创新，整体宣传效果明显提高

西藏的对外新闻传播的方式和手段一直处在渐进过程之中。综合地理和传媒自身因素，广播自然就成为对外传播媒介的首选。1980年，节目的名称由《对流落国外的藏族同胞广播》改为《对国外的藏族同胞广播》，剥去强烈的政治意识色彩，体现亲情和尊重。特别是20世纪80年代以来，节目由播音改为主持人形式，内容减少单调的政治说教和学理推演，增加客观事实报道，突出乡情、亲情，充分显示情感诉求和亲和力，宣传效果大为改观。广播语种也由以前单一的藏语扩展为印地语、昌都方言和英语，拓展了传播效能。近年来，西藏有针对性地开展了若干重大外宣战役：如1994年的世界妇女大会，1996年的十一世班禅转世灵童认定、坐床活动宣传，以及2000年实施的三次外宣高潮——配合国务院《西藏的文化白皮书》、2000年在拉萨召开的“国际藏医药学会议”和“全区藏语文学习、使用和发展工作会议”，举行了规模和影响力空前的对外宣传活动。经过不断努力，西藏外宣工作已经实现了诸多重要转变：一是宣传对象已由过去的国外藏胞、四种人（外国人、华侨、华侨藏胞和归国藏胞）进一步扩大到游客、留学生、驻华机构代表和外国专家学者；二是对外宣传的范围逐步由周边国家延伸到亚洲、欧洲、美洲、非洲和大洋洲；三是对外宣传的手段已经由过去单纯的接待工作转变为“请进来，走出去”为主的双向交流；四是对外宣传的内容已由过去宣传党和政府对国外藏胞（包括达赖集团）的政策，宣传国内基本情况等，发展到经济、政治、文化全方位的对外宣传。不仅有传统的广播电视报刊，还有图书、画册、音

像制品、网络等具有特殊宣传效力的方式；五是对外宣传工作状态由过去的被动应付逐步变为主动出击。在一些重大事件发生后，根据我方立场和目标，采取冷静应对策略，伸缩自如，不为国外舆论所主导和牵制，驾驭了宣传局面。

西藏对外新闻传播取得了良好的宣传效果，使世界重新审视和评价西藏。尼泊尔新闻访问团团长乔西离藏返国后，在官方的英文报纸撰文《西藏的发展令人震惊，“西藏独立”只是海市蜃楼》：“西藏经济奇迹般的发展使得一些人喋喋不休的西藏独立成为一枕黄粱”。记者潘迪在《原始状态到现代化——西藏自治区的成功故事》中称赞道：“西藏确实是令人夸耀的，勤劳并且有远见的中国人已经使西藏人民的生活一天天好了起来并且戏剧性地把一个落后的原始状态的社会变成了具有巨大能力与丰富文化的社会”。1990 年 8 月，苏联《真理报》评论员澳夫钦尼科夫在时隔 35 年后第二次访问西藏，面对巨大的历史变迁，他激动不已：第一次到西藏时，仿佛是在 16 世纪，而这次所见到的西藏，则是跨越了几个世纪的新西藏！美国进步作家和记者安娜·路易斯·斯特朗曾自豪地说，我是第一个看到西藏奴隶获得解放的美国人，也是第一个登上布达拉宫看到解放了的拉萨的美国人。美国哥伦比亚著名电视记者莫拉在进藏采访后认为，某些西方国家利用达赖喇嘛总想把西藏从中国分裂出去，但是西藏作为中国的一部分已有 700 多年的历史事实是谁也无法改变的。有人说西藏人民享受不到人权，可是通过实地采访，看到的却是人们脸上挂着的喜悦与幸福表情，西藏人民享受着充分的宗教信仰自由。他们对今天的生活满意，对未来也充满信心。这些见解在国际上具有代表性，也反映出西藏对外新闻传播的显著成就。

由于受诸多条件的制约，西藏的对外新闻传播还有不少缺陷，尤其是对外宣传尚未取得决定性主动权和优势。主要表现为：对西藏对外新闻传播的重要性认识不足，对其效能发生怀疑，缺乏信心和措施；传播手段和设施不健全，特别是广播电视发射功率较低，还不足以形成对外优势，边境地区尤甚。目前虽从整体上与境外广播电视形成相互制衡局面，一改以前寡不敌众的劣势，但还是难以把握主动权；传播渠道较为单一，节目质量和形式尚待提高；传播规模不大，频率不高，范围有限，习惯于防守反击，主动出击不够，远远没有将完整真实的西藏介绍给世界，等等。可见，西藏的对外新闻传播尚处于初级阶段。西藏的对外新闻传播只有高度、清醒地认识到其责任和使命，以广播电视网络为龙头，加强基础设施建设，在传播方式上与国际接轨，实施多边交流，突出重点和特色，才能真正改变被动局面，驾驭主动权，不辱使命。

第二章　西藏和平解放以来的新闻教育

西藏的新闻教育是在西藏和平解放之后逐步发展起来的。西藏的新闻教育就总体状况而言，虽并不发达，但却具有自己的特色和优势。在西藏和平解放以前，西藏没有出现任何新闻教育事业。在筹办《西藏日报》和西藏人民广播电台的过程中，西藏才开始出现了以在岗职业培训为主要方式的新闻教育。1989 年，西藏大学创办新闻专业班，标志着西藏高等新闻教育的开始。1996 年，西藏民族学院开办新闻专业，西藏高等新闻教育正式建立。

第一节　西藏和平解放以来新闻教育事业的状况

在西藏和平解放之初，即使创办一份省级的报纸，也很困难，不仅是物质条件极为有限，新闻专业人才也很缺乏。正是借助于中央和各省新闻单位的鼎力支持，西藏才于 1956 年 4 月 22 日正式创办了西藏第一份现代报纸——《西藏日报》。从西藏物质条件差、文化素质较低、新闻机构对人才需求极为迫切的实际出发，西藏开创了以在岗职业培训为主要形式，区内外结合，逐步向学历教育发展的新闻教育之路。

一、在西藏自治区内开展新闻业务培训

限于自然和教育环境，西藏采取以在职培训为主要形式的新闻教育模式，有效解决新闻传播业专业人才极端缺乏问题。

1956 年 4 月，为提高藏族干部的新闻从业素质，《西藏日报》社于 1956 年 9 月到 1957 年春，在萨木汝林卡举办了第一期新闻业务培训班，招收学员 150 人。

1961 年 5 月，西藏人民广播电台和西藏日报社联合举办了在岗人员“红专夜校”，以提高采、编、播专业人员的业务水平，同时西藏人民广播电台还在编辑部门内部开展了历时 5 个月的在岗职工练笔活动。

1970 年 7 月 25 日，西藏广播事业局（台）举办为期两个月的全区无线电维修人员学习班，为各地县培训无线电维修站技术人员 26 人。

1973 年 7 月，西藏日报社和西藏人民广播电台合办新闻干部培训班，共招收在职人员 56 名，于 1974 年 9 月正式开班。学制一年，校址设在色拉寺内，1975 年 10 月结业。

1975 年 1 月 8 日，西藏广播电视局（台）开办全区在职无线电技术人员培训班，历时 6 个月，培训学员 80 人，其中藏族 30 人。

1978 年 6 月，西藏广播电视局（台）开办专业文化学习班，其中大专班学员 30 人，中专班 18 人。

1980 年 9 月以后，根据中央决策，西藏日报社每年都有一大批汉族干部内调，报社的业务工作直接受到影响，报社再办一期新闻干部培训班，择优录取高中毕业生 30 名，1982 年 2 月正式开学，1983 年 2 月结业。

1989 年 6 月 10 日，西藏广播电视厅开办了两期广播电视技术培训班，全区 6 个地（市）的 56 名学员参加了培训。

1990 年 10 月 11 日，西藏广播电视厅开办了为期 60 天的电视差转技术培训班，全区 34 名 50 瓦电视发射机维护人员参加了培训。

1991 年 1 月至 1992 年 1 月，西藏广播电视厅开办了为期 120 天的中短期中波广播和电视发射设备培训班，学员 36 人。

1993 年 9 月和 1994 年 10 月，西藏广播电视厅开办了电视乡级技术管理和维护人员培训班，为期 60 天，专题讲授 5—10 米天馈线的维护、调频广播设备维护和电视发射机的维护和管理等技术课程。

1996 年 8 月，西藏广播电视培训中心交付使用。1996 年 10 月至 2000 年年底，该中心共开办培训班 15 期，对全区七地（市）县乡级收转站技术人员进行了轮训，培训学员 690 人次，时间超过 40 个月。

西藏还开展过新闻函授教育。1984 年 6 月，北京广播学院西藏函授站成立，设新闻采编专业，学制三年，同年 9 月招生 12 人，1987 年 7 月毕业。

1984—2000 年，西藏广播电视系统岗位培训干部职工 120 人。在岗职工的专业技术培训基本可分为两个阶段：20 世纪 80 年代以前，主要是培训广播设备维修技术，20 世纪 80 年代以后，主要培训电视设备安装维护维修技术和广播中波设备、调频广播设备维护维修技术等。

二、在祖国内地实施新闻专业培训和学历教育

主要方式是选派新闻专业人员到新闻业和新闻教育比较发达的内地省市进修、培训，期限一般为半年、三个月或一个月，以提高西藏新闻从业人员的职业素质和实际工作能力，同时进行成人学历教育。

1960 年，西藏人民广播电台在四川等地招收 3 名学生，分

送中央台、四川台、陕西人民广播电台培训，学成归来后充实到西藏电台有关部门。

1966 年 3 月，西藏日报社第二期新闻业务培训班在北京中央民族学院开学，47 名学员是西藏日报社从拉萨中学、西藏民族学院、西南民族学院等院校选拔的优秀藏族学生。

1973—1981 年，西藏选送 13 人到北京大学、复旦大学、中央民族学院学习，返藏后均成为西藏日报社骨干。

1975 年 5 月，606 转播台选派 8 名在职技术人员到中央电视台 491 工程工地学习广播设备维护技术。

改革开放以来，国家加大了对西藏广播电视人才的培养力度。国家广播电影电视部拨出专款，在山西太原开办了广播电视中专班，后又迁至成都广播电视中专学校。内地院校和电视台还积极帮助西藏进行人才培养。北京广播学院每年为西藏培训一定数量的编、采、播人员。1979 年 4 月，西藏广播事业局在西安、咸阳招收 30 名优秀青年进藏工作，其中 14 人被直接送到陕西、上海、北京等地电视台进行专业培训，年底即返藏进入西藏电视台工作。1979 年 3 月至 1982 年，北京广播学院接受 14 名专业人员学习编采、文编、导演专业。据大略统计，1991—2000 年间，祖国内地院校为西藏培养新闻专业大学本科生 94 人，大专生 99 人，中专生 332 人。

从 1982 年开始，西藏日报社每年都选派一部分年轻的藏汉族新闻工作者到重庆新闻学院、四川大学、复旦大学、西藏民族学院、中央民族学院等大专院校学习。1990 年以来，先后派出 18 人到中国新闻学院、西藏民族学院、西北民族学院接受专业培训。西藏日报社还相继派出 30 余人到北大方正集团进行激光照排系统技术培训。为适应西藏社会经济跨越式发展的需要，还对新闻从业人员提出岗位学历要求，鼓励干部职工通过自学、函授、参加成人高考提高学历。

自国家建立干部专修成人大专、中专教育制度以来，西藏广播电视厅陆续选派各类业务干部和行政干部进入大中专院校学习。1984—2000年，有48人分别在新闻采编、节目制作、节目主持和播音、财务、广播电视技术、摄像等专业领域取得大中专学历。

1992年，国家新闻出版总署在辽宁省新闻出版学校创办西藏班，招收学员30人，主要是为西藏培训印刷行业的专门人才。

1998年9—10月，西藏新闻出版系统在成都举办了两期岗位培训班，学员共65人，其中藏族学员40人，汉族学员25人。

三、创办西藏自己的新闻高等教育

1. 西藏大学语文系创办西藏第一个新闻专业班

为解决新闻行业人才匮乏的问题，西藏大学语文系自1989年开办汉语大专新闻专业班，首届一个班25人，1992年毕业，大部分分配到西藏自治区广播电视厅（现改为广播电影电视局）和西藏日报社。1993年招收第二届学生一个班41人，1996年毕业，主要分配到西藏各地市新闻单位。

1994年，针对藏文新闻人才匮乏的实际，西藏大学藏文系创办藏语新闻专业大专班，已毕业学生87人，分配到西藏电视台、西藏广播电视厅（现改为广播管理局）、拉萨电视台、西藏日报社、拉萨晚报社以及西藏各地区电视台和其他新闻单位。

西藏大学创办的新闻专业班，均参照内地正规新闻院校教学计划开设专业课程，同时为适应民族地区的实际，还开设了藏语文、西藏与祖国关系史、藏族文学等西藏地方特色课程，专业教师主要由西藏区内新闻传媒编采人员和领导兼职。西藏大学汉、藏文新闻专业班的开设，标志着西藏新闻高等教育的开始。

2. 西藏民族学院在祖国内地创办西藏新闻高等教育专业

为继续提高西藏本地新闻人才培养的质量，建立比较规范的西藏高等新闻教育体系，1996 年秋季，经西藏自治区党委宣传部批准，西藏民族学院语文系利用在祖国内地的办学优势，正式开办新闻专业。首届新闻大专班从祖国内地四省（河南、陕西、贵州和四川）招生学员 29 名，其后每年从内地招收一个新闻大专班。从 2000 年起，改为新闻本科班，并开始从西藏自治区内招生。2000 级新闻班全部从区内招生，自 2000 级以后，新闻本科班改由区内和区外共同招生。1999 年，第一届新闻大专班顺利结业，学生分配到西藏新闻、宣传单位工作。此后各届毕业生主要在西藏地县以下新闻和行政事业单位就业。

3. 在中国人民大学开办新闻研究生教育

从 2000 年开始，在国家实施西部大开发的背景下，国家确定若干著名高校为西藏培养紧缺专业的研究生，在招生上实行特殊政策，不参加国家统一的研究生招生考试，单独考试，单独录取。其中，中国人民大学新闻学院就被确定为西藏培养新闻研究生培养基地，使西藏新闻专业人员的学历层次和素质发生了质的提升。

以各种不同方式实施的新闻教育，使西藏的新闻从业人员素质发生了显著变化。至 2000 年，西藏广播电视系统在编干部职工有 707 人，其中研究生 1 人，大专以上学历者 285 人，中专学历 171 人。在报纸杂志业界，以西藏日报社为代表，其 69.9% 的采编人员具有大专学历。

第二节　西藏和平解放以来新闻教育事业发展的若干特点

这一阶段的西藏新闻教育，主要表现出如下特点：

一、教育形式

就教育形式而言，主要以举办新闻业务训练班为主要途径，起步较早，成效明显。新闻学历教育逐渐建立起来，但起步较晚，规模和办学层次有限。

在对西藏新闻教育发展轨迹的简要梳理中，就可以发现，从1956年在萨木汝林卡举办的新闻业务训练班开始，直到20世纪90年代，有案可稽并产生较大影响的专业训练班就有十余次。事实证明，在西藏新闻事业基础极为薄弱的情况下，有针对性地举办短期的培训班，对在职的新闻从业人员进行专业培训，是可行而有效的好办法，符合西藏作为民族和经济欠发达地区的实际，对此后西藏新闻事业的发展产生了深远的影响。不仅及时地解决了西藏新闻单位对人才的需求，而且在培养本民族新闻专业人才方面做出了重要贡献。

接受短期培训，也是西藏新闻教育的有效方式之一。从20世纪50年代中后期西藏建立当代新闻事业以来，西藏新闻行业坚持不定期选派数量不等的藏族专业人员和业务骨干前往中央新闻单位、全国著名新闻院校、民族院校、区属院校、西藏毗邻省市以及援助西藏对口省市接受专业培训，主要培养专业领导干部、短缺人才、少数民族人才、技术人员等，收到良好效果，使之成为西藏实施新闻教育的常规途径。

西藏新闻学历教育开始于1989年在西藏大学语文系开设的新闻大专班。这是西藏新闻高等教育的开端。1992年，在国家新闻出版总署和辽宁省的支持下，西藏在辽宁省新闻出版学校开设了西藏班，这也是西藏新闻中等专业教育的开始。1996年，西藏自治区党委宣传部会同西藏自治区教委，决定在西藏民族学院语文系开办新闻高等教育专业，正式招收新闻大专班。该专业按规范的教学计划逐年招生，并从2000年起将专科升级为本科。西藏民族学院新闻专业的创建，标志着西藏正式建立了自己的新闻高等教育。

以2000年中国人民大学采用特殊政策为西藏培养新闻专业

研究生为标志，西藏的高等新闻教育跨入了新的阶段。

二、教学内容和方法

在教学内容和教学方法上，既重视新闻基本理论的教育，又加强了新闻实践技能的培养，突出西藏地方和民族特色。

西藏的新闻业务在职培训，主要目的是提高新闻从业人员的新闻理论素养，重点抓好新闻专业技能的培训，适应西藏新闻事业的特殊需要。在理论学习上，既学习新闻理论，也学习党的方针政策。仅以 1974 年、1980 年开办的新闻专业培训班为例，就开设了《新闻学概论》《新闻采访》《新闻写作》《报纸编辑学》等专业课程，担任专业课教授的教师，主要是西藏日报社和西藏人民广播电台专业造诣高、实践经验丰富的领导、编辑和记者。与此同时，培训班还聘请西藏自治区有关部门的专家和领导，对学员进行政治和文化教育，主要涉及党和国家方针政策、西藏历史、西藏概况、藏语文、阅读和欣赏、西藏音乐、美术、文学等一百多个专题，提高了学员的政治素质和文化修养。在培训过程中，学员的实践技能受到高度重视。在为期一年的培训时间里，常常是用 7 个月时间学习新闻理论和报纸业务，而用 5 个月的时间进行采访编辑实习。

就西藏实施正规的新闻学历教育而言，基本是按照全国普通高校新闻专业的教学计划进行教学，但由于受办学条件和试验设备的限制，教学格局主要还是以传统的报纸为主，广播电视新闻教学多为理论知识传授，基本不具备实际操作的条件。

三、无私援助，缩小差距

西藏的新闻教育，得力于中央全国各省市的大力扶植，这使西藏的新闻传播业在极端落后的条件下，尽可能地缩小了与内地省市的差距。

为适应西藏新闻事业大发展的需要，西藏新闻传播界先后派出多批专业骨干到内地的大专院校和著名新闻传媒机构学习、培训。内地的大专院校和新闻机构，不仅积极接纳西藏受训人员，还派出最好的教师，创造最好的条件，力求为西藏培养优秀的人才。在内地接受的专业培训，使西藏新闻传播业开阔了视野，较为准确地把握了西藏新闻传媒业的优势和缺陷，基本构建了西藏新闻传播业的业务核心和人才集群，并从整体上提升了新闻专业的境界。

四、新闻教育对西藏新闻传播业的影响

经过不懈的努力，西藏的新闻教育对西藏新闻传播业的发展产生了积极而深远的影响。

由于采用适合西藏实际的教育模式，不仅使接受培训的学员取得了合格的学习成绩，继承了西藏新闻业艰苦奋斗的优良传统，而且为新闻传播业提供了急需人才，在一定程度上满足了新闻工作的需要，为西藏新闻传播业奠定了基础。西藏的新闻教育在各个不同历史阶段尽管形式和任务不同，但都及时地补充了因为国家政策调整和社会变迁所带来的人员空缺，维持着最低限度的业务规模和格局，保证了西藏新闻传播事业的连续性，逐步缩小着与全国兄弟省市特别是民族区域自治地区的差距。

五、西藏的新闻教育具有广阔的发展空间和前景

西藏的新闻教育还存在着很多突出的缺陷。在20世纪50—80年代举办的多期新闻培训班，实际上仅仅是新闻的扫盲教育或者是普及教育，是具体历史环境下的新闻教育“急就章”，总体而言，招收的学员素质参差不齐，办学层次较低，藏族学员较少，并不能真正解决新闻机构的人才特别是高层次人才需求。20世纪90年代之后，西藏在内地举办的一些较高层次的新闻培训

班，大幅度地派出人员到内地专业院校和新闻机构学习、进修，接受研究生教育，同时努力吸纳内地高校优秀毕业生进入西藏新闻出版单位，并建立了西藏自己的新闻高等教育，标志着西藏的新闻教育已经发生了质的飞跃和突破。但是，西藏尚未真正建立起自己的新闻教育体系，成为制约西藏新闻事业跨越式发展的关键因素之一。

不过，西藏新闻教育面临着诸多机遇，具有广阔的发展前景。在21世纪初，国家确定复旦大学新闻学院对口援助西藏高等新闻教育专业的建设，中国人民大学继续实施面对西藏的新闻研究生的培养工作。西藏将会建立起比较规范、办学质量和效益根本性提升，本科教育、研究生教育和职业培训相结合，教学规模和结构较为合理，可为西藏新闻传播事业提供合格人才的新闻教育基地，基本满足西藏新闻业的人才需求。随着一批高学历人才进入西藏新闻传媒和研究领域，西藏的新闻传媒将会实现根本性的跨越。

第三章　西藏现代藏语传媒的历史形态

以藏语作为信息传播语言，是西藏地区现代新闻传媒的主要特质之一。它不仅体现了西藏作为民族地区的特色，同时就新闻传媒而言，突出地显示出其民族性和地方性。在藏族占总人口96%以上的西藏，以藏语为媒介语言的新闻传媒包含着多重重要的意义。

第一节　西藏藏语传媒存在和发展的历史必然性和使命

藏语传媒在西藏的出现和发展，并不是简单的行政意志，这实际是历史的必然选择，符合西藏历史、社会、政治、文化和经济发展的实际。

首先，西藏可预见的受众90%以上是藏族僧俗民众。在中国的少数民族自治区中，西藏极为独特的一点就是：它几乎是以单一的藏民族构成的一个相对封闭的巨大社区。确立以藏语为主的传播原则，逐步建立起西藏藏语传媒体系，无疑是历史选择的结果。

其次，这是文化和传媒自然交融的产物。藏语言和藏民族文化具有同样悠久的历史，正是凭借着这种语言媒介，民族文化才能够突破时空局限，形成一种优秀的文化传统。选择藏语作为西藏传媒的媒介，就等于是选择了地域和民族的文化。同时，对文化的接受，也就意味着对传播的接受。这样，选择了藏语，就是选择了整个受众，使新闻传播成为名副其实的大众传播。

第三，是国家和民族利益的选择。在中国国家大格局中，西藏的战略和政治地位极为突出，维护西藏的民族团结、稳定、繁荣，就是维护国家的统一和团结，而在中华民族大家庭中，藏民族不仅数量众多、具有悠久的历史和文化，同时对中华民族的振兴具有很大的影响力。在这些重大原则问题上，西藏传媒应当是党和国家意志的传播者和宣传者，而宣传效果的真正评判者，正是广大的藏族受众，因此，开创和建设藏语传媒事业，就其根本价值而言，是国家和民族利益的需要。

第二节　西藏藏语现代传媒发展的历史形态

如果从最早创办的藏语传媒——《西藏白话报》算起，西藏现代藏语传媒的历史最少也已经有将近100年，表现出鲜明的个性和独特的价值。藏语传媒就形态而言，主要有报纸、广播、电视、文艺副刊、藏语译制和对外广播六个方面。

一、报　刊

《西藏白话报》是西藏最早创办的现代藏语传媒。它由清政府驻藏大臣联豫于光绪三十三年（1907）在拉萨创办。1911年辛亥革命后停刊。应属官报。

此后，在西藏区域内，藏文报纸就一直没有出现过。

1953年年初，藏文版《新闻简讯》创刊。它是西藏和平解放以来创办的第一份藏文报纸。该报是由汉文版《新闻简讯》演化而来。十四世达赖喇嘛亲笔题写报名，并套红印有其私章。

西藏军区编审委员会主办，读者对象主要是上层人士和寺庙喇嘛，主要进行爱国主义和社会主义启蒙教育。初创时为油印月刊，大32开本。1953年下半年改为半月刊，4开一张。1954年又改为石印5日刊、3日刊。1955年改为铅印日刊，发行量1000余份。

1956年4月22日，《西藏日报》藏文版与汉文版同时创刊。它是西藏第一家省级藏文报纸，也是全国乃至全世界最大的藏文报纸。报头由十四世达赖喇嘛题写。在《西藏日报》总机构下，设藏文编辑部。编辑部聚集了许多藏族上层学者和诗人，还有精通藏文的汉族专家。藏文版稿件的翻译和校审主要由西藏军区编审委员会负责，编审委员会成为日报社的一个工作部门。从创刊之日起至今，藏文版《西藏日报》一直与汉文版《西藏日报》并列发展，各自独立，而又接受西藏日报社统一的领导。既凸显特色，又保持了宣传内容上的根本一致。

其后，随着西藏新闻事业的迅速发展，新创办的报纸和刊物也纷纷创办藏文版，或为纯藏文报纸和刊物，或为藏汉合璧式报纸和刊物，不仅扩大了少数民族语言报纸和刊物的影响力，而且也使藏文报纸和刊物逐渐形成了自己较为完整的体系。

目前，在公开出版的19种报纸中，《西藏日报》《拉萨晚报》《西藏青年报》等8种机关报、专业类报纸均出刊藏文报纸。在公开出版的34种刊物中，《雪域文化》《西藏文艺》《西藏研究》等19种刊物出版藏文版。藏文报纸和刊物毫无疑问是西藏现代藏文传媒最早和最持久的形态。

二、广　播

西藏的藏语广播是与西藏广播事业同时宣告诞生的。

1953年10月，“拉萨有线广播站”开播，全部用藏语进行直播。1959年元旦，“拉萨人民广播电台”（1959年3月，西藏上层发动的武装叛乱平息后，改名为“西藏人民广播电台”）创建之后，实行以藏语为主、藏汉语轮流分时段播音。1973 年 9 月，西藏人民广播电台实现藏汉语两套节目分别独立全天播音的机制。现在，西藏人民广播电台使用 10 个频率播出，其中 6 个频率用于藏语广播。全天播音时间为 24 小时 15 分钟。

藏语广播节目除每天转播中央人民广播电台藏语节目（每日两次，每次 30 分钟）外，还自办了藏语新闻、教育节目，同时在汉语节目中开设《藏语广播讲座》。1978 年元旦至 1986 年年底曾开办《昌都地方语广播》。

三、电　视

西藏的藏语电视节目也是与西藏电视事业同时诞生的。

西藏电视台在试播期间，就开办了藏汉语“西藏新闻”节目。1979 年年底，西藏电视台试制的彩色电视节目播出，每天约 3 小时，其中藏语节目 35 分钟。1985 年 8 月 20 日，西藏电视台正式成立。阿沛·阿旺晋美副委员长题写了藏语台名。从 1986 年起，开始用藏语译制、播出中央电视台的《新闻联播》。1989 年，自办两个频道节目；一是面向全西藏的藏汉语混播的卫视节目，一是面向拉萨地区的藏汉语混播卫视节目。1999 年 10 月 1 日，西藏电视台正式开通藏语卫视频道，使其覆盖面由西藏全区扩展到相邻的青海、四川、甘肃、云南等省的藏语地区，以及毗邻的尼泊尔、印度、不丹、锡金等使用藏语的国家，实现了藏汉语分频道同步播出。播出形式逐步演进。1982 年，西藏电视台开始藏语播音，第一位藏语播音员是从中央电视台调来的昌决。1983 年实现藏语男女声对播。

为传播祖国内地和国外优秀电视节目，西藏重视节目译制工作。1979 年，西藏电视台成立译制部。1997 年，西藏电影公司译制部合并到西藏电视台。到 2000 年，共译制国内外电视剧和电影2676集（部），3626个小时。像《西游记》《封神榜》《西藏风云》等电视剧被译制成藏语播出后，获得藏族受众的广泛好评。

四、藏语文艺文化传播

藏族传媒在传播藏民族优秀传统文化，丰富大众生活方面尤其获得好评。

（一）电　台

西藏人广播电台的藏语文艺广播的发展经历了初步繁荣——萧条冷落——解冻复苏——再度高涨四个阶段。

第一阶段。和平解放到“文化大革命”前。平叛改革的胜利和雪域高原悠久的歌舞艺术传统，极大地激发了藏族群众的艺术热情。各种专业和业余的文艺宣传队纷纷成立，一批具有浓郁地方和民族特色的歌舞如朗玛、堆谐重新回到人民怀抱，歌颂党、歌颂毛主席和人民解放军。建台初期，在简陋的条件下，录制了《卓娃桑姆》《苏吉尼玛》等八大藏戏以及《阿玛烈火》《索朗央金》《达娃雄奴》《岗巴啦》等大量传统歌舞和乐曲，搜集和整理了一批原始资料，并尝试用藏语演播一些文艺节目，改编、录制了广为流传的民间故事、说唱和诗歌。

第二阶段。“文化大革命”期间，传统民族艺术被作为“四旧”受到严重摧残，即使中华人民共和国成立后诞生的一批新节目也被禁演禁播，样板戏取代了传统藏戏，“语录歌”和“革命歌曲”取代了民族歌舞，汉语演唱取代了藏语演唱，藏语文艺广播已近绝境，回放率高。

第三阶段。“文化大革命”结束后，民族文艺重获新生。许多传统民间文艺形式纷纷登台亮相，如山南粗犷质朴的果谐、昌都雄浑壮美的锅庄、拉萨欢快热烈的踢踏舞、日喀则悠扬悦耳的六弦琴弹唱、藏北草原高亢嘹亮的牧歌等，在短短两年多的时间里，西藏先后举行县、地、市和全区多级业余文艺会演，被禁锢多年的各种传统民族文艺形式又得以同广大群众见面。电台两次播出民族传统歌舞和乐曲，如《美丽的拉姆布赤》《朗拉穷思》《宋则牙拉》《耶各啦》《宗巴朗松》等，并从业余公演中采录了一批内容健康、艺术形式富有民族风格和地方特色的节目，如反映牧区景象的《织好蓬圈送牧场》、珞巴族生活的《欢乐的珞巴村》、交通战线艰苦创业的六弦琴弹唱《歌唱加加养护段》、赛马盛会的民乐合奏《赛马会之歌》以及诙谐幽默、新颖风趣的《牦牛赞》等，但这一时期节目还带有明显的“左”倾色彩。

第四阶段。1978 年后文艺广播再度高涨。三次全国少数民族文艺广播会议之后，藏语广播有了迅速发展。1979 年年初和 1980 年夏，西藏举办了两次专业文艺会演和业余藏戏会演，体现出了西藏文艺演出的最高水平。如歌舞《门巴姑娘采新茶》、表演唱《夏尔巴人民心向党》、古典歌舞《唐柳曲》、童话歌舞《乌鸦与布谷鸟》等。配合民族传统文化艺术的抢救，对山南、日喀则和拉萨等地区业余藏戏剧团演出节目进行录音，在电台播出，引起了极大反响。如传统藏戏《白玛文波》《曲杰诺桑》一经播出，在山南参加三干会的人员乘会议休息时间，就围绕着收音机情不自禁地唱起来。同时，电台播出的藏族史诗《格萨尔王传》、在民间流传久远的《阿古顿巴的故事》以及民间说唱《折嘎》等，也产生了空前的影响，尤其是在藏历年期间，藏族群众就把收听藏戏和藏族歌舞作为必不可少的精神享受。

文艺类节目是西藏电台代表性节目之一，主要设置音乐、戏曲、曲艺、广播剧和专题文艺等，约占电台藏汉节目播出总量的 42% 。

1. 音乐

1961 年 5 月，西藏人民广播电台开设《轻音乐》栏目。1964 年 2 月，在正式开播的《对流落国外的藏族同胞广播》节目中，开设了15分钟的文艺节目，80%的内容是传统的朗玛、堆谐之类的藏族音乐和歌舞节目。1973年，电台藏汉语分开播音，藏语台开设《文艺园地》节目。1983年以后，开设了《听众点歌》《空中雪莲》《藏族音乐》《轻音乐》《外国音乐》《影视歌曲》《少儿歌曲》《每周一歌》等藏语文艺栏目。1994年4月，藏语板块式综艺节目《空中舞台》开播，节目时间60分钟。

2. 戏曲、曲艺

拉萨人民广播电台在成立之日（1959年元月1日）就设有戏曲、曲艺节目，主要播出从民间艺人口中录下的传统藏戏。1967年以前，八大藏戏全部录制成盘。“文化大革命”期间，样板戏完全取代藏族传统音乐和歌舞。1983年9月，八大传统藏戏重新抢救采录，听众反响强烈，藏语相声、小品、折嘎戏等艺术亦受到欢迎。改革开放以来，电台播出了《美丽的拉姆普赤》等60组民族传统歌舞和舞曲，从全区文艺业余会演中录制了一批新创作的文艺节目，尤以《白玛文波》《曲杰桑诺》《阿古登巴》《折嘎》等受欢迎。1990年又开办《微型小说》《藏戏与曲艺欣赏》。1994年以后，藏戏、说唱、曲艺节目播出时间达95分钟，1999年节目调整后，藏戏、曲艺节目播出时间改为60分钟。

3. 广播剧

1983年9月开办《广播剧院》节目，主要引进中央台和兄弟台节目。1987年，播出《卢耀增》《文成公主》《拉萨河的传说》。1995年，播出《流金的山谷》（八集，主题是江孜精神）。1996年，播出《雪山下唱起绿色的歌》（四集，主题是环境保护）。

4. 专题文艺

在各个历史时期，广播电台都要配合宣传需要，开设专题文艺节目。1994 年 4 月，大型板块综艺节目《空中舞台》创办，时间 60 分钟。由 5 个栏目组成：《献给听众的歌》《曲艺欣赏》《轻音乐欣赏》《影视新歌快递》《古曲神韵》。1998 年又增加《周末点歌》栏目。

（二）电　视

西藏电视台文艺节目主要有：

——《七色窗》。藏语版 1999 年 10 月开办，在藏语卫视节目中播出。

——《每周一歌舞》。

——综合文艺。主要是在藏历年和春节等传统和重大节日录制大型文艺晚会，1995 年开始现场直播。如《多彩的哈达》（1995 年，庆祝自治区成立 30 周年晚会）、《吉祥的彩虹》（1997 年藏历年、春节晚会）、《回归颂》（1997 年庆香港回归晚会）、《向着太阳》（1998 年藏历年晚会）、《欢腾的高原》（1999 年藏历年晚会）、《世纪欢歌》（2000 年藏历年晚会，与青海电视台合作），这些节目有的是用藏语演出，有的是用藏汉语交叉演出，同时还组织西藏电视台“心连心”艺术团到基层演出。

——藏语电视剧。1982 年 12 月，西藏电视台第一部电视剧《还愿》拍摄成功并获全国电视剧“飞天奖”特别奖（1983 年），在 20 世纪 90 年代电视剧制作达到高潮，其中较为著名的有，《松赞干布》（1987 年）、《孔繁森》（1995 年）《西藏风云》（1999 年）等。电视剧《朗莎雯波》把传统藏戏以电视剧的手法表现出来，深受欢迎。

（三）报　刊

《西藏日报》藏文版副刊名为“纽萨”，藏文本意是“新竹”，每周星期日第三版刊出，用藏文直接撰稿，每期约 3000 字，刊登的体裁主要有传统的诗、民歌、谚语、民间故事、情歌，以及现代的自由诗、散文、报告文学，民间色彩很浓厚的折嘎、谜语等也出现在版面上。藏族著名诗人恰白·次旦平措创作了藏文嘎谐体诗。“纽萨”受到藏族群众的喜爱，在一些偏远的农牧区，副刊上面刊登的作品还被当地的老师作为课文走进课堂。

西藏的行业报纸和地市报纸的藏文版均开办了文化、文艺专栏。《拉萨晚报》藏文版在第四版开办有“名胜古迹”“散文诗歌”等专栏。《日喀则报》藏文版开办有“地方掌故”“后藏史话”“文艺副刊”“珠峰”“珠峰随笔”等。《昌都报》藏文版开办有“文艺副刊”。《西藏科技报》藏文版开办有“高原旅游”和“民族风情”等文化类专栏。《西藏青年报》藏文版开办有“文学天地”栏目。

西藏还创办有藏文文化和文艺刊物。主要有：

《旭日》（1992—1985）、《西藏文艺》（1980）、《西藏画刊》（1984）、《邦锦梅朵》（1983）、《西藏艺术研究》（1988）、《雪域文化》（1983）、《山南文艺》（1984）等。

五、藏语对外广播

1964年2月14日，西藏第一个对藏语广播节目《对流落国外的藏族同胞广播》正式播出。每日1：30用藏语播音一次，节目时长45分钟，内容主要由新闻、专题和文艺三部分构成，1980年将节目名称更名为《对国外的藏族同胞广播》。

六、藏语节目译制

藏语电视节目的译制，主要是将汉语《西藏新闻联播》、中央电视台《新闻联播》翻译为藏文，以满足藏语《西藏新闻联播》的要求。1999年藏语频道开办后，主要承担《午间新闻》《晚间新闻》和《西藏新闻联播》的翻译任务。在重大新闻报道中，基本能做到藏汉语同步播出，同时还要进行电视剧的译制，至2000年，共译制国内外优秀电视剧和电影2676部（集），共3625小时。译制的较为著名的电视剧有《西游记》《封神榜》《少年毛泽东》《年轮》《杨三姐告状》《北方往事》《紫藤花园》《婆婆媳妇小姑》《真情告白》《英雄无悔》《向往拉萨》《西藏风云》《女奴》《重返伊甸园》等。

第三节　西藏现代藏语传媒机制的建立

藏文传媒从开始尝试，到今天已经建立起完善的运作机制，标志着藏文传媒逐步发展成熟，已经较为成功地探索出民族新闻事业发展之路。

一、具有明确而稳定的指导原则

面对西藏藏族人口占绝大多数，藏语是其通用语言的实际，在西藏建立现代新闻传播业之初，党中央、毛泽东主席就对《西藏日报》的创办做出明确指示："在少数民族地区办报，首先应办少数民族文字的报""西藏与青海不同，不要藏汉两文合办，要办藏文报纸。报纸用什么名字和怎样办好，应同西藏地方政府商量，由他们决定，我们不要包办"。即，不仅要首先办藏文报纸，而且还要办纯粹的藏文报纸，这种决定权完全在于西藏地方政府。其后几经演变，基本确定了"以藏语为主，藏汉语并举"，优先和重点发展藏语传媒，民族特色突出、藏汉语"双璧"的新格局，充分体现了党的民族政策，符合西藏实际的办报原则，此后成为西藏新闻事业发展所遵循的基本原则，而不仅局限于办报，这也是西藏传媒建立和发展的核心理念。

二、建立起“藏汉双璧”的基本构架

以藏族为主体，并不妨碍西藏开展对外交流。社会的开放和繁荣，为新闻传媒的发展提供了绝好契机。整个新闻传媒不仅要为藏族的受众传播信息，还要为在西藏工作的各民族受众服务，当然，还不能不正视汉语是国家通用语言的现实。这就决定了西藏的传媒不能满足于单一的藏语符号。在新闻传播实践中，西藏逐步形成了传播实体“藏—汉双语”的模式。如《西藏日报》分别办有藏文版和汉文版。西藏人民广播电台和西藏电视台均开设有独立的藏语频道。这种独特的模式，不仅体现出民族风格，同时也为民族之间的互相交融以及民族地区的开放创造了条件，它无疑是西藏新闻传播价值体系中最为鲜明的外在标志。

三、建立了专门的翻译、译制机构

西藏藏文传播体系的建立，有赖于专门译制机构的强力支撑。1952 年年初，西藏军区编审委员会成立，它的主要职责是为藏文《新闻简讯》进行翻译、油印和发行工作，这个机构的大部分成员为藏族，也有精通藏语的汉族、回族专家，后该委员会改为《西藏日报》翻译科。

西藏人民广播电台在“文化大革命”以前就成立了藏语翻译组，西藏电台藏语节目 70% 的新闻类、社教类播出稿都通过了翻译这道程序。1973 年 9 月 15 日藏汉两套节目分开播音以后，只是将汉语稿件部分进行翻译。1989 年以后，随着藏族专业人员逐步成为藏语节目编播的主要力量，仅余《西藏新闻联播》部分内容和《国内国际要闻》稿件依然进行藏语译制播出。

西藏电视台于 1979 年成立译制部。为加强电视节目译制力量，1997 年，西藏电影公司译制部合并到西藏电视台译制部，译制了大量广受欢迎的电视剧。1994 年 1 月，西藏电视台成立译制组。1985 年 5 月译制组划归西藏电视台新闻部。1999 年 10 月 1 日，藏语频道开通后，翻译任务成倍增加。对藏语频道《午间新闻》《晚间新闻》和由这两大部分组成的区内外、国际国内主要新闻的《西藏新闻联播》的翻译，均成为日常的翻译任务。这样，西藏三大传媒都先后建立了自己的藏文翻译机构，保证了藏文传媒的正常运作。

藏语译制机构为藏语新闻传播做出了历史贡献。藏语是藏民族传统文化的产物，原本就没有“新闻”“报纸”等新概念。有人就以英文为参照，指出 news 和 news paper 有别，并将《西藏日报》译为《Tibet an daily news》（《西藏每日电讯》）。在藏文版《西藏日报》创办伊始，即采用此种译法。后来，江金·索南杰布取藏文“印刷”之声和“印刷品”字母组合创立了藏文“报纸”一词，为藏族读者所接受。

四、拥有数量充足、素质较高的藏族新闻工作者群

藏语传媒机构的主要专业人员就是藏族。西藏建立起了以藏族为主要力量的新闻工作者队伍。在藏语传媒机构，藏族无疑是主要力量，这在报纸方面表现得尤为突出。

《西藏日报》在创办之初，就根据中央和毛泽东主席的指示，仿照西藏自治区筹委会的组织机构模式，组建了由西藏地方政府、班禅勘布厅、昌都地区解放委员会和中央进藏工作人员四方构成的报社领导机构。在 20 世纪 70 年代，《西藏日报》藏文编辑部汉族人员占 2/5，且为业务骨干。20 世纪 80 年代以后，藏族已占 90% 以上，并成为专业主体，同时还建立了遍布各地的通讯员队伍，1987 年组建了藏文采编组。20 世纪 90 年代以后，藏文记者已用藏文直接写稿。在西藏最大的报纸《西藏日报》，共有职工 377 名，其中藏族职工 245 人，占 65%，在 193 名编采人员中，藏族有 148 人，占 77%。

拉萨有线广播站成立之初，并无专职播音员，于是，噶厦政府首席噶伦然巴的女儿然巴·央金卓嘎、噶伦阿沛·阿旺晋美的女儿阿沛·白玛、大贵族擦绒的女儿擦绒·顿珠卓玛和乌金次仁、松多·索朗卓嘎就成为当时的第一批播音员。后来，益西旺姆、达瓦次仁、仁曲、扎西卓玛、索朗卓玛等加入藏语播音员行列。20 世纪 90 年代之后，西藏电台的藏语专题节目、对外节目、文艺和服务节目均实现了主持人化，质量和宣传效果明显提高。

1982 年，中央人民广播电台民族部藏语播音员昌决调入西藏电视台，标志着电视藏语播音的开始。1983 年年底，藏语男声播音员格次调入西藏电视台，开始了藏语男女声对播。至 2000 年，藏语播音员增加到 7 人，原电视台译制部配音演员朗杰央宗成为电视台第一个双语（藏汉）播音员。

总体而言，西藏广播电视系统中少数民族职工人数呈逐步上升趋势：1953 年，拉萨有线广播站建立之初，11 名从业人员全部为汉族。1987 年，少数民族职工人数达到 215 人，占 55%。1995 年，达到 280 人，占 63%，2000 年，升至 495 人，占 70%。

五、形成对外交流和传播模式

西藏藏语传媒建立了以《对国外的藏族同胞广播》为核心的对外传播格局。1963 年 6 月 24 日，每周编排三组对流落西藏境外的藏族同胞的广播稿件播出，只呼台号，不报节目名称。1964 年 2 月 14 日，经国务院和中央军委批准，西藏军区政治部和西藏电台联合推出《对流落国外的藏族同胞广播》（1980 年以后改为《对国外的藏族同胞广播》），全部用藏语播出。它是西藏对外宣传中唯一的现代化传播工具和窗口。同时，西藏卫星电视和藏语频道的开通，不仅使藏语传媒形成了独立的传播体系，同时使它的覆盖范围扩大到祖国内地、南亚、西亚和东南亚一带，成为外部世界了解西藏的一条重要渠道。

第四节 西藏藏语传媒传播的基本特点

与西藏汉语传媒相比，藏文传媒形成了自己独特的价值和经验，在西藏整体新闻传播大格局中发挥着特殊而重要的作用。

一、藏语传媒与汉语传媒在整体上保持着一致性

党性原则是社会主义新闻事业的根本原则。与汉语传媒一样，藏语传媒是党和政府的喉舌、舆论宣传工具，是党的宣传工作的重要组成部分，必须纳入党的绝对领导之下，同党中央保持高度一致，为维护西藏的稳定和民族团结，维护国家统一，发挥积极的社会功效。在宣传主体内容上，藏语传媒与汉语传媒同样保持着一致性。无论是对民主改革、改革开放的宣传，还是反分裂斗争的宣传，虽然对象和方式有所区别，但重点和大方向却并无不同。在技术、设备等基础建设上，藏文传媒机构与汉文传媒同步发展，一起享受着现代科技带来的快捷和便利。如报刊、广播电视与汉语传媒一起，共同使用先进的激光照排和卫星传输系统。

二、拥有独特的受众

面对西藏社会发展的实际状况和民族区域自治的特点，藏语传媒无疑就将自己传播的重点放在西藏广大的农牧区，为占人口90%以上的藏族干部、群众服务。如《西藏日报》在创办之初，就将自己的宣传对象确定为以农牧民和基层干部为主，兼顾上层统战人士和懂藏文的机关、厂矿职工。这种定位就决定了藏语传媒在传播内容上一般集中在如下若干方面：宣传党和政府的重大

方针政策；报告国内外时政大事；传播现代科技知识和生产经验；进行现代文明启蒙教育；传统文化、艺术的宣传等，突出基本信息、实用知识、技能的传播和弘扬民族文化。需要说明的是，藏汉文传媒实际上在不少地方会出现受众的重叠交叉。

三、具有独特的宣传风格

由于西藏藏语传媒的主要服务对象是农牧区受众，兼顾上层统战人士和部分机关干部，故其基本风格就是要坚持省报的架子，农民报的内容，体现出“酥油糌粑味”，将新闻性、教育性、知识性和文艺性相结合，突出民族和地方特色。

1. 在内容上贴近藏族受众生活，注意接近性，体现出传播价值。藏语传媒不仅及时明确地向大众传播区内外发生的重要社会、经济、文化教育等各方面的信息，使封闭的高原与外界沟通，同时还依靠西藏厚重的文化底蕴，宣传西藏独特的地理环境、悠久的历史、灿烂的民族文化、丰富的自然资源、众多的名胜古迹、得天独厚的登山旅游业、奇特的民族宗教节日等人文和自然景观，展示出藏族民众在生产、生活、习俗、服饰、观念的方面的历史变迁，传播文化知识，增强民族自豪感。特别是针对西藏传统意识浓厚，现代观念落后的实际，开辟了《生活常识》《卫生与健康》《科普园地》《法制园地》《祖国各地》《世界各地》等专栏，全方位传播新思想、新知识、新文化、新观念和新科技。藏民族还是一个能歌善舞的民族，传媒不但将从农牧区采集来的传统艺术经过提炼加工播送、刊发，而且将现代艺术形式和新的作品向大众传送。藏语传媒实际上扮演了一个信息、文化传播者和“启蒙老师”的光荣角色。

2. 在编采播写形式上体现藏语传媒的独立性和特色，为藏族受众所喜闻乐见。藏语传媒注意扩大信息量，讲究短小精悍，精编内容；针对受众文化基础差的实际，多采用刊登照片、连环画、问答等具体可感的形式，通俗易懂，形象生动；为突出藏语媒体的个性和亲合力，以求受众的接纳和信任，藏语报刊和广播电视播、刊出的节目、文章，多由藏族记者采写，从汉语翻译成藏语稿件刊播的比例逐步减少。省区级报刊、广播、电视媒体基本达到藏、汉编辑部分设，藏语部分完全实现了藏语直接采编。

3. 在语言风格上，努力体现民族特色，以吸引读者。藏语历史悠久，人文底蕴深厚，表现力强。藏语传媒的稿件多由藏文记者和来自基层的通讯员提供，他们在采写过程中，积极吸收民间语言的丰富营养，经过规范化和艺术加工，显得生动形象，通俗易懂，突出了乡土气息，很受藏族大众的欢迎，收到良好的宣传效果，使之成为凸显藏语传媒民族和地域特色最直接的标志。

四、藏语传媒既与汉文传媒密切关联，但同时又保持着独立性

由于同处西藏新闻传播的大格局之中，所以在很多方面和很多时候，藏、汉语传媒就表现出很多一致性。在 1980 年以前，由于藏文传媒特别是报纸独立编采写能力极为有限，藏文版实际成为汉文版的翻版和缩编。但藏文传媒毕竟具有自己独立的组织机构，传播对象和语种有别，藏文采编力量也在逐步增强，发展成为一个真正独立的传媒。

目前，藏语传媒虽然还远未做到全部用藏文采编写，但除过重要评论、新华社通稿、区内重大事件报道等内容同时刊出外，主要还是独立采、编、写、播、刊，可以根据实际确定自己的宣传重点，可以独立处置。即使是同一内容，藏语媒体也可以大胆进行压缩、改编，精简篇幅，有所侧重，体现自己的传播意图。特别是对作为传媒灵魂的言论，藏语传媒也注意显示自己的特色。有些言论完全是藏语传媒在党的宣传原则指导下独立撰写，有的则是对汉文版刊发的重要言论进行改写、压缩，或者是将其

分解转化为“讲话”“问答”“某某谈时事”“社论介绍”等，以适应受众的接受能力，达到较为理想的传播效果。这种区别，最大限度地适应了受众的需要，实现了宣传效果的最大化。

第五节 西藏藏语传媒面临的挑战和历史机遇

西藏的藏语传媒虽然受到重视，获得了根本性发展，建立了独立的媒介地位，但受各方面条件的制约，还是表现出诸多不适应性。主要是：

一、发展藏语传媒的战略难以落实

藏语传媒一直未形成广泛而显著的影响力。随着西藏与外部世界一体化步伐加快，藏语传媒的影响力和必要性面临挑战。在西藏现代新闻传播史上，“以藏文为主”的发展战略实际上更多的是停留在理念层面上。

二、藏汉文传媒之间存在一定的反差

西藏经济的跨越式发展和城市化进程的迅速推进，使以汉语传媒为主流的城市新闻媒介更加发达，而以藏语传媒为主流的农牧区新闻媒介则日显衰弱，呈现两极化的发展趋势，使藏汉语传媒之间的距离逐步扩大，这种强烈反差所形成的启示，无疑对藏语传媒的前景更加不利。

三、藏语传媒质量整体不高

在特殊的社会经济文化背景下，基层藏文通讯员数量急剧减少，范围缩小，信息源匮乏；专业人才数量不足，缺乏足够的人力、智力储备；传媒远离作为经济和文化中心的城市，被关注度大大降低，新闻市场分散而缺乏热情；新闻多关注会议和城市，

对农牧区实际情况和发生的新闻缺乏注意，加之内地传媒的强力冲击，直接制约了藏语传媒的发展。

四、藏语传媒受众正在萎缩

藏语传媒在西藏的城镇，尤其是地市以上城镇基本上影响力较为有限。具有藏语文能力的“城市人”越来越少，充当藏语传媒受众的人正在负增长，部分藏族受众也不例外。而在农牧区，由于大众居住分散，文化程度较低，他们与传媒的关系也并不是很密切，这成为制约藏语传媒发展的最关键因素。

第四章　西藏的电影传播

在中国的新闻传播体系中，一般并不将电影列入，但在西藏特殊的环境下，电影实际上充当着特别的大众传播工具，因此，在西藏新闻传播史中，应当有电影的一席之地。

西藏电影事业自 1951 年建立。电影在西藏最早出现是 1946 年，在西藏和平解放以前，电影放映活动仅仅限于拉萨小学、罗布林卡和印度驻拉萨领事馆几个地方，住在罗布林卡中的达赖喇嘛有一架英国造的放映机，仅供私人享用，普通民众也只有到了和平解放以后，才能见到挂在眼前的电影——“洛念”。1951 年 6 月，中国电影发行放映公司组成西北西藏工作委员会电影教育工作队进军西藏，成为西藏人民电影事业的起点。民主改革开始后，电影教育队成为各工作组的组成部分，中心是以放映纪录片和故事片介绍全国社会主义改造和建设成就，宣传党和国家的方针政策。1965 年 9 月，西藏自治区人民政府成立，电影发行总站改为西藏自治区电影发行总公司。改革开放以来，国家发展战略转移，以经济建设为中心，给电影的大发展和繁荣创造了历史良好机遇，西藏电影事业充满活力，取得了很多重大进展和突破，在社会主义市场经济条件下，完成着艰难的转型。

第一节　西藏电影的特殊传播功能

在国际传播界，大众传播被划分为 6 种类型，即报纸、期刊、书籍、广播、电视、电影，在中国的新闻实践中，一般去掉书籍和电影两类，但在教育文化落后的西藏，电影实际充当着特殊的新闻和文化传播工具，这种价值即使在广播、电视已经较为发达的今天，在遥远的农牧区还有相当的存在空间。

西藏社会和地理环境的特殊性，决定了电影的大众传播作用。封建农奴制度的长期统治，使西藏一直处在极端专制、封闭、落后的状况，浓厚的宗教传统和经济的原始状态，使西藏文盲率极高，典型的高原生态环境，造成交通不便，信息闭塞，几与外界隔绝。在和平解放以前，西藏基本上没有现代传媒。在西藏实现和平解放初期，创办了报纸和广播，但影响所及仅限于拉萨市区，广大中小城镇和农牧区还处于新闻传媒的盲区。即使在拉萨市区，影响的范围也很有限，主要是上层人士和进藏人民解放军、干部等。这样，电影就成为传播信息和文化，进行宣传教育的最有效工具，它的简便易行、受众面广、形象直观、不受文化程度限制等突出优势，使民众很自然地将它作为一种新的媒介来对待。

电影在西藏的传播功能十分丰富。它首先是一种有效的宣传工具。进藏人民解放军和西藏工委各机关，利用电影宣传人民解放军进军西藏的意义；同时它还是一个统战工具。电影队常常受命给达赖、班禅放映电影，解释我党的民族宗教政策，赢得西藏上层人士的理解和支持；它当然更是一种信息传播途径。在当时放映的影片中，主要是纪录片，西藏民众可以从影片中看到祖国山川风景和社会主义建设成就，实现与祖国内地的沟通；毫无疑问，电影也是进行审美教育的最佳途径之一。电影客观上成为连接群众的纽带，很多重要活动，如联谊会、座谈会、集会等，都离不开电影助兴。在一个经济和文化极端落后的西藏，电影的功能几乎被发挥到了极致，成为影响甚巨的大众传播媒体。

在 20 世纪 80 年代以后，随着现代传媒特别是广播电视的发展，电影的市场和影响力大大减弱，但它还是可以在那些广播电视的盲区继续发挥作用，即使在广播电视的覆盖区域内，它的观赏性依然适合农牧区社区的若干特点，电影依然是西藏大众传播的一种手段，是传统和新兴媒介的补充和延伸，是最能深入到农牧区和边远村落的现代化传播形式，也是最低廉、最便捷的意识形态宣传工具。

第二节　电影译制事业稳步发展

西藏电影译制事业主要是指将汉语或外语片电影译成藏语片，满足广大农牧区藏族群众的观看需要。

1965 年前，西藏因为没有译制条件，只能在放映电影前，临时请一位翻译用藏语将故事情节加以简要介绍，或是实行“映间插话”。

西藏的电影译制开始于 1965 年 11 月译制组的成立。他们将一台老式录音机改装成电影录音设备，译制出了第一部藏语影片《丰收之后》，经内地制片厂光学洗印后在全区放映。1973 年，西藏自治区电影公司译制科成立。

1983 年以前的电影译制基本采取与区外合作的方式进行。

电影译制设备和基础设施不断改善。1981 年，修建了译制楼，并在国家电影局的帮助下，在全国译制行业率先实现了工艺现代化。至 1984 年，译制总量达到 25 个节目，500 个拷贝，建成了电影译制的完整工作程序，一部影片的译制程序全部可以在藏完成。

1997 年 8 月，西藏电影公司译制前期部分 17 人合并到西藏电视台译制部，使全区的影视藏语译制工作阵容更加强大。

西藏的电影译制工作成绩卓著。1984 年，获国家文化部、国家民委“民族语译制先进集体”奖。1994 年 9 月，获首届全国少数民族语题材电影“腾龙奖”。1998 年 10 月，获第二届全国少数民族语题材电影“骏马奖”。

第三节 西藏电影事业的基本特点

作为西藏新闻传播的一个重要构成和不可缺少的宣传舆论工具，西藏的电影事业在和平解放以后获得了跃进式发展，在西藏经济社会发展和维护民族团结方面扮演了重要角色，突出地显示出民族特点和区位优势，始终保持着对全区，特别是对农牧区的市场把握。

一、电影在西藏的新闻、文化传播中占有特殊地位

在西藏和平解放之初，像全国许多刚刚解放的地区一样，落后的文化状况，使人们对电影产生了极大的好奇和喜爱，观看电影成为大家渴望的文化娱乐途径，特别是在报纸、广播很不发达，尚无电视、录像等电子新传媒的情况下，电影可谓是一枝独秀，成为普及面最广、最形象、最通俗、最易为大众接受，借此获取外界信息，进行最基本的艺术熏陶的主要甚至是唯一的传播方式。在西藏这样一个地域辽阔、交通不便、经济文化极度落后的地方，电影所享有的地位远要比祖国内地崇高和突出。

在 20 世纪 90 年代上半期，随着电影管理体制的市场化，西藏电影业的城镇市场丧失殆尽，但电影依然是农牧民喜欢的传播方式，同时还可以弥补广播电视不能有效覆盖的缺憾，拥有比全国任何一个地域都要显著的市场潜力。

二、西藏电影的真正优势和巨大潜力在农牧区

西藏电影在一开始就将农牧区作为自己发展的战略重点，这无疑是符合实际的。农牧区人口居住分散，文化程度最低，环境

闭塞，信息不畅，文化生活单调，报刊、广播、电视等大众传播媒介还存在很多覆盖盲区，没有什么能比电影具有传播的便利和最广泛的适应性。西藏逐步建立了可覆盖全区乡级的电影放映网络，有400个以上的农牧区电影放映队活跃在广袤的雪域高原，保证农牧民人均每月可观看一场以上的电影，将偏远的农牧区与世界、与现代文明连接在一起，观赏艺术精品，接受新鲜的信息，丰富生活，促进生产，更新观念。

三、藏语电影是西藏电影的突出优势和特色

西藏电影市场主要集中在农牧区的现实，决定了藏语影片是电影放行和放映的重心。在经过了20世纪50年代初到60年代中期电影非藏语化的困难阶段以后，从70年代上半期开始，西藏建立了自己的藏语译制机构，使电影译制步入规范化，并开始向藏族观众放映藏语影片。在消除了语言鸿沟以后，电影完全进入了民众的视野之中，成为他们最喜爱的文化娱乐方式。电影同时还体现出民族自治的文化价值，这种地方化和民族化的风格，构成了西藏电影独特的价值观。

四、在西藏电影事业发展和稳定的背后，有国家有力的支持和扶植

要建立现代电影事业，仅靠西藏自身的力量远远不够。为此，国家投入持久而巨大的支持，才使西藏迅速建立起了电影事业，巩固了电影市场，保持了电影传播的连续性和有效性。第一个电影队就是由国家指派进藏开展工作。西藏电影事业的真正起点，不是西藏，而是北京。在电影发展的整个历程中，国家不仅提供了大量先进的电影器材设备，投入很多资金，选派了专门人才，同时还给予政策方面的优惠，精心培植电影市场，保持内部活力，为西藏电影的生存和发展提供了最重要的保障。

五、西藏电影的个性和特殊历程，造就了中国电影史上一批特殊的人才

作为民族地区大众传播的一个领域，电影对发行、放映和译制人才有着特殊要求。当奋斗成为历史的时候，这些历史的主人就以其醒目的足迹，跻身电影英才的行列，深受人们的尊敬。

中央新闻纪录电影制片厂驻西藏摄影站的四位摄影师泽仁、扎西旺堆、计美邓珠、次登，不仅是西藏电影纪录片的先辈和开拓者，更是西藏电影事业发展历程的见证人。20世纪50年代，他们随十八军进藏，协助完成了重要历史文献片《解放西藏大进军》《光明照耀着西藏》。1952年，中央新闻纪录电影制片厂驻西藏摄影站初建，他们就开始拍摄新闻短片，向国内外报道西藏和平解放和民族改革的真实情况，记录了封建农奴制度的历史资料。在自治区筹委会成立期间，拍摄了陈毅元帅在八一农场种苹果以及会见达赖喇嘛的情形。在签订和遵守十七条协议的日子里，相继完成了《战胜怒江》《康藏、青藏公路修建和通车》《达赖喇嘛、班禅大师参观祖国各地》《庆祝西藏自治区筹备委员会成立》《中央代表团在西藏》等重要历史文献片。1954—1956年间，除拍摄大型纪录片外，还以10天一部的速度，拍摄了反映西藏新旧社会变化、农牧民生活、藏族妇女、儿童风貌等方面的“新闻简报”。60年代初，尝试制作了112期共70多个题材的《西藏新闻》杂志片。1962年中印自卫反击战爆发，他们奔赴前线，深入前沿阵地，现场拍摄了《中印边界真相》《自卫还击》等纪录片，以真实感人的画面和丰富的资料，受到了国家文化部的通令嘉奖。

这些富于历史厚重感和现场说服力的纪录片，获得了显赫的荣誉。《布达拉宫》被译成8种外语版向国外发行，成为当时中国向国外输出拷贝最多的影片。《百万农奴站起来》获国家优秀

纪录片奖。《欢腾的西藏》获南斯拉夫国际短片奖。《中印边界真相》获第二届全国电影百花奖。《我们的家乡——西藏》第四集获广播电影电视部优秀纪录片奖。1985 年，中央新闻纪录电影制片厂对他们给予特别嘉奖，以表彰他们在新闻电影事业上做出的突出贡献。

第五章　新闻援藏

新闻援藏是在极其脆弱的经济和教育生态上建立西藏现代新闻传播事业的基本保障。

新闻援藏主要包括三个领域：一是新闻出版援藏，一是广播影视援藏，一是电影援藏。而在广播影视援藏方面，国家着墨更多，成就彰显，是新闻传播援藏的重点所在。援藏的内容基本包括：人才援藏、资金援藏、设备援藏和政策援藏等方面。新闻援藏对西藏的影响是深刻而深远。

第一节　新闻出版援藏

在“新闻传播”范畴中，一般并不包含“出版”，但在实际上，新闻出版援藏的着力点恰恰放在对出版行业和图书发行行业的援助上。为体现历史存在，客观记述西藏所得惠利，本著还是将“出版援藏”情况纳入，略作介绍。

一、国家全力支持《西藏日报》的筹建和发展

《西藏日报》是西藏第一份省级报纸，是西藏自治区党委机关报，也是西藏最重要的新闻传媒。它的创建和发展，是西藏社会和新闻界最为关注的事情，同时也是新闻援藏的重点。

新闻干部和专业人才的到来，为日报的创建和发展打下了基础。这是最宝贵的援助。实际上，新闻援藏在人民解放军进军西

藏之际已经拉开了序幕。1951 年，人民解放军在进军西藏的途中，先后创办了《新闻简讯》（1951 年 7 月）和《草原新闻》(1951 年 8 月)，其创办者全部是祖国内地的报社记者、大学毕业生和随军的新华社记者。当时《新闻简讯》实际仅有 3 人：负责人为十八军宣传科长汤化陶，办报者是来自重庆《新华日报》的张成治和《建军报》的韦起，而由西北独立支队创办的《草原新闻》则显得阵容庞大。其时西北局从《群众日报》（西安)、《甘肃日报》、西安和兰州大、中学生中调来 20 余人组建了报社。同时，新华社西北分社派出郗平、边绥、吕焕祥 3 人进藏。在《草原新闻》创办的过程中，先后有霍春禄、金鉴、王鉴、惠婉玉等 23 人参与报社工作，他们是全国第一批西藏新闻事业的援助者。

1951 年 11 月 12 日，西藏工委决定以新华社西藏分社的名义出版油印小报《新华电讯》，主要办报人员张成治、倪潜、彭映华、李文明等也来自祖国内地。

1951 年 12 月，《草原新闻》与《新华电讯》合并。《新华电讯》的编务与印刷仍主要由原班人马实施，《草原新闻》的工作人员在“评功查过”活动结束后，才陆续加入《新华电讯》的编印工作。

1955 年 3 月 4 日，中央批复同意创办“西藏日报”。为此，中共中央宣传部在全国范围内抽调人员赴藏，来自内蒙古、新疆、青海、四川、云南、人民日报社、人民铁道报社的庄坤、严蒙、马逸峰等 10 余名干部和业务骨干援藏，与从西藏本地选调的人员一同筹办“西藏日报”。

1959 年，平叛改革后，报社面临大发展的历史机遇，国家又从天津、河北、北京、山西、上海、四川选调王民、李文珊、任务之等一批 7 人充实西藏日报社新闻队伍。

自此以后，党和国家一直十分关心报社的发展和建设，从人员上给予持续支持，加强了报社的管理，提高了业务水准。援藏人员来自祖国各省、市、自治区。

“文革”期间，政治动乱使报社正常的工作都受到影响，援藏工作暂告停滞。

在20世纪70年代后期到90年代，援藏干部和专业人员还是陆续加入西藏日报社行列，对报社的发展发挥了重要作用。1977年，杨尚迪等8人从江苏、河南等省市来到报社工作。1979年，中组部、中宣部从安徽、四川、河南、辽宁等省抽调汤已生、黄锡景等十多名干部援助报社。1980—1990年的10年间，人民日报社以及上海、云南、贵州、四川、重庆等省市的报社，坚持每年派出技术人员、编辑和记者，支持西藏日报社的工作。1994—1996年，中宣部从山东、四川、北京等省市选派魏武等12名新闻工作者到西藏日报社工作，1995年，人民日报社派出李而亮、赵永新、李君3人到报社工作。1998年，光明日报社田延辉、人民日报社李而亮到报社工作，李而亮任西藏日报总编辑。1999—2000年，人民日报、光明日报继续为报社提供人员方面的援助。

在一批批专业干部和专业人员援助报社的同时，西藏日报也获得了大量的物资、资金援助，增强了发展动力。日报在正式创建之前，它的基本设备就是随军进藏途中携带的收音机、刻写工具和油印机。在创建初期，北京中央民族印刷厂为报社赶制了藏文铜模，上海提供了印刷机期和器材，调拨了一台汽油发电机，重庆、成都两地也调拨了机器和纸张，为报纸的正式出版奠定了基础，其后国家和各省市援助西藏日报的设备和资金至少在300万元以上。

二、帮助西藏开展新闻出版人才培养

制约西藏新闻事业发展的一个关键问题是人才匮乏。帮助西藏解决专业人才问题，提高从业人员素质，成为援藏的一个主要方面。祖国内地很多著名大学为西藏培养了大量新闻专业人才。

三、援助大量资金，支持西藏新闻出版事业发展

西藏受人口、自然、社会和经济条件的限制，新闻事业发展缺乏充分的市场，最大困难就是资金缺口很大。国家和各省市主动向西藏伸出援助之手，在一定程度上缓解了西藏新闻事业发展后劲不足的问题。

20 世纪 90 年代以来，国家新闻出版并组织全国力量援助西藏 5500 余万元，这些宝贵的资金，对提高西藏新闻出版技术水平，改善办公条件，增强行业活力都发挥了重要作用。

四、出版和发行行业受援情况

西藏人民出版社和新华书店承担着全区图书出版和发行重任。在 20 世纪 90 年代，西藏人民出版社获得国家新闻出版署和全国出版系统的援助资金总额达到 137 万余元。西藏自治区新华书店也得到了国家和各省市行业的大力支持。20 世纪 80 年代以来，国家和各省市先后援助近 2000 万元资金，用于建设自治区新华书店大楼、各地市新华书店、解决交通工具、补贴图书网点建设等。国家也加大了对西藏骨干印刷厂的援助。上海胶印一厂派出技术工人对西藏新华印刷厂人员进行培训。新闻出版署先后援助 70 万元资金，用以建设纸箱车间，提高微机排版生产能力。

第二节 广播电视援藏

作为现代化的新闻传播媒介，广播电视具有高投入、高消耗、高技术的特点，仅仅依靠西藏自身的力量，要在较短的时间内建立起一个覆盖西藏主要区域的广播电视网络，那将是漫长而

有突出缺陷的艰难过程。正是在国家的巨大支持下，西藏凭借着源源不断的资金援助和技术支持，在世界屋脊的万里高原上，创造了中国广播电视建设的奇迹，新闻传媒终于突破了高山大川的阻隔，将世界最新的信息及时传送到雪域的各个角落，大大推进了西藏文明化的进程。

一、西藏广播事业初创时期的援藏工作（1951—1965）

这一时期，西藏广播事业初创，国家派出大批专业技术人员进藏，并尽最大努力投资建设重要的基础设施，着力解决基层收听工具，扩大广播覆盖面，在新闻传播业整体还很不发达的情况下，充当了传播先锋的作用。

据统计，这一阶段广播行业进藏的干部达 179 人。在建台初期，北京、湖北等省市的广播电台抽调大批干部支持西藏广播事业创建工作，他们是西藏广播初创时期的骨干力量。1960 年 6—9 月，中央人民广播电台和全国 14 各省市广播电台先后派出 56 名编辑、记者、技术人员和干部援助西藏广播事业，中央台、陕西台和四川台还为西藏代培了 63 名学生。

广播基础设施建设无疑是援助的重点之一。在三年困难的特殊时期，国家拨出 400 万元专款，修建西藏人民广播电台广播大楼和白定发射台，两个重要建设项目于 1961 年 10 月建成。

国家还充分注意到基层广播事业建设。在加强无线广播建设的同时，想方设法解决收听工具问题。1963 年，中央拨款 10 万元，购买日本 R－911 型半导体收音机 500 多部，发给每一个区，供集体收听广播。1965 年 9 月，在西藏自治区成立之际，中央代表团赠送给西藏每个乡和人民解放军驻藏部队每个连队一部熊猫收音机，同时援建了西藏有线广播建设。1960 年，中央拿出 10 万元资金，购买了 500 瓦有线广播扩大机 50 部，分发到各地区和部分县开办有线广播站，除拉萨有线广播站外，昌都、日喀则、那曲、山南、林芝、江孜、亚东等地也建成了有线广播站。

二、“文革”期间的广播电视援藏工作（1966年1月—1978年12月）

在这一特殊的历史时期，国家出于战备和国家安全的考虑，加快了西藏广播事业建设步伐。不仅出资建设了若干重大广播设施，而且派遣了大量专业人员进藏指导和帮助工作，在此期间，全国广播电视系统进藏人员达到419人，为各个时期援藏人员之最，同时，在国家的有力支持下，西藏电视事业的创建和试验也拉开了帷幕。

国家重点投资建设了转播台和发电厂。为适应战备需要，1968年7月，国家出资1800万元，建设606转播台和606发电厂等配套工程，全天转播中央人民广播电台藏汉语节目。1969—1977年，国家出资72万元，西藏配套50万元，购置设备建设地市发射台。

为了建成西藏完整的新闻传播格局，国家全力扶植西藏创办电视事业。1974年下半年，全国广播电视会议决定在拉萨电视卫星地球站建设转播台，吉林广播电视台何仁、黑龙江佳木斯电视台李景才自愿申请进藏筹建，北京和天津电视台支持了大量的电视转播设备。1976年9月后，各省市对西藏电视台的筹备工作给予有力援助。北京电视台提供了一台电视转播车，江苏无锡广播电视局邓玉龙、陕西广播电视台黄小成进藏参与筹建。

三、改革开放后的广播电视援藏工作（1979—2000年）

在这一时期，国家实施了诸如“边远地区广播事业建设”“三区广播电视建设”“村村通”和“西新工程”等重大工程建设，建成了“西藏广播电视译制制作中心”，从根本上改变了西藏广播电视事业的状况。

党和国家领导对西藏广播事业建设极为关心。1985 年，邓小平为刚刚创建的西藏电视台题名。1985 年，国家领导人胡启立、李鹏、阿沛·阿旺晋美到西藏广播电视部门视察指导工作。1995 年，国务委员罗干视察了西藏乡级广播电视建设工作。2000 年 8 月，中共中央政治局常委、国务院副总理李岚清在藏视察工作期间，就西藏广播电视工作进行了实际调研。广电部从 20 世纪 80 年代开始，多次派出部主要领导带队的工作组进藏考察，对西藏广播电视事业建设做出重要指示，并采取得力措施，直接推动了西藏广播电视事业的快速发展。

1. 人才援藏和人才培养

国家和各省市为西藏广播电视事业的发展，派来了一批又一批专业人才，提供了充分的技术保障。

20 世纪 70 年代初到 80 年代，国家广播电影电视部无线电局和浙江、河北、山东、北京、山西、黑龙江等省市广电厅（局）派出 9 名援藏干部到 602 台、606 台工作，为保证信号的优质传输和接受做出了积极贡献。

1980 年 11 月 21 日，西藏电视台筹备组正式成立，在 58 名业务技术干部中，援藏干部就占到 2/3。西藏电视台于 1985 年 8 月正式建台后，一批批援藏干部继续帮助西藏发展电视事业。1986 年 10 月以后，辽宁、江苏、广东、山东、天津、上海等 6 个省市的 14 名援藏干部陆续在西藏电视台任职。从 1990 年开始，中央电视台、河北、甘肃、山东等省市的 5 位援藏人员进入西藏电视台工作。1993 年 10 月，由各省市派出的援藏干部先后进藏。1995 年，根据第三次西藏工作座谈会精神和国家机关的统一安排，国家广播电影电视部又派出第一批 5 名行政管理干部援藏，张小平等国家机关干部进藏援助西藏广播电视事业建设。

1997年7月，依据全国广播影视系统援藏会议精神，河南、广西等10各省市派出16名编播和技术人员到西藏进行为期3年的援藏工作。

国家还积极为西藏培养广播电视专业人才，加强了西藏广播电视系统的技术力量。

1960年，西藏人民广播电台在四川等地招收3名学生，分送中央台、四川台、陕西人民广播电台等培训。1975年5月，606转播台选派8名在职技术人员在中央电视台491工程工地学习广播设备维护技术。

改革开放以来，内地对西藏广播电视人才的培养更加重视，并付出了积极努力。国家广播电影电视部拨出专款为西藏在山西太原开办了广播电视中专班（后迁至成都广播电视中专学校）。内地院校和电视台还积极帮助西藏进行人才培养。北京广播学院还每年为西藏培训一定数量的编、采、播人员。1979年4月，西藏广播事业局在西安、咸阳招收30名优秀青年进藏工作，其中曹绥军等14人被直接送到陕西、上海、北京等电视台进行专业培训，年底即返藏进入西藏电视台工作。1979年3月—1982年，北京广播学院接受14名专业人员学习编采、文编、导演专业。据大略统计，1991——2000年间，祖国内地院校为西藏培养大学本科生94人，大专生99人，中专生332人。

2. 为西藏提供关键和新型设备

在技术密集型的广播电视行业，国家和各省市提供的大量关键和新型设备，奠定了西藏广播电视事业创建和发展的基础。

援助的项目包括：

——电视摄录以及附属设备。1988年，中央电视台援助FP－22P电视摄像机1台，VO－48OOP录像机1台。1995年，中央电视台援助1台德国产奔驰四讯道电视转播车，BVW－507P摄像机1套，微波设备2套，录像机2台，价值600万元。

1997 年 10 月 1 日，中央电视台援助西藏电视台全固态发射机，有效改善了西藏电视台两套节目的发射质量。1998 年 4 月，安徽电视台援助西藏台 1 台索尼 53DVW1P 摄像机。

——藏语译制设备。1989 年，广播影视部拨款 60 万元用于购买该设备，大大提升了藏语译制水平。

——无偿供给节目。1996 年，中央电视台新闻中心向西藏各地市电视台赠送了 700 盘录像磁带。从 1997 年 1 月到 2000 年 12 月，中国国际电视总公司每年向西藏电视台援助国产电视剧、动画片、音乐电视、综艺节目、专题片等电视节目 1000 小时，SP 带 1000 盘。

——演播设施。1998 年，中央电视台海外中心援助西藏电视台 600 平方米演播室声像设备，全部安装调试并投入使用。

——通信设备。1998 年 10 月，中央电视台援助西藏电视台 25 台摩托罗拉进取 228 型中文寻呼机，援助设备涉及的种类之丰富、技术水平之高、价值之大，在新闻援藏中列于首位。

3. 广播电视重大建设工程影响深远

为从根本上实现西藏广播电视事业整体水平的改观，大幅度地提高广播电视的覆盖率，国家投入巨资，动员全国力量，全力支持和实施了多项西藏广播电视重大建设工程，对西藏广播电视事业的发展产生了深远影响。

——边远地区广播事业建设工程

在党中央、国务院和中央军委的关怀下，1983 年 7 月，拉萨卫星地面站开工建设，总投资达 1000 万元（其中广电部投资 181 万元），1984 年 9 月 17 日，拉萨地面站至西藏电视台、西藏电台的光缆线路顺利开通，9 月 18 日 19 时，广播电视接收、传输系统联调成功，接收到了中央电视台和电台的节目。1985 年 5 月，国家在藏建设 5 座 6 米卫星地面接收站，改善了中央电视台的节目接受效果。在外汇紧张的情况下，国家拨出 600 万美元指标，为西藏各地（市）县购买了一批电视制作和播出设备，使全区的电视播出条件大为改观。为扩大中央两台在藏的节目覆盖率，提高节目译制能力，国家为西藏安排资金达 1550 万元。1983—1985 年，西藏共建成卫星地面接收站 70 个，电视录像差转台 81 座。至 2000 年，在 10 年边远地区广播电视事业建设中，国家共补助投资 2579 万元，建成和改造中波转播台 28 座，电视转播台 32 座，电视收转站 67 座，广播电视卫星接收站 322 座，其中 167 个乡建立了收转站。通过边远地区广播事业建设，西藏边境县（口岸）所在地能够接收到中央和西藏两台（广播电台、电视台）节目，边境乡所在地能够接收到中央和西藏台的电视节目，人口较为密集的乡配有调频广播设备，可接收到西藏电台的藏语广播节目。边境地区广播、电视人口覆盖率分别达到 42%、46%，比 1987 年分别提高了 40% 和 25%。

——“三区”广播电视建设工程

1991 年，江泽民总书记就新疆、西藏和内蒙古三个民族自治区广播事业建设做出重要批示，“三区”广播电视建设工程开始启动。1993—1997 年，工程总投资达 6093 万元，其中，国家补助 4300 万元，自治区配套 861 万元，地市配套 932 万元。该工程建设项目包括：改扩建 7 座中波转播台（狮泉河、江孜、八一、日喀则、山南、普兰、措那）；新建乡级广播电视站 204 座；改造西藏人民广播电台编播楼，完成广播译制设备配套；完成监测台建设；建成西藏广播电视培训中心；在 53 个没有中波转播台的县建立调频广播转播台，实现县县有广播转播台。至 1997 年，广播、电视覆盖率分别达到 61% 和 52%。

——西藏广播电视译制制作播出中心建设工程

该项目是西藏自治区“八五”重点项目，1993 年 8 月 25 日动工，1996 年 8 月全面竣工并交付使用，项目总投资达 13450 万元，其中国家计委补助 1500 万元，中央电视台援助设备 1400

万元。它的建成，从根本上改变了西藏广播电台和电视台的节目译制作条件。

——“大庆”广播电视工程

为迎接西藏自治区成立30周年，中央第三次西藏工作座谈会确定在藏实施62项援藏工程，建设350个乡级太阳能广播电视收转站为其中之一。1994年5月，国务院工作组在藏考察后，初步确定该项目总投资为2800万元，黑龙江、深圳市各承担1250万元，广播影视部补助300万元，西藏计划用这些资金建设493个乡和57个道班共550座广播电视收转站、单收站，受惠面积涉及全区68个县、市，分布在西藏91%的县和50%的乡。经过10个月的努力，西藏完成336座太阳能广播电视单收站、133座太阳能广播收转站、81座广播电视收转站的建设任务，使全区的广播、电视人口覆盖率分别提高了9%和8.5%。

——602台改扩建工程

1986年，国家计委批准将602台改扩建工程纳入西藏“七五”建设项目，总投资2750万元，其中国家投入1000万元。1993年10月，工程全部竣工，大大增强了西藏广播发射能力，进一步扩大了中短波广播的覆盖范围。1997年，广电部援助1040万元，对602台的天馈线进行了重大技术改造。

——600座乡级太阳能广播电视收转站工程

1995年11月30日，国务委员罗干视察了曲水县茶巴拉乡太阳能广播电视收转站。不久，国务院决定投资5000万元，建设600座乡级太阳能电视转播站，建设工程分两批进行：1997年，国家计委下拨2500万元，改造了50座大功率的广播电视收转站，建设了7座中波转播台，121座乡级广播电视收转站；1998年，国家再次下拨2500万元，建设了849座乡级广播电视收转站。

——“村村通”广播电视工程和“西新工程”建设

1998年，国家广电总局确定在20世纪末实现全国“村村通”广播电视目标，国家为此对西藏投入2761万元资金，帮助西藏实现这一目标。至2000年，西藏完成“村村通”工程1434座，解决了65万农牧民收听收看广播电视的问题。

2000年9月16日，江泽民总书记就西藏、新疆广播覆盖核试验工作做出重要批示，国家实施以“西新工程”命名的西部边疆地区广播电视建设工程。国务院和国家广电总局派出17个工作组，深入到西藏7地市的59个县展开调研，同时还有三批共86名工程技术人员受命进藏，常驻14个中波台，帮助完成“三满”播出任务。国家投入巨资，改扩建中波发射台，兴建试验台，建成75个县调频广播电台，使广播人口覆盖率提高了22.8%，广播节目的播出时间和质量均有大幅度提升。西藏人民广播电台开办了康巴语节目，延长了藏语播出时间，昌都人民广播电台也开办了康巴语节目。“西新工程”的实施，明显提高了中央人民广播电台和西藏电台几套节目在藏的收听效果，从根本上加强了西藏空中对敌斗争的实力，充分发挥了广播在西藏社会发展、经济建设和维护国家统一、民族团结中的舆论导向作用。

4. “全国广播影视系统援藏工作会议”和广播电视援藏高潮

1995年2月，全国广播影视会议召开，广电部对广电援藏工作提出了要求。为进一步做好广播电视援藏工作，广播电影电视部于1996年10月28—30日在北京召开了“全国广播影视系统援藏工作会议”，提出的援藏总体目标是：到2000年底，力争使西藏广播影视事业整体水平有较大提高，综合实力得到相应增强，广播电视节目译制制作能力保持15%的年增长率，广播人口覆盖率达到80%，电视人口覆盖率达到60%。“九五”援藏的主要任务是建成三个中心、三个网：西藏自治区广播电视节目译制、制作和播出中心、广播电视传输发射中心和人才培训中心；自治区中短波无线覆盖网、广播电视卫星传输覆盖网、实验覆盖网，为此，国家和全国广播影视系统援助投资1.4亿元，项目总数达到59个。

援藏工作会议以后，广电部和对口援助省市积极落实援助计划，掀起广播电视援藏的一个高潮。援助内容包括广播电视设备、节目、工程建设等，总金额至少在6000万元以上。中央两台和部分省市台都以半价或优惠价向西藏提供节目，有的省台还无偿把本省最好的节目提供给西藏。国家始终把人才援藏和人才培训作为援藏工作的重点，先后派出大批工程技术人员和编采业务骨干到西藏指导和帮助工作。

自西藏和平解放以来，党和国家以及各省级给予西藏广播电视事业的创建和发展以巨大援助，彻底改变了西藏广播电视的落后面貌。通过“三区”“边境”“大庆”“村村通”“西新工程”和全国广播电视系统对口援助项目的建设，西藏广播影视事业不仅填补了很多空白，而且获得了迅速发展。据统计，1995年以来，中央和自治区累计投资5.9亿元用于发展西藏广播影视事业，在政策、资金、设备、人才等方面给予倾斜。1959—2000年底，中央和各省市区共投入4.6亿元，在西藏修建了2座广播电台，2座电视台，36座中短波发射台，74座县级以上电视转播台，75座地县调频广播电台，1242座乡、村级广播电视收转站、单收站，31座有线电视站，1061座收转站，82个电影院，529个电影放映队。

在加强西藏广播电视基础设施建设的同时，人才援助成为援藏工作的一个重要方面。半个世纪以来，来自中央和各省市的1600多名干部和专业技术人员踏上了西藏高原，为西藏的广播电视事业做出了杰出贡献，其中还有40多位援藏人员献出了宝贵的生命，他们以自己的聪明智能、专业技能和奉献精神，有力地推动了西藏新闻传播事业的创建和发展。

第三节 电影援藏

西藏和平解放以来，国家对西藏电影事业的发展给予极大关注，并投入大量人力和资金、设备，帮助西藏在较短时间内建立起电影放映体系，特别是加强广大农牧区电影市场建设，使之成为广播、电视、报纸等骨干媒体的重要补充，在西藏社会发展和经济建设中发挥了不可替代的作用。

电影援藏和西藏电影事业的进程息息相关，大体呈现出三个阶段：在 1959 年平叛和民主改革之前，国家派出大批专业人员和干部，在藏建立起了电影事业的基础；1959 年到改革开放前，电影事业获得了较大发展，国家在电影才人培训以及电影事业建设上投入较大，使电影市场进一步扩大；改革开放以来，援藏工作主要体现在政策性倾斜和帮助西藏进行电影事业建设上。

第四节 新闻援藏对西藏新闻传播事业建立和发展的历史意义

新闻援藏对西藏新闻传播事业的创建和发展，发挥了奠基和巨大的推动作用。新闻援藏不仅使西藏新闻事业得以建立并超常规发展，而且在维护国家统一，抵御国外敌对势力的反华宣传，加强民族团结，促进西藏社会和经济发展，都产生了深远的影响。

一、创建了西藏新闻事业，构建了西藏新闻事业的基本框架

西藏和平解放以来的新闻事业，完全是在一片空白上建立起来的。于是，创建西藏当代新闻事业的历史使命就落在了进藏人

民解放军、干部和专业人员身上。在西藏爱国人士的积极配合支持下，西藏当代新闻事业在20世纪50年代中后期终于完成了自己的创建。

西藏第一个有线广播站——“拉萨有线广播站”就是由西藏工委宣传部于1953年国庆节时开办的，而第一个无线广播电台——“拉萨人民广播电台”，是西藏工委宣传部借用拉萨邮电局一部3.5千瓦短波发射机进行试播，并于1959年元旦日正式开始播音的。

西藏当代报业创办的准备期则比广播更加漫长一些。西藏第一份现代报纸——《西藏日报》虽迟至1956年才正式创刊，但在1951年人民解放军进军西藏途中创办的《新闻简讯》和《草原新闻》，实际上就是《西藏日报》的前身，其成员后来就几乎全部成为《西藏日报》的中坚和骨干。在日报创刊期间，中央又派遣了大量专业干部和人才，使日报在西藏高原横空出世，在一个很高的起点上诞生。

西藏电视事业创建于20世纪80年代中期。在这个资金、技术含量极为巨大的新型传播媒体的创建过程中，国家和各省市的援助发挥了决定性作用。例如，为提供电视信号传输平台，国家决定在藏建立电视卫星地球站。最初完成西藏电视台筹建方案的，就是率先进藏进行西藏电视台创建工作三名内地三名干部之一的何仁。北京电视台、天津电视台为西藏电视台创办支持了最早的一批设备。1978年5月1日，西藏历史性地实现了黑白电视首次试播，填补了全国省区电视事业的最后一个空白。70年代末到80年代，国家加大了电视援藏的力度，竭力促成西藏电视台早日正式创建。1985年8月20日，西藏电视台正式成立，它标志着西藏广播、报纸和电视三大主要传媒业已建立，西藏当代新闻传媒的完整构架在世界屋脊确立起来，西藏新闻传播进入了历史上最繁荣的阶段。

二、为西藏新闻事业的发展和繁荣提供了源源不断的动力和支持，不断提升西藏新闻传播事业的整体水平

新闻援藏贯穿于西藏新闻事业发展的整个过程，成为西藏新闻事业发展的巨大动力和有力支持。

1. 人才援助

在新闻援藏的最初阶段，人才援助是一个很重要的方式。来自祖国内地的大批专业人才和干部，从国家机关和各省市，响应党的号召，毅然进藏，克服困难，为西藏的新闻事业奉献出聪明、才智和生命，成为西藏新闻事业创建时期的主要力量。据不完全统计，西藏和平解放以来，进藏援助西藏广电事业的人员达700人左右。

人才援藏的另一种方式就是为西藏培养专业人才。培养的方式一般表现为：接受西藏人员到内地进行培训；在内地开办西藏专业班，为西藏培养专门人才；在内地相关院校接受专业培训和学习；帮助西藏开展新闻研究生教育。

2. 设备和资金援助

据不完全统计，和平解放以来，西藏所接受的新闻援助资金和设备总值数以亿计。它们分别来源于国家专项建设投资、主管部门和各省市对口单位，几乎涉及全国除台湾以外的所有省市自治区。援藏设备均为西藏所急需，从印刷机器到办公设备，从电视转播车到交通工具，覆盖面极广。特别是在广播电视领域，援藏设备差不多涵盖了行业运作的主要程序，并且多为价值昂贵的产品。事实证明：离开了全国人民的全方位持续援助，在自身造血功能严重不足的西藏，要建立和发展现代新闻传播事业，无异于天方夜谭。正是这种援助，才使西藏新闻事业胜利跨越了西藏自身的各种局限性，在如此广袤的土地上，建立起了覆盖率广大的当代新闻事业。

3. 技术援助

技术援助是新闻援藏的一个重要方面，特别是在新闻事业创建初期、印刷行业和广播电视行业中尤显突出。在日报创办初期，西南军区政治部印刷厂派出了20余名技术骨干进藏进行技术指导，在习惯以木刻、水印等传统方式刊印藏经的西藏，终于出刊了如内地那样的现代对开报纸。1995年，北大方正集团成都公司提供的大量的技术支持，使西藏日报社率先在藏实现编辑出版的激光照排，消除了全国省级报纸的一个大空白。从广播电视事业初创，到发展壮大，在节目制作、编辑、发射、接受等播出传输环节上，以及广播电视重要设施如卫星地面站建设等方面，均得到了内地技术人员的大力指导。国家还通过技术培训的方式，为西藏培养自己的专业技术人员。

4. 重大工程建设

为从根本上改变西藏传播事业的落后面貌，国家投入巨资，调集大量人力物力，以宏大的气势，重点建设了若干事关西藏新闻事业生存和发展的大型工程，对推动事业发展产生了重大影响。这些项目主要集中在广电领域，包括旨在解决广播信号发射问题的“602工程”“606转播台”，以及扩大广播电视覆盖率的“边远地区广播电视工程”“三区广播电视建设工程”“大庆广播电视建设工程”“602台改扩建工程”“600座乡级太阳能广播电视收转站工程”“村村通”和“西新工程”，这些工程的建成使用，使西藏基本建成覆盖全区的广播电视传送系统，大大提升了整体技术水平，使广播电视成为西藏最有辐射力的新闻媒体。

5. 政策援助

针对西藏实际和种种特殊状况，国家在诸多方面制定了优惠政策，对西藏新闻事业的发展实行扶植。国家职能部门做出规定：中宣部、文化部、广播电视部、国家电影总局、新闻出版署以及各对口援藏省市自治区的对口单位，分期分批，全面持久地援助西藏新闻出版事业。在确定援藏项目时，新闻则为其中子项。政策倾斜在广播电视和电影援藏中更显突出。国家还制定特殊政策，在内地创办西藏班，或确定一些大专院校、新闻出版单位，为西藏代培新闻专业人才和技术人员。政策援藏使西藏新闻事业获得了一个相对宽松的环境，并能根据西藏实际，采取有别于内地的办法，克服困难，跨越障碍，提高西藏新闻事业生存活力，实现超常规发展，缩短西藏与内地的距离。

三、促进了西藏和国内其他地区的交流

新闻援藏不仅能举全国之力，帮助西藏在较短的时间内建立起自己的新闻传播体系，而且成为西藏与国内其他地区全方位交流的平台。当把先进的技术和设备引进西藏，帮助西藏建立起较为发达的新闻传播事业时，西藏也回赠国内其他地区以浓烈的民族友情和绚烂的传统文化。西藏新闻事业在如此艰难的条件下建立并发展起来，其中的精神、经验和教训，对一些欠发达地区的新闻事业建设亦不无裨益。西藏独有的自然、人文景观，既是优良的新闻宣传素材，也是中华文化大观园中的一个个性化区域。西藏新闻界凭借着援藏契机，突破了自我封闭，开拓了更为广阔的天地，同样，新闻援藏工程也成为国内其他地区新闻事业的一个组成部分，西藏实际也开拓了其他省区新闻事业的内涵和外延。更为重要的是，援藏工作中所体现出来的艰苦奋斗的精神和民族大团结的巨大力量，成为全国各族人民拥有的共同精神财富。各民族才俊齐聚青藏高原，共同谱写中华复兴新篇章，真实感受中华民族团结、奋斗的巨大力量，其中所形成的强大凝聚力，无论如何赞颂都不为过。

四、为维护国家统一和民族团结做出了巨大贡献

假如仅仅要用“信息传播”来概括西藏新闻传媒的功能和

价值，那是十分有限的。西藏地处祖国西南边陲，一直是反分裂斗争的前沿阵地，西方敌对势力和流亡国外的达赖集团不同语种的广播电视信号密布萦绕在西藏湛蓝的天空，就是试图以自己的价值判断和意识形态征服西藏民众的信念。能否建立起一个足以抗衡国外敌对势力的新闻传播网络，事关国家安危。正是从这个战略高度出发，国家汇集强力，投入巨资，全力援助西藏进行新闻事业建设，有效地抵御了境外势力的反华宣传，维护了国家统一和民族团结，促进了西藏的稳定和繁荣。从这个意义上来看，新闻援藏的本质意义，就是贡献于中华民族复兴的历史伟业。

附录

一、中央关于创办西藏日报的两次指示

（一）

中央对西藏日报工作的指示

西藏工委：

八日电悉。同意你们创办西藏日报的意见，并基本同意所提编辑方针和出版计划。编辑方针中所提“按照当地的特点进行关于党在过渡时期总路线的宣传”，应改为“按照当地特点进行关于中华人民共和国宪法的宣传”。此外，所提在西藏日报上进行批评和自我批评一节，根据西藏目前情况，不宜强调，只能在有利于爱国团结的条件下适当地运用。关于对报社的领导，应按照中央关于改进报纸工作决议的规定，即由工委书记之一直接领导，并委托宣传部协助管理日常业务。同时，不采取社长制，而采取总编制，设总编辑和副总编辑。所需干部由中央宣传部负责配备，需于何时到藏，可告中央宣传部。工委亦应尽可能从当地选拔报纸工作人员。又鉴于西藏地域辽阔，交通不便，西藏日报创刊后，各分区油印报是否都停刊或改出收音小报，请你们再加考虑后再作决定。

一九五五年三月四日

（二）

张经武来电谈毛主席对创办西藏日报的指示

我曾请示主席为西藏日报报头题字，主席指示：“在少数民族地区办报，首先应办少数民族文字报纸。为什么用汉文报头？你们还有大民族主义思想”。我说是办藏汉两文合版的报。主席说：“西藏与青海不同，不要藏汉两文合版，要办藏文报。报纸用什么名字和怎样办好，应同西藏地方

商量，由他们决定，我们不要包办”。并指示，报纸名字不一定要用“西藏”二字，如北京的报纸有《人民日报》《光明日报》，中国报纸并未用“中国”二字（主席的意思是不用西藏地名可用藏文取名）。主席问到西藏有多少人能看懂报纸，报纸要发行多少，要多少时间才能发到各地（意指不一定出日报）。又问在藏区汉人看什么报？我答过去拉萨办有汉文的新闻简讯。主席说，这样就可以了。

关于西藏出版报纸的问题，我的意见可等国华同志返回西藏之后，根据主席指示并与西藏地方商定后再报中央审核。

一九五五年十月二十五日

——《西藏日报创刊三十周年纪念》

二、《西藏日报》发刊词

西藏日报的筹备工作，在达赖喇嘛、班禅额尔德尼和中共西藏工委的亲切关怀下，在各阶层僧俗人民的热情赞助和各界人士的共同商讨下，已经顺利完成了。今天西藏日报与西藏自治区筹备委员会成立的同时正式创刊，和大家见面了。

西藏日报的出版，是西藏人民政治生活中的一件大事情，是随着西藏自治区筹委会成立的又一件大喜事。它是西藏自治区筹委会的机关报，是西藏人民自己的报纸。它将在西藏自治区筹备委员会、达赖喇嘛、班禅额尔德尼和中共西藏工委的领导下，完成以下任务：宣传中共共产党、中央人民政府和毛泽东主席的民族平等政策、宗教信仰自由政策和民族区域自治政策，更进一步的加强祖国各民族之间的团结和西藏内部的团结；宣传马列主义和爱国思想，教育干部和各阶层人民，提高政治觉悟；阐明西藏自治区筹备委员会各项工作的方针、政策和措施，指导西藏各项工作的开展和进行；反映西藏政治、经济、文化的发展情况，反映西藏人民的生产建设和生活情况；交流与传播各种工作经验和生产经验；介绍祖国社会主义建设的各项伟大成就和世界和平民主运动的发展情况；介绍西藏的历史、文化和艺术，介绍现代的科学知识和理论，

西藏日报出版之后，我们将按照理论联系实际、联系群众的方针，采用西藏人民喜闻乐见的民族形式，使它能够真正成为西藏各阶层广大人民

的好朋友。为此，希望广大读者经常地不断地给予深切的关怀和爱护，经常的及时的提出批评和改进意见。使它能够随着西藏的政治、经济和文化的日益发展，担负起它应有的光荣和任务。

——《西藏日报创刊三十周年纪念》

三、西藏广播、电视基本情况

BASIC STATISTICS BROADCASTING AND TELEVISIONSTATIONS

项目 Item	1990	1995	1999	2000
广播电台（座）Broadcasting Stations（set）	2	2	2	2
节目套数（套）Produced Programs（set）	3	4	3	3
平均每日播音时间（小时、分）Broadcasting Hours Per Day（hours，minutest）	25:15	51:35	40:15	88:10
广播发射和转播台（座）Broadcast Transmitters Stations	20	39	36	36
And Relaying Stations（set）				
发射机功率（千瓦）Broadcast Power of Transmitters（kw）	435.5			
广播人口覆盖率（%）Listener Rating（%）	26.0			
电视台（座）Television Stations（set）	2	2	2	2
节目套数（套）Produced Programs（set）	3	3	3	3
平均每周播出时间（小时、分）Program Hours Per Week（hours，minutes）	120:30	106:12	129:05	88:35
电视发射和转播台（座）Television Transmitters Stations and Relaying Stations（set）	164	333	472	647
发射机功率（千瓦）Power of Transmitters（kw）	18.6	19.8	22.0	21.6

续表

项目 Item	1990	1995	1999	2000
电视人口覆盖率（%）Viewer Rating（%）	35	55	63.5	76.13
卫星电视地面站（座）Secondary Planet TV Stations（set）	164	1156	1767	2759
县（市）有线广播电站（座）Number of Wire Broadcast Stations in Counties and Cities（set）	74	76	72	72

——《西藏年鉴》（2001 年）

四、西藏报纸出版情况

NUMBER OF NEWSPAPER PUBLISHED

年份 Year	合计 Total		汉文报 Chinese		藏文报 Tibetan	
	种数（种）Number of Newspaper Published (kind)	总印数（千印张）Total Printed Copies (1000 copies)	种数（种）Number of Newspaper Published (kind)	总印数（千印张）Total Printed Copies (1000 copies)	种数（种）Number of Newspaper Published (kind)	总印数（千印张）Total Printed Copies (1000 copies)
1959		1560		800		760
1962		7090		4760		2330
1965		3258		2008		1250
1970		8426		5139		3289
1971		10109		5206		4903
1972		12723		6820		5903
1973		13767		6534		7233
1974		16984		7937		9047
1975		20952		8867		12085

续表

年份 Year	合计 Total		汉文报 Chinese		藏文报 Tibetan	
	种数（种）Number of Newspaper Published (kind)	总印数（千印张）Total Printed Copies (1000 copies)	种数（种）Number of Newspaper Published (kind)	总印数（千印张）Total Printed Copies (1000 copies)	种数（种）Number of Newspaper Published (kind)	总印数（千印张）Total Printed Copies (1000 copies)
1976		26664		15570		11094
1977		28192		10684		17508
1978		26669		10112		16557
1979		23153		9102		14051
1980		20739		8342		12397
1981		15129		5788		9341
1982		15167		6593		8574
1983	6	17251	3	6854	3	10397
1984	6	17253	3	7329	3	9924
1985	13	16529	6	9035	7	7494
1986						
1987	10	15121	5	8103	5	7018
1988	11	15046	5	8177	6	6869
1989	12	14782	6	8973	6	5809
1990	11	13441	5	7493	6	5948
1991	13	15535	6	8851	7	6684
1992	14	16454	7	9325	7	7129
1993	15	15377	8	9072	7	6305
1994	15	27004	8	15451	7	11553
1995	15	27207	8	15593	7	11614
1996	10	28690				
1997	12	26739	7	20261	5	7578
1998	14	27360	8	20134	6	7226
1999	16	35573	9	26482	7	9091
2000	16	28712	9	21987	7	6725

——《西藏年鉴》（2001 年）

五、1999 年西藏公开发行报纸一览表

序号	报刊名称	文种	刊期	刊号	印数	主编	主办单位	主管单位	联系地址	电话	类别代码	报纸类别
1	西藏日报	藏	日	CN54－0001－Z	16570	李而亮	西藏日报社	西藏自治区党委	朵森格鲁36号	0891－6338730	G0130	机关报
2	西藏日报	汉	日	CN54－0002	20282	李而亮	西藏日报社	西藏自治区党委	朵森格鲁36号	0891－6338730 6332447	G0130	机关报
3	拉萨晚报	藏	周四	CN54－0003－Z	5300	罗则明	晚报藏编部	拉萨市委宣传部	拉萨市金珠东路40号	0891－6330432	G0701	都市晚报类
4	拉萨晚报	汉	日	CN54－0004	14500	罗则明	晚报藏编部	拉萨市委宣传部	拉萨市金珠东路40号	0891－6330432	G0701	都市晚报类
5	西藏青年报	藏	周四	CN54－0005－Z	1300	扬水利、所西顿珠	西藏青年报社	西藏团委	拉萨市金珠东路31号	0891－6325669	G0404	行业专业类
6	西藏青年报	汉	日	CN54－0006	36000	扬水利	西藏青年报社	西藏团委	拉萨市金珠东路31号	0891－6325669	G0404	行业专业类

续表

序号	报刊名称	文种	刊期	刊　号	印数	主编	主办单位	主管单位	联系地址	电　话	类别代码	报纸类别
7	西藏科技报	藏	旬	CN54－0007－Z	7315	多杰次仁	西藏科委	西藏科委	拉萨市北京西路230号	0891－6835667	G0310	行业专业类
8	西藏科技报	汉	旬	CN54－0008	7042	孙俊跃	西藏科委	西藏科委	拉萨市北京西路230号	0891－6835667	G0310	行业专业类
9	西藏商报	汉	周	CN54－0009		孟晓林	西藏日报社	西藏日报社	拉萨市朵森格路36号	0891－6339545	G01032	机关报（子报）
10	日喀则报	藏	周	CN54－0011－Z	6000	赵红阳	日喀则地委宣传部	日喀则地委	日喀则北京北路2号	0892－8822002	G0105	机关报
11	日喀则报	汉	周	CN54－0010	4000	赵红阳	日喀则地委宣传部	日喀则地委	日喀则北京北路2号	0892－8822002	G0105	机关报
12	西藏广播影视报	汉	周	CN54－0012	6000	任友明、明玛次仁	西藏广播电视厅	西藏广播电视厅	拉萨市北京中路180号	0891－6831723	G0501	生活服务类

续表

序号	报刊名称	文种	刊期	刊　号	印数	主编	主办单位	主管单位	联系地址	电　话	类别代码	报纸类别
13	西藏法制报	藏	半月	CN54 -0013 -Z	2000	格桑次仁	西藏司法厅	西藏政法委	拉萨市夺底　路10号	0891 -6324862	G0310	行业专业类
14	西藏法制报	汉	半月	CN54 -0013	5200	陈大荣	西藏司法厅	西藏政法委	拉 CN54 -0001 -Z 萨市夺底　路10号	0891 -6324862	G0310	行业专业类
15	西藏文化报	汉	旬	CN54 -0014	3000	张治中	西藏文化报社	西藏文化厅	拉萨市夺底路2号	0891 -6333260	G0308	行业专业类
16	昌都报	藏	周	CN54 -0015 -Z	2500	曹文君	昌都地委	昌都地委	昌都西路24号	0895 -4822257	G0105	机关报
17	昌都报	汉	周	CN54 -0015	3500	曹文君	昌都地委	昌都地委	昌都西路24号	0895 -4822257 4822261	G0105	机关报
18	世界屋脊旅游导报						西藏旅游局	西藏旅游局				

——资料提供：西藏新闻出版局报刊处

六、1999 年西藏公开发行期刊一览表

序号	报刊名称	文种	期刊	刊号	印数	主编姓名	主办单位	主管单位	联系地址	电话号码
1	西藏文艺	藏	双月	ISSN1002 – 9311 / GN54 – 1001/I	1500	伦珠朗杰	西藏文联	西藏文联	拉萨市北京西路 170 号	0891 – 6826318
2	西藏文学	汉	双月	ISSN1004 – 1435 / GN54 – 1002/I	1500	金志国	西藏文联	西藏文联	拉萨市北京西路 170 号	0891 – 6822382
3	雪域文化	藏	季	ISSN1002 – 9354 / GN54 – 1003/G	2400	普琼	西藏群艺馆	西藏文化厅	拉萨朵森格路 2 号	0891 – 6322024
4	西藏研究	藏	季	ISSN1002 – 946X / GN54 – 1004GF	800	贡嘎	西藏社科院	西藏社科院	拉萨市林廓北路 21 号	0891 – 323638
5	西藏研究	汉	季	ISSN1000 – 0003 / GN54 – 1005/G	1200	尊珠朗杰	西藏社科院	西藏社科院	拉萨市林廓北路 21 号	0891 – 6323638
6	西藏地质	汉	半年	ISSN1004 – 1893 / GN54 – 1006/P	1000	刘玉榕	西藏地矿局	西藏地矿局	拉萨市北京东路 132 号	0891 – 6324851
7	邦锦梅朵	藏	季	ISSN1006 – 4516 / GN54 – 1007/J	1500	丹增格列	中国民协西藏分会	西藏文联	拉萨市北京西路 170 号	0891 – 6827302
8	西藏民院学报	汉	季	GN54 – 1008/C	1500	胡秉之	西藏民民族研究所	西藏民族学院	陕西咸阳文汇东路 6 号	0910 – 3763078 – 6372
9	山南文艺	藏	季	ISSN1004 – 1753 / GN54 – 1009/I	2000	群培	山南文联	山南文化广电局	山南泽当镇格桑路 17 号	0893 – 7820254

续表

序号	报刊名称	文种	期刊	刊号	印数	主编姓名	主办单位	主管单位	联系地址	电话号码
10	西藏教育	藏	双月	ISSN1004－5899 GN54－1010/G4	2600	强俄巴·多杰欧珠	西藏教委	西藏教委	拉萨市林廓东路14号	0891－6324985
11	西藏教育	汉	双月	ISSN1004－5880 GN54－1011/G4	1500	耿学明	西藏教委	西藏教委	拉萨市林廓东路14号	0891－6324985
12	主人	汉	季	ISSN1003－8515 GN54－1012/D	3000	韩元林	西藏总工会组宣部	西藏总工会	拉萨市金珠东路	0891－6322678
13	西藏佛教	藏	半年	ISSN1002－9362 GN54－1013/B	3000	益西旺秋	中国佛协西藏分会	西藏民宗委	拉萨市娘热路11号	0891－6332875
14	西藏研究	英	半年	ISSN1003－9252 GN54－1014/C	800	尊珠朗杰	西藏社科院	西藏社科院	拉萨市林廓北路21号	0891－6323638
15	西藏艺术研究	藏	半年	ISSN1004－9088 GN54－1015/J	500	刘志群	西藏艺术研究所	西藏文化厅	拉萨市夺底路2号	0891－6326538
16	西藏科技	汉	季	ISSN1004－3403 GN54－1016/G	2000	单银山	西藏科技研究所	西藏科委	拉萨市北京西路230号	0891－6824843 6835639
17	西藏艺术研究	汉	季	ISSN1004－6860 GN54－1017/J	1500	刘志群	西藏艺术研究所	西藏文化厅	拉萨市夺底路2号	0891－6326538
18	主人	藏	半年	GN54－1018/C	6000	加罗·次仁顿珠	西藏总工会宣教部	西藏总工会	拉萨市金珠东路	0891－6322378

续表

序号	报刊名称	文种	期刊	刊　　号	印数	主编姓名	主办单位	主管单位	联系地址	电话号码
19	西藏医药	汉	半年	ISSN1005－5177 GN54－1019/R		郭开瑜	中医协会西藏分会	西藏卫生厅	拉萨市北京西路 248 号	0891－6822026
20	西藏党校	汉	季	GN54－1020/D	2500	李贤良	西藏党校理论室	西藏党校	拉萨市吉拜路 9 号	0891－6835445
21	西藏体育	汉	季	GN541021/G8	1800	姬嘉	西藏体育编辑部	西藏体委	拉萨市林廓东路 8 号	0891－6333639 6333587
22	西藏大学学报	汉	季	ISSN1005－5738 GN54－1022/C	100	达次	西藏大学教务处	西藏大学	拉萨市金珠东路 5 号	0891－6322833
23	西藏大学校报	藏	半年	GN54－1023/C	100	肖干田	西藏大学教务处	西藏大学	拉萨市金珠东路 5 号	0891－6322055
24	西藏农业科技	汉	季	ISSN1005－2925 GN54－1024/S	700	张亚生	西藏农科所	西藏农委	拉萨市金珠东路 123 号	0891－6812140
25	西藏旅游	汉	季	ISSN1005－2526 GN54－1025/G8	5000	贺中	西藏旅游局	西藏旅游局	拉萨市罗布尔卡路	0891－6836042
26	西藏党的生活	藏	季	ISSN1005－5126 GN54－1026/D	5000	巴桑顿珠	西藏党委组织部	西藏党委组织部	拉萨市娘热路 1 号	0891－6823902
27	西藏纪检监察	汉	月	GN54－1027/D	6500	益西丹增	西藏纪检委	西藏纪检委	拉萨市宇拓路 71 号	0891－6323028

续表

序号	报刊名称	文种	期刊	刊号	印数	主编姓名	主办单位	主管单位	联系地址	电话号码
28	西藏纪检监察	藏	月	GN54－1028/D	6500	益西丹增	西藏纪检委	西藏纪检委	拉萨市宇拓路71号	0891－6323028
29	西藏民俗	汉	季	ISSN1005－4960 GN54－1029/G	3500	塔热·次仁玉珍	民间文艺家协会	西藏文联	拉萨市北京西路170号	0891－6823405
30	半月谈	藏	半月	GN54－1030/D	3550	阿旺	西藏人民出版社	西藏文化厅	拉萨市林廓北路20号	0891－6839924
31	人民西藏	汉	双月	GN54－1031/D	1200	巴桑罗布	西藏人大常委会	西藏人大常委会	拉萨市民族路12号	0891－6834967－6352
32	人民西藏	藏	双月	GN54－1032/D	1000	巴桑罗布	西藏人大常委会	西藏人大常委会	拉萨市民族路12号	0891－6834967－6352
33	西藏公安	汉	双月	GN54－1033/D	3000	王方武	西藏公安厅政治部	西藏公安厅	拉萨市北京西路12号	0891－6330221－5078
34	少年发明与创造	汉	月	GN54－1034/J		旺久	西藏任人民出版社	西藏新闻出版局	拉萨市林廓北路20号	0891－6822109

——资料提供：西藏新闻出版局报刊处

七、西藏广播人口覆盖一览表

项目 年份	全区总人口 （万人）	覆盖人口 （万人）	覆 盖 率 （%）
1959	122.80	14.47	12.00
1960	126.98	15.24	12.00
1961	129.87	15.58	12.00
1962	130.17	15.62	12.00
1963	132.38	15.89	12.00
1964	134.67	16.16	12.00
1965	137.12	16.45	12.00
1966	139.67	16.76	12.00
1967	142.41	17.09	1200
1968	145.16	17.42	12.00
1969	148.05	17.77	12.00
1970	151.20	18.14	12.00
1971	155.38	18.65	12.00
1972	159.28	19.19	12.00
1973	162.92	21.28	13.00
1974	166.12	23.26	14.00
1975	169.11	23.68	14.00
1976	172.40	27.53	16.00
1977	175.62	31.61	18.00
1978	178.82	32.19	18.00
1979	182.69	32.88	18.00
1980	185.28	33.35	18.00
1981	185.96	33.47	18.00

续表

项目 年份	全区总人口（万人）	覆盖人口（万人）	覆盖率（%）
1982	189.25	34.07	18.00
1983	193.14	34.77	18.00
1984	196.68	35.40	18.00
1985	199.48	35.91	18.00
1986	202.49	36.45	18.00
1987	207.95	37.43	18.00
1988	212.31	43.52	20.50
1989	215.91	47.07	21.80
1990	218.08	56.69	26.00
1991	211.78	68.86	31.00
1992	225.27	90.11	40.00
1993	228.88	91.52	40.00
1994	231.98	96.62	41.65
1995	235.55	129.55	55.00
1996	239.00	131.62	55.00
1997	242.74	148.07	61.00
1998	242.74	157.79	65.00
1999	245.39	168.40	68.63
2000	251.23	195.41	77.70

——《西藏自治区广播电影电视志》

八、西藏电视人口覆盖一览表

年份＼项目	全区总人口（万人）	覆盖人口（万人）	覆盖率（%）
1978	178.82	14.32	8.00
1979	182.69	14.62	8.00
1980	185.28	14.82	8.00
1981	185.69	16.47	9.00
1982	189.25	18.93	10.00
1983	193.14	23.18	12.00
1984	196.68	55.07	23.00
1985	199.48	63.83	32.00
1986	202.49	64.80	32.00
1987	207.95	66.54	32.00
1988	212.31	69.00	32.50
1989	215.91	73.21	34.00
1990	218.05	76.70	35.00
1991	221.78	79.00	36.07
1992	225.27	78.94	36.00
1993	228.88	83.53	36.50
1994	231.98	92.79	40.09
1995	235.55	117.77	50.00
1996	239.30	119.65	50.00
1997	242.74	126.22	52.00
1998	242.74	133.51	55.00
1999	245.39	155.24	63.47
2000	251.23	191.20	76.10

——《西藏自治区广播电影电视志》

九、西藏部分纪录片名录

1. 《达赖班禅参观祖国各地》
2. 《登上希夏邦马峰》
3. 《庆祝西藏自治区成立》
4. 《庆祝西藏自治区成立 10 周年》
5. 《西藏冬小麦》
6. 《飞行在世界屋脊上》
7. 《今日西藏》
8. 《阳光照耀着山南》
9. 《再次登上珠穆朗玛峰》
10. 《放下武器之后》
11. 《征服世界最高峰》
12. 《征服冰山之父》
13. 《高原红四连》
14. 《无限风光在险峰》
15. 《西藏高原大寨花》
16. 《为了和平解放中印边界问题》
17. 《主动停火、主动后撤》
18. 《欢腾的西藏物交会》
19. 《翻身农奴见太阳》
20. 《自卫反击》
21. 《甘孜藏族人民的春天》
22. 《康巴新生》
23. 《交换印军军用物资》
24. 《世界屋脊的形成》
25. 《滇藏路纪行》

26. 《山高水长》
27. 《战胜怒江天险》
28. 《世界屋脊》
29. 《平息西藏叛乱》
30. 《解放西藏大军行》（汉语）
31. 《解放西藏大军行》（藏语）
32. 《西藏的江南》
33. 《泥石流》
34. 《百万农奴站起来》
35. 《日光城》
36. 《故乡行》
37. 《世界屋脊的传说》
38. 《拉鲁・次旺多吉》
39. 《珠峰之歌》
40. 《藏医藏药》
41. 《青藏路掠影》
42. 《南迦巴瓦峰科学考察》
43. 《拉萨一家人》
44. 《西藏—西藏》
45. 《布达拉宫》
46. 《光明照耀着西藏》
47. 《绿色的墨脱》
48. 《拉萨祈祷大法会》
49. 《沸腾的西藏》
50. 《我的家乡—西藏》
51. 《日喀则》
52. 《扎什伦布寺》
53. 《班禅大师生命的最后时刻》

十、西藏新闻传播大事记

1896 年

3 月 20 日，清光绪皇帝批准成立大清国邮政。

1903 年

7 月 7 日，英国上校杨赫斯班率军队侵入西藏康马宗，设立第一个战地邮局，此为“客邮”在藏的开始。1955 年 4 月 1 日，印度将在中国西藏所经营的邮政、电话、电报业务移交给中华人民共和国政府，标志“客邮”结束。

1907 年

清政府驻藏大臣联豫在西藏拉萨创办藏文版官方报纸《西藏白话报》，为西藏地区最早的报纸，也是中国最早的藏文报纸。

1911 年

西藏邮政管理局成立，邓维屏任首任局长。

1912 年

5 月 26 日，西藏地方邮政局“扎康”成立，设于拉萨丹吉林寺。

1913 年

中华民国蒙藏事务局主办的汉、藏文对照版《藏文白话报》创办于北京。中央行政机构创办的第一份藏文报刊。中国早期最具影响力的官方涉藏报刊。

1931 年

11 月 18 日，西藏历史上第一座发电厂——夺底发电厂成立。

1949 年

英国人福特在拉萨建成西藏历史上第一座广播电台——西藏广播电台（“拉萨电台”）。

1951 年

4 月，中国新闻电影制片厂派郝玉生、刘贵林、庄唯以及泽仁、扎西旺堆、计美顿珠、次等等 4 位藏族记者随十八军前线摄影队进藏，先后拍摄了《解放西藏大军行》《光明照耀着西藏》等记录影片。

5 月 23 日，中央人民政府与西藏地方政府签订《关于和平解放西藏办法的协议》。规定：“依据西藏的实际情况，逐步发展民族的语言、文字和学校教育”。

7 月 26 日，十八军先遣支队在昌都创办《新闻简讯》，同年 10 月，部队进入拉萨后停刊，共出版 33 期。

8 月 28 日，十八军独立支队在青海香日德创办《草原新闻》。同年 12 月 1 日，报纸随部队进驻拉萨而终刊。

9 月，“西北西藏工作委员会电影教育工作队”正式成立，对外称“中国人民解放军十八军独立支队电影队”。

5 月 28 日，《人民日报》用藏、汉两种文字同时公布《中央人民政府和西藏地方政府关于和平解放西藏办法的协议》。

9 月 9 日，新华社记者赵慎应自拉萨发出“中国人民解放军进藏先遣部队胜利抵达拉萨”的第一条新闻（因技术原因，14

日才由新华总社播发)。

当年，新华社西藏分社的前身——新华社十八军支社成立。

1952 年

1 月 10 日，十八军独立支队电教队转交中共西藏工作委员会，改名为“中共西藏工作委员会电影教育队”。

1 月 14 日，中共西藏工委宣传部创办油印小报《新华电讯》，为西藏和平解放后在拉萨创办的第一张新闻报纸。

4 月 26 日，拉达克修建的私人小电影院开业，“电教队”用10000 块银元将该电影院的机器设备和国外影片全部收购。

8 月 9 日，由中央人民政府公布施行的《中华人民共和国民族区域自治实施纲要》规定：“各民族自治机关得采用各民族自己的语言文字，以发展各民族的文化教育事业”。

10 月 1 日，《新华电讯》更名为《新闻简讯》油印出版，开始刊登西藏地方新闻。

11 月，西藏工委宣传部出版藏文版《新闻简讯》。

11 月 8 日，新中国最早的地方性民族语言条例《西康省藏族自治区关于发展民族语言文字的实施办法》颁布。

12 月，中央新闻电影记录制片厂驻西藏摄影站在拉萨正式成立，

1953 年

10 月 1 日，西藏第一个有线广播站——拉萨有线广播站开播。

1955 年

2 月 7 日，西藏工委宣传部、西藏军区文化部决定成立影片联合发行站。

3 月 4 日，中央电示，同意西藏工委关于创办《西藏日报》的意见，确定办报方针为：“按照当地特点，进行关于中华人民共和国宪法的宣传；关于对报社领导应按照中央关于改进报纸工作决议的规定，即由工委书记之一直接领导，并委托宣传部协助管理日常业务。同时，不采取社长制，采取总编辑制，设总编辑和副总编辑”。

5 月，中央民委派三支电影队进藏，一支为达赖服务，一支为班禅工作，另一支为昌都地区群众服务。

上半年，藏文版《新闻简讯》改为铅印，为正式创办《西藏日报》藏文版打下基础。

10 月，中央人民政府驻西藏代表张经武，于 25 日来电，传达毛泽东主席对创办《西藏日报》的指示：“在少数民族地区办报，首先应办少数民族文字的报。”“西藏与青海不同，不要藏汉两文合版，要办藏文报”。

1956 年

2 月 18 日，西藏工委做出创办西藏日报的决定。3 月 7 日，正式任命报社领导班子，庄坤为党组书记、总编辑。

4 月 22 日，《西藏日报》正式创刊，出版藏汉文两种版本，均为对开四版。藏文报报头由达赖喇嘛·丹增加措题写，汉文报头选用鲁迅手迹。庄坤任总编辑、党组书记，严蒙任副总编辑、党组副书记。

5 月 23 日，《高原战士报》创刊。西藏军区干部部主办，1969 年 2 月停刊。

8 月，西藏筹委会文教处筹备第三届电训班期间，教师们将电影翻译成藏语“洛念”，此前藏语中无“电影”一词。

9 月，《西藏日报》在木汝林卡举办第一期藏族新闻干部训练班。

1957 年

春，根据中央对西藏“六年不改”的方针，《西藏日报》社大批汉族干部内调，留少数人坚持办报，以刊登新华社电讯稿为主，同时宣传“六年不改”方针。下半年，《西藏日报》藏、汉文版均改为对开两版。庄坤内调，由西藏工委宣传部部长方驰辛兼任总编辑。

10 月 11 日，江孜市区头人本根却珠对已参加革命工作的原属民旺杰平措以未交纳“人头税”为借口进行毒打和关押，激起公愤，《西藏日报》及时进行了舆论干预，一直延续到 1958 月 2 月中旬。

12 月 1 日，《西藏日报》副总编辑、西藏著名爱国诗人擦珠·阿旺洛桑先生逝世。

1958 年

11 月，赵慎应任报社副总编辑。

12 月 28 日，拉萨有线广播站借用拉萨邮电局的 1 部 3.5 千瓦的短波发射机，使用 9490 千周，即 31.61 米波长，以“拉萨人民广播电台”呼号，进行无线电广播试播并获得成功。

1959 年

1 月 1 日，“拉萨人民广播电台”正式成立。

2 月，西藏日报社由三多仓迁往彭苏新址办公。8 月迁现址。

3 月，西藏发生武装叛乱，29 日，《西藏日报》公布国务院和西藏军区关于彻底平息西藏叛乱的命令、拉萨市军事管制委员会成立的消息。平叛开始后，《西藏日报》藏汉文办均恢复对开四版日刊。

3 月，叛乱平息后，拉萨有线广播站恢复无线广播，改呼号为“西藏人民广播电台”。

3月19日至23日，“西藏人民广播电台”积极配合平叛，架设天线、喇叭，在地堡里播音，宣传党的政策。

7月，中央拨400万元专款修建西藏电台广播大楼和602发射台。

9月，北京、山西、陕西、天津、河南、湖北一批新闻业务骨干进藏，加入《西藏日报》、西藏人民广播电台。

1960年

3月，西藏人民广播电台大楼在布达拉宫西侧古雪林卡动工兴建，年底进行设备安装工作，总建筑面积3500平方米。

4月8日，《西藏日报》报道全区8个地市人民政府正式成立，72个县、270个区、300多个乡政权机构也相继成立的消息。

4月，金沙由人民日报社调任《西藏日报》总编辑。

5月—1962年10月，西藏日报社与新华社西藏分社合并办公，统一使用采访力量。10月，《西藏日报》以大量篇幅报道中国登山队首次从北坡登上珠穆朗玛峰的活动，记者陈宗烈参加了登山摄影报道。

当年，《西藏日报》先后在昌都、山南、日喀则、江孜、黑河（那曲）建立记者站。

9月，中央广播事业局和中央人民广播电台以及14个兄弟省市电台派出56名编辑、技术、播音人员和领导干部援助西藏人民广播电台。

10月，西藏人民广播电台150千瓦中波发射台投入使用，功率增大3.3倍。

11月7日，西藏电台第一台15千瓦短波发射机以4035千周频率正式启用播音。

11 月 20 日，国产影片《欢腾的西藏》在德意志民主共和国莱比锡举办的第三届国际短片和纪录片电影周上荣获一等奖。

1961 年

6 月 27 日，中共西藏工委批准成立西藏电台编委会，阎迺一、张鲜庆、刘光兴、易人、王强、高烘等为编委会成员，并确定“以藏语为主、藏汉语并举、各有侧重”的节目宣传方针。

当年，《西藏日报》社在编委会的领导下，开展为期一年多的“红旗竞赛”运动。

1962 年

5—9 月，《西藏日报》转载新华社关于中国政府对印方坚持使用武力改变中印边界现状，使边界冲突有一触即发之势的照会、声明。

10 月，西藏电台广播大楼和发射台建成并交付使用。

10 月，西藏筹委会电影队发行放映总站成立，第一任站长为马志诚。

10—11 月，《西藏日报》转发新华社关于中国边防部队在中印边境全线被迫进行自卫反击，并决定采取单方面全线停火，谋求中印边界问题和平解决的重大措施。

冬，《西藏日报》、新华社西藏分社机构分设。

1963 年

3 月 1 日，西藏电台与《西藏日报》联合成立记者部，统一管理各地市记者站，统一发稿，分别使用。

4 月，西藏筹委会电影发行总站创办《影片介绍》

5 月 30 日，文化部嘉奖在中印边境自卫反击战中出色完成摄影任务的中央新闻记录电影厂 9 位摄影师。

当年，国家购进日本911型半导体收音机500多部，为西藏每区配发一部。

冬，《西藏日报》印刷厂与西藏人民印刷厂合并。

1964年

2月14日，西藏人民广播电台正式创办“对流落国外的藏族同胞广播”（后改为“对国外藏族同胞广播”），每次45分钟，每天播音两次。

10月1日，《西藏日报》改平版机印报为轮转机印报。

1965年

4月，西藏广播事业局成立，任命阎迺一为局长。

7至10月，《西藏日报》组织了庆祝西藏自治区正式成立战役性报道。

8月26日，由无线电传真毛泽东主席同年7月为《西藏日报》题写的报头，9月1日，该报正式改鲁迅字体报头为毛主席题写的报头。

9月，西藏自治区成立。国务院副总理谢富治率中央代表团出席拉萨庆祝大会，《西藏日报》予以报道。

9月9日。西藏自治区正式成立，中央代表团赠送给西藏每个乡、部队每个连队一部国产“熊猫”牌半导体收音机，共2200部。

9月14日，西藏自治区人民委员会决定成立文教厅，西藏电影发行放映总站改为西藏电影放映公司。第一任经理缪生才。

11月，西藏电影公司译制组正式成立，廖伍伦、卓玛、索朗、德吉等4人在一台老式录音机改装成的电影录音设备上译制出西藏第一部藏语影片《丰收之后》，经内地制片厂洗印在全区发行。

1966 年

1 月 3 日，为贯彻执行中央军委关于“加强中印、中锡边境广播宣传”的指示，西藏电台使用全部频率，在每天晚上23：00至次日 01：00，转播中央人民广播电台印地语广播。

3 月，北京、上海、浙江、广东、河北、山东等省、市一批新闻业务骨干到达拉萨援藏。

当年，《西藏日报》第二期新闻干部训练班在北京中央民族学院开办，学员均为藏族青年。

4 月 22 日，《西藏日报》社庆祝创刊 10 周年。

6 月，西藏人民广播电台驻各地记者因“文革”开始而终止采访活动，陆续返回原单位。

7 月 12 日，自治区党委派工作组到《西藏日报》社，领导报社“文化大革命”工作。

1967 年

1 月 13 日，根据中央关于“广播电台一律由当地人民解放军实行军事管制，停止编辑和播送本地节目，只转播中央人民广播电台节目”的决定，停办除《对流落国外的藏族同胞广播》节目以外的所有自办节目。

10 月，《西藏日报》实行军管。

1968 年

当年，《西藏日报》副总编辑高英在拉萨逝世。

1969 年

4 月 1 日，西藏广播事业局（台）成立革委会，刘励（军代表）担任主任。

9 月 1 日，工布堂试验台正式播音，用一部 1000 瓦发射机以 1260 千周频率全天转播中央人民广播电台第一套节目。

10 月至 1973 年 9 月，《西藏日报》社大部分干部职工赴林芝举办“毛泽东思想学习班”。

1970 年

3 月 16 日，606 工程（即平战结合电台）指挥部成立。8 月 1 日，606 工程破土动工。1976 年 9 月 15 日，606 转播台部分建成，并投入试播。1978 年元月全部完工并正式播音。

6 月，自治区利用中国电影发行放映公司提供的 300 套放映设备，建立了 8.75 毫米电影队——“农牧区电影放映队”。

11 月，《西藏日报》报道毛泽东五篇哲学著作藏文版出版发行。

1971 年

当年，西藏著名蒙古族学者、《西藏日报》编审格西曲扎先生逝世。

1972 年

1 月 19 日，西藏广播事业局（台）成立党的核心小组，组长赵金鸿，副组长李笑星。

11 月 1 日，日喀则转播台建成并正式播音，用 820 千周、1100 千周的频率转播中央人民广播电台第一套节目。

1973 年

3 月，《西藏日报》社召开第一次党员大会，正式成立报社党委，张再旺任书记。

8 月，《西藏日报》报道中共西藏自治区第一次代表大会召开。

8 月 24 日，山南转播台正式播音，以 1178 千周的频率转播中央人民广播电台第一套节目。

12 月，《西藏日报》开始承印《人民日报》航空版。

1974 年

1 月，《参考消息》开始在西藏日报社印刷航空版。

1 月，西藏自治区新闻出版局成立。

1 月 3 日，西藏电台在各地市的记者站恢复，并与西藏日报记者站合署办公。

8 月，西藏日报社和西藏人民广播电台联合举办西藏自治区新闻干部训练班，有学员 50 余人，1975 年 10 月结业，其中 30 名学员分配到《西藏日报》。

8 月，昌都转播台建成，并开始播音。

10 月 3 日，西藏广播事业局（台）和西藏日报社在拉萨联合开办自治区新闻干部学校，来自全区部队、农场和厂矿企业的 50 名学员参加学习。

1975 年

9 月，《西藏日报》报道华国锋率中央代表团出席西藏自治区成立 10 周年庆祝活动。

当年，李文珊任《西藏日报》社党委书记。

当年，英籍作家韩素音英女士访问《西藏日报》社。

10 月 18 日，西藏自治区新闻干部学校举行毕业典礼，有 24 名学员分配到西藏广播事业局（台）工作。

11 月 6 日—15 日，全区第一次广播会议在拉萨召开，讨论制定西藏“五五”“六五”广播事业发展规划。

1976 年

4 月 1 日，林芝八一转播台建成并播音。以 600 千周、820 千周、1100 千周的频率转播中央人民广播电台第一套节目和西藏人民广播电台节目。

4 月 22 日，西藏日报庆祝创刊 20 周年，自治区党委负责人天宝、封克达参加大会。

6 月 6 日，西藏自治区文教局和西藏电影公司协助中央新闻记录电影制片厂周家驷等 7 人，在藏拍摄纪录片《农奴愤》。

9 月，《中国建设》杂志总编辑爱泼斯坦访问《西藏日报》社。

9 月，那曲转播台建成并开始播音。

10 月，西藏电视台筹备组成立。何仁为筹备组组长，明玛才仁为副组长。

10 月，西藏电视台筹备组用一台 16 毫米摄影机拍摄纪录片《欢腾的高原》，并巡回播出。

12 月，西藏电视台举办筹建以来的第一台文艺晚会——《元旦小聚》。

1977 年

元月，《西藏日报》从江苏、上海、河南、陕西、山西、北京、四川 7 省市商调的业务干部陆续进藏。

7 月 1 日，《毛泽东选集》第五卷藏汉版在拉萨首发，《西藏日报》给予报道。

1978 年

元旦，西藏人民广播电台开办“昌都地方语广播”节目，每次节目 30 分钟。

1月5日，606转播台全部建成并正式播音。

4月21日—29日，全区广播工作座谈会在拉萨召开。会议讨论了《自治区广播局科学发展规划》《1978年至1985年西藏广播事业发展规划》。

4月25日，西藏广播事业局（台）成立西藏电视台试播组。

5月1日，西藏电视试播组向拉萨观众试播黑白电视成功。

5月1日，江苏、上海、河南、陕西、山西、北京、四川等省市一批新闻业务骨干进藏，参加报纸、广播和电视工作。

8月18日，西藏电影公司与西藏电视台试播组签订纪录片、科教片、故事片放映协议。

8月13日，西藏电影公司恢复《影片介绍》的刊印。双面印刷，两版汉文，两版藏文。

12月，《西藏日报》刊载区党委关于《认真学习贯彻党的十一届三中全会公报的通知》。

1979年

10月，《西藏日报》社藏文翻译王世镇改制藏文打字机成功。

10月1日，西藏电视台试播组试播彩色电视成功。

1980年

6月，穷达被任命为西藏电视台筹备组副组长，分管技术工作。

8月，《西藏科技报》创刊。

9月，《西藏日报》贯彻中央（31）号文件，180多位在藏工作多年的汉族编辑、记者、工人调回内地。

9月12日，西藏广播事业局领导班子调整：洛桑新巴任党委书记、局长，牛锦华任党委副书记、副局长，王强、杜泰、樊泉水、成守良、邱德荣为党委常委、副局长。

11月1日，西藏电影公司与内蒙古电影译制厂就藏语译制问题达成协议。

11月15日，西藏电影发行管理体制由事业管理改为企业管理，自1981年元旦起试行。

12月，第二次全区广播工作会议在拉萨召开，确定了1981—1985年西藏广播电视事业的初步规划。

当年，尹锐任《西藏日报》社总编辑，丹增等6人任副总编辑。

1981年

1月，《西藏日报》开设“伟大祖国”专页，介绍全国30各省、市、自治区概况。

7月，《西藏日报》新闻大楼落成，正式迁入办公。

8月，《西藏日报》总编辑尹锐参加中国共产党工作者代表团，赴罗马尼亚访问。

1982年

2月，《西藏日报》第四期新闻干部训练班开办，学制一年，共有藏汉学员30名。

4月，《西藏日报》开办《在祖国大家庭》专页，系统介绍全国31个少数民族自治州的发展状况。

5月23日—25日，西藏自治区首届新闻工作者代表大会在拉萨召开，并成立西藏自治区新闻工作者协会、西藏自治区新闻学会。

5月，中央人民广播电台、中国国际广播电台驻西藏记者站成立。

12月，西藏电视台摄制成功第一部电视剧《还愿》。

1983 年

1 月，《西藏日报》副总编丹增参加中国新闻代表团，赴尼泊尔、泰国、缅甸访问。

1 月，《西藏日报》开办西藏自然保护区、西藏县志专页。

5 月 13 日，西藏广播电视局领导班子调整：夏时清任局党委书记，洛桑新巴任局党委副书记、局长，王强任局党委副书记、副局长，杜泰、邱德荣、党他信任局党委常委、副局长。

6 月，中共西藏自治区党委决定将西藏日报社党委改为西藏日报社编辑委员会。

8 月，西南四省（云南、贵州、四川、西藏）五报（《四川日报》《云南日报》《贵州日报》《西藏日报》《成都晚报》）总编辑座谈会于 25 日至 9 月 2 日在拉萨举行。

9 月 1 日，全国藏语文艺广播会议在拉萨召开。

1983—1990 年，尹锐任西藏记协主席。

11 月 10 日，凤凰影业公司在扎什伦布寺、罗布林卡新宫、布达拉宫拍摄大型纪录片《西藏行》。

1984 年

2 月，《西藏日报》刊载区党委、人民政府《关于认真学习和使用藏语文的指示》。

3 月 29 日至 4 月 9 日，西藏自治区第三次广播电视工作会议召开，研究以新闻改革为中心的广播电视宣传改革和贯彻“四级办广播、四级办电视、四级混合覆盖”方针问题，讨论制定全区“六五”“七五”广播电视事业发展规划。

4 月，中共中央（1984）6 号文件对西藏自治区电视事业建设提出要求：“尽快把电视普及到每一个县”。

4 月，西藏日报、广播、电视等媒介宣传贯彻中央召开的第二次西藏工作座谈会精神，大力宣传中央和九省市援建的43项工程。

4月1日，中共中央批转《西藏工作座谈会纪要》："文化部要帮助西藏建立一个电影译制厂"。

5月31日，全国人大六届二次会议通过《中华人民共和国区域自治法》，其中第十条规定："民族自治地方的自治机关保障本地方各民族都有使用和发展自己的语言文字的自由"；第三十八条规定："民族自治地方的自治机关自主地发展具有民族形式和民族特点的文学、艺术、新闻、出版、广播、电影、电视等民族文化事业，加大对文化事业的投入，加强文化设施建设，加快各项文化事业的发展。"

6月，纽约市美国前副市长、哥伦比亚大学新闻学院院长奥斯本·爱利奥特访问西藏。

9月1—14日，由西藏广播电视局主办的首届全国藏语文艺广播会议在拉萨召开。

9月17日，拉萨地面站—西藏电视台光缆线路顺利开通。18日19时，广播电视接收、传输系统联调成功，接收到中央电视台和中央电台的电视、广播节目。

9月18日，拉萨卫星通讯地面站建成使用。

9月23日，拉萨电影院正式开业。

9月29日，西藏第一个卫星地面接收站安装调试成功，

10月1日，拉萨电视观众首次从电视屏幕上直接收看到北京国庆活动实况，继而西藏电视台开始转播中央电视台当天下午的第一套节目。

10月，《西藏日报》副总编辑群觉参加中国西藏友好代表团，赴尼泊尔访问。

11月，《西藏日报》群觉、马宁轩、涂伯祥、赵恩学，西藏广播电视局编辑部新闻组副组长田荣高、拉萨记者站副站长乐树

林、那曲记者站副站长格桑丹增被评为“全国优秀新闻工作者”。

11 月 23—28 日，在文化部、国家民委召开的全国民族译制片表彰大会上，西藏电影公司译制科被授予“民族语译制先进集体”，藏语译制片《不当演员的姑娘》获优秀译制片奖。

12 月 21 日，拉萨卫星地面站正式投入使用，每天传输中央电视台第一套节目和中央人民广播电台第一套节目。

1985 年

1 月 15 日，《西藏青年报》（藏、汉版）始刊。

2 月 13 日，《西藏法制报》（藏、汉版）创刊，内部发行。

2 月，西藏优秀新闻工作者表彰大会在拉萨召开。

4 月，菲律宾通讯社社长兼总经理、主编何赛·帕维亚率菲通讯社访华团访问西藏。美国哥伦比亚大学教授沙洛夫妇访问《西藏日报》社。

4 月，《西藏前进的脚步》一书正式出版，该书由西藏日报、西藏人民广播电台、新华社西藏分社等单位的 19 名编辑、记者编写，以庆祝西藏自治区成立 20 周年。

5 月 15 日，《西藏公安》创刊，内部发行。

6 月—9 月，西藏报纸、广播、电视等传媒进行西藏自治区成立二十周年的战役报道。

7—8 月，首都记者采访团一行 16 人来藏采访。

7 月 1 日，《拉萨晚报》（藏、汉文版）创刊。

8 月，《中国建设》总编辑爱泼斯坦偕夫人黄浣碧女士第二次进藏访问，并与西藏新闻工作者座谈。

8 月，第一批港澳记者参观团访问西藏，阿沛·阿旺晋美和班禅额尔德尼·确吉坚赞回答了记者的提问。

8 月 20 日，西藏电视台正式成立。邓小平为西藏电视台题写汉文台名，阿沛·阿旺晋美题写藏文台名。

8月31日，前来参加西藏自治区成立30周年庆祝活动的中共中央代表团团长、中共中央政治局委员、中央书记处书记胡启立、中央代表团副团长、国务院副总理李鹏到西藏电视台视察。胡启立说，西藏的电视事业很有搞头，西藏有很多特点，你们的电视将来要打向全国，发行到全世界去，一定会受到广泛的欢迎。

9月7日，《民族团结》杂志在西藏建立记者站和特约通讯组。

10月6日，四川《甘孜报》副总编辑当秋一行4人访问西藏日报藏文版。

12月，西藏电影公司首次译制并发行三部昌都语译制片。

1986年

1月24日，西藏电视台与香港新海华电影制作发行公司签订摄制大型宽银幕彩色历史故事片《松赞干布》协议书。

2月下旬—3月中旬，西藏各新闻传媒全面报道由于历史原因中断了20年的传统藏历年新年祈祷大法会，宣传党的宗教政策。

4月22日，《西藏日报》社庆祝《西藏日报》创刊30周年，并编印《西藏日报创刊三十周年纪念》画册。

4月27日，由尼泊尔《每周评论》杂志编辑廓巴尔·达斯·什雷塔为团长的尼泊尔新闻代表团一行5人访问西藏。

5月5—9日，西南地区第七次报刊发行协作会在拉萨召开。

6月2日—9月18日，新华社西藏分社青年记者汪青春、汪延骑自行车沿雅鲁藏布江采访结束，历时100余天，跋涉2000多公里，共采写近8万字的稿件。

6月5—8日，德意志民主共和国电视委员会副主席、国家电视台副台长赛多斯博士一行在拉萨参观，重点了解西藏电视、电影方面的情况，并希望中国把反映西藏的电视、电影介绍民主德国。

6月20日，在中央电视台举办的第二届全国青年歌手大奖赛专业组美声唱法决赛中，西藏电视台选送的歌手孟新洋获得第三名，西藏电视台荣获“伯乐奖”。

6月19日—30日，《瑞士报》国际新闻专栏副主任于贝尔·盖库代在西藏进行了为期11天的访问。

8月3日，四川、云南、贵州、广西、重庆、西藏等省区记协主席、秘书长会议在拉萨召开。

8月，西藏电视台拍摄的《达瓦卓玛》在全国首届少数民族电视剧、电视艺术片“骏马奖”评奖中，荣获电视剧二等奖。

9月，由中国电影发行放映学会西藏分会和西藏电影公司合办的内部刊物《电影工作通讯》创刊发行。

9月9日—18日，《西藏日报》副总编辑群觉参加中国记协组织的中国新闻代表团，访问瑞士、阿尔及利亚。

9月18日，中央民族大学、北京广播学院等7所大学毕业的30名大学生入职《西藏日报》社、西藏广播电视局。

9月27—10月14日，比利时《西藏》摄制组一行4人在藏工作。

9—10月，辽宁、江苏、广东、山东、天津、上海等省市的14位业务技术干部陆续进藏援助西藏广播电视事业。

11月17日，61座地方电视卫星地面接收站在西藏建立，全自治区32%的人口可以收看到电视节目。

12月10日，“西藏自治区广播事业局”改称为“西藏广播电视厅”，杜泰任厅党委书记、厅长，邱德荣、李晓庚、王朝运、明玛才仁为副厅长，党他信为巡视员。

当年，西藏自治区、地、县共筹款800多万元，新建54座电视卫星地面接收站，全自治区72个县中有59个县能看到中央电视台当天播放的第一套节目。每个接收站同时设有电视差转台，可以转播录像节目。

12月，《西藏日报》社所属机构进行调整，编制由原来的460人缩减到350人，群觉、拉归、扎西顿珠任报社副总编。

1987年

2月，《西藏日报》社成立五个县级机构——汉文编辑部、藏文编辑部、记者部、社办公室、印刷厂。

2月19日，西藏电视台与西藏教育科技委员会、西藏大学、西藏民族学院联合举办拉萨地区园丁电视有奖智力竞赛。

2月28日，西藏广播电视厅为庆祝藏历火兔年，制作了文学、曲艺、戏剧和歌舞节目。

3月，西藏自治区人民政府批准《西藏日报》设备更新报告，决定投资550万元，将模写收讯机改为计算机新闻接收系统，铅印轮转机改为胶印轮转机印报。计算机新闻接收系统于1987年10月19日正式使用。

3月6日，新华社西藏分社副社长昂旺丁增参加中国记协组织的中国新闻代表团，访问尼泊尔、泰国。

4月12日，西藏人民广播电台藏汉语节目调整节目时间，实行新节目时间表：藏语节目中增设《简明新闻》《国际简讯》和广告节目；《全区广播台站联播节目》和《简明新闻》每天播出新稿，互不重播，《对国外的藏族同胞广播》改用节目主持人形式。西藏电视台平均每周播出一部藏语电视剧。

4月20日，西藏人民广播电台和西藏电视台合并，成立西藏广电厅新闻部，同时，在西藏七地市组建广播电视记者站。

4月27日，西藏自治区广播电视厅召开首届广播电视记者会议，各地、市的记者站从此广播、电视合一。

4月29日，日本《东京新闻》记者垂水健一（驻北京记者）、竹冈兴彦在西藏采访。

5月，《西藏日报》成立新闻系列专业技术职务评审领导小组，并开始进行专业技术职务评审。

6月，德意志联邦共和国电视台访问西藏电视台，双方确定在培养人才、提供设备和交流节目等方面进行合作。西藏电视台向联邦德国电视台提供了电视片《青稞在欢唱》，于德国总理科尔访问西藏前夕在德国播出。10月，该台驻北京记者舒尔次到西藏电视台访问，并赠送节目《动物》。这是西藏电视台第一次与外国电视台进行合作和互换交流电视节目。

6月27日，西藏广播电视厅至白定、工布堂微波通讯工程开通。

7月9日，西藏自治区人大常委会颁布《西藏自治区学习、使用和发展藏语文的若干规定（试行）》。

7月16日，全国第五次藏语文艺广播会议在西藏日喀则召开。

7月19日，为迎接中国人民解放军建军60周年，由人民日报、解放军报、新华社、中央人民广播电台等8家新闻单位组成的首都新闻采访团，沿青藏线所属兵站、输油管线泵站、通讯机务站实地采访后到达拉萨。

7月27日，由韦力董事长率领的法国东方电影公司、法国巴黎博物馆、法国雪铁龙汽车公司三家组成的一行30人访问团到西藏拍摄广告。

8月2日，由首都10家新闻单位组成的“首都女记者赴西藏记者团”一行10人到达拉萨采访。

8月5日，西藏电视台台长刘长富、副台长尼玛顿珠就西藏电视台发展接受“美国之音”记者贺朴勤和伊丽莎白的采访。

8月13日，《西藏日报》刊登新华社消息：海拔4800米的西藏唐古拉山上建成了一座卫星地面接收站，此为中国海拔最高的接收站。

9 月 27 日，少数分裂主义分子在拉萨八廓街闹市区聚众骚乱，西藏自治区广播电视厅和西藏日报社记者闻讯赶赴现场抢拍镜头和采访第一手资料。

10 月 1 日上午 9 时 50 分，拉萨再次发生骚乱。驻拉萨各新闻单位立即奔赴现场进行采访，暴徒对新闻工作者大打出手，有 7 名记者受伤。

10 月 1 日，《日喀则报》创刊。

10 月 8 日，西藏自治区外事办公室通知在拉萨和西藏其他地区的美国、英国、意大利、加拿大和澳大利亚的记者，由于违反中国相关规定，必须在 48 小时之内离开西藏自治区。

10 月 30 日，西藏自治区文化厅决定，对西藏电影公司现存有关西藏资料（纪录片）复制成录像带，由社文处统一保管，共录制 51 个节目，11 盘录像带。

11 月 20 日，西藏自治区新闻职称评审委员会讨论通过了西藏自治区首次参加全国新闻高级职称评定人员名单：尹锐、张成治、益西绕喜、杜泰。

12 月 16 日，拉萨晚报、拉萨电视台联合举行“市长与市民专题对话会”。

12 月 16 日，西藏第一座“军旅电视台”在驻藏某部试播成功，1988 年元旦正式向广大指战员及附近群众播出。

12 月 25 日，“一切从西藏实际出发”大讨论总结表彰会举行。该活动由《西藏日报》、西藏人民广播电台、西藏电视台发起，自 1986 年 4 月启动，共发稿 300 余篇、70 万字。

1988 年

2 月 13 日，西藏自治区党委宣传部和西藏自治区新闻工作者协会联合表彰在平息骚乱中做出贡献的32名新闻工作者。

3月5日，西藏电视台在大昭寺转播祈祷大法会实况的转播车、录像车和新闻采访车，均被骚乱分子砸毁。

4月，广电厅广播电视新闻部荣获国务院授予的“全国民族团结进步先进集体”称号。

5月12日，西藏电视台拍摄的第一部故事片《松赞干布》在北京试映。

5月27日，人民日报驻西藏记者站正式成立。

6月，《西藏日报》社召开首届民族团结表彰大会。

6月，中央领导人乔石到西藏考察工作，《西藏日报》予以报道。

6月10日—18日，西藏自治区第四次广播电视工作会议在拉萨召开，选举并成立了西藏首届广播电视学会，会长为杜泰（广电厅厅长）。

7月3日—14日，瑞士《新苏黎世报》亚洲编辑亚特·维泽尔访问西藏。

7月12日，“西藏电影译制厂”与长春电影制片厂联合拍摄的大型彩色宽银幕故事片《布达拉宫秘史》在拉萨举行开机典礼。这部影片拍成后，因故未能公开发行。

7月15—17日，西藏那曲地区召开地区新闻工作会议，决定建立全地区信息交流和新闻报道网络。这是西藏第一个正式建立的区域性新闻报道网络。

8月30日至9月5日，西南五省（区）六报（《四川日报》《云南日报》《贵州日报》《广西日报》《重庆日报》和《西藏日报》）总编辑联席会议在拉萨举行。

10月29日，西藏自治区人民政府颁布了《西藏自治区学习、使用和发展藏语文的若干规定的实施细则（试行）》，共13章61条。

10 月，《西藏日报》社综合楼、行政楼、脚印轮转机房同时竣工。

10 月 19 日，广电部批准成立“西藏音像出版社。”

11 月，李文长任《西藏日报》总编辑。

11 月 26 日，广电厅党委书记、厅长杜泰参加中国新闻代表团，赴印度、孟加拉和泰国参观访问。

12 月 25 日，《西藏日报》社实现胶印，试印藏文版。

1989 年

1 月 28 日，全国人大常委会副委员长额尔德尼·确吉坚赞在日喀则逝世，《西藏日报》对拉萨等地的悼念活动进行报道。同月，《西藏日报》刊登国务院总理李鹏关于第十世班禅治丧和转世灵童问题的决定。

2 月，《西藏日报》藏汉文版开始实行胶印。

2 月，由西藏电视台文艺部和拉萨电视台联合录制的“圣地之歌”原声磁带正式发行。这是西藏音像出版社成立后公开发行的第一盒磁带。

3 月，拉萨发生骚乱，《西藏日报》及时报道西藏自治区人民政府组织实施国务院总理李鹏签署的拉萨戒严令。

3 月 23 日，由西藏电视台、香港新海华电影制作公司合拍的西藏第一部大型彩色宽银幕故事片《松赞干布》在拉萨剧院（西藏人民会堂）举行首映式。

8 月，《西藏广播电视报》汉文版创刊试发行。

10 月，全国唯一的藏语工会期刊《主人》在西藏自治区拉萨市创刊。

10 月，西藏广电厅出版文集《高原之声》，纪念西藏人民广播电台创建 30 周年。

11 月，《西藏日报》社汤己生、丹多被评为“全国优秀新闻工作者”。

11月1日，拉萨卫星地球上行站建成正式运行，西藏人民广播电台藏语广播节目上星发射。

1990年

2月，《西藏日报》社举行报纸正式胶印开印剪彩仪式，西藏自治区党政军领导胡锦涛、热地等出席。

4月，西藏军区政治部记者站、西藏武警政治部记者站、西藏军区后勤部记者站、武警交通一总队记者站、武警水电三总队记者站以及八一地区部队记者站等先后成立，在业务上均由西藏自治区广电厅新闻部管理。

5—6月，《西藏日报》藏文版在西南六报经营管理竞赛中获印刷质量第一名，7月份获第二名，8月份汉文报获第一名。

6月，西藏自治区党委批准《西藏日报》成立政治部。

6月26日—7月5日，全国少数民族自治区广播电视工作会议暨西南西北地区广播电视协作会议在拉萨召开，西藏党委书记胡锦涛、副书记田聪明、丹增，自治区主席江村罗布、副主席图道多吉到会祝贺。

7月，《西藏日报》报道江泽民总书记到西藏考察工作。

7月，为庆祝西藏和平解放，西藏电视台开始摄制大型电视系列片《历史的丰碑》，这是一部全面反映西藏当代史的电视系列片。

7月1日，西藏电视台开始摄制大型电视系列片《西藏民族》。

8月，全国五个少数民族自治区总编辑会议在西藏日报社召开。

9月，西藏自治区记协在拉萨召开第二届新闻工作者会议，并进行换届选举。

10月，《西藏日报》报道胡锦涛率自治区代表团出席昌都解放50周年庆祝大会。

10月1日，拉萨卫星上行站开通，西藏电视台藏语电视节目和藏语电教节目上星播出，从此结束了西藏电视台多年以来用汽车传送新闻图像的历史。

11月18日，《中国青年报》头版头条刊登《西藏的“无名影星”》一文，介绍西藏电影公司译制部色曲卓玛、索朗、阿努、则吉、强巴尊珠等从事藏语译制的事迹。

1990—1996年，李长文任第二届西藏记协主席。

1991年

3月，群觉担任报社总编辑，免去李文长总编辑职务。

5月，西藏自治区隆重庆祝西藏和平解放40周年，李铁映率中央代表团莅临拉萨，《西藏日报》对大庆活动进行报道。

11月1日，由西藏电视台与四川电视台联合摄制的电视纪录片《藏北人家》《古格王朝》分获1991年首届四川国际电视界最佳纪录片金熊猫奖和最佳纪录片提名银熊猫奖，这是西藏电视台节目第一次获得国际大奖。

1992年

7月，西藏自治区组织新闻考察团赴广东、深圳考察采访。

7月，全区重点工程之一的602发射台改造工程竣工并投入试播。

8月，国家新闻出版署署长宋木文一行来藏考察。

当年，《西藏日报》社成立激光照排领导小组。

当年，“中国的大西南”大型采访活动启动，《西藏日报》组团赴四川、重庆、云南、贵州、广西采访。

12月，西藏广电厅领导班子进行调整。邱德荣任党委书记、副厅长，格桑朗杰任厅长、党委副书记，王朝运、明玛才仁、拉归、李永发任副厅长。

1993 年

1 月，由西藏人民广播电台总工办主办的“汉语节目上卫星”课题获得成功，并使汉语广播节目上星发射。

2 月，《西藏日报》推出“周末版”（试刊）。

5 月，《西藏日报》驻羊湖记者站成立。

7 月，《西藏日报》社成立由 5 人组成的藏语文指导小组。

7 月 15 日，西藏人民广播电台藏语节目、西藏电视台第八频道节目与中央电台和中央电视台节目一起，通过中星五号卫星向全世界播出。

8 月 25 日，国家投资 5700 万元，总建筑面积为 16000 平方米的西藏广播电视节目译制制作中心工程破土动工。

9 月，《西藏日报》报道十世班禅大师祀殿释颂南捷落成典礼。

9 月，西藏第六次广播电视会议在拉萨召开。

9 月 18 日，西藏广播电视学会第二次代表大会在拉萨召开，选举西藏广播电视学会第二届理事会，广电厅厅长格桑朗杰担任会长。

10 月，《人民日版》举办全国 20 个代印点质量评比，《西藏日报》代印点获第一名。

10 月 1 日，由国家投资 3000 万元建成的西藏广电厅 602 发射台中、短波发射中心正式启用。

12 月，自治区组织部任命西藏电视台新一届领导班子，副台长、党总支副书记李光远主持工作，邓玉龙、丹增、向斌任副台长。

12 月 24 日，西藏广电厅与西藏人民广播电台正式分设，尼玛顿赫任党总支书记、副台长，田荣高任台长，伦珠朗杰、洛桑曲杰、邱凡池任副台长。

12 月 27 日，西藏有线广播电视台前身——西藏广播电视厅内部有线闭路系统试播。

当年，高延祥任《西藏日报》社总编辑。

1994 年

1 月，西藏电视台举行首届有 7 地市参加的全区电视新闻记者会议。

4 月，《西藏日报》社激光照排系统投入使用，彻底结束了我国省级报纸的铅字时代，《西藏日报》出彩报和特刊以示祝贺，全国政协副主席阿沛、阿旺晋美为藏文版题写新报头。

7 月，中央召开第三次西藏工作座谈会，《西藏日报》于 8 月开始宣传并集中报道 62 项援藏工程。

8 月 8—15 日，第一次全国五自治区党报总编联席会议在内蒙古召开。在本次会议党报民族好新闻评选中，《西藏日报》社分获一、二、三等奖。

9 月，国家新闻出版总署副署长余永湛一行来藏指导新闻出版工作。

9 月，北京记协组团采访西藏，同时到《西藏日报》社参观访问。

9 月，新闻出版署组团到西藏日报社调查研究。

9 月，西藏电影公司译制部荣获首届国家民委、广电部、文化部、中国文联联合颁发的全国少数民族语题材电影“腾龙奖”。

当年，国家新闻传版总署署长余友先一行来藏视察。

11 月，全国唯一的藏语时事政治综合期刊《半月谈》在拉萨创刊。

12月21日，由西藏电视台专题部冯莉编辑的专题稿《奉献》，获第四届中国新闻奖专题三等奖。

12月31日，由西藏电视台、山东电视台和中国电视剧制作中心合拍的6集电视连续剧《孔繁森》在中央电视台黄金时段首播，并获得第六届中国新闻奖特别奖，中国电视奖一等奖。

1995年

1月6日，《西藏日报》驻西藏交通记者站成立。

3月，西藏广播电视培训中心工程正式开工。

4月，西藏电视台调频广播首次实现直播，每天播音8小时。

4月7日，《人民日报》刊登《西藏日报》记者、新华社记者、人民日报记者、大众日报记者撰写的《领导干部的楷模——孔繁森》长篇通讯。

5月，美国驻成都总领事馆文化参赞访问《西藏日报》社。

5月，在武汉召开的第二届全国部分省市区党报版面研讨会上，《西藏日报》社版面分获一、二、三等奖。

6月，西南五省区记协主席、秘书长联席会议在西藏日报召开。

6月29日，人民日报李尔亮任《西藏日报》社副总编，中央人民广播电台副总编张小平等5人作为中直机关援藏干部抵达拉萨，在西藏广电厅任职。

7月，第八届全国五自治区党报总编辑联席会议在西藏日报社召开。

7月1日，西藏自治区党委任命原山南地委书记鲍友德为广电厅党委书记。

8月，高延祥当选为区党委第五届委员会委员。

8月，总投资2800万元的重点工程——550个乡级太阳能广播电视卫星收转站、单收站通过验收。

8月，中央电视台赠送给西藏电视台的1台德国产BTS四通道电视转播车及其配套设备安全运抵拉萨。

8月16日，总投资7000多万元（不包括设备），建筑面积16000多平方米的西藏广播电视节目译制制作中心工程建成并部分投入使用。

8月26日—9月1日，广播电影电视部副部长何栋材一行5人到西藏考察。

8月30日—9月15日，第四届世界妇女代表大会及非组织论坛在北京举行，西藏电视台藏编部主任白玛卓嘎和西藏电视台记者白央分别出席了世妇会和非组织论坛。

8月31日，由中央电视台、西藏电视台首次合作举办的大型文艺晚会《多彩的哈达》，在新落成的西藏广播电视节目译制制作播出中心600平方米演播大厅现场直播。

9月，吴邦国率中央代表团出席西藏自治区成立30周年庆典，《西藏日报》予以报道，并出版两期彩报。

9月1日，西藏自治区成立30周年庆祝大会在拉萨新落成的布达拉宫广场举行。西藏电视台采用直播的方式通过卫星转播了大会实况。

10月，西藏电视台、各地市电视转播台和全区8个记者站成立了全区电视新闻交流协作网，西藏电视台当选为秘书台。

10月5日—12日，由西藏电台承办的第57届全国城市电台广告经济信息交流会在拉萨举行。

11月，第十世班禅转世灵童金瓶掣签仪式在拉萨大昭寺圆满完成，《西藏日报》对此盛典的报道被区党委誉为“泰山压顶、如雷贯耳”。

11月，在全国13家省级党报舆论监督好稿征文中，《西藏日报》社有5件作品获奖。

11 月 5 日，西藏电视台藏编部主任白玛卓嘎荣获全国第二届“韬奋新闻奖”。

11 月 10 日，西藏自治区人民政府正式批准成立西藏有线电视台，并向拉萨地区用户播出。

11 月 30 日，西藏电台文艺部编辑的专题音乐节目《西藏的心跳——来自地球之巅的原初绝唱》，在第五届上海国际广播音乐节上获得银编钟奖。

12 月 8—9 日，《西藏日报》报道在日喀则扎什伦布寺举行的第十一世班禅额尔德尼坐床典礼。

当年，《西藏日报》承印《人民日报》《参考消息》卫星传版，从此，拉萨地区读者可以看到当日出版的上述两种报纸。

1996 年

2 月 6 日，西藏广电厅同意西藏音像出版社与中国录音录像总社联合摄制电视系列作品《格萨尔》。

3 月 6 日，西藏广电厅制定下发全区广播电视台（站）播出暂行规定。

3 月 11 日，西藏电视台译制部被评为全国广播电视系统先进集体。

3 月 18 日，西藏广电厅正式下发广播电视行业管理工作大纲。

4 月 22 日，《西藏日报》创刊 40 周年庆祝活动在西藏人民会堂举行。

5 月，《西藏日报》突出报道江泽民总书记题赠的“护国利民”金匾揭幕仪式。

5 月 7 日，在郑州召开的全国电视优稿评选会上，西藏电视台主任记者强巴索巴的电视专题片《话说雪域活佛转世》，获 1995 年度中国电视文化类一等奖，电视新闻片《第十世班禅转世灵童金瓶掣签仪式》获1995年度中国电视奖一等奖。

5月29日至7月4日，《西南旅游》杂志编辑会议在西藏日报社召开。

6月，西藏日报社李尔亮被团中央、全国青联、国家民委授予“全国民族地区杰出青年”称号。

6月16—23日，中国西部地区党报副刊经验交流会在《西藏日报》社召开。

7月，由西藏电视台选送的大型系列片《中国西藏》在北美电视台播出。

7月17日，西藏自治区机构编制委员会批复同意《西藏日报》社增设总编室，“政治部”改为“政工人事处”。

8月10日，由广电部副部长刘习良率领的全国广播电视系统赴藏考察团一行57人抵达拉萨。

8月14—18日，西南地区第六届党报新闻资料工作经验交流会在西藏日报召开。

8月15日，全国少数民族语言电视译制协作会在拉萨召开。

8月16日，西藏电影公司全建制从西藏自治区文化厅划归西藏广播电影电视厅。

8月25日，西藏有线电视台光纤传输网络建成开通。

9月13日，西藏电视台在演播室举行了西藏金珠集团股票发行摇奖仪式现场直播。

9月29日，西藏电视台在演播室举办首届才旦卓玛艺术基金演唱大赛颁奖晚会。

12月，自治区新闻出版局报刊处对全区公开和内部发行的报刊进行年检。

11月26日，西藏有线电视台推出第一个自办栏目《歌声传情》。

12月，西藏自治区记协召开第三届代表大会，高延祥当选第三届西藏记协主席。

当年，《西藏日报》驻格尔木记者站挂牌成立。

1997 年

1 月 12 日，杭州电视台与西藏电视台联办节目签字仪式在西藏电视台举行。

2 月 1 日，西藏人民广播电台调频广播改版，实现了每天 8 小时直播，节目也由原来单纯播放音乐，基本实现板块化、栏目化、规范化。

2 月 7 日，西藏有线电视台推出第一台春节、藏历年特别节目《97 有线大拜年》。

2 月 17 日，西藏全区新闻记者工作会议在西藏日报社召开。

3 月 28 日，西藏全区“十佳新闻工作者”评选揭晓，西藏日报社的孟晓林、益西加措、张雷、丹多，西藏电台调频广播编辑部主任刘长江、藏编部主任白玛卓玛入选。

5 月，由西藏广电厅总编室编辑、中国藏学出版社出版的《走向二十一世纪的西藏》一书在新华书店北京发行所发行。

5 月 1 日，西藏历史题材故事片《红河谷》在西藏人民会堂举行首映式。

6 月 1 日，由西藏人民广播电台文艺部主持人格桑卓玛组织发起的西藏电台“雪莲花少儿艺术团”正式成立。

6 月，《西藏日报》社组织“新闻扶贫”采访活动，分赴山南、日喀则采访。

6 月 28 日，由西藏电台调频广播编辑部承办的《迎回归、爱中华、爱西藏》全区广播藏汉文有奖征文活动揭晓。

7 月 9 日，西藏第一部 8 集电视连续剧《向往拉萨》在拉萨举行开机仪式。

7 月 28 日，在沈阳举行的中国广播电视新闻奖评奖会上，

《西藏广播影视报》副社长刘林芳采写的消息《电影红河谷筹拍》一稿获96年度新闻、专题奖消息类一等奖。

8月，西藏电影公司译制前期部分合并入西藏电视台译制部。

8月28日，由西藏音像出版社和援助西藏发展基金会联合拍摄的《西藏传统儿歌》音像带在拉萨开机。

8月，广电部援助西藏电视台600平方米演播大厅设备全部空运到拉萨。

9月，国家电影局赠送西藏电影公司译制部转录机2台、拨款民族语拷贝补贴8万元和农牧区放映队设备更新费25万元。

9月5日，四川和邦集团向西藏广电厅捐赠电视剧《大命运》《单亲家庭》仪式在拉萨举行。

9月12日，《西藏日报》突出报道江泽民、李鹏、胡锦涛等中央领导在北京参观“辉煌的五年——十四大以来经济建设和精神文明建设成就展”西藏展厅。

9月26—29日，由广电部副部长杨伟光率领的广电部考察团考察西藏广播电视工作，并出席中央电视台援助广电厅五项工程交接仪式。

10月10日，在中央电视台国际频道组织的72小时滚动直播的“世纪报道”中，西藏电视台韩辉、央宗、张焰拍摄的《中国报道·香港回归》特别节目中的西藏专辑，被中央电视台海外中心评为特等奖。

10月31日，西藏自治区副主席次仁卓嘎就西藏学习宣传贯彻国务院《广播电视管理条例》发表广播电视讲话。

10月20日，“中兴通讯杯”全国第九届优秀播音主持作品、第八届播音与主持论文交流评选暨中国广播电视学会研究委员会97年会在深圳结束。西藏选送的11篇藏汉语广播电视播音与主持人作品分别获得一、二、三等奖。

10 月 28 日，西藏林芝地区电视节目中心在八一镇落成。

11 月，《西藏日报》突出报道区党委书记陈奎元视察扎什伦布寺时发表的重要讲话。

11 月 1 日，西藏人民广播电台调频广播编辑部与江苏南通经济电台共同策划的两地直播节目——《波连神州东西，情牵长江首尾》播出成功，直播时间为 90 分钟。

11 月 15 日，由西藏电台文艺部选送的音乐专题节目《藏北永远的牧歌》，获第六届中国上海国际广播音乐节评委会特别奖。

年底，《西藏日报》组成两个报道组，分赴那曲、阿里报道两地区抗雪救灾活动。

当年，西藏日报社益西加措被评为“全国百佳新闻工作者”。

12 月 16 日，《西藏广播电视报》召开改版座谈会。自 1998 年第一期开始，更名为《西藏广播影视报》，改为四开八版。

当年，西藏日报社藏文编辑部创办藏文杂志《致富之友》。

1998 年

1 月 5 日，西藏那曲地区广播电视局和辽宁电视台合拍的 4 集电视系列片《从拉萨穿越念青唐古拉——我见到你》首映式在西藏电视台举行。

2 月 3 日，西藏电视台“心连心”艺术团到堆龙德庆为当地牧民和驻军举行首场演出。

2 月 19 日，西藏自治区人民政府办公厅转发自治区广播电影电视厅《关于进一步加强和改进我区电影工作的若干意见》。

2 月 19 日，为纪念邓小平逝世一周年，《西藏日报》刊登西藏自治区党委长篇文章《邓小平同志与西藏革命和建设事业》。

2 月 26 日，由西藏电视台承办的藏历土虎年新年文艺晚会

《向着太阳》，于藏历除夕之夜在西藏电视台600平方米演播大厅顺利直播，并通过卫星传向全国。

2月28日，为纪念周恩来诞辰100周年，《西藏日报》发表热地的文章《藏族人民心中的丰碑——怀念周恩来同志》。

2月，西藏日报社益西加措当选为“1997年报刊之星”。

4月，西藏自治区新闻出版局开始对全区报刊进行转化、换证工作，除自动停办的28种内部报刊外，全区实有的80种内部报刊全部转化为内部资料性出版物。

4月28日，《西藏日报》副总编李佳俊赴北京参加中组部、中宣部召开的学习孔繁森先进事迹座谈会，并代表西藏日报社发言。

5月1日，西藏人民广播电台“FM98兆赫经济频道”全面启动，全天节目播出11个小时。

5月9日，《西藏日报》副总编旺久次仁在广州参加全国省级党报座谈会，并代表西藏日报社发言。

5月20日，旺堆次仁任西藏自治区文化厅副厅长兼自治区新闻出版局局长。

5月25日，中共西藏日报社委员会成立，高延祥任书记，李尔亮任副书记、总编辑，旺久、李佳俊、扎西降村、孟晓林任副总编辑。

5月26日，西藏自治区党委调整广播影视厅领导班子群觉任党委书记、副厅长，李永发任厅长、副书记，王朝运、明玛才仁、拉归、张小平（援藏，正地级待遇）任副厅长。

6月5日，《西藏日报》社举行优秀作品颁奖会，对1996—1998年底以前在全国获得各类好新闻奖的41名同志和1997年1月以来获得报社内部好新闻奖的140名同志进行表彰。

6月22日，《西藏日报》社副总编辑旺久赴菲律宾访问。

6月23日—7月23日，首届西藏全区播音员、主持人普通话测试培训班在拉萨开办。

7 月 5 日，西藏自治区新闻出版局局长旺堆次仁随中国译协代表团出访韩国，参加亚洲翻译论坛。

7 月 20 日—27 日，全国首届五省区藏文报协作会议在拉萨市西藏日报社召开。青海日报、青海科技报、青海法制报、甘孜报、阿坝报、甘南报、西藏日报、日喀则报、拉萨晚报、西藏青年报、西藏科技报等 11 家藏语报刊的 29 名民族新闻工作者参加会议。

8 月 6 日，西藏自治旗宣传部、记协在拉萨隆重举行抗雪救灾表彰暨 97 年度全区好新闻、自治区第二届科技好新闻颁奖大会。

9 月 9—15 日，湖南新闻出版局局长陈满之一行来藏考察工作。

9—11 月，西藏自治区新闻出版局进行全区记者证的换发工作。

9 月 28 日，中央电视台援助西藏电台价值 140 多万元技术设备交接仪式在北京举行。

10 月，西藏电影公司译制部获国家民委、文化部、广播电影电视总局、中国文学艺术界联合会颁发的第二届全国少数民族题材电影“骏马奖”。

10 月 6 日，《西藏日报》社“雅江行”大型采访活动启动，分赴拉萨、日喀则、山南、林芝采访。

10 月，《西藏日报》总编辑李尔亮率队回访《人民日报》。

10 月 27 日，由全国广播电视学会和全国播音主持人研究会主办的 1998 年度全国“孔府杯”广播主持奖揭晓，西藏电视台新闻播音员红梅、德央获一等奖。

12 月 9 日—11 日，西藏自治区广播影视座谈会在拉萨召开。从 1999 年开始，旨在为农牧区服务的“村村通”工程全面启动。

12 月 28 日，西藏有线电视台大改版，新办以财经娱乐为主的“阳光 18 频道”和以新闻、影视为主的新闻综合频道。

1999 年

1 月 27 日，《西藏日报》社党委书记高延祥在成都病故。

2 月，西藏电影公司制作的藏语 VCD《变相怪杰》《神偷燕子李三》在拉萨全面上市，这是藏语 VCD 首次上市。

3 月 1 日，总投资 1700 多万元的西藏广播影视节目传输中心竣工并传送节目。

3 月 5 日，《西藏日报》汉文版试扩版。

3 月 9 日，《西藏日报》突出报道江泽民、朱镕基、李瑞环、尉健行、李岚清在京参观反映西藏废除封建农奴制，实行民主改革取得巨大成就的“雪域明珠——中国西藏文化展”。

3 月 29 日，《西藏日报》为庆祝建国 50 周年和向民主改革 40 周年，隆重推出“雅江行”系列报道。

4 月 21 日，《西藏日报》在创刊 43 周年之际，汉文版正式扩版。

5 月 4 日，《西藏日报》开辟“纪念民改 40 周年”专栏。

5 月 28 日，《西藏日报》突出报道西藏登山健儿胜利完成采集民运会火种。

6 月 2 日，《西藏日报》刊登理论文章《从邓小平理论看西藏人权实践的哲学基础》。

6 月 14 日，西藏电视台推出纪念民改大型系列专题报道《历史的跨越——我说民改 40 年》。

7 月，中央电视台“心连心”艺术团赴藏慰问演出。

8 月 18 日，西藏有线台“阳光 18 频道”实现全天 24 小时不间断播出。

8 月，在第六届少数民族运动会拉萨分赛场的宣传报道中，西藏电视台创下了西藏广播宣传史上的三个第一：与中央电视台合作现场直播民运会拉萨分赛场开幕式成功；用移动电话现场直播时间长达 110 分钟的纪录；开辟《赛事点评》栏目。

8 月 19 日，《西藏日报》突出宣传第六届全国民族运动会拉萨分赛场隆重开幕。

9 月 1 日，《西藏日报》创办的第一张子报——《西藏商报》试刊发行，孟晓林兼任主编。

9 月 29 日，由西藏自治区党委宣传部、广播影视厅、文化厅和区旅游购物中心联合主办，西藏电视台经济频道编辑部承办的建国 50 周年“经广杯”西藏青年歌手大奖赛结束。

10 月，张崇银任《西藏日报》社党委书记。

10 月 1 日，西藏电视台举行藏语卫星频道正式开播仪式，从此结束了藏汉语电视节目在同一个频道上分时段播出的历史。

10 月 7 日，《西藏日报》报道，拉萨、昌都、林芝光缆全线开通。

10 月 8 日，《西藏日报》刊登西藏自治区党委书记陈奎元、自治区政府主席列确纪念西藏民主改革 40 周年文章《雪域高原谱新篇》。

10 月 10—18 日，《西藏日报》社召开“心连心、手拉手、共同迈向 21 世纪”全国省市报纸赴藏考察采访活动会议。

10 月 15 日—17 日，西藏自治区“村村通”广播电视现场会在林芝地区八一镇举行。

10 月 19 日，西藏电视译制部开始译制 25 集电视连续剧《西藏风云》。

11 月 6 日，西藏电影电视艺术家协会在拉萨成立。西藏广播影视厅副厅长明玛才仁当选为第一届主席。

12 月 22 日，中宣部新闻局阅评小组认为，《西藏日报》10

月31日至11月21日在《星期刊》连续四期刊登的《我的西藏岁月——70年代进藏大学生讲述的故事》，“这一报道针对性强，是民族和睦团结的凯歌，效果较好”。

12月，由西藏电视台拍摄制作的电视专题片《衣食住行》首次出口日本长崎电视台、并在香港、新加坡、马来西亚等国家和地区播出。

2000年

1月，昌都地区电视转播台与地区有线电视台合并，这是西藏地区级有线无线电视台合并的第一家。

1月1日，投资近50万元的西藏电台音频自动化播出系统建成并正式投入使用。

2月2日，西藏电视台经济广播编辑部被国家人事部、国家广电总局授予全国“先进集体”称号。

2月2日，西藏电视台藏编部主办的少儿节目（“格桑梅朵”），被共青团中央和国家广电总局授予全国广播电视系统优秀“青少年维权岗”称号。

2月4日，西藏电视台春节、藏历年新年大型电视文艺晚会《吉祥千年》在农历正月初一、藏历年三十晚上通过卫星向全国现场直播。

2月17日，西藏林芝县、安多县获“全国电视先进县”称号。

6月16日，由西藏电台和无锡经济电台联合举办的援藏干部、优秀共产党员任国庆先进事迹两地大型直播节目《遥远的足音》结束。

6月28日，西藏广电厅召开对口援藏工作总结表彰会。

7月4日，西藏自治区广电厅首次实行事业单位领导干部聘任制，聘任刘长江、洛桑群培为西藏电视台副台长，次旦扎西为西藏有线电视台副台长。

7 月 9 日，西藏电视台译制导演、国家二级配音演员仓姆获中国第二届“百佳电视艺术工作者”称号。

8 月，由中央电视台原台长、高级记者杨兆麟率领的《青藏行》采访组一行三人对西藏进行为期 15 天的采访。

8 月 8 日，西藏人民广播电台藏编部、西藏电视台藏语频道被西藏自治区人民政府授予“全区藏语文工作先进集体”。

8 月 17 日，第十届全国广播电台经济信息协作网全会在拉萨开幕，全国 30 余家广播电台代表出席了会议。

8 月 19 日，西藏自治区党委授予援藏干部任国庆“优秀共产党员”称号。

8 月 21 日，首届西藏全区广播影视行业行政执法工作培训班在拉萨开学。

8 月 27 日—9 月 4 日，第五届全国有线电视台台长会议在拉萨召开。

9 月 1 日，中共中央政治局常委、国务院副总理李岚清在自治区主要领导陪同下，视察西藏广播电视工作，并前往拉萨市城关区娘热乡四村视察广播电视站，收听收看广播电视节目。

9 月 12 日，西藏电台记者刘长江获第四届“全国百佳新闻工作者”称号。西藏电视台记者米玛获第四届“范长江新闻奖”。

9 月 25 日，国家电影局杨步亭副局长和制片处郑景全处长、中央电视台电影频道有关人员一行，在拉萨参加译制转录机赠送仪式。

9 月 26 日，西藏人民广播电台开办的《驰誉健康之声》热线电话直播节目，首次实现了具有延时装置保障的听众与主持人、嘉宾的互动。

9 月 27 日—10 月 8 日，国家广电总局副局长张海涛带领的总局考察团来西藏检查指导广播电视工作。

10 月，西藏电视台正式加入中国电视译制委员会，成为第 45 个成员。

10 月—11 月 4 日，原属西藏各地（市）管辖的 14 座中波转播台成建制划归西藏广播电影电视局。

12 月 18 日，西藏电视台与新疆、内蒙古、广西、宁夏和中央电视台联合摄制的电视艺术片《献给母亲的爱》获第八届全国少数民族题材“骏马奖”一等奖；拉萨电视台《生活时空》栏目获三等奖；由西藏自治区党委宣传部和中央电视台影视部联合摄制的 25 集电视连续剧《西藏风云》获评委会特别奖，并获“飞天奖”“金鹰奖”最佳导演奖、最佳剧组奖、最佳主题歌曲奖和评委会特别奖。

12 月 24 日，西藏 5 座试验台正式开播。

参考文献

（一）著作、专刊、文集

《中国少数民族文字报刊史纲》：白润生编著，中央民族大学出版社，1994 年 8 月。

《民族报刊研究文集》：白润生，中国物价出版社，1996 年 1 月。

《中国新闻事业通史》（第一卷、第二卷、第三卷）：方汉奇主编，宁树藩　陈业劭副主编，中国人民大学出版社，1992、1996、1999 年。

《中国新闻编年史》（上、中、下）：方汉奇主编，福建人民出版社，2000 年 9 月。

《中国新闻事业史》：丁淦林主编，高等教育出版社，2002 年 8 月。

《中国新闻通史纲要》：白润生，新华出版社，1998 年 7 月。

《中国报刊创刊号》（第三卷）：人民日报出版社，2001 年 6 月。

《史前社会与格萨尔时代》：尕藏才旦，甘肃民族出版社，2001 年。

《西藏考古大纲》：侯石柱，西藏人民出版社，1991 年。

《西藏文史资料选辑》（创刊号、第三、五、八、十三辑）：西藏自治区政协文史资料研究委员会，1981、1984、1985、1986、1991 年。

《吐蕃金石录》：王尧，文物出版社，1982 年版。

《联豫驻藏奏稿》：吴培丰，西藏人民出版社，1979 年。

《喇嘛王国的覆灭》：［美］美·戈尔斯坦，时事出版社，1994 年 6 月。

《明清治藏史要》：顾祖成着，西藏人民出版社、齐鲁出版社，1999 年 3 月。

《中国西藏邮政邮票史》：刘原、叶于顺、阿旺单增编著，西藏人民出版社，1995 年 4 月。

《西藏新闻史料专辑》（第一辑）：《当代中国的新闻事业》西藏史料编写组，1988 年 8 月。

《中国新闻年鉴》《中国广播电视年鉴》。

《西藏自治区新闻出版志》（复审稿）：西藏自治区地方志编纂委员会编，2001 年 11 月。

《西藏自治区广播电影电视志》（复审稿）：西藏广播电影电视志编纂委员会编，2003 年 1 月。

《新闻工作通讯》：西藏自治区新闻工作者协会新闻学会会刊，1989 年第四期，1990 年第二期，1991 年三、四期，1992 年第二期，1993 年一、二期，1996 年一、二期；1997 年一、二、三、四期。

《全国支持西藏》：乔元忠主编，西藏人民出版社，2002 年 10 月。

《西藏日报创刊三十周年纪念》（1956—1986）：西藏日报社编，1986 年。

《高原报人——纪念西藏日报创刊四十周年》（1956—1996）：西藏日报社编印，1996 年。

《西藏四十年——西藏和平解放四十周年新闻报道汇编》：西藏自治区新闻工作者协会新闻学会主编，1991 年 12 月。

《西藏记事——一个西藏老记者的自选集》：尹锐著，西藏人民出版社，2001 年 4 月。

《西藏日报创刊三十周年纪念》（1956—1986）：西藏日报社，1986 年。

《西藏日报通讯——庆祝西藏日报创刊三十周年纪念活动专刊》：西藏日报社，1986 年 5 月。

《西藏新闻——激光照排正式投产专刊》：西藏日报社汉编部编，1994 年。

《西藏新闻》：西藏日报社汉编部编，1996 年一、二、三期合刊。

《后藏报业——纪念日喀则报创刊十周年》（1987—1997）：日喀则报社编委会，1997 年。

《西藏日报社组织史料》（1956—1987）：西藏日报社组织史料编纂办公室，1988 年 10 月。

《中国少数民族语言使用情况》：中国藏学出版社，1994 年 12 月。

（二）文章

《少数民族新闻研究领域中几个争论的问题》白凯文，载《中央民族大学学报》1999 年增刊。

《中国少数民族新闻研究的历史性机遇》白润生，载《新闻春秋——世界华文媒体与华夏文明传播国际学术研讨会论文集》（方汉奇主编），兰州大学出版社，2004 年 4 月。

《当今藏族村民信息传播活动现状及其成因分析——贡嘎县甲竹林镇传播媒介拥有量及相关传播状况的人类学考察》罗锐，载《新闻春秋——世界华文媒体与华夏文明传播国际学术研讨会论文集》（方汉奇主编），兰州大学出版社，2004 年 4 月。

《创立和发展中国少数民族历史新闻传播学》白润生，载《新闻春秋——中国新闻改革学术研讨会暨中国新闻史学会年会论文集》（方汉奇主编），四川大学出版社，2003 年 6 月。

《西藏新闻史业的回顾和展望》李佳俊，载《中国藏学》1999年三期。

《藏文白话报述要》徐丽华，载《中国藏学》1999年二期。

《藏学报刊汇志》西绕江措，载《中国藏学》1998年四—六期。

《试析藏族古代新闻传递方式》年秋（文），许德存（译），载《阿坝藏学》1999年第一期。

《试论雪域先民的信息传递》张庆有，载《西藏民俗》1998年第二期。

《元朝以前藏族的新闻与新闻传播》益西加措，载《西藏研究》1989年第一期。

《漫话近代藏文报纸的发展》周德仓，载《西藏日报》2002年6月13日。

《应正视少数民族新闻史的研究》周德仓，载《教学研究》2002年第一期。

《〈藏文白话报〉的在藏发现及新闻史学价值》周德仓，载《西藏民族学院学报》2001年第三期。

《西藏当代报业的萌芽》周德仓，载《中国藏学》2002年第一期。

《关于西藏新闻传播史的历史分期问题》周德仓，载《中央民族大学学报》2002年第四期。

《西藏近现代新闻传播事业考评》周德仓，载《西藏大学学报》2003年第二期。

《西藏当代新闻传播事业的确立》周德仓，载《西藏民族学院学报》2003年第四期。

《民族区域新闻传播事业的历史性跨越和期待——关于西藏新闻传播事业的调查》：周德仓，载《西藏民族学院学报》2004年第一期。

《吐蕃时期的信息传播媒介》周德仓，载《西藏大学学报》2004 年第二期。

《关于西藏新闻传播史研究的基本范式》周德仓，载《西藏民族学院学报》2004 年第三期。

《油印小报》张成治，载《西藏革命回忆录》（第一辑），西藏人民出版社，1981 年 4 月。

《忆〈草原新闻〉》霍春禄，载《西藏党史通讯》1987 年第一期。

《行进在世界屋脊上的“帐篷报社”——忆西北进藏部队前梯队〈草原新闻〉的战友》沉世纫，载《西藏革命回忆录》(第三辑)，西藏人民出版社 1987 年 12 月。

《毛泽东为西藏日报题字》王鉴，《中国西藏》，1994 年第一期。

《照片：西藏的回忆》陈宗烈，《中国西藏》，1998 年四期。

《高原摄坛的一位辛勤耕耘者——记曾在西藏工作过的摄影家陈宗烈》吴长生，《雪域文化》1990 年夏季号

《用摄影机纪录西藏的历史——访藏族电影摄影师扎西旺堆》旺堆，《中国西藏》1990 年一期。

《在西藏有这样四位摄影师》王浩，《雪域文化》1990 年夏季号。

《发展中的西藏广播电视事业》邱德荣、格桑朗杰、李永发，《西藏研究》1995 年三期。

《世界屋脊的空中彩虹——发展中的西藏广播电视事业》：次仁卓嘎，《中国西藏》1993 年三期。

《与西藏相关的网络资源概貌》：丁小文，载《中国藏学》2002 年第一期。

《西藏电影 50 年》：《西藏日报》2001 年 5 月 31 日。

《西藏外宣工作基本情况》西藏自治区党委宣传部外宣局，

2001 年。

《试论西藏对外宣传工作的战略意义》余竞来，刊《西藏社科论文选》，西藏人民出版社，1991 年 1 月。

《茶马古道》李旭，载《雪域文化》1993 年秋季号。

《元代入藏驿道考述》庞琳，载《西藏研究》1999 年第四期。

《明代内地与西藏的交通》赵毅，载《中国藏学》1992 年第二期。

《清代藏区驿传制度蠡测》：国庆，载《西藏研究》1996 年第一期。

（三）网络

在中国西藏新闻网、西藏网、西藏信息港、西藏广播电视网等相关网站查询并获得相关资料。

（四）访问、查询

在拉萨、成都先后访问了西藏新闻界著名人士、官员、记者、编辑等，并在西藏档案馆、西藏日报资料室、西藏新闻出版局报刊处等处查询，获得相关资料。

后　　记

当这部被自己命名为《西藏新闻传播史》的书稿终于完成之际，作为它的生产者和哺育者，我一定会面对这样的质询：你为什么要倾尽五个春秋，面对诸多困难，去研讨这个课题并撰写为书稿呢？这实际上是我反躬自问过千万遍的问题。到目前为止，以个人有限的学识，至少可以列出如下答案：

——是一个新颖的研究选项和角度。作为一个新闻专业教师，我对新闻史学怀有特别的兴趣。新闻学是当今极为“时髦”的学科，各方才俊云集这方“风水宝地”，登临绝顶，领略无垠，但由于种种原因，少数民族的新闻事业却极易为大家们所忽略。而被忽略者，往往蕴含着学术开掘的宝藏。借助于西藏民族学院与西藏天然的血脉联系，我就选择这块圣地的新闻事业作为我关注的对象。关键词：选择。

——中国乃至国际新闻传播界很有必要了解西藏新闻传播真实的历史和现状。就整体而言，西藏新闻传播事业的落后和局限性毋庸讳言，但它绝对是不能被忽视的，因为它既是中国新闻事业的重要组成部分，同时还具有超越新闻传播本身的独特的文化和政治意蕴。不仅关系到西藏的稳定和繁荣，也与整个中华民族的根本利益息息相关。笔者的研究动机就来源于此：关注西藏新闻传播的历史，不仅是兴趣，还源于责任。关键词：责任。

——笔者相信，关于西藏新闻传播事业的研究具有深厚的学术蕴涵和前景。在诸多因素的决定下，西藏新闻传播事业较之于全国各个省市自治区，具有最为独特的气质。区域的相对封闭性和文化的独特性，培植了它极具个性的传播格局和品质，并将自己与其他区域区别开来。这种个性不仅蕴藏着深刻的新闻传播学价值，同时也诱发学界的好奇心，成为新闻传播研究的一个重要参照系。这项课题，不仅是关于区域新闻传播事业的研究，而且是关于民族新闻传播和民族文化的研究。当这项研究在进入到某一境界和阶段时，它还要走出西藏，扩展到对整个藏族聚居区新闻传播现象的研究，并有可能获得一些重大的发现。要回答一些对这项研究的狐疑，既需要志气，更需要学术信念。关键词：信念。

——这个课题并不虚无缥缈，它实际是很“实用”和“功利”的。它既可以为西藏新闻事业的发展提供参考，又能作为新闻院系的专业参考书或是教科书；它能充当中国区域新闻传播事业研究的一个成果，又能作为少数民族新闻传播事业研究的一个领域而存在，从而拓展中国新闻传播事业史的研究空间。总之，关于这个方面的研究是有用的。关键词：实用。

这项研究的意义当然不止于上，它的价值还有待于更多地发掘。

如果允许，我还想在此“毛遂自荐”地说明一下这部书稿的“得意”和“尴尬”之处，以便于使读者理解一项课题的研究轨迹，由此获得一点启示。

或许可以这样说，《西藏新闻传播史》是“我国第一部全面地系统地评述西藏新闻传播史的著作”（丁淦林先生语），填补了中国新闻史研究的一个空白。我本人稍微满意的几处在于：廓清了西藏新闻事业发展的历史轨迹和阶段，构建了其基本框架；较为完整地梳理了西藏古代信息传播的脉络，概括出古代信息传播的一些模式和机制；尽最大可能弄清了西藏近现代（从 1907 年《西藏白话报》创刊到 1951 年西藏和平解放）这一阶段新闻传播的生态；理清了从《新闻简讯》（1951）到《西藏日报》（1956）正式创刊这一时期复杂的变化形态，清晰地展示了《西藏日报》创刊的过程；打破“史”例，专设几个专题，对西藏新闻对外传播、西藏新闻教育、西藏藏文传播、西藏电影传播和新闻援藏等领域进行了历史叙述和历史分析，凸现了西藏区域和民族新闻传播的特质；对西藏新闻传播的基本特质作出了初步评价，并指出其历史缺陷；在一定程度上来说，这部书稿的一个功能还在于它的资料性。即使它不能给您提供有价值的思想，总还可以当作“史料汇编”来使用吧。

实际上，任何学术研究永远都包含着遗憾。这部书稿更不例外。由于本人学术视野的限制和某些历史阶段资料的匮乏，关于西藏新闻传播史的探讨尚未解决如下问题：西藏有无古代报刊？西藏近代除《西藏白话报》以外，是否还有其他报刊？在关于制约西藏新闻发展深层次原因的分析，以及西藏新闻传播业务特点的把握等方面，还有很多工作要做。这说明：这项研究远远没有结束。2004 年 5 月，由本人主持的《中国藏文报刊发展史研究》获国家社科基金立项，这意味着这项研究的视野已经由西藏扩展到全国，并将面临新的挑战。

回顾投入这项研究的整个过程，心情不能不激动。这不仅仅是个人的文化经历，还显示出学术研究的一些共通性。

1998 年，我在四川大学新闻学院进修时，面对四川历史上发达的新闻事业，突然萌生了开展西藏新闻史研究的愿望。向纯武教授向我推荐了中央民族大学少数民族新闻史专家白润生教授。1999 年 10 月，我有心的妻子利用在北京参加会议之机，在书店购回了白先生的《中国新闻事业史纲要》。令我惊喜的是，此著增加了关于少数民族新闻事业史的内容，包括对西藏新闻事业的叙述。我即向白先生写信，竟得到热情支持和指教，并获得了白先生的两部关于少数民族新闻事业史研究的重要的著作——

《中国少数民族文字报刊史纲》《民族报刊研究文集》。西藏民族学院顾祖成教授对我的研究设想十分关切，给予热情支持，并提出多项研究指导意见。于是我的这项研究就开始了。在其后的4年中，承蒙我所在系领导的理解和扶植，先后获得4次进藏公干机会，正可以借此进行资料收集、访问。2001年，在白先生的引荐下，我能有机会参加在兰州大学举行的“世界华文媒体与华夏文明传播国际学术研讨会”，并在会上介绍了我的论文“关于西藏新闻传播史的历史分期问题”，第一次向学术界公布了我的最初研究成果。在《西藏民族学院学报》编辑部的支持下，我的第一篇项目论文《〈藏文白话报〉的在藏发现及新闻史学价值》刊登于该学报2001年第三期。此后，有多篇相关论文在《中央民族大学学报》《中国藏学》《西藏大学学报》和《西藏民族学院学报》发表，产生了一定的影响。其间还参加了白先生主持的国家社科十五社科基金项目《少数民族语文的新闻事业研究》之西藏部分的研究和撰写任务，受益匪浅。2003年，我的《西藏新闻传播发展史稿》获得西藏民族学院科研立项。同年，我被西藏民院派往复旦大学新闻学院做访问学者，师从著名新闻史专家丁淦林教授，进行西藏新闻史课题的研究，得到深厚的学术滋养和沐浴，并完成了“史稿”初稿。丁先生审读了初稿，并多次提出修改意见。丁先生的高瞻远瞩和开阔视野，并细致入微的导引，使我的研究洞开一方崭新天地。我深深明白：学术研究需要个人的敏锐选择和扎实工作，更需要前辈的引导。

这部书稿实际是很多人共同的劳动成果，在此我要真诚地列出鸣谢的名单：

向德高望重的丁淦林教授、白润生教授、顾祖成教授致敬！感谢诸位前贤的鼓励、导引和无私的扶植！

向洛桑平措、旺堆次仁、韩辉、金梅青、阿楠、杨尚迪、明玛才仁、刘紫焱、亨珠次仁、王勇、张赟、张树军、李文健、和靖、格桑次旦、李勇、阎党恩、张小邓、杨腊红、张治国、袁爱中、宁兴安等领导、朋友致谢！没有各位提供的多方面帮助，我就不可能完成这部书稿。而更多为拙著提供不同形式帮助的可敬可爱的师长朋友们：这里可能疏忽了您的尊姓大名，但绝没有疏忽对您的敬意和感谢！

感谢乔根锁教授、王学海教授、狄方耀教授、索南才让教授、陈立明教授、黄瑚教授、萧思健教授、丁玲辉教授！正是各位学者的支持和启迪，才使我获得了信心和灵感。

对西藏民院及科研处、学报、教务处、语文系、新闻传播学院有关领导、老师的扶植和指导，我深怀谢忱。堵位的直接支持，使我获得了坚持研究的机会、条件和信念。

我还要郑重地向我的妻子小萍说声“谢谢”！她是最初支持我进行这项研究的“有识之士”。她放弃了休闲和自己的爱好，一直是我最亲密的“同志”、精干的义务“秘书”和电脑技术总顾问。我的女儿多次郑重指出：妈妈应该是这部书的副主编！

中央民族大学莫福山总编辑、宁玉责任编辑怀着弘扬民族文化的神圣使命，恪尽职守，严谨治学，反复审定，多加激励，对这部书稿付出了努力，笔者深含敬意，并由衷感谢！

西藏民族学院之人文学院索南才让教授、申新泰教授和外语系郑元会博士、高全孝先生分别为本著翻译、校鉴了藏文、英文“内容概要”，使本著拥有跨文化受众的美好愿望成为可能。新闻传播学院边罗老师题写了藏文书名，使拙著在被看到它的第一眼就洋溢着民族文化的光彩。

历史永远在不断推进。《西藏新闻传播史》当然不是西藏新闻传播历史研究的结束，更不是它的“定本”，历史的文本将要和历史本身一样接受检验，经受提炼陶冶。历史事实是建立历史架构的基础，但在这里，由数字、名称和概念组成的复杂纷纭的历史存在却极有可能出现缺漏、错误，请尊敬的读者直言指陈。与其说这是在提供给您阅读的文本，不如说是呈现给您可供批判的草稿。让我们共同对历史和未来负起责任吧。

周德仓

2005 年 7 月 10 日　于秦都咸阳